대한민국의 역사교육과정 3

〈총서 간행위원회〉

위원장 박재영(역사와교육학회 부회장/대구대학교 자유전공학부 교수)

위 원 조성운(역사와교육학회장/동국대학교 역사교육과 대우교수)

허은철(역사와교육학회 학술이사/총신대학교 역사교육과 교수)

신선혜(역사와교육학회 학술이사/호남대학교 교양학부 교수)

간 사 이주희(동국대학교 일반대학원 박사과정 수료)

역사와 교육학회 총서 3

대한민국 역사교육과정 3
제5차 교육과정-제6차 교육과정

초판 1쇄 발행 2024년 01월 15일

지은이 신선혜 · 허은철 · 신유아 · 최보영 · 조성운
        조영광 · 이명미 · 이승민 · 유상수 · 박지숙
엮은이 역사와교육학회 · 동국대학교 역사교과서연구소
펴낸이 윤관백
펴낸곳 선인
등 록 제5-77호(1998.11.4)
주 소 서울시 양천구 남부순환로 48길 1(신월동 163-1) 1층
전 화 02)718-6252/6257 | 팩 스 02)718-6253
E-mail suninbook@naver.com

정 가 26,000원
ISBN 979-11-6068-871-9 94900
ISBN 979-11-6068-873-3 (세트)

역사와교육학회 총서 3

대한민국의 역사교육과정

신선혜 · 허은철 · 신유아 · 최보영 · 조성운
조영광 · 이명미 · 이승민 · 유상수 · 박지숙 지음

역사와교육학회 · 동국대학교 역사교과서연구소 엮음

3

제5차 교육과정 - 제6차 교육과정

선인

발간사

    일반적으로 교육정책은 국가 권력에 의하여 지지되는 교육이념, 또는
이를 구현하는 국가적 활동의 기본방침이나 지도원리를 의미한다. 교육
정책은 종합적으로 자라나는 2세들에게 있어서 실시되는 교육이 어떠해
야 하는가 하는 문제를 밝히는 것으로서, 교육의 목적·내용·방법·조직·
경영의 모든 부문에 걸치는 시책을 포함한다. 또한 교육정책은 광범위하
게 여러 방면에 관련되는 문제이므로 그 결정·수립 과정이 중시되지 않으
면 안 되는데, 이는 법적 절차의 문제와 정책 결정에 누가 참여하느냐 하
는 문제로 나타난다.

    아울러 교육에 대하여 국가나 지방공공단체가 강력히 관여하는 체제
에서는 교육정책이 교육행정과 불가분의 관계에 있으므로 정책결정에서
도 교육행정기관의 영향력이 크게 작용한다. 집권 세력의 교육정책 결정
에 있어 실질적 권한이 특정 기관으로 집중되기도 하고, 때로는 정책의 타
당성을 잃는 경우도 있기 때문에 국민 전체의 의사를 반영하기 위하여 교
육과정 심의회와 같은 자문기관을 설치하기도 한다. 또한 교육과정은 교
육목표를 달성하기 위한 다양한 교육 활동의 기준을 체계적으로 선정하고
조직하며, 이를 실행하는 과정과 성취한 결과를 포함하는 일련의 계획이
라 할 수 있다. 교육과정의 중요성에 비추어 볼 때, 교육과정 개정은 국가
적 차원에서 신중한 판단과 절차에 의해서 이루어져야 한다. 하지만 한국
의 교육과정 개정은 현재까지 정권의 통치 이데올로기와 홍보 그리고 행
정적 편의에 의해 이루어져 온 측면이 없지 않았으며, 그 결과 정권의 이

념적 성향에 따라 교육과정의 강조점이 달라지기도 하였다.

그렇다면 논의의 주제를 역사교육에 맞추어 보자. 개체로서의 인간은 또한 운명 공동체적 성격을 지닌 민족의 한 구성원이다. 그러기에 개체로서의 인간 완성에 노력하는 한편, 전체의 하나로서 민족 또는 인류 사회의 복지증진을 위하여 이바지할 수 있는 태도와 능력을 길러야 한다. 즉, 건전한 민족의식과 애국심, 또는 인류애의 정신을 체득하고 이의 달성을 위하여 헌신할 수 있어야 한다. 역사교육은 이러한 관점에서 반드시 요청되는 것이다. 역사교육의 목적은 첫째 역사학습을 통하여 민족의 전통과 문화에 대한 긍지를 제고하고, 둘째 국사교육과 아울러 세계사교육을 통하여 국제 이해력을 증진·배양하며, 셋째 역사적인 사고력과 판단력을 육성하여 바람직한 역사인식을 확립하는데 있다.

학생들이 지식을 습득하는데 있어서 많은 부분이 학교교육을 통해서 이루어진다. 또한 학교교육에서 교과서는 아직도 중요한 위치를 차지하고 있고 또 가까운 장래에도 계속 그럴 것이다. 이것은 학생들이 학교에서 배우는 다른 나라와 문화에 대해 갖게 되는 지식, 이미지, 관점에 아직도 교과서가 중요한 영향을 미친다는 것을 의미한다. 그러한 이유로 교과서 개선을 위한 노력은 국내뿐 아니라 전 세계적으로 이루어지고 있는 것이다.

학교 현장에서의 역사교육은 역사교과서를 기본 텍스트로 진행되지만, 역사교과서의 체제와 내용의 구성에는 교육 당국의 교육목표와 교육내용, 교과서 집필자의 주관적 역사인식이 개입된다. 아울러 수업 현장에서 교육의 담당자인 교사의 역사인식 또한 교과서의 내용과는 별개로 역사수업에 학생들에게 영향을 끼친다. 이렇게 학교 현장에서는 역사교과서라는 텍스트를 가지고 학생들을 대상으로 역사수업이 이루어지지만, 거기에는 역사교육에 관여하고 있는 여러 주체들의 주관이 필연적으로 개입될 수밖에 없다. 결국, 학생들은 역사교과서를 텍스트로 수업에 임하지만 학생들의 의식 속에 형성되는 역사적 사건이나 인물, 그리고 타 민족이나 국가에 대한 이미지는 교과서뿐만 아니라 교과서 외적 요인들, 아니 보다 구체적으로 말하자면 교과서를 중심으로 한 여러 주체들(교육당국자, 교과서 집필자, 교사)의 역사인식이 개입된 결과물이라고 할 수 있는 것이다.

역사교과서는 역사교육의 가장 기본이 되는 교재이며, 자라나는 2세들에게 그들이 속한 민족이나 국가에 대한 정체성과 국가관, 세계관을 형성하는데 영향을 끼치는 공교육에 있어서 매우 중요한 매개체라 할 수 있다. 그러나 역사적으로 볼 때, 역사교과서는 민족이나 국가 간의 불화와 대립, 적개심을 불러일으키고, 국제적 분쟁을 조장하는데 일정한 역할을 해왔음도 주지의 사실이다. 특히, 동아시아 지역 국가들의 경우, 학교교육에서 교과서가 차지하는 비중은 유럽이나 미국에 비해 훨씬 큰 것으로 알려져 있다. 이것은 다시 말해서, 다른 나라, 다른 문화에 대한 학생들의 이미지나 태도형성에 교과서가 구미 제국의 경우보다 더욱 큰 영향을 준다는 것을 의미한다. 게다가 동아시아 국가들에서 교과서는 가치판단의 준거대상이 되는 문헌으로서의 권위를 가지는 경향이 있는데, 이는 학교교육을 받고 사회에 진출한 일반인들이 갖는 타국, 타문화에 대한 이미지에도 영향을 끼칠 수 있음을 의미한다.

위와 같이 한 국가의 교육정책은 교육과정을 통해서 구체화 되며, 교육과정은 다시 교과별로 세분화된다. 그중에서 역사교육과정은 자라나는 2세들의 국가관이나 역사관을 형성하는데 중요한 역할을 하고 있으며, 역사교과의 운영방식, 교과서 발행제도, 교과서의 단원 및 내용구성 등이 국가에 의해 강하게 통제되는 경향을 보인다. 즉, 역사교과서의 내용은 대부분 '역사교육과정'에 의해 결정된다. 그리고 지구상의 거의 모든 나라에서 교과서는 국가의 인허가에 의해서 학교수업의 정식 교재로 채택된다. 여기에서 문제가 되는 것은 국가는 어떠한 형태로든지 역사교육에 개입하고 있다는 점이다.

　그렇다면 1945년 해방 이후 대한민국의 역사교육과정은 교수요목기에
서 2022년 개정교육과정까지 어떠한 논의와 결정을 거쳐 그 의미와 내용
이 변화됐을까. 자유당 정권, 제2공화국, 제3공화국, 유신독재, 신군부 시
대와 문민정부, 참여정부를 거쳐 오늘날에 이르기까지 대한민국의 역사교
육은 자라나는 2세들의 역사 인식에 어떠한 영향을 끼쳤는가. 바로 그러
한 문제의식을 느끼고 역사와교육학회는 동국대학교 역사교과서연구소와
더불어 지난 2015년부터 2021년까지 모두 일곱 차례 '대한민국의 역사교
육과정(교수요목기~제6차 교육과정)'을 주제로 학술대회를 개최하였고, 학술
대회에서 발표된 논문들은 저자들의 동의를 얻어 총 3권의 총서로 간행
하게 되었다. 총서 1권(16편)은 교수요목기에서 제2차 교육과정까지, 총서
2권(9편)은 제3차~제4차 교육과정까지, 총서 3권(10편)은 제5차~제6차 교
육과정까지를 다루고 있으며 총서 3권에 실린 논문은 총 35편이다. 총서
각 권의 프롤로그에서는 해당 교육과정이 형성되는 데 있어서 영향을 끼
친 정치적·사회적·학문적 배경을 언급하면서 논문 저자들이 중점적으로
다루고 있는 주제와 접근방법, 그리고 내용들을 간략하게 소개하고 있다.
모쪼록 이번에 간행된 총서가 대한민국의 역사교육과정에 관심이 있는 독
자 제위께 조그마한 도움이 되었으면 하는 바램이다.

　마지막으로 학문연구와 교육에 바쁜 와중에도 옥고를 단행본으로 출
간하는데 기꺼이 동의해 주신 저자 제위께, 그리고 출판시장이 불황임에
도 총서 출간에 응해주신 윤관백 도서출판 선인 대표님과 편집부 장유진
선생님께 깊은 감사의 마음을 전한다.

2024년 1월 12일
역사와교육학회 총서간행위원장 박재영

역사교육의 방향 전환
: 민주시민교육과 역사적 사고력의 강조

1

이 책은 역사와교육학회와 동국대학교 역사교과서연구소가 2015년부터 2021년까지 매년 1회씩 공동 주최한 각 교육과정기 국사과 교육과정과 국사교과서에 대한 학술회의에서 발표되고, 역사와교육학회가 발행하고 있는 학회지『역사와교육』을 비롯한 여러 학회지에 게재된 논문들을 수정·정리하여 3권의 시리즈로 출판한 것 중 제3권이다. 물론 이 중에는 이 학술회의에서 발표되지 않은 논문을 필자의 동의를 얻어 수록한 것도 있다. 그러한 논문도 역사와교육학회와 동국대학교 역사교과서연구소의 활동 속에서 이루어진 것이므로 함께 묶어 출판하여도 이 학술회의의 취지를 크게 벗어나지는 않는다고 판단하였다.

역사와교육학회는 동국대학교 역사교과서연구소와 공동으로 해방 이후 교수요목기부터 역사교육과정의 흐름과 특징을 파악하기 위하여 지속적으로 학술회의를 추진하고 있으며 이 책에서 다루는 제5·6차 역사교육과정 관련 글들은 그 여섯 번째와 일곱 번째 결실이라 하겠다.

1980년대 후반 민주화와 국제화라는 커다란 시대적 흐름 속에서 1987년과 1988년에 중학교 및 고등학교 제5차 교육과정이 개정·공포되었다. 정보화 사회로의 급속한 변화가 동반된 만큼 제5차 교육과정기에는 역사교육 역시 방향의 전환을 맞이하였다. 국정 교과서 체제라는 연속성 속에서도 민주화 시대로의 이행을 표방하며 시행되었고 다양하게 제기되는 사회적·교육적 요청과 함께 그간의 학문적 연구 성과를 반영하고자 노력한 교육과정이었다. 특히 교육과정 개편에 앞서 '준거안'을 작성하고 이를 교육과정 및 교과서 서술에 적용하게 한 점은 이 시기 개편 과정의 가장 큰 특징이다. 이는 80년대 이후 교과서 서술 문제에 대한 지속적인 비판과 함께 국가 교육과정이 의도하고 있는 것들이 교육현장에서 제대로 실현될 수 있도록 하는 데 필요한 국가 교육과정을 만들고자 한 '교육과정의 효율성 제고'라는 개정 전략을 배경으로 하고 있다.

이를 위해 제5차 교육과정의 교과서는 상·하 두 권으로 분량이 늘었고, 책 크기도 국판에서 신국판으로 커졌다. 전체 분량의 증가로 인해 이전 시기에 비해 다양한 자료를 수록하였고, '학습문제', '학습정리'와 같은 코너가 만들어져 학생들의 역사적 사고력 함양을 견인하였다. 다만 이전 시기와 동일하게 '사회' 교과로부터 '국사'가 독립되어 있었기 때문에 여전히 역사교육에 있어 국가주의적 성향을 탈피하지 못했지만, 교과 내용에 대한 여론과 언론의 개정 요구가 교육과정 전반에 대한 적극적인 개선을 이끌어내었다는 의의를 찾을 수 있다.

제6차 교육과정은 20세기를 마무리하고 새로운 시대를 준비하는 교육개혁의 일환으로 개정된 점에서 특별한 시대적 의미를 갖는다. 새로운 교육과정은 1992년 10월 30일에 제정되었는데, 이전에 교육부가 고시한 국가 수준의 교육과정을 각 학교에 통보하는 체제에서 교육부가 국가 수준의 교육과정 기준을 고시하고, 시·도 교육청에서 이것을 근거로 시·도 교육과정 편성·운영지침을 작성해 각 학교에 제시, 지도하는 개념으로 바뀌었다. 제6차 교육과정은 제5차 교육과정과 목표의 측면에서 동일하였기 때문에 두 교육과정의 표면상 차이는 크지 않으나, 학교급별 계열성이 분명해야 한다는 점, 사회변화와 학문적 성과가 충분히 반영되어야 한다는 점, 지역화 정신의 반영으로 향토사가 강조되고 국제 이해 교육의 일환으로 세계사와의 연계성이 심화되어야 한다는 점, 학습내용을 구체화하기 위해 학습요소를 제시해야 한다는 점 등 개정의 중점 사항은 이전 시기에 비해 진일보한 측면을 보여준다.

교육과정 개정의 과정에서 국민윤리 과목의 명칭 및 성격 조정, 국사 과목의 사회과 편입, '현대사회와 시민(공통사회)' 신설 등이 논란이 되었다. 특히 국사 과목의 사회과 편입이 역사학 및 역사교육학계, 그리고 언론과 시민사회의 비판에 따라 철회되어 국사과가 필수로 지정된 점은 본 교육과정에서 가장 주목되는 부분이다. 이러한 조치는 중등 역사교육이 정치적 목적에 의해 국사과와 사회과라는 두 독립 교과로 분리되어 이루어진 파행적 상황을 정상화한 조치라 평가된다. 나아가 시대 변화를 반영하여 오직 하나만으로 운영하던 교육과정을 개선하여 학생의 요구와 필요에 적합하도록 교육과정 구조의 다양화를 시도하였다.

제6차 교육과정기 국사 교과서의 집필 방향은 국사교과서를 국정에서 검정으로 전환하여 교과서에 다양한 관점을 반영할 수 있도록 하는 것과 기존에 사용하고 있던 국사교과서가 정권 홍보용으로 되어 있기 때문에 전면 개편이 필요하다는 점이 요구되었다. 그러나 1994년 이른바 '국사교과서 준거안 파동'으로 인해 교육과정의 개정 방향과는 다른 현상 유지적 개편이 이루어졌다. 비록 서술 체계와 형식은 보수적 개편의 수준을 벗어나지 못했으나, 내용에 있어서는 그간 축적된 연구성과를 통해 기존의 교과서와 차별화하고자 했음을 발견할 수 있다.

2

이 책은 제5차 교육과정기와 제6차 교육과정기의 역사교과서와 역사

교육을 주제로 개최된 역사와교육학회 학술대회에서 발표된 글을 중심으로 구성되었다. 제5차 교육과정기에 대한 연구는 신선혜, 허은철, 신유아, 최보영이, 제6차 교육과정기에 대한 연구는 조성운, 조영광, 이명미, 이승민, 유상수, 박지숙이 진행하였다. 그 내용을 살피면 다음과 같다.

신선혜는 제5차 교육과정기 고등학교 국사 교과서의 고대사 서술 특징과 배경을 살폈다. 제5차 교육과정기에 처음 마련된 '국정『국사』교과서 편찬 준거안'(이하 '편찬 준거안')의 확정 과정을 통해 당대 고대사에 대한 논쟁의 일면을 들여다보았다. 이와 함께 제4차 교육과정기부터 찾아지는 유사역사학계의 영향이 언론, 권력과 연계되며 제5차 교육과정기 교과서 서술에 반영되었음을 확인하였다. 그 밖에 신라 하대 6두품 대두, 칠지도 백제 하사설, 통일신라 왕권 전제화 등이 강조되고, 발해사 서술 비중이 확대된 점에 주목하였다.

허은철은 제5차 교육과정의 특징을 폭넓게 살피고 그 속에서 고려시대 서술 시각을 분석하였다. 고려시대에 대한 서술은 고려가 고대적인 골품 체제를 벗어나 유교 정치 이념의 새로운 구현을 시도했던 중세 사회라는 인식하에 서술되었음에 주목하였다. 이전보다 서술 분량이 대폭 늘어났으나, 새로운 주제나 활동으로 인한 것이 아니라 단순하게 이전에 다루었던 주제들을 더 자세하게 설명하는 방식으로 바뀌어 제5차 교육과정에서 강조하는 역사적 사고력 함양의 방향과 맞지 않음을 지적하였다.

신유아는 제5차 교육과정기 중·고등학교 국사 교과서의 조선 전기와 후기에 대한 인식과 1970~80년대 조선시대 관련 연구의 동향 속에서 국사 교과서의 서술을 살폈다. 제5차 교육과정기에서는 조선 후기와 근대와의 접근성이 강조되었고 15, 16세기 조선 사회의 구조를 이른바 '4신분설'에 입각해 파악한 점을 특징으로 보았다. 조선 후기 역사에서 근대적인 요소를 찾아내고 이것을 한국사가 내재적으로 발전한 근거로 삼은 시각은 주목되나 근대의 기준을 서유럽으로 삼은 점은 재고의 여지가 있는 것으로 파악하였다.

최보영은 제5차 교육과정의 '편찬 준거안' 구성 지침과 고등학교 국사 교과서의 근·현대사 서술 체제를 비교하고 서술 내용과 특징을 살폈다. 근·현대사 분야는 한국사 전반에 대한 식민주의 사관의 탈피와 맥을 같이 한다는 점에서 관심이 집중되었다고 보면서 현대사의 경우 제4차 교육과정기 교과서보다 양적, 질적으로 중요시되었음을 확인하였다. 다만 근대사는 민중의 시각에 중심이 두어져 서술된 것에 반해 현대사의 경우 몇몇 용어의 변화를 제외하고는 이전 교과서를 답습하였는데 이는 군부 독재 정권에서 비롯된 당대 정권의 영향이 배경이 되었다고 분석하였다.

조성운은 제6차 국사과 교육과정의 성립 과정과 성격에 대해 교육부, 한국교육개발원 등에서 생산된 1차 자료와 각종 신문의 기사를 주요 자료로 활용하여 살폈다. 특히 교육부 자료를 학계에 최초로 소개함으로써 이후 역사교육 연구 전반에 큰 활용이 기대된다고 할 수 있다. 제6차 국사과 교육과정은 역사학계의 연구성과를 반영하는 것을 원칙으로 삼았음에도 역사, 교육적 관점과 국민적 관점, 즉 정부와 기득권 세력의 관점이 고려된 편찬 방향으로 변화한 특징이 있음을 밝히며, 이는 향후 역사교육의 방향 설정에 있어서도 시사하는 바 큰 점임을 강조하였다.

조영광은 제6차 교육과정기 중·고등학교 국사 교과서의 고대사 서술을 분석하였다. 고등학교 국사 교과서의 경우 고조선의 영역이 크게 늘어난 점과 백제 건국 세력에 대한 기조 변화, 그리고 가야사 서술의 대폭 증가에 주목하였다. 중학교 국사 교과서의 경우 백제 요서진출설에 대한 완화된 서술과 신라와 고려의 통일을 민족 통일 국가의 성립 과정으로 설명한 점, 그리고 남북국시대 용어의 사용 빈도가 현저히 적어진 점을 지적하였는데, 이러한 변화는 진전된 연구성과가 반영된 결과로 파악하였다.

이명미는 제6차 교육과정 중·고등학교 국사 교과 각론 개정의 기본 방향과 주안점인 학교급별 내용 체계의 계열성 확보, 세계사에 대한 이해 반영, 역사적 사고력 함양의 측면에서 고려시대 서술을 살폈다. 그 결과 제6차 교육과정 국사 교과에서 기본 방향으로 제시한 시민 교육 혹은 역사적 사고력으로 대표되는 역량 함양 교육으로서의 역사교육이라는 방향성이 그 지향에 비해 내용 면에서 내실을 갖추지 못했음을 발견하였다. 이는 민족사의 발전을 체계적으로 이해한다고 하는 또 다른 역사교육의 방향성이 영향을 미친 결과로 파악하였다.

이승민은 제6차 교육과정기 고등학교 국사 교과서의 조선시대 서술 체제와 내용의 특징을 살폈다. 특히 "근세 사회의 발달"에서 서양과 동양의 근세를 함께 다룬 점은 개정의 기본 방향인 세계사에 대한 이해의 측면이 반영된 결과로 보이지만 한국 근세 사회와의 관련성에 대한 서술은 없어 단순 비교의 수준을 넘어서지 못함을 지적하였다. 이는 앞서 고려시대 서술에 대한 연구에서도 동일하게 지적된 점으로, 제6차 교육과정기 교과서 서술의 전반적인 한계로 생각된다. 아울러 "근세"에 대한 명확한 개념 설명이 없는 점은 제5차 교육과정기에 이어 제6차 교육과정기 교과서에도 발견되는 문제점으로 보았다.

유상수는 제6차 교육과정기 국사 교과서의 개편 과정과 현대사 서술의 특징을 분석하였다. 민주화라는 시대적인 분위기에 따라 '우리 민족'과 '반공'을 넘어서려는 첫 시도가 있었음에도 여론과 언론의 반대로 실패로 돌아간 점은 한계로 볼 수 있지만, 이전 시기에 비해 늘어난 근현대사 비중과 세부적인 서술 내용의 변화에 주목해야 함을 피력하였다. 특히 역사적 사건에 대해 전개 과정 중심의 설명이 아닌, 전개 과정과 함께 사건의 영향에 대해 종합적으로 서술한 점과 기존에 혁명으로 서술된 쿠

테타에 대한 용어 및 서술의 변화와 민주주의를 설명하기 위한 설명이 늘어난 점을 높이 평가하였다.

박지숙은 고등학교 국사 교과서의 서술과 함께 학습자료를 대상으로 하여 제6차 교육과정기 국사 교과서의 특징을 살폈다. 교과서 분석에 있어 내용뿐만 아니라 체제와 내용 조직의 특징, 사료, 사진, 지도, 도표 등 학습자료까지 폭넓게 분석해야 함을 역설하면서 제6차 교육과정기 교과서의 학습자료는 제시되기만 할 뿐 추가 설명이 없어 학생들의 호기심이나 질문을 이끌어내는 데 한계가 있음을 지적하였다. 그 배경으로 대학 교수 중심으로 구성된 교과서 집필진을 짚어내어 학생에 대한 교수 내용 지식의 부족에서 효과적인 학습자료의 구현이 실현되지 못한 것으로 파악하였다.

3

이 책은 역사와교육학회와 동국대학교 역사교과서연구소가 공동 주최한 제5차 교육과정과 제6차 교육과정기의 역사교육과 역사교과서에 대한 학술회의에서 발표된 논문(이 논문들은 역사와교육학회가 발행하는 『역사와교육』에 수록되었다)과 여타 학술지에 수록된 논문을 모은 것이다. 교수요목기부터 제6차 교육과정기까지의 학술회의를 통해 그동안 학계에서 주목되지 못했던 각 교육과정기의 역사교육과 역사교과서에 대한 연구가 한데 모아져 정리되었다는 점에서 학술적인 의미를 찾을 수 있다. 이번에 3권의 책으로 나오게 되어 역사와교육학회 학술이사로서 매우 기쁘게 생각하며, 이 책이 한국 역사 및 역사교육 관련 연구에 크게 활용되기를 기대한다.

신선혜(역사와교육학회 학술이사)

2장

6차 역사교육과정

1장

5차 역사교육과정

01

제5차 교육과정기 고등학교 『국사』 교과서의 고대사 서술 특징과 배경

신선혜

I. 머리말

5차 교육과정은 민주주의의 토착화, 사회 정의의 구현, 문화의 주체성 확립 등을 기치로 이에 맞는 자주적, 창조적 인간상을 제시하면서 1987년과 1988년, 중학교 및 고등학교 교육과정이 개정, 공포되었다. 여기에는 1986년 서울아시안게임, 1987년 6월 항쟁과 함께 1988년 서울올림픽 등을 통한 민주화와 국제화라는 국내의 커다란 변화의 과제와 함께 미·소 냉전체제의 붕괴와 급속한 정보화 사회로의 진전에 대한 대응이라는 전세계적 요청이 바탕에 있었던 만큼 이전과는 다른 교육목표의 설정이 이루어졌음을 알 수 있다.[1]

이때 교육과정 개정의 필요성은 무엇보다 역사교육의 방향전환에 대

---

1 『고등학교 교육과정 해설서』(1988.03)(이하 교육과정 및 교육과정 해설서는 국가교육과정정보센터(www.ncic.go.kr)에서 참고함)에는 개정의 배경으로 경제적인 발전, 민주화의 정착, 정보화 사회의 도래, 국제 경쟁 및 교류의 증대를 언급하였다.

한 목소리와 함께 논의가 촉발되었다고 생각된다. 1986년 5월에 열린 전국역사학대회에서 역사교육에 대한 국가, 사회의 지나친 요구는 오히려 역사교육을 퇴보시킬 수 있고, '국적 있는 교육'만 강조한 결과 학생들은 세계사 속에서 한국사가 차지하는 위치가 무엇인지 전혀 모르고 있다는 등의 주장이 제기된 것이다.[2] 이는 3·4차 교육과정이 집권의 정당성 확보와 군사독재의 유지를 위한 이념교육 강화의 산물로 평가되었다는 점에서 시사하는 바가 크며, 실상 5차 교육과정 개정을 위한 3차 협의회에서 "민족 중흥, 민족 사관에 대한 지나친 강조는 지양"한다고 논의를 정한 것이 이와 관련된다.[3]

이와 함께 1982년부터 시작된 일본의 역사 교과서 왜곡문제가 4년이 지난 시점까지 시정되지 않고 또다시 우익단체가 인쇄중인 『고교일본사』에 대한 문부성의 검정이 통과되자 이에 대한 대응으로서 국사교과서의 내용에 대한 전국민적 관심이 다시금 증대되었다.[4] 특히 왜곡의 상당부분이 고대사에 편중된 점에서 국사교과서 개편에 대한 유사역사학계의 개입을 예견하게 하였고,[5] 이와 관련하여 1990년 5차 교육과정기 국사교과서가 출간되기까지 실로 '국사교과서 파동'이라 일컬어질 만큼 험난하고 복잡다단한 과정을 거치게 된다.[6] 이에 이 시기 국사교과서의 고대사 서술과 관련하여 교과서 발간 후 얼마되지 않은 시점에 전론적 분석이 시

---

2 「역사교과서 '흥미'가 없다」, 『조선일보』, 1986년 6월 3일.
3 한국교육개발원(최용규·최석진), 『제5차 고등학교 국사과 교육과정 시안 연구 개발』, 1987, 13쪽.
4 「일 교원노조서도 비난」, 『동아일보』, 1986년 6월 5일; 「일 교과서 왜곡 시정 요청키로」, 『동아일보』, 1986년 6월 10일; 「일본의 복고역류」, 『조선일보』, 1986년 6월 17일; 「지엽만 건드린 일 교과서 수정」, 『동아일보』, 1986년 7월 9일; 「일 교과서 왜곡 대책협의」, 『조선일보』, 1986년 7월 10일 등.
5 「일 교과서 비판 앞서 우리도 고칠 곳 많다」, 『조선일보』, 1986년 7월 24일.
6 당시 교육부 역사담당 편수관이었던 윤종영의 회고를 통해 전말이 자세히 드러났다.(윤종영, 『국사 교과서 파동』, 혜안, 1999)

작되었고,[7] 이후 고대 국가 발달단계, 영토인식, 백제 요서 진출, 고조선 및 한군현, 삼국통일 및 남북국 서술과 관련하여 주목되었다.[8] 아울러 최근 유사역사학계와의 논쟁에 있어 이 시기가 다시금 조명되기도 하였다.[9] 이러한 연구들을 통해 4차 교육과정기 교과서와의 서술 차이점과 논점에 대한 파악이 가능해졌다.

다만 서술된 양상에 대한 파악에 앞서 '국사교과서 파동' 속에서 1987년에 확정된 '국정 『국사』 교과서 편찬 준거안'(이하 '준거안')의 내용을 살피는 과정이 선행되어야 한다.[10] '준거안'의 작성과 국사교과서 서술의 적용은 5차 교육과정기에 처음으로 시행된 교과서 개편과정이었기 때문이다.[11] 아울러 그러한 배경에 고대사에 대한 고조된 관심이 큰 부분을 차지함도 알 수 있어[12] '준거안' 확정의 과정을 통해 당대 고대사에 대한 논쟁의 일면을 더욱 구체적으로 들여다볼 수 있을 것으로 생각되기 때문이다.

---

7 금경숙, 「고등학교 「국사」교과서 내용 분석: 고대사 부분을 중심으로」, 『강원사학』 제8권, 1992.
8 박찬흥, 「제3차~제7차 교육과정 고등학교 『국사』 교과서의 고대 국가 발달단계론에 대한 서술 검토」, 『역사와 담론』 제54권, 2009; 이부오, 「제1차~제7차 교육과정기 국사교과서에 나타난 고대 영토사 인식의 변화」, 『한국고대사탐구』 제4권, 2010; 임기환, 「백제 요서 진출설과 역대 교과서 서술 검토」, 『한국사학보』 제63권, 2016; 임기환, 「3~7차 교육과정 국정 국사교과서의 고조선, 한군현 관련 서술의 변화」, 『사회과교육』 제56권 제1호, 2017; 박미선, 「교과서 속 삼국통일, 남북국 서술과 통일교육」, 『사학연구』 제133권, 2019.
9 조인성, 「고대사 파동'과 고조선 역사지도」, 『한국사연구』 제172권, 2016; 장미애, 「민족의 국사 교과서, 그 안에 담긴 허상-4, 5차 교육과정기 고등학교 국사 교과서를 중심으로」, 『역사비평』 제117권, 2016; 조인성, 「고대사 파동'과 식민주의 사학의 망령」, 『역사비평』 제118권, 2017.
10 '준거안'은 윤종영, 『국사 교과서 파동』, 혜안, 1999 참고.
11 "80년대 이후 국사 교과서의 서술 문제가 비판의 대상이 되어 왔고 제5차 교육과정 개정시기에 즈음하여, 이 문제가 더욱 가열되자 문교부는 '국사교육심의위원회'를 구성하여 중고등학교 「국사교육내용전개의 준거안」을 작성케하였다. 이에 제5차 국사과 교육과정에서는 동 준거안을 특히 참작하게 되었다"(『고등학교 교육과정 해설서』)
12 "최근의 학문적 동향과 연구성과를 반영하는데 유의하였다. … 학계의 일각에서 고대사의 재인식이 요구되고 있어, 국사 교육의 담당자들로 하여금 이를 어떻게 수렴할 것인가를 고민케 하고 있다. 이에 … 고대사에 대한 고조된 관심에 대해서도 이를 수렴하여 '고조선'을 최초의 국가로 이해시킬 것을 전제로 한 단원명, 주제명을 선정하였다"(『고등학교 교육과정 해설서』)

실상 '준거안'이 확정되기까지 몇 차례에 걸친 시안류가 개발되었다. 시안류라 함은 1987년 6월 '준거안'이 확정되기 전, 같은 해 3월에 발표된 '국사교과서 개편 시안'(이하 '시안')[13]과 함께 그에 앞서 1986년에 교육과정 개편이 논의되면서 1989년부터 사용될 중학교 국사교과서 편찬을 위해 작성된 '국사교육 내용전개의 준거안'(이하 '내용 전개 준거안')을 가리킨다.[14] 특히 '내용 전개 준거안'의 경우 항목 설명을 위한 〈참고 내용〉 부분에 당시까지 합의된 논점이 정리되어있어 이를 살피는 것이 5차 교육과정기 국사교육의 내용을 파악함에 중요한 부분이라 할 수 있다.

이후 이를 바탕으로 국사교과서의 서술에는 '준거안'(시안류 포함)이 어떻게 반영되었는지를 살피는 작업을 진행하고자 한다. 여기에는 4차 교육과정기 교과서 서술과의 비교도 동반되어야 할 것이다. 이를 통해 '준거안' 작성의 영향과 의의가 밝혀질 수 있을 것으로 기대한다. 아울러 '준거안'에 언급되지 않은 주제들의 서술 변화상을 살피는 것도 간과해서는 안 될 것이다. 대표적인 부분은 반구대 및 고령 암각화의 편년, 신라 중대 왕권의 전제화 등의 변화상이 주목되는데, 변화의 배경으로서 당대의 관련 연구성과를 살피고자 한다. 본고를 통해 이후 교과서 서술의 더 나은 방향이 모색될 수 있기를 기대한다.

---

13 시안의 내용은 「국사교과서 개편방향(시안) 주요내용」, 『동아일보』, 1987년 3월 25일의 내용을 통해 알 수 있다.

14 '1986년도 문교부 정책과제 연구비에 의한 논문'이라는 표제를 달고 있는 『국사교육 내용전개의 준거안』은 연구자 대표로 변태섭, 연구자로 김정배, 이기동, 신형식, 하현강, 한영우, 조동걸, 김흥수 등이 참여하여 작성되었다. 「서론」에서 중학교 교과서를 대상으로 한다고 하였으나, 「준거안」과 「참고내용」 부분은 고등학교에까지 적용되는 내용으로 작성되었다.

II. '국정『국사』교과서 편찬 준거안' 확정의 과정과 배경

1987년 6월 5일, '준거안'이 확정, 발표되었다. 총 35항목으로, 그 중 고대사가 17개를 차지하고 있는데, 이를 주제별로 대별하여 내용을 제시하면 다음과 같다.

[표 1] '국정『국사』교과서 편찬 준거안'의 고대사 항목

(1) 구석기시대를 전기, 중기, 후기로 세분하고 새로운 발굴 성과를 반영토록 한다.(구석기시대를 상술함)
(2) 한민족의 역사무대였던 동북지방(만주)의 고고학적 성과를 기술한다.
(3) 우리나라의 청동기 문화가 요녕지방과 동일문화권임을 주지시킨다.(청동기시대 상한과 국가기원과 중요한 관계가 있음)
(4) 고조선 초기에는 정치적, 문화적으로 요녕지역이 중심이었음을 설명하고, 이곳에서 주변 지역으로 발전하였음을 설명한다.
(5) 단군신화를 역사적 사실의 반영으로 파악하고, 고조선의 성립이 청동기 문화 위에 전개된 우리나라 최초의 국가형성이었다는 사실을 중시하며, 그 정치적, 문화적 수준이 발전된 단계에 이르렀음을 명기한다.(고조선의 출발이 청동기시대였음을 명확히 함)
(6) 기자의 동래와 기자조선의 실재를 부인하고 이에 대한 학설을 주에서 처리한다.(시안에 있었던 기자조선을 고조선의 정치적 변혁으로 설명한다는 것을 삭제함)
(7) 위만 이전의 고조선의 정치사를 보강하여 칭왕의 사실과 부왕, 준왕 등 실존 인물 및 정치상황을수록 한다.(아직까지 위만 등장 이전의 고조선 정치사는 공백으로 되어 있음)
(8) 한군현에 관해서는 근래의 학문적 성과를 유의하여 서술하되 그것이 한국사의 주류가 아니었음을 명확히 한다.(위치 문제는 주에서 처리함)
(9) 한국 고대의 국가발달 단계는 1.군장국가 2.연맹왕국 3.중앙집권국가의 순서로 기술함을 원칙으로 한다.(단, 중학교 교과서에는 세 단계를 명시하지 않아도 됨)
(10) 삼국의 건국 전설 내용을 기술하고 그에 반영된 역사적 사실을 설명한다(삼국사기의 시조와 건국연대)
(11) 백제의 중국 요서지방 진출의 사실을 명시하여 삼국인의 해외활동의 모습을 부각시킨다.
(12) 삼국 및 가야인의 일본 진출과 이들의 문화 전파가 일본에 큰 영향을 끼쳤다는 것을 명기한다.
(13) 이른바 임나일본부설의 허구성을 주에서 기술한다.(중학교에서는 기술치 않음)
(14) 삼국통일의 역사적 의의를 주체적인 민족주의 사관에 입각하여 서술하고, 특히 당군 축출을 위한 신라인의 투쟁을 높이 평가한다.
(15) 통일신라의 정치체제와 권력구조에서 나타나는 독자적인 특성을 부각시킨다.
(16) 통일신라의 문화는 삼국의 개별적인 전통문화를 하나로 융합하고, 그 위에 중국문화를 수용하여 민족문화로 성장한 것이었음을 밝힌다.
(17) 발해사의 비중을 높이고 신라와의 관계도 대립보다는 상호 교류하고 있었음을 기술한다.

[표 1]을 통해 삼국 이전의 항목이 8개, 삼국의 건국을 전후한 시기부터 통일 전까지 항목이 5개, 삼국통일 이후 항목이 4개로 나눠짐이 확인되는데, 이른바 '상고사'에 대한 부분이 가장 큰 쟁점이었음을 알 수 있다.[15] 이러한 '준거안' 마련의 직접적 계기는 『조선일보』가 1986년 광복절 특집으로 기획한 '국사 교과서 새로 써야 한다'의 11회 연재로 파악된다. 연재의 계기는 앞서 언급했던 일본의 역사교과서 왜곡에 대한 대응의 차원이었다.

> a) 일본은 역사를 민족 긍지를 촉진하는 교재로, 국민 단합을 위한 정신무장 도구로 활용하고 있다. 일본의 역사교과서 왜곡 의도는 바로 여기에 있다. … 이에 대응해야 할 우리나라의 역사교과서는 어떠한가. ① 현행 초·중·고교 국사교과서에는 고구려, 백제, 신라의 삼국의 시조마저 나오지 않는다. ② 일본이 주장하는 「임나경영설」을 분석, 비판하는 대목도 없다. 우리 국민들이 알고 있는 국사 지식도 일치하지 않고 있다. 광복 후 교과서 개정 때마다 내용이 크게 바뀐 것이다. 놀라운 것은 초등학교에서도 가르쳤던 ③ 고조선, 삼한, 삼국의 고대사가 63년부터 대폭 축소되어 주요 사실이 없어진 것이다. 국사교과서가 왜 이렇게 되었을까? 광복 41주년을 맞아 국사교과서의 변모와 현행 국사교육을 점검하는 특집을 연재한다.[16]

---

15 '상고사'란 일찍이 신채호가 『조선상고사』에 그 용어를 사용함이 시작이지만, 그는 고조선사를 중심으로 고구려 멸망까지를 범위로 하였다. 그러나 1987년 2월 정신문화연구원의 심포지움에서 신석기, 청동기 문화와 고조선사를 중심으로 국가 기원론을 다룬 뒤 '한국상고사의 제문제'라는 이름을 붙임으로써 대체로 고조선을 중심으로, 전후한 시기를 범위로 하는 용어로 인식되었다. 그러나 '고대사'라는 개념으로 충분히 설명될 수 있다.(송호정, 「최근 '한국상고사' 논쟁의 위험성에 대하여」, 『내일을 여는 역사』, 제56권, 2014, 135~136쪽)

16 「국사교과서 새로 써야 한다(1)」, 『조선일보』, 1986년 8월 15일.

그런데 위의 기사가 연재되기 한달 전, 국내 사학계에서 일본 역사교과서를 분석한 결과에는 고대사의 왜곡 항목으로 일본열도, 한군현, 임나경영설, 삼국문화의 일본 전파, 회화, 신라의 삼국통일, 통일신라시대의 대일 관계, 『일본서기』의 편찬 등 8개로 대별하여 논박되었다.[17] 이를 a)와 비교해 보면 변화되어야 할 세 가지 중 ①과 ③의 내용은 왜곡 항목과 직접적인 연결 관계를 찾을 수 없음이 확인된다. 이는 오히려 이미 한 차례 '고대사 파동'을 일으킨 바 있던 유사역사학계의 주장이 되풀이된 것으로 보이는데,[18] 다음의 기사는 그 영향 관계를 명확히 보여준다.

> b) 「증발된 한국고대사」아예 한국 역사 교과서에는 고대사 허리가 송두리째 빠져버리고 없다. 일본 식민사관의 원천적 배경을 이루는 무대인 삼국시대 전반기 수백년의 역사가 그림자조차 찾을 길 없는 것이다. 더구나 요즘 교과서에는 <u>10여 년 전까지만 해도 누구나 배웠던 사실, 고구려의 시조는 누구고 백제의 시조는 누구며 신라의 시조는 누구라는 것마저 온데간데없이 사라져 버렸다. ... 「정통사학과 재야사학」... 특히 재야사학 또는 비정통사학으로 불리는 연구학자들의 성과를 "소설이다, 위서다"라고 배척만 하지 말고 과감히 수용 발전시키는 공동노력을 시작해야 한다.</u>[19]

이렇듯 '준거안' 작성은 유사역사학계의 영향으로 인한 국민 여론을 수렴하기 위해 시작되었다. '준거안'에서 유사역사학계의 영향으로 판단

---

17 「한국사 자주성 부정-고대~현대 35항목 "변조"」, 『조선일보』, 1986년 7월 16일; 평화문제연구소, 「정밀보고서:일본의 교과서 왜곡: 한국사 자주성 부정-국내 사학계「신편 일본사」정밀분석」, 『통일한국』 제32권, 1986.
18 이와 관련하여 신선혜, 「제4차 교육과정기 고등학교 국사교과서의 고대사 서술 특징과 배경」, 『대구사학』 제136권, 2019 참고.
19 「동명성왕은 어디로 갔나」, 『조선일보』, 1986년 7월 31일.

할 수 있는 항목은 단군신화를 역사적 사실로 서술할 것과 백제의 요서 진출 및 『삼국사기』의 신빙을 통한 삼국의 건국 연대를 기술할 것 등인데 앞의 두 내용은 4차 교육과정기 국사교과서 서술에서도 발견되는 바,[20] 이러한 경향이 5차 교육과정기에까지 이어졌음을 확인할 수 있는 대목이다. 다만 『삼국사기』 초기 기록의 신빙에 대해서는 고고학계에서 1960년 대 후반부터 주장이 제기되고 있었으므로[21] 이를 유사역사학계의 영향으로만 치부하여서는 안 될 것으로 생각된다.

특히 한군현에 대한 서술여부는 '준거안' 이전의 두 가지 시안류에서는 다르게 언급되어 이에 대한 검토를 통해 '준거안' 확정의 배경에 더욱 다가갈 수 있다.

[표 2] 한사군에 대한 항목 서술 변화

전거	항목
'내용 전개의 준거안' (1986)	한사군의 위치나 낙랑 문화의 영향은 학계의 성과와 현재의 논의 과정을 주에서 설명해 준다.
'시안' (1987.3)	현행 교과서 본문에 수록돼있는 한사군 문제를 본문에서 제외, 주에서 설명한다.
'준거안' (1987.6)	한군현에 관해서는 근래의 학문적 성과를 유의하여 서술하되 그것이 한국사의 주류가 아니었음을 명확히 한다.(위치 문제는 주에서 처리함)

한사군의 문제에 있어 시안류 단계에서는 본문에서의 삭제가 제안되었으나 곧 '준거안'에서 서술하는 방향으로 기조가 변화된 배경은 윤종영의 회고를 통해 알 수 있다.

c) ('시안'의 수정과 관련하여) 논의 과정 중에서 특히 한사군 문제

---

20 이와 관련하여 신선혜, 「제4차 교육과정기 고등학교 국사교과서의 고대사 서술 특징과 배경」, 『대구사학』 제136권, 2019 참고.
21 김원룡, 「삼국시대의 개시에 관한 일고찰」, 『동아문화』 제7권, 1967, 1~33쪽.

에 대해 많은 의견들이 오갔다. ... 이 수정안에 대해 신형식, 송준호, 유영익, 정영호, 한영우 교수 등은 "한사군은 치욕의 역사이나 역사적 사실이니 마땅히 다루어야 한다. 한사군은 삼국의 발전과 중요하게 연관되어 있으며 중국문화의 유입 과정에서의 교량 역할, 또 이를 극복한 우리 민족의 저력 등을 서술하는 것은 국민교육 차원에서 필요하다"라고 주장하였다. 이에 대해 박성수 교수는 "한사군 문제는 일인들의 주장에 의해 한국사에 기술된 것이며 이를 인정한다면 한국사의 전체적인 맥이 서지 않는다. 더욱이 한사군 설치로 민족적 자각이 생겼다는 것은 일본의 식민주의 사관의 잔재다"라고 본문에서 삭제할 것을 주장하였다. ... 결국 "한사군에 대해서는 학문적 성과를 유의하여 서술하되 위치 문제는 주에서 다룬다"는 수정안이 나와 통과되었고 그 이외는 대체로 수정안대로 의견의 합의를 보았다.[22]

유사역사학계에서는 한사군이 중국에 있었으며 우리 역사에서 제외시켜야 한다고 주장한 것에 비해 역사학계에서는 한사군 서술 제거에 따른 부작용이 더욱 큼을 주장한 것이다.[23] 이러한 논란이 야기될 것임은 '내용 전개의 준거안'에서 한사군에 대한 서술 방향이 명확히 결정되지 않은 양상을 통해 예견되었다고 할 수 있다.

---

22 윤종영, 『국사 교과서 파동』, 혜안, 1999, 166~167쪽.
23 다만 '시안' 발표 후 '한사군'의 명칭이 '한군현'으로 바뀐 것과 관련해 민족사바로잡기 국민회의 위원이었던 윤희병이 「국사교과서개편방향 시안을 보고 진언」이라는 문서가 작성된 것과 관련하여 그 배경을 유사역사학계의 영향으로도 상정해 볼 수 있을 듯하다.(본 문서는 동국대학교 조성운선생님으로부터 전달받은 것이다. 귀한 자료를 선뜻 내어주신 선생님께 감사드린다) 윤희병은 환단사학회 회장을 역임하기도 하고 『한민족의 상고사』(한국정신문화연구원, 1985) 출판을 통해 환웅과 단군은 실존인물로서 환웅은 백두산과 흑룡강 사이에 배달국을 세우고 단군은 환웅초기 왕검이라는 직위를 받아 요동에 조선을 세웠다고 주장한 이다.(「정문연서 주제발표」, 『매일경제』, 1984년 11월 27일) 그를 비롯한 유사역사학계에서는 『환단고기』를 근거로 한사군의 설치 자체를 부정하기도 하는데, 본 문서에서도 그러한 기조가 확인된다.

d) 한사군의 위치비정문제가 지금까지 논란이 되는 것은 첫째, 연구의 부족과 이를 보는 시각이 상당한 차이가 나고 있기 때문이다. 이 문제는 다 아는 바와 같이 일본인들이 주로 많은 연구를 하였고, 그 결과 위치는 사군이 한반도 내에 있는 것으로 나타나게 되었다. 우리나라 사람으로는 斗溪(이병도-필자주)의 업적이 여기에 속하고 있다. ... 비록 前漢代의 유물은 잘 보이지 않고 後漢代의 유물이 많다고 하여도 사군과 관련이 있다고 주장되는 지역에서 한 대의 유물들이 나오고 있는가 하는 점은 풀어야 할 숙제이다. ... 사군의 위치 비정 문제는 한반도 안팎 어디서 구하든 간에 강점과 약점을 모두 가지고 있으므로 이 문제는 앞으로 집중적인 종합 검토가 있어야 할 문제라고 보고자 한다.

실상 '내용 전개의 준거안'은 한사군 관련 내용을 제외하면 '준거안'과 동일한 내용으로 구성되어 있다. 나아가 〈참고 내용〉에서 항목 설정의 배경을 설명하고 있으므로 이후 '준거안'의 연구성과적 배경을 이를 통해 파악할 수 있다는 점에서 5차 교육과정기 국사교육과 관련된 연구에서 중요시되어야 할 자료라고 할 수 있다. 세부 내용은 다음 장에서 국사교과서 서술내용과 함께 살피기로 하고, 이 장에서는 주제만을 제시하여 '준거안'과 논의점이 동일함을 확인하고자 한다.

[표 3] '내용 전개의 준거안'의 〈참고 내용〉 주제

1. 인접국가의 구석기 기술문제
2. 구석기시대 반영문제(전기, 중기, 후기 세분)
3. 신석기시대 문제
4. 빗살무늬토기 문제
5. 무늬없는토기(무문토기) 문제
6. 예맥족 문제
7. 우리나라 청동기문화의 요령지역 연계 문제
8. 단군기사 문제
9. 고조선 문제
10. 한사군 문제

11. 국가의 발달 단계를 나타내는 용어 문제
12. 건국연대와 이를 표기하는 문제
13. 건국설화와 건국자의 이름을 표기하는 문제
14. 백제 위례성의 위치 문제
15. 변한과 가야의 관계를 서술하는 데 있어서의 문제
16. 가야의 지역 세력 이름을 기술하는 문제
17. 가야연맹의 실체와 그 정치적 통합이 성공하지 못한 까닭을 서술하는 문제
18. 백제의 중국 진출 문제
19. 삼국문화의 일본전파 문제
20. 이른바 임나경영설에 대한 비판적 서술을 확대하는 문제
22. 삼국시대 경제 생활에 대한 서술 문제
23. 삼국시대 과학기술에 대한 서술 문제
24. 삼국시대의 사회와 문화에 대한 서술 문제
21. 나당전쟁과 삼국통일에 대한 서술 문제
25. 통일전쟁에 있어서의 외세(당)의 영향력 문제
26. 신라 통일의 역사적 의의 문제
27. 남북국시대의 사회와 문화 문제
28. 통일신라 전제왕권의 성격 문제
29. 상대등과 시중의 성격 문제
30. 통일신라 권력구조의 특질 문제
31. 골품제도, 화백, 화랑도의 성격 문제
32. 통일신라의 경제제도의 성격 문제
33. 통일신라의 해외활동의 방향 문제
34. 발해사에 대한 서술 문제
35. 통일신라 문화의 성격 문제
36. 통일신라의 불교문제를 어떻게 서술할 것인가 하는 문제
37. 통일신라 문화의 일본전파 강조 문제
38. 6두품계열의 활동을 늘릴 필요성에 관한 문제
39. 도당유학생의 설명을 추가하는 문제
40. 호족의 설명을 늘려야 하는 문제
41. 궁예, 견훤 등의 해설에 부정적인 견해만 아니라, 긍정적인 면도 부각시켜야 하는 문제

[표 1]과 [표 3]을 비교하면 밑줄 친 부분이 동일하게 다뤄지고 있음을 알 수 있는데, '준거안'의 내용은 이미 '내용 전개의 준거안' 단계에서 확정되었고 유지되었던 것이다. 1987년 2월에 한국정신문화연구원이 '한국상고사의 제문제'라는 주제로 개최한 학술회의에서 역사학계는 유사역

사학계의 혹독한 도전을 정면으로 당하였지만,[24] 실상 그들의 주장이 그 대로 받아들여지지는 않은 것으로 판단됨은 '내용 전개의 준거안'을 통해 확인된다.[25] 이를 1987년 6월항쟁 이후 유사역사학계의 목소리가 낮아졌 기 때문이라고 파악한 견해를 참고한다면[26] 이후 5차 교육과정기 국사교 과서 서술에는 그간 폭발적으로 증가한 연구성과의 다양성을 어떻게 국 정화 된 교과서에 담아내는가라는 문제가 관건이었을 것임을 짐작해볼 수 있다.

III.『국사』교과서 서술 체계와 내용의 검토

1. '국정『국사』교과서 편찬 준거안' 반영의 실제

'준거안'의 국사교과서 반영 양상은 단원 구성을 통한 체제의 변화와 서술 내용을 통해 파악할 수 있다. 먼저 단원 구성을 4차 교육과정기 교 과서와 비교하면 다음과 같다.

---

24 그 전말은 학회가 끝난 후 한국정신문화연구원에서 발간한 『한국상고사의 제문제』 (1987)의 종합토론 부분에 전재되어있으며, 윤종영의 회고(『국사 교과서 파동』, 혜안, 1999)를 통해서도 알 수 있다.

25 '고대사 파동'을 일으킨 비학문적인 주장이 그대로 받아들여진 내용은 없다고 본 견해가 있다.(조인성, 「'고대사 파동'과 고조선 역사지도」, 『한국사연구』 제172권, 2016, 11쪽)

26 박찬승, 「분단시대 남한의 한국사학」, 『한국의 역사가와 역사학(하)』, 창작과비평사, 1994, 351쪽.

[표 4] 단원 구성의 변화

『국사』(1983)	『국사』(1990)

Ⅰ. 고대 사회의 발전
 1. 우리 역사의 시작
  (1) 선사 시대의 사회와 문화
  (2) 고조선의 건국과 발전
  (3) 철기 문화와 사회의 발전
 	
 2. 삼국의 성립과 발전
  (1) 삼국의 성립
  (2) 삼국의 대외 관계와 민족 통일
 	
 3. 삼국 시대의 사회와 문화
  (1) 삼국 시대의 사회
  (2) 삼국 시대의 문화
 	
 4. 통일 신라와 발해의 발전
  (1) 통일 신라의 발전
  (2) 발해의 건국과 발전
  (3) 신라의 학술과 불교 문화의 발달
  (4) 신라의 예술
  (5) 신라 말기의 사회 변동
	Ⅰ. 선사 문화와 국가의 형성
	 1. 선사 문화의 전개
	  (1) 자연 환경과 한민족의 형성
	  (2) 구석기 문화
	  (3) 신석기 문화
	
	 2. 국가의 형성과 문화
	  (1) 청동기, 초기 철기 시대
	  (2) 고조선의 건국
	  (3) 여러 나라의 성장
	
	Ⅱ. 고대 사회의 발전
	 1. 고대 사회의 형성
	  (1) 고대 사회의 성격
	  (2) 삼국의 성립과 고대 사회
	
	 2. 고대의 정치와 그 변천
	  (1) 정치적 발전과 중앙 집권화
	  (2) 정치 구조의 정비
	
	 3. 고대의 사회와 경제
	  (1) 고대의 사회 체제
	  (2) 고대의 경제 생활
	
	 4. 고대 문화의 발달
	  (1) 고대 문화의 성격
	  (2) 사상의 발달
	  (3) 학문과 기술의 발달
	  (4) 예술의 발달
	  (5) 고대 문화의 일본 전파

[표 4]와 같이 단원 구성 상의 가장 큰 변화는 대단원이 2개로 분리, 내용이 증가된 것이다. 이러한 분리는 그간의 증가된 고고학적 연구성과를 반영하기 위함이 일차적 배경이라 생각되지만, 이와 함께 청동기시대의 시작이 국가의 형성과 관련된다는 '준거안' (3)을 적용하기 위한 구성 변화라 하겠다. 결국 고조선에 대하여 역사성과 국가적 성격에 대한 이해를 새롭게 제시하고자 한 것이다.[27] 그러나 이는 일반적으로 고대사가

---

27 차미희, 『한국 중, 고등학교의 국사교육』, 교육과학사, 2011, 217쪽.

고대국가의 성립을 기점으로 하는 것과 배치된다. 고대 국가의 성립 이전에 '국가', '나라'가 등장할 수 있는가라는 점이 문제가 된다.[28] 이는 국가발달단계에 대한 교과서 서술과 함께 이후에 다시 논의해보고자 한다.

또 하나의 변화는 중단원명에 통일신라와 발해가 드러나지 않는다는 점이다. 개화기 이후 삼국통일론과 남북국시대론의 두 가지 인식은 병존하고 있었고, 1차 교육과정 교과서에서부터 줄곧 통일신라와 발해가 중단원 혹은 소단원명에 드러났는데, 5차에 이르러 '고대'의 범주 안으로 들어간 것이다. 이를 통해 이전시기까지 '고대'의 하위에 '선사', '삼국', '통일신라', '발해' 등이 포함되면서 시대구분의 개념이 모호하게 적용되었다면 이제는 '선사'와 '고대'가 삼국을 기준으로 구분된다는 점이 강조되었음을 알 수 있다. 이러한 변화는 '준거안'(17)에서 말한 바, 두 나라의 관계를 상호 교류의 측면에서 부각시키는 데에 효과적인 방법으로 구상된 것으로 보인다. 이에 주제사를 택하면서도 시대를 통괄할 수 있게 노력한 것으로 평가되기도 한다.[29] 다만 교과서의 서술에서는 두 국가를 가리켜 '남북국'이라 칭하기도 하고,[30] 6차 교육과정 국사교과서의 중단원에 다시 통일신라와 발해가 등장하며 7차에 이르러 남북국 시대로 단원명이 확정된 점을 보면 통일신라(남국)와 발해(북국)를 대칭 관계로 표출하는 것이 시대상 이해에 더욱 용이하다고 판단된 것이 아닐까 한다.[31]

---

28 박찬흥, 「제3차~제7차 교육과정 고등학교 『국사』 교과서의 고대 국가 발달단계론에 대한 서술 검토」, 『역사와 담론』 제54권, 2009, 77쪽.

29 최완기, 「고등학교 「국사」 교과서의 내용구성과 특성」, 『역사교육』 제48권, 1990, 188쪽. 다만 '선사'의 개념 역시 모호하다고 지적하며 원시시대 혹은 원시사회로의 표기가 더욱 적절할 것임을 피력하는 견해도 있다.(박찬흥, 「제3차~제7차 교육과정 고등학교 『국사』 교과서의 고대 국가 발달단계론에 대한 서술 검토」, 『역사와 담론』 제54권, 2009, 80~81쪽)

30 『국사』(1990)의 "고대의 경제생활" 부분은 "삼국의 경제생활"과 "남북국의 경제생활"로 나뉜다.

31 '내용 전개의 준거안'에서는 단원명을 "남북국시대의 사회와 문화"로 바꾸는 것을 제안하였다.(변태섭 외, 『국사교육 내용전개의 준거안』, 문교부, 1986, 52쪽)

그렇다면 교과서 서술에서는 '준거안'이 어떻게 적용, 변화되었는지 살펴보고자 한다. '준거안'의 항목을 모두 대상으로 하기에는 방대한 내용이므로 고조선 건국과 세력범위(비파형동검 및 한사군 관련 포함), 국가발달단계(삼국의 건국연대 관련 포함), 백제의 요서진출 부분을 중심으로 살펴보고자 한다.

[표 5] 고조선과 한사군 관련

	『국사』(1983)	『국사』(1990)
① 단군과 고조선	삼국유사에는 하느님의 아들인 환웅과 곰의 변신인 여인 사이에서 출생한 단군 왕검이 기원전 2333년에 고조선을 건국하였다는 내용이 실려 있다. (주) 단군의 건국에 관한 기록은 삼국유사, 제왕운기, 응제시주, 세종 실록 지리지, 동국여지승람 등에 나타나고 있다. 이와 같은 건국에 관한 내용은 세계 여러 나라에서 흔히 볼 수 있는 건국 신화와 같은 유형이다. 천신의 아들이 내려와 건국하였다고 하는 단군 건국의 기록은, 우리 나라의 건국 과정의 역사적 사실과 홍익 인간의 건국 이념을 밝혀 주고 있으며, 고려, 조선, 근대를 거치면서 우리 민족의 전통과 문화의 정신적 지주가 되어 왔다.	가장 먼저 국가로 발전한 것은 고조선이었다. 고조선은 단군 왕검(檀君王儉)에 의해 건국되었다고 한다(B.C. 2333). 단군 왕검이란, 당시 지배자의 칭호였다. 고조선은 요령 지방을 중심으로 성장하여, 점차 인접한 군장 사회들을 통합하면서 한반도까지 발전하였다. 이와 같은 사실은 출토되는 비파형 동검의 분포로 알 수 있다. 고조선의 건국 사실을 전하는 단군 이야기는, 우리 민족의 시조 신화로 널리 알려져 있다. 단군 이야기는 오랜 세월을 거치면서 전승되어 기록으로 남겨진 것이다. 그러는 사이에 어떤 요소는 후대에 새로이 첨가되거나 또는 없어지기도 하였는데, 이것은 시대에 따라 관심에 차이가 있었기 때문이다. 이 기록은 청동기 문화를 배경으로 한 고조선의 성립이라는 역사적 사실을 반영하고 있다. (주) 단군의 건국에 관한 기록은 삼국유사, 제왕운기, 응제시주, 세종 실록 지리지, 동국여지승람 등에 나타나고 있다. 천신의 아들이 내려와 건국하였다고 하는 단군 건국의 기록은, 우리 나라의 건국 과정의 역사적 사실과 홍익 인간의 건국 이념을 밝혀 주고 있으며, 고려, 조선, 근대를 거치면서 우리 민족의 전통과 문화의 정신적 지주가 되어 왔다.

	『국사』(1983)	『국사』(1990)
② 고조선의 세력범위	고조선은 요서 지방 일대까지 자기의 세력권으로 하여 중국과 맞설 수 있었다. 〈지도 없음〉	 고조선의 세력 범위 (주) 고조선의 세력 범위는 청동기 시대를 특징짓는 유물의 하나인 비파형 동검(요령식 동검)이 나오는 지역과 거의 일치하고 있다.
③ 한사군 관련	한은 고조선이 자기네들의 무역을 방해할 뿐만 아니라 요동 지역을 위협하였으므로, 대군을 이끌고 침입하였다. 고조선은 이에 대항하여 1년간이나 싸웠으나, 왕검성이 함락되면서 망하였다(B.C. 108). 한은 고조선의 일부 지역에 낙랑, 진번, 임둔, 현도의 4군을 두었다. 그러나, 우리 민족은 이에 대항하여 이들을 축출하면서 계속 발전하였다. (주) 한이 고조선 지역에 설치하였다는 4군현의 위치에 대해서는 만주와 한반도 북부설과, 요동·요서 지방설이 있다.	이러한 경제적, 군사적 발전을 기반으로 고조선은 한과 대립하게 되었다. 이에 불안을 느낀 한 무제는, 수륙 양면으로 대규모의 무력 침략을 감행하였다. 고조선은 1차의 접전에서 대승을 거두었고, 이후 약 1년에 걸쳐 한의 군대에 완강하게 대항하였으나, 마침내 왕검성이 함락되어 고조선은 멸망하였다(B.C. 108). 고조선이 멸망하자, 한은 고조선의 일부 지역에 군현을 설치하여 지배하려 하였으나, 지역 토착민의 강력한 반발에 부딪혔다. 그리하여 그 세력은 점차 약화되었고, 드디어 고구려의 공격을 받아 소멸되었다(313).

[표 5]에서 확인되는 가장 큰 변화는 ②의 지도의 등장이라 할 수 있다. 이는 비파형 동검의 분포를 바탕으로 만들어진 것으로, 동이족의 분포 범위와 겹쳐 제시함으로써 고조선의 범위를 더욱 넓게 인식하게끔 만

들고 있다.[32] 고조선 세력범위의 근거를 비파형동검의 분포에서 찾은 점은 1980년대 활성화된 비파형동검에 대한 연구가 반영된 것이다.[33] 그러나 비파형 동검 분포 권역을 세력범위로 설정한 것은 비약일 수 있다. 즉 비파형 동검의 분포는 이를 사용하였던 사람들의 분포를 알려주는 것이지 정치적 영향력이 미치는 지역을 의미하는 것이 아니다. 이와 함께 '청동기의 보급' 부분에서 비파형 동검이 만주와 한반도 북부는 물론 남부 지역에서도 발견되고 있다고 한 점에 따르면 한반도 전 지역이 고조선의 세력 범위에 포함되어야 할 것이지만 지도에서는 그렇게 표현되지 않았다.[34] 고조선의 강역에 대해 '내용 전개의 준거안'에서는 "지나치게 크게 확대해서 보려는 경향은 올바른 국사교육을 위해 좀 더 신중해야 한다"고 경계하였음에도[35] 교과서 서술의 단계에서는 지도에 왜곡되어 반영되었던 것이다.

다만 '준거안' (4)가 반영된 고조선 중심지 이동설의 반영은 비교적 긍정적으로 평가할 수 있다. 이는 4차 교육과정 개정의 시기를 즈음하여 주장되었으나 당시에는 반영되지 않았는데, 이때에 이르러 다시금 강조되면서 반영된 것이라 할 수 있다.[36]

---

32 이를 '고조선 이미지 만들기'로 표현하기도 한다. 이와 함께 고조선 이후 건국된 국가들의 발전단계를 서술하지 않는 방식으로 강력한 고대국가로서의 고조선을 부각시켰다고 분석하기도 한다. 이는 '준거안'에서 제시한 한국 고대 국가의 발달단계(군장국가-연맹왕국-중앙집권국가)와도 부합하지 않는 서술이다.(장미애, 「민족의 국사 교과서, 그 안에 담긴 허상-4, 5차 교육과정기 고등학교 국사 교과서를 중심으로」, 『역사비평』 제117권, 2016, 263~264쪽)

33 윤무병, 「요령지방의 청동기문화」, 『한국상고사의 제문제』, 한국정신문화연구원, 1987; 김정학, 「고고학상으로 본 고조선」, 『한국상고사의 제문제』, 한국정신문화연구원, 1987.

34 조인성, 「'고대사 파동'과 고조선 역사지도」, 『한국사연구』 제172권, 2016, 19~20쪽; 임기환, 「3~7차 교육과정 국정 국사교과서의 고조선, 한군현 관련 서술의 변화」, 『사회과교육』 제56권 제1호, 2017, 31쪽.

35 변태섭 외, 『국사교육 내용전개의 준거안』, 문교부, 1986, 43쪽.

36 서영수, 「고조선의 위치와 강역」, 『한국사 시민강좌』 제2권, 일조각, 1988.

한편 앞서 한사군의 문제에 대해 서술방향의 변화가 있었던 점을 살펴보았는데, 『국사』(1990)에는 한사군의 명칭뿐만 아니라 '고조선의 일부 지역'이라고만 서술함으로써 위치문제를 주에서 서술한다고 한 '준거안' (8)의 비중보다도 축소하여 서술하였다. 한사군에 대한 문제가 유사역사학계의 영향을 받은 쟁점 중 큰 부분을 차지했음을 다시 한번 확인할 수 있다.[37]

실상 한군현은 근대의 식민지와는 전혀 성격이 다르다. 대표적으로 낙랑군은 그 존속 기간 동안 어느 정도의 변화는 있었지만 식민지라기보다는 중국 왕조의 변방 군현으로, 한반도와 만주 일대에 존재하고 있던 여러 국가나 민족들과 교섭하는 창구 내지는 무역중계지 역할을 한 것으로 볼 수 있다. 또한 낙랑 지역에서는 고조선 주민과 이주 한인 사이에 종족적, 문화적 복합이 진행되어 이른바 '낙랑인'이 형성되었다고 보는 연구방향도 최근 등장하였다.[38] 이에 낙랑군을 중국 군현이 아닌, 한국사 속에서 바라보아야 한다는 주장이 제기된 점도 일면 수긍할 수 있다.[39]

다음으로 '준거안' (9), (10)과 관련하여 해당 부분의 교과서 서술을 살펴보고자 한다.

---

37 위만조선의 왕검성이 한반도 평양지역에 있음이 학계의 정설임에도 기술하지 않은 점은 고대사 파동의 후유증이라 할 수 있다.(임기환, 「3~7차 교육과정 국정 국사교과서의 고조선, 한군현 관련 서술의 변화」, 『사회과교육』 제56권 제1호, 2017, 31쪽)

38 오영찬, 『낙랑군 연구』, 사계절, 2006.

39 임기환, 「3~7차 교육과정 국정 국사교과서의 고조선, 한군현 관련 서술의 변화」, 『사회과교육』 제56권 제1호, 2017, 42쪽.

[표 6] 국가발달단계와 삼국의 건국 관련

	『국사』(1983)	『국사』(1990)
① 고대 국가 발달 단계	철기 문화가 보급되면서 만주와 한반도 각 처에 많은 나라들이 성립되었다. … 또, 이들은 처음에는 부족 연맹적 형태를 가졌으나, 점차 정치 제도를 정비하여 삼국 성립의 터전을 마련하게 되었다. … 세력이 강한 부족장은 주변의 여러 읍락을 통합하고 점차 그의 권력을 강화하면서 국 가를 이룩하게 되었다. … 삼국 초기의 지배 세력이었던 강한 부족장 이 우세한 경제적 지위를 가지고 노비와 일반 민중을 더욱 강력하게 지배할 수 있 게 되었다. … 우리 나라에서는 고대 왕국의 성립과 발전 이 중국보다 늦었다. 그것은, 고대 왕국으 로 성장하려던 고조선이 한의 침입을 받은 이후, 한의 분열 정책으로 각 부족의 통일 세력의 성립이 방해를 받았기 때문이다.	청동기 문화의 발전과 함께 군장이 지배하 는 사회가 출현하였다. 이들 중에서 세력 이 강한 군장은 주변의 여러 사회를 통합 하고, 점차 권력을 강화하여 갔다. 가장 먼 저 국가로 발전한 것은 고조선이었다. … 삼국 시대는 우리 나라 역사에서 중앙 집 권 국가가 성립하여 발전한 시기이다. … 중앙 집권 국가에 앞서, 철기 문화를 바탕 으로 한 연맹 왕국이 성립되어 있었다. 연 맹 왕국은 군장 국가가 발전한 국가 형태 로서, 국왕이 출현하고, 국가 조직이 갖추 어져 있었다. 그러나 아직도 종래의 군장 세력이 자기 부족에 대한 지배권을 행사하 였기 때문에, 집권 국가로서는 일정한 한 계점을 가지고 있었다.
② 삼국의 건국	건국 시조 및 연대에 대한 서술 없음	고구려는 … 서력 기원 전후에 도읍을 압 록강 중류 통구 지방의 국내성으로 옮겼는 데, 이후 고구려는 이 곳을 중심으로 하여 발전해 나갔다. … 백제는 한강 유역에 위치한 마한의 한 소 국으로부터 출발하였다. 기록에 의하면, 고 구려 주몽의 아들 온조가 남하하여 하남 위례성에 도읍을 정하고 백제를 세웠다고 한다(B.C. 18). … 경주 지방의 사로국으로부터 발전한 신라 는 삼국 중에서 가장 늦게 중앙 집권 국가 로서의 모습을 갖추었다. 기록에 의하면, 신라는 박혁거세에 의해 건국되었다고 한 다(B.C. 57).

국가발달단계는 각 교육과정별(검인정시기의 경우 교과서별) 다르게 적용

되었다.[40] 이는 그만큼 시기별로 새로운 연구성과들이 도출되고, 이를 교과서에 적용한 것으로 볼 수 있는데, 이와 관련하여 5차 교육과정기의 가장 큰 특징은 '부족국가' 혹은 '부족연맹체'라는 개념이 아닌 '군장국가'가 등장하는 것이다. 이는 1980년 이후 등장한 Chiefdom이론과 관련된다. 다만 이때는 '군장국가'가 아닌 '군장사회'로 통용되었는데, 이 단계는 국가에까지는 이르지 못하였기 때문에 성격상 준국가 단계, 또는 군장에 의해 통솔되는 특징이 있어 군장사회라고 한 것이다.[41] 실상 『국사』(1990)에서 사용된 군장국가가 Chiefdom 단계를 말한다는 점은 교육과정에서 밝힌 바 있다.[42] 이에 대해 '내용 전개의 준거안'에서는 Chiefdom을 국역함에 '군장사회', '추장사회', '수장사회', '족장사회', '추방사회' 등 다양하므로 의견의 일치를 보지 못하는 상황에서는 '군장국가'로 한다고 하였다.[43] 이는 성읍국가론에서 성읍국가를 대신하는 용어로 제안된 것으로[44] 실제 Chiefdom으로부터 State로 진전되는 단계이므로 '군장국가'로 표기해도 무방하다는 것이다.[45]

그러나 군장사회와 군장국가는 엄연히 다른 단계이다. 군장사회는 국가 발생 이전을 칭하는 것이므로 군장과 국가는 혼용될 수 없는 개념이다. 이러한 개념을 교과서 필자가 이해하고 있었음은 ①의 밑줄 친 부분을 통해 알 수 있다.[46] 다만 이후의 단계인 연맹왕국의 경우 이전 시기 성

40 이와 관련하여 신선혜, 「제2차 교육과정기 한국 고대사 연구와 국사교과서의 서술 검토」, 『역사와교육』 제24권, 2017 참고.
41 김정배, 『한국고대의 국가기원과 형성』, 고려대 출판부, 1986.
42 『고등학교 교육과정 해설서』, 146~147쪽.
43 변태섭 외, 『국사교육 내용전개의 준거안』, 문교부, 1986, 45~46쪽.
44 이기백, 『한국고대의 국가와 사회』, 일조각, 1985, 89~90쪽.
45 이기동, 「한국고대국가기원론의 현단계」, 『한국상고사의 제문제』, 한국정신문화연구원, 1987, 178~181쪽.
46 이를 교과서가 서술되는 과정에 원래 군장사회론의 견해가 그대로 살아남게 되었다고 평가한 바 있다.(박찬흥, 「제3차~제7차 교육과정 고등학교 『국사』 교과서의 고대 국가

읍국가론에서 가져온 개념으로, Chiefdom론과 성읍국가론이 절충된 양상으로 해석된다.[47] 이러한 절충양상은 '시안'의 단계에서 청동기시대 상한과 국가기원을 관련지으려 한 점을 통해 지적된 바 있는데,[48] 아마도 다양한 견해를 수렴하는 과정의 어려움을 보여주는 부분이 아닌가 한다.

이와 더불어 중앙집권국가의 개념 역시 상대적인 것으로, 삼국시대 이전 시기의 사회 또는 국가보다 상대적으로 중앙 집권되었다는 서술은 가능하지만, 중세, 근세, 근대사회의 국가보다 중앙 집권되었다고 보기 어려운 점에서 고대 사회의 국가를 중앙집권국가로 명명하는 것은 타당하지 않다는 지적도 참고된다.[49]

한편 ② 역시 5차 교육과정기 교과서부터 나타나는 특징적 부분이라 할 수 있는데, 이는 대체로 유사역사학계가 『삼국사기』 초기기록을 불신하는 경향을 식민사학으로 규정한 것과 관련된다. 그런데 역사학계가 『삼국사기』 초기기록을 모두 믿지 않는다고 파악하는 것은 명백한 오류이다. 앞서 1960년대 후반부터 고고학계에서 『삼국사기』의 초기기록 연대를 신빙할 수 있는 성과들이 도출되었던 점을 언급하였는데, 실상 이와 함께 역사학계에서는 이른바 수정론적 입장에서 『삼국사기』 초기 기록을 연구에 활용하고 있다.[50] 이렇게 본다면 건국 시조의 내용을 서술하는 것은 설화가 역사적 배경을 토대로 두고 생성되었음이 전제되므로 별다른 문제를 발견할 수 없으나, 건국연대를 『삼국사기』에 근거해 서술하는 것

발달단계론에 대한 서술 검토」, 『역사와 담론』 제54권, 2009, 89~90쪽)
47 금경숙, 「고등학교 「국사」교과서 내용 분석: 고대사 부분을 중심으로」, 『강원사학』 제8권, 1992, 29-30쪽; 최광식, 「상고사에 대한 바람직한 교육 방안」, 『단군학 연구』 제5권, 2001, 10쪽.
48 「개편시안 다시 만들어야」, 『한국일보』, 1987년 4월 2일.
49 박찬흥, 「제3차~제7차 교육과정 고등학교 『국사』 교과서의 고대 국가 발달단계론에 대한 서술 검토」, 『역사와 담론』 제54권, 2009, 97~98쪽.
50 이기백, 「동아 고대문헌의 신빙성 문제(종합토론)」, 『아시아문화』 제2권, 1987, 119~120쪽.

은 삼국의 건국과정에 대한 이해의 혼란을 초래하는 것이라 할 수 있다. '내용 전개의 준거안'에서도 이러한 점을 경계하였으나 이 역시 반영되지 않았다.[51]

다음으로 '준거안'(11)에서 다루고 있는 백제 요서진출에 대한 부분은 교과서 서술상으로는 『국사』(1983)와 『국사』(1990) 사이에 큰 차이를 발견할 수 없다. 그러나 『국사』(1990)에는 다음과 같은 지도가 삽입되었다.

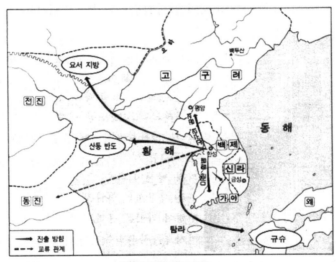

백제의 발전(4세기 후반)

백제의 요서진출설은 3차 교육과정부터 국사교과서에 등장하는데,[52]

---

51 변태섭 외, 『국사교육 내용전개의 준거안』, 문교부, 1986, 46-47쪽. '시안'이 발표된 후 이기백은 삼국의 건국설화를 기술하는 것에 대해 반대하였다.(「학문적 진리에 충실해야」, 『한국일보』, 1987년 3월 28일)

52 2차 교육과정기부터 이미 널리 알려져 있었기 때문에 3차 교육과정기에 서술된 것으로 보기도 한다.(이부오, 「제1차~제7차 교육과정기 국사교과서에 나타난 고대 영토사 인식의 변화」, 『한국고대사탐구』 제4권, 2010, 245쪽)

당시 역사학계에서는 백제의 요서진출에 대해 부정적이거나,[53] 긍정론이 갖고 있는 문제점을 지적하면서 아직 정설로 인정하기에는 미흡한 면이 적지 않다는 견해가 대부분이었다.[54] 이와 같이 백제의 요서진출 여부는 당시까지 명확한 결론을 내지 못하고 있던 것으로 보이는데, 이와 관련하여 '내용 전개의 준거안'에서는 다음과 같이 언급하고 있다.

> e) 백제의 요서 지방 진출설에 대하여는 일찍이 한진서가 『해동역사』 속편에서 근거가 없는 것으로 일단 이를 부인한 적이 있다. 그러나 이 사실을 구체적으로 기록한 『송서』, 『양서』 등 중국 정사의 백제전 기록에서 명백한 오류를 발견할 수 없는 이상, 이를 사실로 기술해도 무방하리라고 생각한다.[55]

요서진출설이 강대한 백제를 강조하기 위한 유사역사학계의 주장이라고 볼 수도 있지만, 실상 『국사』(1990)의 단계에 충분한 연구성과가 도출되지 못했던 것에서도 교과서 서술의 이유를 찾을 수 있다. 부정론이 지배적으로 확산된 것은 1989년 중국측 기사를 면밀히 분석하기 시작하면서부터로 보여지기 때문이다.[56] 다만 『국사』(1990)에 위와 같은 지도가 삽입되고 요서 지방, 산둥반도로 향한 화살표가 굵은 선으로 시각화됨으로써 백제 역시 고조선, 고구려와 같이 강대한 국가였음이 강조된 것은 유사역사학계의 영향이 상정되는 부분이기도 하다.

지금까지 '준거안'의 항목이 교과서 서술에 반영된 실제를 4차 교육과정기 교과서의 서술과 비교하여 살펴보았는데, 앞서 '준거안' 확정의 단

---

53 김정학, 『百濟と倭國』, 육흥출판, 1981, 221~222쪽.
54 이기백·이기동, 『한국사강좌』 제1권(고대편), 1982, 195~197쪽.
55 변태섭 외, 『국사교육 내용전개의 준거안』, 문교부, 1986, 49쪽.
56 유원재, 「『백제약유요서(百濟略有遼西)』 기사의 분석」, 『백제연구』 제20권, 1989.

계에 유사역사학계의 영향이 실질적으로 반영되지 않았다고 파악된 것과 달리 교과서 서술의 단계에서는 그 영향이 구체적으로 드러났음이 발견되었다. 여기에는 국사교과서가 출간되기 전까지 유사역사학계가 언론, 권력과 연계하며 강경한 입장을 연일 내놓았기 때문으로 생각된다. 민족사 바로잡기 국민회의를 비롯한 유사역사학 단체들은 국사편찬위원회, 한국정신문화연구원 등 국학연구기관이 그들의 입장을 보다 적극적으로 수용하도록 촉구하는 진정서를 문교부 등에 발송하였고, 집필 중인 국사교과서의 내용에 그들의 입장을 제대로 반영하지 않을 경우 교과서의 출판금지 가처분 신청을 내겠다는 강경자세를 보였던 것으로 보아[57] 이전과 달리 그들의 영향력이 교과서 편찬에 미쳤을 것임을 짐작할 수 있기 때문이다.

2. 이외의 서술 변화 특징과 배경

'준거안'을 비롯한 시안류는 다양한 견해가 제출된 주제에 대한 내용 수렴을 위해, 혹은 꼭 다뤄져야 할 주제임을 강조하기 위해 압축적으로 제시된 것이다. 이에 그 외의 주제에서도 연구성과의 진전에 따라 서술의 변화상을 찾을 수 있을 것으로 생각되는데, 여기서는 대표적으로 암각화의 편년 부분에 대해 살피고, 이외『국사』(1990)에 새롭게 보이는 서술들은 [표 7]로 정리하여 제시하고자 한다.

---

57 「국사교과서 일 잔재 없애야, 재야역사단체 반영안되면 소송도 불사」, 『경향신문』, 1988년 5월 6일. 이후 안호상에 의해 국사교과서 발매금지 가처분신청이 제출되기도 하였다.(「식민사관 국사교과서 발매금지 가처분신청 초대문교 안호상씨」, 『경향신문』, 1990년 12월 17일)

[표 7] 반구대 및 고령 암각화 관련

『국사』(1983)	『국사』(1990)
삼한 당시의 예술품으로는 바위면을 쪼아서 새긴 암각화가 유명하다. 고령에서 발견된 암각화에는 원, 삼각형 등의 기하학적 무늬가 새겨져 있다. 동심원은 태양을 상징하는 듯하며, 다른 농업 사회에서의 태양숭배와 같이 풍요를 비는 뜻으로 여겨진다. 한편, 이보다 앞선 시대의 것으로 보이는 울주의 암각화에는 고려, 거북, 사슴, 호랑이, 토끼 등과 사냥하는 장면과 배를 타고 고기잡이하는 장면이 그려져 있다.	청동기, 초기 철기 시대의 예술 바위 면을 쪼아 새긴 바위 그림은 당시 사람들의 활기에 찬 생활상을 보여 주고 있다. 울주의 바위 그림에는 고래, 거북, 사슴, 호랑이, 새 등의 동물과 작살이 꽂힌 고래, 덫에 걸린 동물, 울타리 안의 동물 등 여러 가지의 그림이 새겨져 있다. 이것은 사냥과 고기잡이의 성공과 풍성한 수확을 비는 염원의 표현으로 보인다. 고령의 바위 그림에는 동심원, 십자형, 삼각형 등의 기하학 무늬가 새겨져 있다. 동심원은 태양을 상징하는 것으로, 다른 농업 사회에서의 태양 숭배와 같이 풍요를 비는 것이다.

　울산 반구대 암각화는 70년대 발견된 후 암각화에 그려진 내용에 대한 연구가 주로 이루어졌고, 최근에는 수몰에 따른 보존방식에 대한 사회적 관심이 커지고 있는 상황이다.[58] 반구대 암각화는 당시의 생활상을 생생하게 보여준다는 점에서 발견 이후 편년에 대한 다수의 견해가 제기되었다. 특히 연구의 초기에 구석기 제작설이 제기되기도 하였고,[59] 신석기~청동기,[60] 철기[61] 등 각 시대로 편년하는 연구들이 등장하였다. 이들 중 『국사』(1983)에 해당하는 시기에는 주로 기법의 측면에서 신석기시대설이 다수였던 것으로 보인다.

　위의 [표 7]에서 『국사』(1983)에 반구대 암각화가 양전동 암각화보다 '앞선 시대의 것'으로 모호하게 서술된 이유는 바로 이러한 통일되지 않은 편년에 따른 것으로 생각된다. 그러나 『국사』(1990)에서는 청동기, 초

---

58 전호태, 『울산 반구대암각화 연구』, 한림출판사, 2013, 20~21쪽.
59 손보기, 『한국사』 1, 탐구당, 1974, 13쪽; 임세권, 「우리나라 선사암각화의 연대에 관하여」, 『람사정재각박사고희기념 동양학논총』, 고려원, 1984, 541쪽.
60 황수영·문명대, 『반구대』, 동국대학교, 1984, 244쪽.
61 김원룡, 「울주 반구대 바위그림에 대하여」, 『한국고고학보』 제9권, 1980, 6~22쪽.

기 철기 시대로 위치 지워 상한을 청동기시대로 한정하여 서술하고 있는데, 이는 청동기시대설이 통설화 되며[62] 나타난 서술 변화로 파악할 수 있다.

이외 『국사』(1990)에 새로 등장한 서술은 다음과 같다. 각 항목에 대한 정치한 분석과 배경에 대한 연구는 별고를 기약하고자 한다.

[표 8] 『국사』(1990)에 새로 등장한 서술

소단원 및 주제	서술내용	
삼국의 대외관계 (칠지도)	일본에 보관 중인 칠지도라는 칼은 백제 왕이 왜왕에게 선물한 것으로서, 양국의 친교 관계를 잘 설명해 주는 것이다. 백제는 이와 같은 관계를 바탕으로 왜군을 한반도에 끌어들여 삼국 항쟁에 이용하기도 하였다.	 칠지도
통일신라의 왕권강화 (왕권의 전제화)	삼국의 통일을 전후하여 초래된 중요한 정치적 변화 현상은 왕권이 전제화되었다는 점이다. … 왕권이 전제화되면서 상대적으로 진골 귀족 세력은 왕권에 눌려 약화되었다.	
신라 하대 사회의 동요 (6두품)	이에 비하여, 6두품은 신분상의 제약으로 높은 관직을 받을 수는 없었지만, 전제 왕권을 뒷받침하는 역할을 담당하면서 사회적으로 두각을 나타내게 되었다. … 최치원 등 6두품 지식인들은 신라 사회의 폐단을 시정하고, 새로운 정치 질서의 수립을 시도하였지만, 탄압당하거나 배척당하였다. 그러나 이들은 능력 중심의 과거 제도와 유교 정치 이념을 제시함으로써, 새로운 시대를 열어 갈 수 있는 이념적 기반을 마련하였다.	

---

62 김원룡, 『韓國考古學槪說』(제3판), 일지사, 1986, 97쪽.

소단원 및 주제	서술내용
남북국의 지방통치 군사조직의 정비 발해 문화의 성격 (발해사 비중 확대)	발해의 지방 제도는 5경 15부 62주로 조직되었다. 즉, 수도인 상경을 비롯한 5경은 신라의 5소경과 비슷한 성격을 가진 것이라고 할 수 있다. 지방 행정의 중심은 15부였으며, 62주가 그 밑에 편성되어 있었다. 부에는 도독, 그리고 주에는 자사를 파견하였으며, 주 밑에는 현을 두었다. 지방 조직의 말단인 촌락은 토착 세력이 지배하였다. ... 발해의 군대는 8위로 조직하고, 각 위마다 대장군과 장군을 두어 통솔하였다. 이들 중앙 집권 국가의 정비된 군사 조직은 전제 왕권의 확립과 중앙 집권적 지방 통치를 위한 중요한 기반이 되었다. ... 북쪽의 발해도 독특한 문화 기반을 지니고 있었다. 발해는 귀족 문화가 발달하여 그 서울인 상경은 만주 지역의 문화적 중심지가 되었다. 특히, 발해는 문왕 때 당과 외교 관계를 맺은 후, 당 문화를 받아들여 문화를 더욱 발달시켰다. 그러나 발해의 문화는 전통적인 고구려 문화의 토대 위에서 당의 문화를 흡수하여 재구성한 것이기 때문에, 거기에는 또한 고구려적인 요소가 강하게 나타나 있다. 온돌 장치, 미술 양식, 돌방무덤 등 구조가 고구려적 색채를 뚜렷이 드러내고 있다.

IV. 맺음말

지금까지 5차 교육과정기 고등학교 국사교과서의 서술 특징과 배경에 대해 살펴보았다. 이를 위해 먼저 5차 교육과정 개정과정에서 처음 마련된 '준거안'과 이의 확정을 위한 '내용 전개의 준거안' 및 '시안' 등의 내용을 함께 살펴 교육과정 개정 및 국사교과서 서술의 배경을 검토해 보았다. 특히 4차 교육과정기부터 찾아지는 유사역사학계의 영향이 5차에서도 발견되는가에 주목해 보았다. 그 결과 '준거안'의 확정까지는 이전 시기 이상의 영향력을 행사하지 않았으나 교과서 편찬의 단계에서 언론과 권력을 통해 유사역사학계의 학설을 반영하기 위한 강력한 행동을 취하였음이 확인되었고, 나아가 교과서 서술양상에서도 이러한 영향을 발견할 수 있었다. '준거안' 확정까지의 과정에는 역사학계의 논의들이 대부분 반영되었는데, 여기에는 그간의 진전된 연구성과들이 뒷받침되었기 때문이었다.

본고는 '준거안' 및 시안류의 항목별 정치한 분석과 교과서 서술내용의 연구사적 배경 천착이라는 남은 과제를 가지고 있지만, 그간 주목되지 않은 편찬자료들을 정리하여 소개함으로써 이를 통해 교과서 분석에 자료의 분석이 선행되어야 한다는 점이 환기될 수 있다면 조금이나마 연구의 의의를 찾을 수 있을 것으로 기대한다.

02

제5차 교육과정기 국사교과서 고려사 서술

허은철

I. 머리말

5차 교육과정은 학문과 사회의 변화에 따른 교육내용의 적정화, 내실화, 지역화를 개정의 방침으로 하고, 지속성(제4차 교육과정의 골격 유지), 전진성(혁명적이고 총체적인 개혁보다 현실여건을 고려한 점진적인 개선), 효율성(교육과정이 의도한 대로 기대하는 교육적 성취를 가져오도록 하는 제반조치 시행)을 개정 전략으로 1987년 3월 31일 문교부 고시 87-7호에 의해 개정되었다. 5차 교육과정의 배경은 "고도 산업화, 정보화 시대에 능동적으로 대처하고, 국제 관계의 다양한 변화에 주체적으로 대응하기 위한 것"이라고 밝히고 있다. 5차 교육과정은 이전 교육과정에서 문제가 된 일부를 수정하려 한 교육당국의 처음 의도와는 달리 전반적인 개정의 모습을 보였으나, 내용면에서는 제4차 교육과정과 큰 변화가 없었다. 제5차 교육과정은 '교육과정의 효율성 제고'를 특징으로 평가할 수 있는데, 이는 국가 교육과정이 의도하고 있는 것들을 교육현장에서 제대로 실현할 수 있도록 하는 데

필요한 국가 교육과정을 만들려고 했다는 것을 말한다.[1]

5차 교육과정에 제시된 교육의 방향은 자주적, 창조성, 도덕성 교육이며, 이것은 국사교육에도 영향을 미쳤다. 5차 교육과정에서도 국사는 독립 교과로 편제되었으며, 역사교육은 '독립된 국사와 사회과 속의 세계사'라는 이원적 체제가 유지되었다. 5차 교육과정 국사교과서는 형식에 있어서 상당한 변화가 있었는데 교과서가 상·하 두 권으로 분량도 늘었고, 책 크기도 국판에서 신국판으로 커졌다. 이것을 감안하면 전체 분량은 40% 정도 증가한 것이다. 5차에서 강조하는 역사적 자료 처리 능력을 기를 수 있는 다양한 자료를 수록하였다. 특히 역사학계의 학문적 연구 성과를 많이 반영하였다. 일본교과서의 한국사 왜곡 서술에 대한 문제가 제기되면서 역사적 용어에 대한 비판과 시정을 촉구하기도 하였다.

5차 역사과 교육과정 국사교과서에 대한 분석은 차미희[2]와 최용규,[3] 장미애,[4] 황인규[5]의 연구가 대표적이다. 이외에도 전체 역사과 교육과정을 다루면서 5차 역사과 교육과정 국사교과서를 다룬 글들이 있다.[6] 이러한 기존 연구를 바탕으로 5차 교육과정 국사과의 특징을 알아보고, 특히 고려시대(중세) 영역에 초점을 맞추어 그 변화 내용을 파악하고자 한다.[7]

---

1 교육과정·교과서연구회, 『한국교과교육과정의 변천−중학교』, 1990, 31쪽.

2 차미희, 「5차 교육과정기(1989~95) 중등 국사교육 내용의 개선과 한계」, 『교과교육학연구』 제12권 제1호, 2008.

3 최용규, 「중학교 국사과 새교육과정의 특징」, 『사회과교육』 제20호, 1987.

4 장미애, 「민족의 국사 교과서, 그 안에 담긴 허상 − 4·5차 교육과정기 고등학교 국사 교과서를 중심으로」, 『역사비평』, 2016.

5 황인규, 「제3차−제7차 교육과정기 국정·1종 고등국사 고려시대 불교사 서술」, 『역사교육연구』, 2020.

6 방지원, 「국사 교육과정에서 '생활사−정치사−문화사' 계열화 기준의 형성과 적용」, 『사회과교육연구』 제13권 제3호, 2006; 최상훈, 「역사과 교육과정 60년의 변천과 진로」, 『사회과교육연구』 제12권 제2호, 2005; 윤용혁·문경호, 「국사 교과서 속의 몽골 관련 서술」, 『교과교육학연구』 제15권 제1호, 2011 등이 있다.

7 각 교육과정 시기 별로 국사교과서에서 고려시대를 어떻게 내용 구성했는지에 대한 구체적이고 지속적인 연구가 필요하다. 이러한 점에서 5차 교육과정 이전 국사교과서 고려사

효율적이고 집중적인 논의를 위해 5차 교육과정 고등학교 국사교과서 고려사 서술을 중심으로 이를 분석하고자 한다. 중학교 국사교과서와 고등학교 국사교과서의 차이점 및 중학교 국사교과서 서술의 변화 내용은 추후에 다루기로 한다.

II. 국사과 교육과정과 국사교과서 고려사 서술의 특징

1. 국사과 교육과정의 특징

5차 교육과정은 이전 4차 교육과정의 기본 골격을 그대로 유지하고, 개정이 요구되는 부분만 개정하는 것을 방향으로 하였다. 중등 국사교과서의 경우는 1970년대 이후 지속된 국사 교과서 내용 서술과 중학교와 고등학교 교과서 간 내용의 계열성을 확보하려는 개선 방향을 취하였다. 5차 교육과정 개정에 대비한 기초연구에서는 4차 국사과 교육과정 내용의 학교·급별 계열화가 충분히 이루어지지 않았음을 지적하였다. 특히 생활사, 정치사, 문화사 중심의 구성이라는 처음의 계열화 방향이 제대로 실현되지 못하고 초−중−고에서 거의 비슷한 내용이 계속되고 있다.[8] 이러한 지적은 5차 교육과정이 계열성 확보 방안에 관심을 가지게 된 계기가 되었다.

5차 교육과정 국사과의 첫 번째 특징은 차별성을 확보하기 위해 중학교에서는 주제 중심 내용 선정을, 고등학교에서는 분류사 체제에 따

내용 구성을 체계적으로 다룬 다음의 학술 연구는 유의미하다. 황인규, 「제2차 교육과정기 고등국사(11종) 고려시대 불교사 서술」, 『역사와교육』 제29집, 2019; 「제3차 교육과정 국정 고등국사의 편찬과 중세사 서술 비판」, 『역사와교육』 제27집, 2018; 황인규, 「중등 국사(1982년판) 고려시대사의 서술 내용과 의의」, 『역사와교육』 제30집, 2020.

8 김회목 외, 『제5차 초·중학교 사회과 및 국사과 교육과정 시안의 연구·개발』, 1986, 238쪽.

른 단원 구성을 계열화 방안으로 전면에 내세웠다는 것이다. 중·고등학교에서 모두 역사의 시간적 흐름에 맞춰 연대기적 방법으로 대단원을 조직하되, 그 안에서 다루는 내용은 각각 주제 중심과 구조 중심으로 차별화한다는 것이다. 당시 현장 역사교육의 문제점으로 같은 내용을 반복하여 가르치는 것으로 파악하여 중학교와 고등학교 부분에서 확인할 수 있는 것처럼 각각 주제 중심 방법과 구조사 중심 방법을 각각 중·고등학교 국사교과서에 적용하여 동일한 내용이 반복되는 것을 막고자 하였다.[9] 특히 분야사적 접근을 강조하였는데 이는 문화사를 중심으로 한 구성이 체계적이고 종합적인 시대 인식을 토대로 한 방식이기 때문이다. 그렇다고 기존의 정치사−문화사 방식을 탈피하였다는 것은 아니다. 이전의 계열화 방식을 유지하면서 학교·급별로 차별화하기 위한 최선의 방안을 추가로 제시한 것으로 보아야 할 것이다. 이러한 계열화 방향은 중·고등학교 단원 구성으로 잘 나타난다.[10]

이를 위해 중학교에서는 시간적 흐름에 따라 역사적 사건과 주제를 구성하고, 고등학교에서는 그러한 인식의 토대 위에 학생들이 역사를 종합적으로 인식할 수 있도록 경제·사회·문화 각 분야의 내용을 추가하였다. 또한 불가피하게 역사적 사건을 동일하게 기술한다고 해도 중학교에서는 인과관계 측면을 부각하고, 고등학교에서는 해당 사건이 갖는 역사적 의미를 정치·경제·사회·문화 측면에서 중점적으로 서술하도록 하였다. 이러한 점에서 고등학교에서 분야사라는 조직 방식을 선택한 것은 역사교육 측면에서 의미가 있다. 고등학교 국사교육이 중학교 국사교육

---

9 김희목 외, 「제5차 초중학교 사회과 및 국사과 교육과정 시안의 연구 개발」, 한국교육개발원, 1986, 237∼239쪽.

10 방지원, 「국사 교육과정에서 '생활사−정치사−문화사' 계열화 기준의 형성과 적용」, 『사회과교육연구』 제13권 제3호, 2006, 111쪽.

보다 종합적이어야 하며, 문화사 중심 구성으로 고등학교 국사교육의 특성을 분명히 하면서 중학교와 차별성을 가져야 한다는 것이다. 그 결과 단원을 정치, 사회경제, 문화 등 분류사로 구분하여 구성하는 것이 좀 더 확실하게 드러나게 되었다. 그러나 실제 중·고등학교 국사교과서의 내용은 여전히 비슷하였다. 주제 중심, 구조 중심의 서술 방향이 실제 국사교과서 내용상의 차별화까지 이르지 못한 것이다. 중학교 교과서 또한 정치사 중심의 통사로 서술되었기에 교육과정의 계열화 방향이 제대로 반영되지 못하였다는 평가를 받는다.

둘째로 5차에서는 역사적 사고력 함양을 강조하였다는 것이 특징이다. 이전 교육과정에서도 역사적 사고력이 강조되었지만 5차에서는 모든 요소에서 역사적 사고력의 육성을 명시적으로 명확히 개념화하였다. 고등학교 국사교과서의 경우는 사회, 경제, 문화 측면을 중심으로 국사를 이해하고 종합적으로 인식한다는 점을 제시하였고, 객관적으로 해당 시대의 성격을 파악하고 현재적 관점에서 이를 비교하고 평가하는 비판적 사고력을 강조하였다. 중학교 국사 교과서에서는 역사적 사고력의 함양이라는 교육 목표를 실현하려는 노력으로, 주제별로 '단원 개관', '학습 개요'와 함께 '학습 문제', '학습 정리'를 체계적으로 기술하였다. 특히, '학습의 도움글'을 새롭게 설정하여 사료와 읽을거리를 각 시대별로 보여주는 등 이전과 차별화된 모습을 보였다.

또한, 단원 개관 하단부에 동일 년도에 발생한 한국사와 세계사 내용을 비교하며 국내에서 어떤 역사적 사건이 발생하는 동안 국외에서는 어떤 역사적 사건이 발생했는지를 한눈에 보기 쉽게 표로 정리해두었다. 3차 교육과정 단원 개관에서 최초로 등장했던 연표가 4차 교육과정 때 사라졌다가 5차에 다시 등장했다. 3차와 다른 점을 하나 더 꼽자면 3차는 중국, 일본, 서양을 함께 비교했지만, 5차는 우리나라를 제외하고 '다른 나라'

로 묶어서 우리나라 역사와 비교했다는 것이다. 단원에 들어가며 한국사 사건과 비슷한 시기에 일어났던 세계사적 사건들을 배치하여 연표를 통한 전체적인 역사 조망을 한국사를 중심으로 바라보도록 구조를 조직하였다.

우 리 나 라	연 대	다 른 나 라
(918) 고려 건국	900	당 멸망, 5대 시작(907)
(936) 고려, 후삼국 통일		거란, 국호를 요라 함(946).
(958) 과거 제도 실시		송의 건국(960)
(976) 전시과 실시		신성 로마 제국 건국(962)
(992) 국자감 설치		
(1019) 귀주 대첩	1000	크리스트교, 동서로 분열(1054)
(1086) 속장경 조판		왕안석의 신법(1069)
(1107) 윤관, 여진 정벌	1100	
(1126) 이자겸의 난		십자군 원정(1096~1270)
(1135) 묘청의 서경 천도 운동		금의 건국(1115)
(1145) 삼국사기 편찬		남송 시작(1127)
(1170) 무신 정변		일본, 가마쿠라 막부 세움(1192).
(1198) 만적의 난		
(1231) 몽고의 제1차 침입	1200	칭기즈칸, 몽고 통일(1206)
(1234) 상정고금예문 간행		영국, 대헌장 제정(1215)
(1270) 삼별초의 항쟁		원 제국 성립(1271)
		마르코 폴로, 동방 견문록 출판(1299)
(1377) 직지심경 인쇄	1300	단테, 신곡 완성(1321)
(1388) 위화도 회군		일본, 아시카가 막부 성립(1337)
(1392) 고려 멸망		명 건국(1368)

[그림 1] 고등학교 국사 교과서 고려 대단원 연표

셋째로 향토사 교육을 강조하였다는 것이 특징이다. 4차 교육과정과 비슷하게 5차 교육과정의 목표를 제시하였는데, 향토문화와 탐구활동에 대한 내용이 부각된 점이 특징이다. 향토사는 민족사를 설명하기 위한 자료인 동시에 학습자의 흥미와 관심을 집중시킬 수 있는 지역 사회에 대한 종합적 탐구라는 양면성을 지니고 있다.[11] 또한, '교육과정의 지역화' 정신을 보다 적극적으로 반영하기 위해 5차에서는 향토사 학습을 더욱 강조하였다. 5차 교육과정에서 중학교 국사의 경우는 향토사에 대한 학습과 자료를 중시하면서 문화재 사랑과 역사적 사고력 함양, 역사의식

---

11 문교부, 「Ⅶ. 국사과 교육과정개정 방향」, 『문교부 고시 제88-7호, 고등학교 국사과 교육과정 해설』, 1988.

신장을 강조하였다. 이렇게 국사과 교육과정에서 중학교와 고등학교 모두 향토 문화에 대한 관심을 크게 강조하고 있지만 이는 교과목표로만 밝히고 있을 뿐, 구현 방법에 관한 구체적인 제시가 없어 한계를 보였다.

넷째로 5차에서는 학습 지도 및 평가 방안을 구체화하였다. 중학교의 경우에 5차 교육과정과 4차가 거의 변화가 없다. 다만 평가 상의 유의점 제1항에 '모든 평가는 교육과정상의 목표를 준거로 실시한다.'고 밝히고 있어 목표 설정부터 평가까지 전체 교육과정의 흐름을 보다 구체적으로 제시하였다. 즉, 모든 평가의 상위 준거가 학교 교육과정의 목표라는 것을 확실하게 표명하였다. 그리고 학습의 효과성을 제고하기 위해 수시로 다양한 평가 방법을 활용하여 진단평가와 형성평가를 시행할 것을 강조하였다. 그런데 5차 교육과정에서 고등학교 국사와 세계사의 평가 상 유의점은 '시대의 특성과 역사적 의미의 이해 정도를 평가하고, 탐구기능과 태도에 대해서 관찰이나 과제물 검사를 이용하여 평가한다.'는 두 가지 내용만 제시하고 있다. 이는 평가의 중요성을 제대로 인식하지 못한 것이며, 목표에서 평가에 이르는 교육과정 체계상 불완전한 것이다.[12]

마지막으로 5차 교육과정에서는 고고학 용어와 옛 지명의 현재 명칭 등이 아래 [표 1]과 [표 2]와 같이 제시되었다. 이전에는 이런 내용들이 교과서 본문에 껴있는 채로 함께 삽입되거나, 고고학 용어와 같은 경우 아예 제시되지 않는 경우가 있었는데 5차 교육과정부터 새롭게 등장하게 되었다. 개념을 확립할 수 있는 동시에 지도를 통한 역사적 공간 학습에 도움을 주고자 한 것이다.

---

12 최상훈, 「역사과 교육과정 60년의 변천과 진로」, 『사회과교육연구』 제12권 제2호, 2005, 229쪽.

[표 1] 고고학 용어(일부)

개정 용어	개정 이전 용어	개정 용어	개정 이전 용어
가락바퀴	방추차(紡錘車)	모줄임 천장	말각 조정식 천정(抹角藻井式天井)
가지무늬 토기	채문 토기(彩文土器)	민무늬 토기	무문 토기(無文土器)
간석기	마제 석기(磨製石器)	바위그림	암각화(岩刻畫)
갈판	연석(碾石)	바퀴날 도끼	환상 석부(環狀石斧)
거친무늬 거울	조문경(粗文鏡)	바탕흙	태토(胎土)
거푸집	용범(鎔范)	반달 돌칼	반월형 석도(半月形石刀)
검은 간 토기	흑도(黑陶)	받침돌	지석(支石)
고인돌	지석묘(支石墓)	번개 무늬	뇌문(雷文)
구덩무덤	토장묘(土葬墓)	벽돌무덤	전축분(塼築墳)

[표 2] 옛 지명의 현재 명칭(* 표는 현재의 소재지)(일부)

옛 이름	현재 이름	옛 이름	현재 이름
가리포(加里浦)	*강진	상경 용천부(上京龍泉府)	동경성(만주)
가림성(加林城)	*부여	쌍성(雙城)	*영흥
가산(嘉山)	박천	서경(西京)	평양
갑주(甲州)	갑산	서경 압록부(西京鴨綠府)	통구(만주)
강동성(江東城)	*강동	서라벌(徐羅伐)	*경주
강음(江陰)	금천	서안평(西安平)	안동(만주)
강주(康州)	진주	서원경(西原京)	청주

이외에도 고등학교 국사교과서의 경우에는 국사와 세계사에서 근현대사를 모두 중요시하였다는 것과 민속학, 고고학, 사회학, 인류학 등 역사학 인접 학문의 연구 성과를 가져왔다는 점이 특징이라고 할 수 있다.[13]

2. 국사교과서 고려사 서술의 특징

5차 교육과정의 국사교과서는 이전 교과서에 비해 전체 서술 분량이

---

13 최상훈, 「역사과 교육과정 60년의 변천과 진로」, 『사회과교육연구』 제12권 제2호, 2005, 227쪽.

크게 늘어났다. 고등학교 국사교과서 상권은 178쪽에서 196쪽으로 18쪽이 증가하였고, 하권은 178쪽에서 202쪽으로 24쪽 분량이 늘었다. 또한, 한 면이 25행에서 29행으로 증가하여 한 쪽 당 글자 수도 늘어났다.[14] 이처럼 국사교과서의 쪽수가 늘어난 것은 역사적 사고력 신장을 교육 목표로 설정하면서 연표, 사진 등을 보충하였기 때문이다.[15] 교과서 전체 분량이 늘어나면서 고려 관련 서술도 늘어났다. 특히 고등학교 국사교과서에서 문화사와 사상사, 사회경제사 분야를 중시하면서 연대사적 구조 안에서 구조사적 접근을 강조하며 분류사 중심의 구성을 표방하였다. 정치·사회·경제·문화 역시 모두 언급되어 있는데 대단원의 시기 내에서 분류사 형식을 일정하게 취하고 있음을 알 수 있다. 중학교는 '고려사회의 발전'이라고 하여 왕조명을 따라 구분하고, 고등학교는 '중세 사회의 발전'이라고 해서 중세라고 하는 시대구분법에 따라 기술하였다.

중세 사회의 발전
나말여초의 시대 전환이 가지는 역사적 의의를 이해하게 하고 고려 귀족 사회의 그 문화의 특성을 고대 사회와 비교하여 파악하게 하며 후기의 사회 변화와 문화의 새 동향을 인식하게 한다.

(1) 중세 사회로의 이행
(2) 중세의 정치적 변천
(3) 중세의 사회와 경제
(4) 중세 문화의 발달

영역별 교재 내용의 분량을 살펴보면 정치사적 교재 내용의 분량

---

14 김한종, 『역사교육과정과 교과서 연구』, 선인, 2006, 53쪽.
15 차미희, 「5차 교육과정기(1989~95) 중등 국사교육 내용의 개선과 한계」, 『교과교육학연구』 제12권 제1호, 2008, 205쪽.

이 48쪽 중 12쪽으로 25%를 차지하고 사회경제사적 내용이 10쪽으로 20.8%를 차지하고 있다. 문화사적 내용은 15쪽으로 31.3%를 차지하고 있다. 교과서 전체에서는 문화 영역 내용이 다소 풍부해졌지만, 세부 목차를 보면 대개 정치사 영역의 내용으로 고려 시기 서술 내용은 별 다른 차이가 없는 것으로 보인다. 5차 교육과정은 문화사와 사상사, 사회경제사 분야를 중시하면서 연대사적 구조 안에서 구조사적 접근을 강조하며 분류사 중심의 구성을 표방하였다. 정치·사회·경제·문화가 역시 모두 언급되어 있는데 대단원의 시기 내에서 분류사 형식을 일정하게 취하고 있음을 알 수 있다.

5차 국사과 교육과정과 교과서는 준거안에 영향을 받았다. 한국 고대사에 대한 재야사학자의 주장에 대응하고, 이른바 '학원사태'를 해결하기 위한 역사교육을 확립해야 한다는 필요에 따라 1986년 10월 문교부는 국사편찬위원회와 협의하여 국사교육심의회를 발족시키고, 역사학계의 연구 성과를 정리하여 국사교과서 편찬의 준거안을 제시하였다. 이를 바탕으로 국사교과서를 개정하기로 하였다.[16] 국사교육심의회에서는 준거안을 마련하면서 "국사교육 내용의 서술은 한국사 학계의 연구 성과를 기본으로 삼는다. 여기에는 최근의 새로운 업적을 중심으로 학계의 승인된 학설을 적용한다. 주체적인 역사의식에 입각한 민족사에 대한 적극적이며 긍정적인 역사인식을 반영하도록 한다."라는 입장을 표명하였으며, 1987년 6월에는 준거안을 확정하였다. 국사편찬 준거안은 국사교과서는 물론 이에 앞서 고시된 5차 국사과 교육과정에도 반영되었다. 다음은 준거안에서 고려사 부분이다.

---

16 윤종영, 「국사교과서 편찬준거안」, 『역사와실학』 제10·11권, 1999, 112쪽.

1. 귀족 관료 국가의 형성

1) 호족은 과거를 통하여 중앙 귀족 관료로 전환함으로써 호족 연합 정권으로부터 귀족 관료국가로 발전하였다.

2) 호족세력을 기반으로 하여 후삼국과 발해로 나뉘어져 있던 민족이 고려라는 하나의 국가 기구 속에 통합되었다. 고려는 신라 편중을 지양하고 고구려 구토 회복을 위한 북진 정책을 썼다.

3) 귀족들은 중앙집권적인 기구 속에서 왕권의 전제화를 제약하고, 귀족 전체의 특권을 공동으로 보장하기 위한 유교적 정치 이념을 마련하였다.

2. 귀족 관료 국가의 구조

1) 귀족들은 출신지인 본관을 상징적 표시로서 내세우며 문벌을 중시하였고, 음서제도를 통하여 관직을 세습하는 특권을 누렸다.

2) 고려의 정치는 문반의 고급 귀족관료들의 합의제를 상층으로 하고, 행정적 관료에 의한 사무 집행기구를 하층으로 하는 이중적 구조를 가졌다.

3) 고려의 지방제도는 군현이 중심이었으나 그밖에 천민들의 거주지인 부곡·향·소도 있었다.

4) 귀족들은 공급 공납을 원칙으로 한 전시과의 지급을 받았고 또 세습이 용인된 공음전을 받았는데, 이것이 그들의 경제 기반이 되었다.

5) 고려는 문화민족으로서의 자각 하에 선진적인 문명국가와는 평화적인 문화 교류를 하고, 후진적인 유목 민족에 대하여는 문화적 혜택을 입히는 한편, 그 침략에 대하여는 과감한 투쟁을 수행하였다.

6) 고려사회에는 밑으로 농민에게 상승할 기회가 개방되고, 위로는 귀족으로 상승할 기회가 주어진 중간계층에 있어서, 이들이 사회적 신분의 유동을 가능하게 하였다.

7) 농민은 토지의 경작자로서 전호적 성격을 지니고 있었다.

8) 특정 문벌의 정치권력 집중과 사적인 경제기반의 확대는 귀족 전체의 공동 권익 보장을 위한 제도를 파괴하고, 귀족 상호 간의 경쟁으로 전개되었다.

3. 고려의 귀족문화

1) 불교는 교종과 선종의 사상적 대립을 지양하기 위하여 교리적인 정리를 진행하는 한편, 대장경과 속장경의 간행을 보았다. 그리고 공덕 사상에 입각한 각종 법회가 성행함으로써 전사회와 밀착하게 되었다.

2) 고려 지배체제의 정치이념으로서 등장한 유교의 영향으로 정치의식이 성장하고, 한 문화의 교양이 심화되어 귀족문학의 발전을 가져왔다.

3) 고려 초 호족의 세력을 뒷받침하는 사상 체계로 등장한 풍수지리설은 불교와 결합하여 신흥 유교세력과 대립하게 되었다.

4) 문학, 음악 및 미술은 점점 종교적 성격을 탈피하고 귀족들이 생활의 여유를 즐기는 것으로 되었다.

4. 무신정권과 대몽항쟁

1) 신분적인 차별 대우에 불만을 품은 무신들이 일반 군인의 지지를 받아 문신정권을 타도하고 정치적 신세력으로 등장하였다.

2) 무신들은 사병을 조직하여 각자의 권력 확대에 노력하였으며, 문신으로부터 탈취한 농장이 그들의 경제적 뒷받침을 하여 주었다.

3) 최씨 정권은 왕권 자체를 부인하지는 않았으나 실질적으로는 문신과 무신을 아울러 지배함으로써 정치의 실권자로 군림하였다.

4) 무신정권하에서 벌어지는 농민과 천민들의 반란은 지방관의 악정을 시정하려는 자연발생적인 것으로부터 차차 신분해방과 정권탈취를 목적으로 한 조직적인 것으로 발전하였다.

5) 무신전권 하에서 문인들의 사회적 제약성이 설화 문학을 전개

하고, 현실 세계로부터 축출된 불교는 선종을 발전시켰다.

6) 귀족의 문화적 우월 의식과 농민의 애향심이 결합하여 몽고에 대한 장기적인 항쟁을 지속시켰으며, 그 결과로 독립을 상실함이 없이 강화를 맺을 수가 있었다.

5. 고려후기의 사회와 문화

1) 고려 후기에 외세를 업고 등장한 권문세가들이 농장과 노비를 증대시킨 결과 국가의 경제와 국방에 타격을 주었다.

2) 고려 후기 향리층에서 과거를 통하여 중앙정치 무대에 등장한 학자적 관료인 사대부들은 정치적 신세력으로 성장하여 안으로 농장과 노비제도의 모순을 개혁하고 밖으로는 외세의 간섭을 배제하려고 하였다.

3) 역사학은 유교적인 도덕을 바탕으로 한 합리주의적 경향이 점차 지배적으로 되었으나, 한편 고유한 전통을 존중하는 경향도 있었다.

4) 사대부들은 그들의 사상적 배경을 우주와 인간에 대한 철학적 이해에 두었고, 미술에 있어서는 풍류를 즐기는 경향을 띠게 되었다.

5) 문학에 있어서는 궁정 중심의 권문세가들이 향락적인 민요풍의 장가를 즐겼고, 사대부들은 관료적 출세를 노래한 경기체가와 전원생활을 전체로 한 어부가를 지었다.

6) 과학기술은 우리의 창조적 전통을 바탕으로 하고, 밖으로는 원과 아라비아의 기술을 받아들여 조선시대에 있어서의 발전의 터전을 마련하였다.

구체적으로 고려 단원의 서술 체계를 아래 [표 3]에서 보면, 중학교에서는 여전히 고려 전기와 후기로 나누어 중단원을 구성하고 있지만 고등학교에서는 '중세'라는 시대구분법에 따라 분야사로 교과서의 중단원을 구성하고 있음을 확인할 수 있다. 고등학교 국사 교과서가 4차에서 3개의 중단원으로 구성되었으나, 5차에서는 4개의 중단원으로 확대되었다. 또한, 고려 전기와 후기로 나누어 시기적으로 서술하였던 체제에서 벗어나 고려사 전체를 정치사, 사회경제사, 문화사라는 분야사로 나누어 각각 서술하였다. 무엇보다도 5차 고등학교 국사 교과서에서 '중세 사회로의 이행'이라는 중단원을 새롭게 추가하여 고려가 고대사회와는 성격이 다른 중세 사회임을 강조하려고 하였다는 점이 특징이다. 단순하게 쪽수만 비교하면 4차에서는 27.5%에서 5차에서는 29%로 소폭 증가한 것이지만 교과서 판형이 커진 것을 고려하면 그보다 훨씬 더 분량이 증가했음을 짐작할 수 있다.

[표 3] 4차와 5차 중·고등학교 국사과 교육과정 및 국사 교과서 목차

5차 중학교 국사과 교육과정	5차 중학교 국사 교과서
(2학년) 3) 고려 사회의 발전 (1) 민족의 재통일과 정치의 안정 (2) 귀족 중심의 사회와 문화 (3) 귀족 사회의 동요 (4) 몽고의 침입과 민족의 항쟁 (5) 사회문화의 새로운 변화	4) 고려 사회의 발전 (1) 고려의 성립 (2) 국가 체제의 정비 (3) 고려 전기의 대외 관계 (4) 고려 전기의 사회 (5) 고려 전기의 문화 (6) 귀족 사회의 동요와 무신정권 (7) 고려 후기 사회의 변화 (8) 고려 후기의 문화
5차 고등학교 국사과 교육과정	**5차 고등학교 국사 교과서**
3) 중세 사회의 발전 (1) 중세 사회로의 이행 (2) 중세의 정치적 변천 (3) 중세의 사회와 경제 (4) 중세 문화의 발달	(상권) 3) 중세 사회의 발전 (1) 중세 사회로의 이행 (2) 중세의 정치와 그 변천 (3) 중세의 사회와 경제 (4) 중세 문화의 발달
4차 고등학교 국사과 교육과정	**4차 고등학교 국사 교과서**
2) 중세 사회의 성장 (1) 중세 사회의 성립 (2) 귀족 중심의 경제생활 (3) 불교 중심의 문화 (4) 귀족 사회의 동요 (5) 중세 문화의 변질	(상권) Ⅱ. 중세 사회의 발전 1. 고려의 건국과 귀족 사회의 성립 2. 귀족 사회의 발전과 변동 3. 고려 후기의 사회와 문화

5차 교육과정에서는 3차 때 포함하고, 4차 때 포함하지 않았던 '학습 개요'와 '학습 문제'를 다시 포함하여 학생들의 역사적 사고력을 키우는 데 도움을 주고자 하였다. 주목할 만한 점은 중단원을 정치의 흐름이 아닌 '분류사', 즉 정치·경제·사회·문화의 영역 별로 조직하였다는 것인데, 이러한 흐름은 이후 6차를 거쳐 7차 교육과정의 대단원까지 이어진다.

고려 단원의 도표는 4차(1개)에 비해 5차(5개)에서 많이 증가하였다. 고려시대에 도표가 새롭게 많이 들어왔는데 고려시대 중앙정치 기구, 고려시대 관리 등용, 고려 사회의 신분, 무신집권자와 지배기구 등 4개나 해당된다. 사회의 신분 구조에 대한 도표를 통해 학생들이 계급사회에서 지배층과 피지배층의 관계를 쉽게 이해할 수 있도록 한 것이 특징이나, 그러나 도표가 정치사 중심이라는 점은 아쉽다. 5차에서는 지도도 '11세 기경의 세계'와 '개경의 나성' 2개가 추가되어 이전 6개에서 8개로 소폭 증가하였다. 학습자가 스스로 사료를 분석하고 검토함으로써 역사적 사실에 대한 이해를 높이는 사료 또한 4차 13개에서 5차 15개로 소폭 증가하였다.

III. 고려사 서술의 영역별 분석

1. 정치사

5차 고등학교 국사 교과서에서 새롭게 설정된 첫 번째 중단원인 '중세 사회로의 이행'은 '고려의 성립'과 '중세 사회의 전개'라는 2개의 소단원으로 구성되었다. 이는 국사교과서 편찬 준거안 가운데 '나말 여초에 새로운 사회 세력으로 호족들이 대두하여, 종래의 고대적인 골품체제가 해체

되고 중세적인 사회 형성되었음을 설명한다.'라는 것을 반영하기 위한 것이다.[17] 후삼국에서 왕건이 통일을 이루기까지의 과정을, '고려의 성립'이라는 소단원에서 '호족의 대두'와 '후삼국의 성립'으로 나누어 관련 내용을 더 자세히 서술하고 있다.

이전에 비해 호족에 대한 설명이 대폭 늘었다는 것을 확인할 수 있는데, 이는 신라 말에 성장하여 고려를 건국한 정치세력으로서 호족을 강조하려는 의도로 보인다. 이전 교과서에서 '후삼국 형세도' 지도만 실은 것과 달리 '호족의 성터' 사진을 함께 실은 것도 이를 단적으로 보여준다. 단순히 궁예와 견훤의 부하가 아닌, '半독립적'이며 독자적인 정치세력으로서 신라의 골품제 사회에서 중세 사회로의 이행을 이끈 호족을 부각하여 기술하였다. 또한 4차에 있었던 '국제관계의 변동'이라는 소주제가 사라지고 고려의 건국을 '민족의 재통일'이라는 별도의 소주제로 설정하여 다루고 있는데, 이는 왕건의 통일을 단순한 통일이 아닌, 민족 화합의 면에서 보다 강조한 것이다.

무엇보다 이러한 바탕 위에 성립한 고려가 중세 사회임을 강조하기 위해 '중세 사회의 전개'라는 소단원을 새롭게 추가하였다. 이에 그 아래에 '중세 사회의 출발'이라는 소주제에서 태조 정책의 원칙 3가지를 이전과 달리 [표 4]와 같이 제시하였다는 점에서 유추할 수 있다.

---

17 윤종영, 「국사교과서의 편찬방향」, 『역사교육』 제48권, 1990, 181쪽.

[표 4] 4차와 5차 고등학교 국사교과서 태조 정책의 원칙 3가지 서술 비교

4차 고등학교 국사교과서	5차 고등학교 국사교과서
1. 호족 세력을 통합하여 중앙집권체제를 수립하는 것	1. 나말 여초에 걸쳐 가혹한 수취와 오랜 전란에 시달리고 있던 백성들을 편히 살게 해주는 것이었다. 그리하여 백성에 대한 수취를 줄이고, 백성들이 생업을 편히 누리게 하기 위하여 가급적 전쟁을 피하였다.
2. 북진정책을 추진하여 북방으로 국토를 확장하는 것	2. 신라 때의 골품제에 대신하여 각 지역, 각 계층의 정치 세력을 포용하는 정책을 취함으로써 폐쇄적인 낡은 질서를 배제하고, 능력 본위의 개방적 사회 건설에 힘을 기울였다.
3. 불교를 숭상하는 것	3. 고구려 계승 이념을 토대하여, 고구려의 옛 땅을 되찾기 위해 북방 영토 확장에 힘을 기울였다. 이러한 북진 정책은 이후 사회의 변화와 국제 관계의 변동에도 불구하고, 그 기본 정신이 일관되었다.

이전 교과서에서 태조의 중요한 원칙으로 강조되었던 '불교 숭상' 대신에 태조 왕건이 고려를 '능력 본위의 개방적 사회'로 만들려고 했음을 부각하였다.

더 나아가 '중세 사회의 성격'이라는 소주제를 별도로 설정하여 고려의 건국이 단순한 왕조 교체가 아니라, 고대 사회와 여러 면에서 다른 중세 사회의 전환이라는 역사적 사건임을 다시 한 번 부각하였다. 여기에서는 4가지 근거를 들어 고려가 중세 사회임을 아래와 같이 자세하게 기술하고 있다.

> 고려의 건국으로 중세 사회가 성립되었음은 여러 가지 면에서 그 징표를 찾아볼 수가 있다. 고려 사회는 고대 사회와는 모든 면에서 확실히 다른 구조를 보여 주고 있었다.
>
> 첫째, 사회적 지배 세력으로 지방의 호족 세력이 대두하였다는 점이다. 고대 사회의 모순을 체험한 지방의 호족들은 새로운 사회를 추구하여, 중앙의 진골 귀족 중심의 폐쇄적인 사회를 개혁하는 데 앞장

섰다. 사회가 점차 안정되면서 호족들은 자신들을 기준으로 한 새로운 신분 체제를 마련하였으니, 이른바 문벌 귀족 사회의 형성이 그것이다.

둘째, 유교적 정치 질서가 중시되었다. 6두품 계열의 유학자들이 고려의 정치에 직접 참여하면서 골품제의 조직 원리와는 본질적으로 다른 유교 정치 이념이 정립되었다. 이를 토대로 하여 마련된 정치 제도는, 신분제적 관념이 강조되었던 신라의 정치 제도에서 보다 진전하여 행정적 기능이 중시되었다. 그리고 통치 체제를 보다 강화하기 위하여 교육 제도와 과거 제도를 정비하였다.

셋째, 문화의 밀도가 크게 높아진 중세 문화를 발달시켰다. 고려의 문화는 신라 때의 고대 문화의 모순을 극복하였고, 중국과도 다른 독자적 성격을 지니고 있었다. 즉, 혈족적 관념과 종교의 테두리에서 어느 정도 벗어남으로써 문화의 폭이 그만큼 넓어졌고, 선진적인 송의 문화를 수용함에 있어서도 모방적 단계에서 벗어나 독특한 개성을 보여 주었다. 또, 지방의 호족들이 문화의 주인공으로 참여하면서 지방 문화의 성격이 보다 뚜렷해졌다.

넷째, 강력한 민족의식이 사회를 이끌었다. 고대 사회의 모순을 스스로 극복하였다는 역사적 경험에서 오는 자신감은 곧 새로운 문화의식을 가지게 하였고, 이를 토대로 하여 강력한 민족의식이 형성되었다. 이러한 민족의식은 고구려 강토의 회복, 그리고 북방 민족과의 항쟁 과정에서 잘 드러났다.

이와 같이, 나말 여초의 사회 변동은 단순한 왕조의 교체가 아니라, 고대 사회에서 중세 사회로의 전환이었다. 더구나 그 변동은 외세의 간섭 없이 자체 내에서 독자적으로 이루어졌다는 점에서 더 큰 의의가 있다.[18]

---

18 국사편찬위원회, 『고등학교 국사(상)』, 대한교과서주식회사, 1990, 101쪽.

이러한 '중세 사회로의 이행'이라는 중단원과 '중세 사회의 성격'이라는 소주제를 설정한 것을 통해서 5차 고등학교 국사 교과서가 고려라고 하는 사회가 후삼국을 통일하여 민족의 재통합을 이룩한 왕조라는 것을 강조하려는 것을 엿볼 수 있다. 이러한 고려 단원 서술의 방향성은 단원 첫머리에 연구과제에서도 잘 드러난다.

1. 후삼국 성립의 시대적 배경은 무엇인가?
2. 고려 건국의 주체인 호족 세력이 성장할 수 있었던 시대적 배경은 무엇인가?
3. 고려 건국과 민족 재통일의 의의는 무엇인가?
4. 고려 사회를 중세 사회로 볼 수 있는 근거는 무엇인가?[19]

두 번째 중단원 '중세의 정치와 그 변천'은 귀족 중심의 지배 체제가 형성되면서 정착된 고려 특유의 정치 제도를 먼저 살피고자 하였다. 첫째 소단원인 '정치구조의 정비'를 구체적으로 살펴보면, 고려 성종 시기에 신라 6두품 계열의 유학자들이 합리적인 유교 정치 이념을 내세워 문벌 귀족 사회를 이끌었음을 강조하였다. 호족을 이은 고려의 정치지배세력으로서 문벌귀족을 설명하기 위해 이전 교과서에 없던 기술을 추가한 것이다.

중앙 정치 제도와 관련한 내용은 5차에서도 3, 4차와 크게 달라진 점이 없이 서술되었다. 그러나 5차에서는 이전에는 사용하지 않았던 '고려 시대의 중앙 정치 기구'의 표—그림을 삽입하여 학생들이 중앙 정치 제도를 한눈에 확인하고 이해할 수 있도록 했다. 일부 중앙 제도 서술에 대해 달라진 점이 있다면 도병마사와 같은 단어를 각주로 처리하여 자세하게 설명하고 있다는 것이다.

---

19 국사편찬위원회, 『고등학교 국사(상)』, 대한교과서주식회사, 1990, 85쪽.

지방 제도에 관한 서술에서는 전국을 나눈 방식이 어떻게 바뀌어 갔는지 그 변천에 대해 이전보다 세부적으로 설명하고 있다. 특히 현종 때에 3경, 4도호부(뒤에 5도호부) 8목을 두었다는 내용을 추가했는데, 이는 5차에서 처음으로 서술되는 것이다. '5도 양계–전국지도'는 이전 지도에 비해 선명하고 눈에 띄는 것으로 삽입되어 있다. 군사제도에서는 아래와 같이 이전에 없었던 내용이 추가되었다.

> 특히, 양 계에 배치된 주진군은 국방의 주역을 담당한 상비군이었다. 상장군, 대장군 등은 합좌 기관인 중방(重房)에서 군사 문제를 의논하였는데, 무신 정변 이후 권력의 중추 기구가 되기도 하였다.[20]

둘째 소단원인 '귀족 지배 체제의 동요와 무신정권'은 고려 전기의 정치 제도가 지배체제 내의 내부적 갈등과 밖으로부터 거란, 여진, 몽고족의 잇따른 침입에 의해 점차 변질되어 갔다는 것을 말하고 있다. 이전과 달라진 점은 고려의 귀족에 대한 지식을 학습자의 눈높이에서 설명했다는 점이다. 고려 귀족과 신라 귀족과의 차이점을 들며 기술했고 학생들의 이해를 좀 더 쉽게 했다. 귀족제 서술은 이전 교과서와 거의 같은 내용이나, 귀족 사회의 폐쇄적이고 보수적인 성격에 대해 아래와 같이 추가 설명하였다.

> 고려 전기는 이러한 귀족들이 중심을 이룬 귀족 정치 시대로서 이를 기반으로 귀족사회가 발달하였지만 이들은 점차로 음서제나 공음전 제도 같은 정치적 경제적 특권을 차지하면서 폐쇄적이고 보수적인 모습을 띠어갔다.[21]

---

20 국사편찬위원회, 『고등학교 국사(상)』, 대한교과서주식회사, 1990, 94쪽.
21 국사편찬위원회, 『고등학교 국사(상)』, 대한교과서주식회사, 1990, 95쪽.

연구 과제에서는 "고려 사회의 주도적 정치 세력은 어떻게 변모하였는가?"라는 질문을 던짐으로써 문벌귀족 사회의 동요를 정치세력 변화라는 관점에서 서술하고 있다. 이전 교과서의 '족벌'이 '문벌'로 바뀌고, 종래 고려 귀족이라고 지칭하였던 것을 5차에서는 '문벌귀족'이라는 새로운 개념으로 설명하였다.

미군정 및 교수요목기, 1차, 2차에서는 '문벌사회의 동요'라는 소단원 안에 이자겸의 난을 설명하였다. 그리고 3차와 4차 교육과정에서는 이자겸의 난과 묘청의 난을 함께 묶고 문벌사회의 동요에서 분리하여 소주제로 구성했다. 하지만 5차에서는 이자겸의 난 부분을 독립적인 서술 영역으로 기술했다. 그러나 서술 내용은 이전과 크게 달라진 부분이 없다. 사진 자료 역시 '대화궁 토성터'라는 점에서 동일하다. 두드러진 변화는 묘청의 '난' 대신 묘청의 '서경천도운동'이라 표현하였다는 것이다. 귀족사회의 동요에 대한 구체적인 서술에서 묘청의 서경천도운동을 서경천도론, 금국정벌론 등을 주장한 서경파와 이를 반대한 개경파의 정권 다툼으로만 강조하고 있어 지나치게 이항대립적으로 서술하고 있다.

한편, 연표에서는 한국사(=우리나라) 부분에서 묘청의 서경천도운동이 1135년에 발생한 것과, 세계사(=다른 나라) 부분에서는 1115년 여진이 금을 건국했음과 1127년 남송 왕조가 개창되었음을 확인할 수 있다. 그러므로 비슷한 연도에 발생했던 세계의 사건들이 주변국가에 영향을 미칠 수밖에 없던 구조임을 학습자들은 자료를 통해 확인할 수 있다.

무신정변에 대한 서술에서는 이전과 달리 무신정변이 일어난 원인으로 문벌 귀족 사회의 구조적 모순을 추가하여 설명하였다. 그리고 4차 국사과 교육과정에서 없어졌던 하층민들의 저항 서술이 신분 해방 운동의 성격으로 다시 등장하였다. 이전 교과서에 단순히 '마침내 천민과 농민들도 난을 일으켰다'라고만 기술되었던 것에서 더 나아가 '마침내 천민과 농민들도 신분해방 운동을 일으켰다.'로 서술하여 무신정권기 하층민들의 저항을 '난'에서 '신분해방 운동'으로 그 의미를 달리하였다.

셋째 소단원인 '대외 관계의 변천'은 3차, 4차 교과서와 크게 다른 점이 고려의 대외관계에 대한 사전 이해로써의 중국사 내지는 당시 동아시아의 정세에 대한 서술이 축소되었다는 것이다. 반면에 고려의 대외관계를 서술할 때 당시 국제적 정세를 중심으로 고려 상황을 서술한 것이 아니라, 고려의 외교정책을 중심으로 당시의 대외관계를 서술하였다. 이는 4차 교과서에서 '거란은~'으로 문단을 시작을 한 것과 달리 5차에서는 '고려의 외교정책에~'라고 시작한다는 점에서 확인할 수 있다. 또한 소주제 제목이 '국제관계의 변동'이 아닌 '북진정책과 친송정책'임을 통해서도 이를 확인할 수 있다. 대외교류 서술에 있어서 '대송무역'에 대한 서술이 크게 증가하였다. 대송무역 서술에서 거래된 물품뿐만 아니라 이용되었던 해로(海路)까지 자세히 설명하고 있어 한중 교통사(交通史)에 대한 내용이 더 구체적으로 서술되었다는 점은 주목할 만한 부분이다. 이에 비해 요(거란)와 금(여진), 일본과의 교역에 대한 서술은 달라진 점이 없었다.

'몽고의 침입'에서 '몽고와의 전쟁'으로 제목이 바뀐 몽골의 침입에 대한 서술은 이전 교육과정과 대체로 비슷하였는데 '사회적으로 천대받던 노비와 천민들이 용감히 싸워 주었다'는 부분이 새롭게 추가되었다. 삼별초가 몽골에 투쟁하였던 유적지의 사진과 연표를 통해서도 삼별초의 항쟁을 보여주고 있다. 아래의 서술을 통해 5차에서도 몽골의 침입에 저항하고 투쟁하였다는 민족의식을 나타내려 했음을 알 수 있다.

> 몽고 세력의 침입으로 고려는 각 분야에서 많은 손실을 입었으나,
> 강인한 민족정신이 토대가 되어 전통과 주체성을 지킬 수 있었다.[22]

---

22 국사편찬위원회, 『고등학교 국사(상)』, 대한교과서주식회사, 1990, 101쪽.

4차에서는 몽골의 침입을 60여 년간 막아내었다고 한 반면에, 5차에서는 40년간이나 막아내었다고 하여 몽골항쟁 기간을 달리 서술하였다.[23] 특히 몽골에 항쟁하는 과정에서 이전에 사회적으로 천대받았던 노비와 천민들의 노력을 강조하려고 충주성 항쟁과 관악산 초적이 이끈 관악산 전투를 구체적으로 제시하였다.[24]

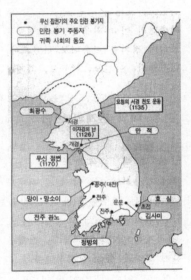

[지도 1] 4차 민란도

[지도 2] 5차 농민과 천민의 항쟁

위 지도처럼 4차에서는 '민란도'라고 했던 지도 제목이 5차에서는 '농민과 천민의 항쟁'으로 바뀌었다. 이러한 변화는 한국사에서 민중의 역할을 강조하려고 한 것이다. 새롭게 "한편, 승려들도 무신정권에 반발하여

---

23 몽골 항쟁 기간에 대해서 교수요목기부터 7차 교육과정까지 고등학교 국사교과서에 서술이 없거나(1차, 3차, 6차) 약 40년(교수요목기, 2차, 5차, 7차)으로 기술하고 있다. 이런 서술에 비해 4차 고등학교 교과서에서 분명한 기점을 제시하지 않고 60여년이라고 기술한 것은 특이한 것이라고 할 수 있다.
24 국사편찬위원회, 『고등학교 국사(상)』, 대한교과서주식회사, 1990, 101쪽.

난을 일으키기도 하였다."라고 추가된 내용도 있다. 기존 농민과 천민의 저항이라는 서술에서 벗어나 조금 더 다양한 사회 계층의 반란들을 서술한 것이다. 4차 교과서에서 농민과 천민의 고통에 대한 서술이 특징적이었다면, 5차에서는 3차와 마찬가지로 문신 정권 때에도 농민과 천민들의 동요가 있었음을 나타내는 내용을 첫머리에 기술하였다. 이를 통해 단지 무신정권 집권의 결과로서 성격만을 가지는 것이 아님을 보여주고 있다. 또한 천민의 저항 목적을 '신분 해방'만이 아니라 '사회적 부당 대우에 대한 저항'으로도 기술하고 있다.

최씨 무신정권에 대해서는 대몽항쟁의 책임이 있지만 그 역할을 제대로 하지 못해서 붕괴하게 되었다고 서술하여 최씨 무신정권 붕괴를 몽골 침입이라는 외부 요인이 아니라 내부 요인에서 찾고 있는 것도 특징이다. 이는 '장기간에 걸친 외침에 대해 정부의 뚜렷한 대책이 없자, 민심이 최씨 정권을 떠나게 되어 4대 60여 년간 계속된 최씨 무신정권이 무너지는 한 원인이 되었다'라는 기술에서 알 수 있다. 4차 고등학교 국사교과서에서 몽골풍에 대한 자료를 각주로 처리하였으며, 삽화는 삼별초의 항몽순의비에서 강화산성 사진 자료로 바꾸어 수록하였다.

이후 원 간섭기 서술은 4차와 거의 같으며, '원의 내정간섭'과 '풍속의 변동'의 두 소제목으로 나누어 다루었던 이전과는 달리 '원의 내정간섭'을 '자주성의 시련'이라는 소제목으로 바꾸어 두 내용을 구분하지 않고 함께 서술한다. 이를 통해 5차에서 강조하고 있는 민족 의식적 관점에서 교과서를 서술하려는 의도를 엿볼 수 있다. 이전 교과서의 '풍속의 변동' 부분이 없어져 원의 풍습이 고려에 들어와 유행했고, 고려의 풍습이 원에서 유행하여 '고려양'이라는 말이 나왔다는 이야기가 생략되었다. 대신에 몽골풍, 고려양, 공녀, 조혼 풍습에 대한 설명은 '−고려 사회의 본래의 모습이 변질되기도 하였다.'라는 문장에 각주를 달아 설명하고 있다.

이 시기 고려 후기의 신진사대부 연구와 함께 다른 한편에서는 신진사대부 이전의 지배 세력에 대한 관심이 있었고 그것은 권문세족에 대한 연구로 나타났다. '권문세가'에서 '권문세족'으로, '신진 세력'에서 '신진사대부'로 용어가 변경되었고, 신진사대부가 이후에 개혁세력으로서 조선건국에 큰 역할을 했다고 추가 설명하였다. 이 같은 연구 경향이 교과서에 반영된 것을 살펴보면 다음과 같다.

> 권문세족은 고관 요직을 장악하고 거대한 농장을 소유했던 고려 후기의 집권 세력이었다. 그들은 과거 보다 주로 음서에 힘입어 관인으로서의 신분을 세습시켜 나갈 수 있었다. 또 그들은 가문을 기초로 삼아 종적인 가족 관계와 횡적인 혼인 관계를 통하여 세력 범위를 넓혀 나갔다. 이러한 권문세족들 중에는 고려 전기로부터 그 세력을 이어 내려오거나 무신정권 시대에 대두한 가문도 있기는 하였으나 주로 원의 세력을 배경으로 하여 등장한 경우가 많았다. 권문세족들은 국정의 최고 합의기관인 도평의사사를 독점하여 정권을 장악하였을 뿐만 아니라 방대한 농장과 많은 노비를 소유하여 경제적인 부를 축적하고 있었다. 농장의 소유주인 권문세족들은 개경에 살고 있는 부재지주로서 전국 각처에 소유지를 가지고 있었다.[25]

이들의 중요한 특징으로 ① 문학적 또는 유교적 소양이 없이 대부분 과거보다는 음서를 통해 입사하였고, ② 왕권이 약화되어 있는 가운데 도평의사사를 중심으로 정치권력을 장악하였고, ③ 원과 결탁하는데 적극성을 띠었고, ④ 경제적 기반을 농장에 두고 있는 대토지 소유자였고, ⑤ 관료적 성격이 강하다는 점에서 고려 전기의 문벌귀족과 구별되는 존재임을 들었다. 이처럼 권문세족이 사대부와 대비되는 존재였던 만큼 이

---

25 국사편찬위원회, 『고등학교 국사(상)』, 대한교과서주식회사, 1990, 107쪽.

연구를 계기로 사대부의 개념이 더욱 선명해졌고 고려 후기의 정치사를 권문세족과 사대부의 대립이라는 틀로 분석할 수 있게 되었다.

공민왕의 개혁정치에 대한 서술은 개혁을 위한 진통을 겪는 일련의 변천 과정으로 파악하였다.[26] 5차에서 해당 연구 과제를 제시하였는데, 이전의 4차에서는 공민왕 당시의 구 귀족과 신진 관리를 중심으로 공민왕의 개혁정치를 살펴보고자 했던 반면, 5차 교육과정에서는 공민왕 개혁정치의 의의를 살펴보는 것으로 변경되었다.

2. 사회경제사

세 번째 중단원은 고려의 사회경제사를 다루었다. 이 중단원에서는 고대 사회에 비해 일층 분화된 사회 구성의 기본 단위와 문벌 귀족 중심의 사회 지배 체제를 파악하고, 경제면에서는 전시과를 근간으로 삼는 토지 경제의 내용과 농민보호 장치 등을 파악하게 하였다.

사회사 기술에서 가장 큰 특징은 사회구조의 개편을 다루면서 고려 사회가 과거 실시와 무관직을 통한 하층민의 신분 상승이 가능하여 통일신라보다 더욱 개방적인 사회였음을 강조하였다. 첫째 소단원인 '사회 구조와 지배 세력'에서는 고려의 개방적인 사회상을 강조하는 것에 맞추어 고려시대의 사회계층 변동에 대한 언급도 있었다.

> 고려의 신분 제도는 엄격하여 조상의 신분이 그대로 자손들에게 세습되었지만, 이와 함께 사회 계층의 변동이 부단하게 일어나고 있었다. 고려 후기에는 천민 집단 구역인 향, 소, 부곡이 점차 일반 군

---

26 문교부, 「Ⅶ. 국사과 교육과정개정 방향」, 『문교부 고시 제 88-7호, 고등학교 국사과 교육과정 해설』, 1988.

현으로 승격되어 그 주민들이 양인화되어 갔고, 외거 노비 중에서 재
산을 모아 양인으로 상승하는 자도 있었다.[27]

　이전의 교육과정에서는 이러한 사회계층 변동에 대한 언급이 다소 부
족하였는데, 5차 교육과정에 이르러 일반 군현으로의 승격, 외거 노비의
재산 소유 등 사회계층의 변동에 대해 서술하여 당시 고려사회가 폐쇄적
인 성격보다는 개방적인 성격의 사회임을 거듭 강조하였다. 고려 사회가
신분 이동이 많았으며 이를 통해 신라보다 더 개방적인 사회였음을 설명
한 것이다. 그리고 이전 교육과정인 3·4차에서는 신분을 상류, 중류, 하
류, 최하층으로 구성하였다면, 5차에서는 다시 귀족, 중간 계층, 양인,
천민으로 구성하였다. 무엇보다 문벌 귀족과 권문세족을 별도의 소주제
로 다루었다. '고려 사회의 주도적 정치 세력은 어떻게 변호하였는가?'라
는 연구 과제를 통해서도 드러난 것처럼 이는 '호족-문벌 귀족-무신-권
문세족-신진사대부'로 이어지는 고려 사회의 지배층 변화를 구조적으로
설명하려고 한 것으로 보인다. 따라서 이들 지배세력에 대한 설명이 이
전보다 5차에서 확연하게 늘었음을 확인할 수 있었다. 무엇보다도 중단
원 연구과제에서 '고려 사회를 문벌 귀족 사회라고 할 수 있는 요인은 무
엇인가?'라는 질문을 통해 5차 교과서에서 고려 사회를 문벌 귀족 사회
로 서술하려는 점을 확인할 수 있다.

　둘째 소단원인 '사회 시책과 법속'은 4차에서는 '사회 시설과 법속'이라
는 소주제였는데 5차에서는 소단원으로 확대 서술되었다. 예를 들어 4차
에서는 의창과 상평창을 단순 언급하였다면, 5차에서는 의창과 상평창에
대한 내용을 한 줄씩 추가해 자세히 설명하였다. 이 단원의 이전 교과서
와 차이점은 법률과 풍속을 다루면서 혼인에 관한 내용이 추가되었다는

27　국사편찬위원회, 『고등학교 국사(상)』, 대한교과서주식회사, 1990, 106쪽.

것이다. 구체적인 내용은 다음과 같다.

> 혼인의 연령은 대체적으로 여자는 18세 전후 남자는 20세 전후가 일반적인 현상이었다. 고려 전기에는 근친혼 내지 동성혼이 널리 성행하였으므로 후기에는 이에 대한 금지령이 여러 번 내려졌다.[28]

셋째 소단원인 '경제 정책과 경제 구조'는 전통 사회에서 경제의 핵을 이루는 토지 제도가 고려 전기 사회의 지배 질서가 동요되면서 토지의 사유화 경향이 나타남에 주목하여 경제 문제는 사회 구조의 변천과 맥을 같이 함을 인식하도록 하였다.[29] 5차에서는 각 분야사별 구분이 분명해지면서 이전 교육과정에서는 교과서에서 통치 체제 일환으로 설명되었던 토지 및 조세제도가 중단원 속 경제정책과 경제구조 부분으로 변경되어 경제사 자체에 대한 분야 구분을 명확하게 했다. 전시과에 대한 부가 자료는 5차 교육과정에서 처음 등장하고 민전에 대한 개념도 이 시기에 처음 서술되었다.

넷째 소단원인 '경제 활동의 진전' 부분은 농업과 수공업 그리고 상업이 구분돼 서술되어 이전에는 문화사적 연관성만 찾아볼 수 있었던 것에 비해 상민들이 각각의 사회사적 위치로 어떠한 경제 활동을 펼쳤는지 확인할 수 있게 되었다. 상업과 화폐, 대외 무역에 관련한 경제사 서술구조는 이전 교육 과정과 동일한 형태로 구성되어 있다. 이전 교육과정에서도 한 번씩 언급되었던 내용들이 종합적으로 연결되어 서술되고 있지만, 고려시대 상업, 화폐 제도, 고리대업, 보 등과 관련된 주제들은 이전의 내용에 덧붙여 확대 서술하였다. 대외 무역의 영향력과 의의는 이전 교

---

28 국사편찬위원회, 『고등학교 국사(상)』, 대한교과서주식회사, 1990, 109쪽.
29 문교부, 「Ⅶ. 국사과 교육과정개정 방향」, 『문교부 고시 제 88-7호, 고등학교 국사과 교육과정 해설』, 1988.

육과정에서 소략하지만 일부 설명되었던 것에 비해 5차 교육과정에서는
사라진 것을 확인할 수 있었다.

3. 문화사

네 번째 중단원인 '중세 문화의 발달'은 4차에서 각 중단원에서 작은
소주제로 나뉘어 서술하였던 문화사 내용을 하나의 중단원으로 집약하
여 서술하였다. 귀족 중심, 불교 중심의 고려 전기 문화의 특성과 무신정
변 이후 고려 후기에 나타나는 문화의 새로운 동향에 주안점을 두어 서
술하였다. 4차에서는 교육제도와 과거제도 정비를 정치사에 서술했던 것
에 반해, 5차에서는 이를 '유학과 한문학'이라는 중세 문화 파트의 첫째
소단원에 포함하여 서술한 것이 특징이다. 과거제도만 설명하는 것이 아
니라 음서제도 또한 포함시켜 관리등용 제도에 대해 자세히 서술하였다.
과거제도에 대해서도 명경과, 잡과에 대해 부가 설명하였으며 관학부흥
책으로 양현고의 부실을 보충하기 위해 교육 재단인 '섬학전'을 설치하
고, 국학에 대성전을 신축하였다는 새로운 내용도 추가되었다.

이외에 첫째 소단원에서 이전과 차이가 있는 부분은『동명왕편』사진을
해당 내용의 사료로 바꾸어 제시했다는 것이다. 이는 전체적으로 교과서의
분량이 증가했고 이전보다 역사적 사고력을 강조한 교육과정으로 풍부한
읽을거리 등을 제공한 것이라고 볼 수 있다. 또한『삼국사기』나『삼국유사』
가 가지는 의의를 추가하여 학생들에게 역사적 사실만을 제시하기보다는
역사서가 가지는 의의를 강조하였다. 이는 단원 도입부에서 4차 교육과정
에서 볼 수 없었던 연구 과제인 "고려인의 역사의식은 어떻게 변모하여 갔
는가?"를 새롭게 추가한 것에서 알 수 있다. 학생들에게 고려 역사서 서술
방식 변화를 통해 고려시대 역사인식의 변화와 그에 따른 역사서 기록 방

식의 변화를 스스로 탐구할 수 있도록 유도한 것으로 보인다.

4차에서 고려 전기와 후기 두 차례에 걸쳐 각각 제시되었던 불교 관련 서술은 5차에서는 중세 문화 파트의 둘째 소단원인 '불교의 발달'에 모아서 서술하고 있다. 고려 불교는 불교 정책, 천태종, 조계종, 대장경의 조판으로 나누어 서술하였다. 불교 정책을 따로 분리하여 설명하면서 불교의 현세 구복적이며 호국적인 성격이 상당히 강조되었다. 3차 교육과정 때부터 사라졌던 고려 태조의 훈요 10조와 왕사·국사 제도, 2차 개정 때 없어졌던 연등회와 팔관회가 "성종 때에는 최승로 등의 유학자가 등용되었고 유교 정치사상이 고무되면서, 연등회와 팔관회 등이 폐지되기도 하였다."의 서술로 재등장 하였다. 이외에도 고려의 왕들이 불교 사찰을 건립하면서 불교가 고려에서 중요한 역할을 담당했음을 서술하였다.

천태종에 관한 서술에서는 대각국사 의천이 불교의 폐단을 개선하고자 선종과 교종을 통합하기 위해 노력한 내용과 그가 주장한 사상들을 서술하고 있다. 의천의 노력은 이전 교과서에서는 주로 대장경과 불경과 연결하여 서술되었는데, 5차에서는 대장경 내용은 뒤에 서술되는 대장경의 조판으로 넘어가고 의천이 주장한 이론들을 자세히 설명하고 있다.

또한, 조계종에 관한 서술에서는 무신정변으로 인한 최씨 정권의 교종 중심의 불교계 탄압과 선종 계통의 불교를 후원함으로 조계종이 융성하다는 서술과 함께 지눌의 사상에 대해 자세히 서술하고 있다. 이전 교과서에서는 조계종의 지눌이 정혜쌍수를 주장한 것과 선종 사상에 중점을 두면서 선종과 교종의 교리상의 상호보충과 통합을 도모했다고 서술했다. 5차에서는 위의 서술에 정혜쌍수와 돈오점수에 대한 설명이 추가되었다. 또한 지눌의 사상으로 선교일치의 완성된 철학 체계를 이룩하였다는 서술을 추가하면서 기존의 의천만 강조하던 서술에서 지눌을 부각하였고 고려 불교 조계종의 성격과 의의에 대한 서술도 추가되었다. 이외에도 유교와 불교의 타협을 주장한 혜심의 서술도 추가되었다. 이는 유교와 불교의 사상적 융합이 문화에 반영된 것이고 고대의 불교와 근세의 유교를 비교하여 파악하고자 한 것이다.[30]

대장경 조판에서는 대장경의 의미와 대장경 조판의 성격, 초조대장경과 의천의 속장경, 신편제종교장총록, 그리고 마지막으로 팔만대장경에 대한 설명이 나온다. 목판인쇄술은 주로 불교문화 부분에 서술되어 있는데 3·4차 교육과정이 간단하게 서술했던 것과 다르게 5차에서는 미군정기와 1차 교육과정의 것과 비슷하게 대장경이 만들어진 이유와 경위를 상세하게 설명하고 있으며, 대장경의 정의도 설명하고 있다. 또한 이전까지는 초조대장경과 속장경을 빈약하게 설명하거나 거란(요)를 혼용해서 사용했는데 5차부터 초조대장경을 설명할 때는 거란으로, 속장경을 설명할 때는 요로 정확하게 서술한 점을 보아 교과서의 정확성을 높였다는 것을 알 수 있다. 뿐만 아니라 이전의 목판인쇄술 서술에서는 초조대장경이나 속장경의 일부가 보존되어 있다는 사실이나 각 대장경을 정확히 어디에서 만들었는지에 대해서는 서술하지 않았는데 5차 과정에는 자세히 기술하고 있다. 또한 불서의 목록인 신편제종교장총록 등 기존에 나오지 않았던 세세한 부분을 추가적으로 서술하였다. 또한 사진 삽화가 지금까지는 목판 인쇄본이었지만 처음으로 대장경 경판 자체의 사진을 사용했다. 이는 기존의 것을 답습하지 않고 새로운 사료를 제공하여 다양한 역사정보를 접할 수 있게 했다는 것에서 의미가 있다. 하지만 목판인쇄술이 불교문화 부분에 편성되어 그 둘의 연관성은 드러났지만 '고려의 인쇄술'이라는 독자적인 의미는 잘 드러나지 않았다는 한계도 있다.

셋째 소단원인 '도교와 풍수지리 사상의 유행'과 넷째 소단원인 '과학

---

30 문교부, 「Ⅶ. 국사과 교육과정개정 방향」, 『문교부 고시 제 88-7호, 고등학교 국사과 교육과정 해설』, 1988.

기술과 예술의 발달'은 전체적으로 비슷한 주제를 다루었지만 이전 교과서보다 자세하게 이를 설명하였고, 그 의의를 강조하는 방식으로 서술되었다. 도교 관련 서술을 예로 들자면 [표 5]와 같다.

[표 5] 4차와 5차 고등학교 국사교과서 도교 관련 서술 비교

4차 고등학교 국사 교과서	5차 고등학교 국사 교과서
도교와 풍수지리 사상 백성들의 불교 신앙은 재난을 피하고 복을 구하는 기복 불교의 성격을 지니고 있었고, 도교 역시 그러하였다. 한편, 무당들의 샤머니즘은 불교와 도교를 가미하면서 서민 사회에서 계속 성하였다.[31]	도교의 발달 삼국 시대에 전래된 도교는 고려시대에 들어와 성행되었다. 원래, 도교는 민간 신앙과 신선술을 바탕으로 하고, 거기에 도가나 음양, 오행의 이론 등이 첨가되어 성립된 종교로, 불로장생 및 현세 이익의 추구를 목적으로 하였다. 고려시대의 도교는 서낭신, 토지신 등 많은 신을 모시면서, 재앙을 물리치고 복을 기원하는 의례를 행하였다. 이러한 의식을 초제(醮祭)라 하였는데, 도사가 이 초제를 주관하여 국가의 안녕과 왕실의 번영을 기원하였다. 이에, 고려시대에는 도교 행사가 자주 베풀어졌고, 예종 때에는 도교 사원인 도관이 처음으로 건립되기도 하였다. 그러나 도교 사상은 특히 불교적인 요소가 강하였고, 도참사상까지 수용하여 잡신적이었으며, 또 교단이 성립되지 못한 비조직적인 신앙이었다.[32]

4차에서는 도교에 대한 설명을 풍수지리설과 함께 소주제로 다루었는데, 5차에서는 도교에 대한 설명을 풍수지리설과 분리하여 서술하였고 그 내용 또한 이전보다 상세하다. 이러한 방식은 도교에 대한 서술뿐만 아니라 문화사의 다른 소주제에서도 비슷하게 나타나는 것을 확인할 수 있다. 5차 고등학교 국사 교과서가 이전 교과서와 달리 분류사 방식을 취한 것은 사실이다. 그러나 전체적으로 비슷한 주제를 다루면서 몇 가지 새로운 내용만 추가하는 방식으로 교과서를 서술하여 큰 변화가 있었다고 보기는 어렵다. 오히려 역사적 내용만 많이 추가하여 학생들의 학습 부담을 키웠으며, 5차에서 강조하는 '자주적인 탐구 능력과 문제 해결력'

---

31 국사편찬위원회, 『고등학교 국사(상)』, 대한교과서주식회사, 1982, 89쪽.
32 국사편찬위원회, 『고등학교 국사(상)』, 대한교과서주식회사, 1982, 124쪽.

과 같은 역사적 사고력 함양과는 거리가 멀게 된 결과를 낳았다.

Ⅳ. 맺음말

5차 교육과정에서는 새로운 국가교육의 방향이 제시되었다. 교육과 정 총론에서는 '창조성, 자주성, 도덕성 교육'을 강조하였다. '자주성 교육'은 민족 공동체의식, 국민 정체성 교육을 명분으로 5차 교육과정에서도 국사과가 교과 독립을 지속하는 바탕이 되었다. 정보화 시대에 대응하고 민주시민 사회 발전에 기여하는 '창조성과 도덕성 교육'은 역사적 사고력을 신장하는 역사교육의 방향이 되었다.[33]

5차 교육과정에서는 역사교육 발전과 국가 교육의 방향으로 중학교와 고등학교 국사교육의 실제적인 목표로서 역사적 사고력의 함양을 제시하였다. 이것은 종래 역사교육이 민족정체성 교육 중심이었던 것에서 탈피하여 민주시민 교육으로 변화하고자 했던 발전 지향적 모습이었다. 한국 사회가 1980년대 후반 이후 민주화되고, 다양한 역사 연구와 교육이 이루어지면서 '민중 사관' 서술, 사회주의 계열 서술도 시작되었다. 또한, 중학교와 고등학교 간 계열성 확보를 위해 중학교와 고등학교의 국사 교과서 구성을 달리했다는 것도 특징이다. 부록에 고고학 용어와 옛 지명의 현재 명칭을 수록한 것은 학생의 눈높이에 맞추고자 하는 노력의 일환으로 평가할 수 있다.

지방자치시대에 발맞추어 교육과정에서는 향토사를 강조하였지만, 실제 교과서에서 해당 내용이 거의 반영되지 못한 한계를 가지고 있었

---

33 한국교육개발원, 『제5차 고등학교 국사과 교육과정 시안 연구 개발』, 한국교육개발원, 1987, 98쪽.

다. 그리고 평가 방안을 구체화하였다고 교육과정에는 설명했지만 그것이 실제 교과서에 반영되었다고 하기에는 무리가 있다. 특히 고조선에 대한 편향적 기술, 현 체제의 정통성 확립을 위한 한국 근현대사 기술로 인해 국사교육이 여전히 폐쇄적이고 편향적이라는 지적도 계속되었다.

5차 고등학교 국사 교과서의 고려시대는 고려가 고대적인 골품 체제를 벗어나 유교 정치 이념의 새로운 구현을 시도했던 중세 사회라는 인식하에 서술되었다는 특징을 가진다. 교과서에서는 고려가 고대 사회에 비해 사회 구성의 차원에서나 사회경제 체제에서, 또한 문화 측면에서 한층 발전된 사회였음을 보여주고자 하였다. 이에 이전보다 서술 분량이 대폭 늘어났으며 해당 내용을 곳곳에서 강조하였다. 무엇보다도 이전처럼 고려시대에 있었던 사건을 종합적으로 서술하여 시간성을 강조하기보다는 해당 내용을 분류사로 나누어 고려 사회의 특징이 잘 드러나도록 서술하였다.

정치사에서는 호족-문벌귀족-무신-권문세족으로 이어지는 지배세력의 변화를 설명하려고 많은 서술을 추가하였다. 고려 후기 민중의 역할을 강조한 서술도 곳곳에서 확인할 수 있었다. 사회사의 경우 고려사회를 이전의 신라사회와 비교하여 개방적인 사회였음을 강조하기 위해 신분이동이 일부지만 가능하였다는 점을 서술하였다. 경제사에서는 이전에 없었던 전시과와 같은 토지제도와 수취제도에 대한 서술이 새롭게 추가되었다. 특히 5차에서 문화사 서술이 많이 증가하였다. 하지만 새로운 주제나 활동으로 인한 것이 아니라 단순하게 이전에 다루었던 주제들을 더 자세하게 설명하는 방식으로 바뀌어 오히려 학생들의 학습 부담을 키웠으며 5차에서 강조하는 역사적 사고력 함양과는 거리가 먼 결과를 가져오게 되었다.

03

제5차 교육과정 '국사'의 내용편제와 서술 방향

- 조선시대를 중심으로 -

신유아

Ⅰ. 머리말

제5차 교육과정은 1987년에 공포되어 중학교는 1989~1994년, 고등학교는 1990~1995년에 적용되었다. 정치적으로 볼 때 5공화국 말에 개발되어 6공화국 시기에 시행된 교육과정이다. 제5차 교육과정은 3차 교육과정과 큰 차이가 없었다고 평가되는 4차 교육과정에 비해, 이전 교육과정에서 지적되어 왔던 문제점을 개선하고자 하는 의도가 비교적 충실하게 반영된 교육과정이라고 할 수 있다. 소위 반공민족주의에 입각한 국민 정체성 교육의 영향력이 퇴조하고 민주화 시대로의 이행을 표방하며 시행된 교육과정이었기[1] 때문이다.

제5차 교육과정에서는 학교급 별 내용구조의 특성화, 이른바 '계열성'

---

1 강진웅, 「중등 사회 교육과정과 국가 정체성 교육의 변천사」, 『사회과교육』 제56권 제1호, 2017, 46쪽.

확립에 중점을 두고 이를 내용구조에 적극 반영하고자 하였으며,[2] 교육과정의 지역화 정신을 반영하여 향토사(지역사)에 대한 내용도 일정정도 반영되었다.[3] 그리고 당시 역사교육학계에서 강조되던 역사에 대한 구조적 이해와 역사적 사고력 증진 등에 대한 모색도 비교적 구체적으로 구현되었다.[4] 특히 교육과정 문서에서 '역사적 사고력'이라는 용어가 처음으로 사용되었고, 학년 목표에서도 학습 자료를 조사·탐구하는 활용 능력과 역사적 사고력, 문제 해결력을 강조한 것은 이전의 학문중심 교육과정에 비해 역사교육에 대한 인식이 한층 진전되었음을 보여준다고 할 수 있다.

이러한 인식의 변화로 인해 제5차 교육과정에서는 다양한 코너가 신설되고 시각자료 및 텍스트 자료들이 수록되었다. 중학교 '국사'에서는 학생들의 흥미 유발을 위해 주제별로 '단원개관'과 '학습개요'의 진술이 이루어졌고 '학습문제', '학습정리' 코너가 새로 만들어졌으며, '학습의 도움글'도 추가되었다. 고등학교 '국사'에서도 문제 제기형의 '단원개요'와 '연구과제'를 제시하는 등 학생들의 역사적 사고력 함양을 위한 시도가 이루어졌다.[5]

또한 교육과정의 효율성 제고에도 주안점을 두었는데, 이것은 국가

---

2 5차 교육과정에서는 중·고 간의 '국사' 교과서의 내용 차별화를 위해 중학교는 연대사적 구조 안에서 중단원을 주제 중심으로, 고등학교는 연대사적 구조 안에서 정치, 경제, 사회, 문화로 분야를 나누어 서술하는 방식을 취하였다. 그러나 단원명의 차이만 있을 뿐 내용상 크게 다를 것이 없어 중·고 간의 계열성 확보라는 소기의 성과를 거두었다고 보기 어렵다(방지원, 「초·중·고등학교 역사 교육과정의 계열화 분석:교수요목~7차 교육과정」, 『호서사학』 제44권, 2006, 290쪽).

3 윤종영, 「국사」 교과서의 편찬방향」, 『역사교육』 제48권, 역사교육연구회, 1990, 179쪽.

4 5차교육과정 개발 시안에서는 '2.개정시안의 구성원칙'에서 고등학교 '국사'교육의 종합 목표를 '한국의 역사를 구조적으로 파악하여 그 발전의 특성을 이해하고, 역사적 탐구 기능과 문제 해결력을 기르며, 올바른 역사의식을 바탕으로 새 문화 창조와 민주 사회의 발전에 기여한다.'라고 제시하였다(최용규, 「제5차 고등학교 국사과 교육과정 시안 연구 개발(RR87-11)」, 한국교육개발원, 1987, 82쪽).

5 차미희는 이러한 변화를 민족사관 교육에 치중해 왔던 것에서 벗어나 민주적인 교육을 지향하고자 했던 발전적인 모습으로 평가하였다(차미희, 「5차 교육과정기(1989~1995) 중등 국사교육내용의 개선과 한계」, 『교과교육학연구』 제12권 제1호, 2008, 204~206쪽).

기준으로서 교육과정이 의도하고 있는 것들을 실제 교육현장에서 제대로 실천할 수 있도록 도움이 되는 교육과정을 만들고자 하였음을 의미한다.[6] 이밖에 고등학교의 경우 '국사'와 '세계사' 과목 모두에서 지나치게 소략하다는 지적을 받아온 근·현대사를 강조하였다는 점과 고고학, 민속학, 인류학, 사회학 등의 인접학문의 연구 성과를 활용한 점이 특색이라 할 수 있다.[7]

제5차 교육과정 '국사' 교육과정 연구는 이처럼 다양하게 제기되는 사회적·교육적 측면의 요청과 함께, 학문적 연구 성과를 반영하여 당시 역사학계에 대두된 논쟁적 문제를 해결해야 하는 과업을 안고 시작되었다. 당시 쟁점이 되었던 부분은 주로 고대사 분야에 한정되었던 탓에 다른 시대사 문제들이 여론의 주목을 끄는 일은 없었지만, 교육과정 개정의 목적이 단순히 여론을 잠재우는 데에 있는 것은 아니었기 때문에 연구는 교육과정 전체에서 문제가 되는 부분을 모두 해결하려는 방향으로 이루어졌다. 따라서 조선시대 부분도 단원 편제 방식과 내용 구성 면에서도 상당한 변화가 이루어졌는데, 두드러지는 부분은 조선후기와 근대와의 접근성을 강조하고자 한 것이다. 이로 인해 조선전기 사회에 대한 서술 방향이 이전의 3·4차 교육과정과는 확연히 달라졌다. 본문에서는 제5차 교육과정에 나타난 조선 시대의 발전상에 대한 인식을 그 내용구성과 '집필준거안' 등을 통해 살펴보고, 1970년대에서 80년대 초에 대두된 학문적 연구성과가 교과서 서술에 미친 영향 등을 개괄적으로 정리해 보기로 하겠다.

---

6 교육과정·교과서연구회 편, 『한국 교과교육과정의 변천-고등학교-』, 대한교과서주식회사, 31쪽.
7 최상훈, 「역사과 교육과정 60년의 변천과 진로」, 『사회과교육연구』 제12권, 2005, 209~227쪽.

Ⅱ. 제5차 교육과정 '국사' 교과서의 조선 전기와 후기에 대한 인식

　종래 중·고등학교 '국사' 교과에서는 조선시대 단원 편제의 방법으로 조선의 건국부터 소위 근대의 기점으로 알려져 있는 개항을 전후한 시기까지를 하나의 대단원에 모두 포함시키는 방법과 조선 전기와 조선 후기를 나누어 2개의 대단원으로 편제하는 방법, 그리고 세 개 이상의 대단원으로 나누어 편제하는 방법 등을 사용해 왔다. 그러나 4차 교육과정 이후부터는 조선 전기와 후기 사회를 가르는 차이점에 주목하면서 조선 후기를 근대로 접근하여 가는 시기로 파악하고자 하는 시각이 자리를 잡게 되었는데, 이때부터는 교과서를 상·하로 나누어 하권에서 양란 이후의 시기를 다루는 방식이 일반화되었다. 이러한 경향은 현재까지도 이어지고 있다.[8]

　조선 시대를 양란을 기점으로 하여 전기와 후기로 나누어 보려는 시각은 4차와 5차 교육과정이 동일하다. 그러나 조선 전기, 즉 15세기와 16세기를 보는 시각은 양자가 확연한 차이를 보인다. 4차에서는 15세기 조선 사회의 개방성을 강조하여 15세기와 16세기의 사회구조를 나누어 서술하였고, 하권에서는 조선후기 사회의 동요에 대해 비교적 간단히 기술하였다.[9] 이에 반해 5차에서는 15·16세기의 사회구조를 동질적으로 다루고

---

8 '신유아, 「교과서 내용서술 체계화의 문제와 방향 -조선 전·후기 서술을 사례로-」, 『역사교육』 제147권, 2018, 93~94쪽'의 〈표 1〉 내용 참조 .

9 4차 교육과정 고등학교 '국사'의 조선시대 내용편제 및 구성에 관하여서는 '이향, 「조선전기 신분제 연구동향과 '국사' 교과서의 서술-4·5·6차 교육과정을 중심으로-」, 전남대학교 교육대학원 역사교육전공 석사학위논문'을 참고로 할 수 있다. 이 논문에 따르면 4차 교육과정 고등학교 '국사' 교과서 상권에서는 'Ⅲ. 근세사회의 발전' 단원에서 조선전기 '사회신분제도'라는 주제 하에 조선 초기 신분제가 양인과 노비로 이루어져 있고, 양인에 양반과 중인, 수공업자와 상인 등을 포함시켜 서술하였음을 알 수 있다. 또 '신분구조의 변화'라는 주제 하에 16세기에 들어와 중인의 수가 적고 상민과 노비는 그 지위가 비슷해져 점차 양반과 상민으로 갈라진 반상제 사회로 변해갔다는 내용이 서술되었고, 하권 'Ⅰ.

분량도 축소하는 대신, 하권에서 '근대사회로의 지향' 단원의 '사회변화와 서민의식' 부분에서 각 신분 계층의 성장과 변화를 자세하게 서술하고, 이것이 경제 구조의 변동과 맞물려 신분제의 변천을 가져왔다고 기술하였다.

이러한 변화는 4차 교육과정에서 강조되었던 15세기 조선사회의 개방성에 대한 인식이 5차에서는 다소 퇴조하였으며, 그보다는 조선후기 근대적 발전상을 드러내고자 하는 경향이 더욱 강조되었음을 보여준다. 5차 교육과정의 이러한 서술 경향은 조선 사회를 4개의 신분(양반, 중인, 상민, 천민) 계층으로 이루어졌다고 하는 주장과 절충되어, 이후 신분제의 동요와 서민 계층의 각성, 그리고 이들이 '민란'의 주도세력으로서의 성장하는 과정이 더욱 연결성을 가지고 설명될 수 있게 만들었다.

조선시대 사회구조를 '신분(身分)'과 관련지어 파악하고자 하는 연구는 1970년대부터 80년대 초반에 걸쳐 활발하게 이루어졌다.[10] 논의의 주제는 양천제 및 사회계층으로서 양반과 중인 신분의 성립 시기, 신분제 동요 등을 둘러싼 것이었는데, 이성무는 조선사회를 양반, 중인, 상민, 천민의 4신분으로 이루어진 것으로 이해하고자 하였고, 한영우는 15세기를 법제적으로 양천제사회로 파악하며 조선 초의 사회를 고려에 비해 문벌

근대사회의 태동'에서는 조선중기 이후 양반중심 신분제는 19세기를 전후로 양반인구의 증가와 상민과 노비 인구의 감소로 인해 동요하였음이 간략히 서술되어 있다(이향, 「조선전기 신분제 연구동향과 '국사' 교과서의 서술-4·5·6차 교육과정을 중심으로-」, 전남대학교 교육대학원 역사교육전공 석사학위논문, 21쪽).

10 70년대~80년대 초 4계층설을 주장한 연구로는 다음 연구를 참고할 수 있다. 이성무, 「조선초기의 기술관과 그 지위-중인층의 성립문제를 중심으로」, 『유홍렬박사 화갑기념 논총』, 1971; 이성무, 「조선전기 중인층의 성립 문제」, 『동양학』 제8권, 단국대, 1978; 이성무, 『조선초기 양반연구』, 일조각, 1980.
같은 시기 양천제설을 주장한 연구로는 다음 연구를 참고할 수 있다. 한영우, 「조선초기의 상급 서리 성중관-정중관의 녹사로서의 일원화 과정-」, 『동아문화』 10, 1971; 한영우, 「조선전기 사회계층과 사회이동에 관한 시론」, 『동양학』 제8권, 단국대, 1978; 한영우, 「조선초기 신분·계층연구의 현황과 문제점」, 『사회과학평론』 제1권, 한국사회과학연구협의회, 1982.

주의 내지 귀족제적 요소를 탈피한 근대 관료제적 사회로 파악했다. 그는 사회계층이 양반, 중인, 상인, 천인으로 나누어져 자리를 잡는 것은 15세기 이후의 일이라고 주장하며, 15세기와 16세기 조선사회의 성격을 구분하고자 하였다.

15세기를 법제상 양인 신분 중심의 개방적인 사회로 파악하려고 했던 한영우의 견해는 4차 교육과정에 상당 부분 반영되었던 것으로 보인다. 반면 5차 교육과정에서는 양란이후 조선후기 사회와 '근대'와의 접근성을 강조하려는 경향이 뚜렷해지면서 15세기 조선 사회에 대한 이러한 개방적인 인식이 주목받지 못하였다. 이러한 결과는 제5차 교육과정 '국사' 교과서의 조선시대 단원의 내용구성을 통하여서도 확인하여 볼 수 있는데, 이를 정리해 보면 다음 [표 1]과 같다.

[표 1] 제5차 교육과정 중·고등학교 '국사' 조선시대 단원의 내용구성[11]

	중학교	고등학교
상권	V. 조선 사회의 발전 1. 양반 관료 사회의 성립 – 조선의 건국, 국호의 제정과 한양 천도, 왕권의 확립, 중앙의 정치 제도, 지방 행정 제도, 군사 조직, 교육과 과거 제도, 조운과 역원	IV. 근세 사회의 발전 1. 근세 사회로의 전환 (1) 신진 사대부의 대두 – 신진사대부의 성장, 위화도 회군과 이성계의 집권, 전제 개혁 (2) 조선의 성립과 근세 사회 – 조선의 개창, 근세 사회의 전개

---

11 [표 1]은 제5차 교육과정 '국사편찬위원회, 중학교 『국사(상)』·『국사(하)』, 문교부, 1990' 및 '국사편찬위원회, 고등학교 『국사(상)』·『국사(하)』, 교육부, 1992'의 내용을 바탕으로 작성하였음.

	중학교	고등학교
상권	2. 조선 초기의 대외 관계 - 명과의 관계, 일본 및 여진과의 관계, 국토의 확장 3. 경제생활과 민생의 안정 - 농본정책과 토지제도, 농업과 상공업, 국가제정과 농민의 부담 4. 민족 문화의 창달 - 민족의식의 성장, 훈민정음, 편찬 사업, 과학 기술, 음악, 미술 5. 양반 사회의 변천 - 신분 제도, 예속 생활, 사림과 성리학, 서원과 향약, 양반 사회의 모순, 사화와 붕당정치 6. 왜란, 호란의 극복 - 임진왜란, 통신사의 파견, 병자호란, 북벌론과 나선정벌	2. 근세의 정치와 그 변천 (1) 정치 체제의 확립 - 정치사상, 정치 구조, 군역 제도와 군사 조직, 교육과 과거제도 (2) 사림의 대두와 붕당 정치 - 사림의 대두, 사림의 정치적 성장, 서원과 향약, 붕당정치의 시작 (3) 조선 초기의 대외 관계 - 명과의 관계, 국토의 수복, 일본 및 동남아시아와의 관계 (4) 왜란과 호란 - 임진왜란, 수군의 승리, 의병의 항쟁, 전세의 전환과 왜군의 패퇴, 왜란의 영향, 대륙의 정세 변화와 광해군, 호란과 그 영향, 북벌론의 대두와 나선정벌 3. 근세의 사회와 경제 (1) 사회 구조와 향촌 사회 - 신분제도, 가족제도, 향촌사회 (2) 사회 시설과 법속 - 사회정책과 사회시설, 법률, 종교와 민간신앙 (3) 경제 정책과 경제 구조 - 경제정책, 토지제도, 조세 제도와 재정, 농민 부담의 가중 (4) 경제 활동 - 농업, 수공업과 공장, 상업과 화폐 4. 근세 문화의 발달 (1) 성리학의 발달 - 성리학의 두 흐름, 성리학의 발달, 예학과 보학의 발달 (2) 민족문화의 창달 - 한글의 창제, 역사서의 편찬, 지리서 법전 윤리서, 과학 기술 (3) 문학과 예술 활동 - 문학, 음악과 무용, 그림과 글씨, 건축과 공예

중학교	고등학교
하권	I. 조선 사회의 새로운 움직임 　1. 제도의 개혁과 정치의 변화 　－사회변화의 움직임, 대동법 실시, 균역 　　법 실시, 군제 개혁, 붕당정치의 전개, 　　탕평책의 실시 　2. 경제 성장과 사회의 변화 　－농업의 발달, 수공업의 바달, 상업의 　　발달, 화폐와 금융, 국제 무역의 발달, 　　농촌사회, 도시의 성장 　3. 실학의 발달 　－학문의 새 경향, 실학의 성장, 실학의 　　의의, 서양문물의 전래 　4. 문예 활동의 새 경향 　－교육의 보급, 국문학의 발달, 여성의 　　문예 활동, 글씨와 그림, 건축과 공예, 　　서민 오락 　5. 사회 동요와 종교의 새 기운 　－신분제의 변화, 세도 정치, 농민의 저항, 　　천주교의 수용과 박해, 동학의 발생	I. 근대 사회의 태동 　1. 근대 사회로의 지향 　(1) 사회의 변화와 서민 의식의 성장 　－양반 사회의 동요, 농민의 각성, 부농 　　층과 임노동자, 중간계층의 성장 　(2) 근대 사회로의 이행 　－근대 사회의 성격, 근대 사회로의 움 　　직임 　2. 정치 체제의 변화 　(1) 통치 기구의 변화 　－비변사의 기능 강화, 5군영와 속오군 　(2) 붕당 정치의 발달과 변질 　－붕당정치의 발달, 붕당정치의 변질 　(3) 탕평책의 실시 　－영조의 탕평책, 정조의 탕평책 　(4) 세도 정치의 전개 　－세도 정치, 지배체제의 파탄 　(5) 조선 후기의 대외 관계 　－청과의 관계, 일본과의 관계 　3. 경제 구조의 변화와 사회변동 　(1) 수취 체제의 개편 　－수취 체제 개편의 배경, 전세 제도의 　　개편, 공납 제도의 개편, 군역 제도의 　　개편 　(2) 경제생활의 향상 　－경제의 활성화, 농업 생산력의 증대, 　　지대의 변화, 민영 수공업의 발달, 광 　　산의 개발, 자유상업의 발달, 대외무 　　역, 화폐의 보급 　(3) 사회구조의 변동 　－신분제의 변천, 사회불안의 고조, 농 　　민의 항거 　(4) 사회불안과 종교계의 변화 　－민간신앙의 성행, 천주교의 전파, 동 　　학의 발생

중학교	고등학교
하권	4. 문화의 새 기운 (1) 성리학계의 동향과 양명학의 수용 　－ 성리학적 질서의 강화, 성리학의 발 　　달과 학통, 양명학의 수용 (2) 실학사상의 발달 　－ 실학의 연구, 농업 중심의 개혁사상, 　　상공업 중심의 개혁사상, 국학연구의 　　확대, 실학의 역사적 의의 (3) 문학과 예술의 새 경향 　－ 서민문화의 대두, 한글 소설과 사설 　　시조, 예술의 새 경향 (4) 과학과 기술의 발달 　－ 서양 문물의 수용, 천문학과 의학, 기 　　술의 개발과 보급

[표 1]의 고등학교 '국사' 하권의 I단원 '근대사회로의 지향'에서는 첫 번째 중단원으로 '사회의 변화와 서민 의식의 성장'을 배치하였고, 그 내용에 '양반 사회의 동요', '농민의 각성', '부농층과 임노동자', '중간계층의 성장'을 포함시켜, 조선후기 사회구조의 변동이 곧 근대사회로의 지향을 보여주는 것임을 분명히 하고 있다.

그러나 이처럼 조선 전기와 조선 후기를 지나치게 단절적으로 이해하는 것은 하나의 왕조로서 지속되었던 조선국가의 성격을 파악하는 데 어려움을 초래할 수 있고, 우리 역사 속에서 나타난 근대적 변화에 대해서도 올바른 의미를 부여하는 것을 오히려 어렵게 만들 수 있으므로, 유의할 필요가 있다고 생각된다. 우리 역사 속에서 '근대적' 발전상을 드러내는 방법으로 양란 이전 역사를 그 이후의 역사와 확연히 단절시키거나, 양란 이전 시기 역사가 일관되게 '성리학적 신분질서'에 입각한 '봉건적 신분제 사회'였음을 강조하는 것이 반드시 적절하다고 생각되지는 않기 때문이다. 양란 이전 조선 사회의 개방성을 철저히 부정하거나, 성리학적 유교 질서의 절대성을 강조하는 방식으로 17세기 이후 사회구조의 변화와 실학의 대두를 근대적 발전선 상에 올려놓으려고 해서는 안 된다는 뜻이다. 역사에 대한 해석과 평가는 다른 시기와의 대비를 통해 의도한 방향으로 유도되기보다는 그 자체의 역사상을 통해 설명되는 것이 바람직하다.

단원별 내용구성의 변화를 통해 파악할 수 있는 5차 교육과정 '국사'의 조선 전기와 후기에 관한 시각은 이상과 같다. 이는 '국사교육 내용전개의 준거안'(이하 '준거안')을 통해서 더욱 명확하게 확인된다. 5차 교육과정 개정이 추진되었던 당시 국사교육심의회(위원장: 변태섭)에 의해 연구된 이 '준거안'은 그 탄생의 주요 배경이 고대사 서술 문제를 해결하는 데에 있긴 했지만, 결과적으로는 각 시대별 전공자들로 이루어진 소위원회가 꾸려지면서 쟁점이 되는 주제를 어떻게 서술할 것인지에 대한 논의가 전개될 수 있는 장을 마련해 주었다. 당시 교과서 편수관(윤종영)이 만들었던 회의 자료에서 조선시대 내용 서술과 관련된 논의 주제는 다음과 같았다.

〈근세〉
○ 서술방향: 근세를 발전적이고 긍정적으로 본다
○ 일반적인 내용 (논의 주제)
- '근세=조선설'은 타당한가
- 조선 양반관료제 사회의 용어 사용이 타당한가
- 조선전기의 신분구성을 어떻게 볼 것인가
- 최근에 제기되고 있는 16세기 긍정설 문제는 받아들여야 좋을까
- 당쟁사를 어떻게 처리할 것인가(당쟁과 붕당의 용어 사용 문제)
- 현행 교과서의 '사림정치와 당쟁'의 단원명을 '붕당정치'로 표현하는 것은 타당한가
- 임진왜란에 대하여 새로운 평가를 할 필요가 있지 않을까(특히 사림의 역할)
- 임진왜란을 기점으로 조선을 전·후기로 구분하는 것은 타당한가

- '경영형 부농'의 용어 및 개념 규정은 타당한가
- 조선후기 농법에 대한 이설 문제는 어떻게 처리하는 것이 좋은가
- 조선초기 신분구조와 관련하여 중인층 형성은 서술하는 것이 타
  당한가
- 조선후기 중인층의 대두와 역할은 강조할 필요가 있지 않을까
- 조선후기에 있어서 내재적 발전론과 자본주의 맹아론에 대한 설
  명은 강화할 필요가 있지 않을까[12]

그리고, 위원회에서 최종 확정한 '준거안'에서 조선시대와 관련된 내
용서술 지침은 다음과 같았다.

- 조선왕조는 국호 제정과 한양 정도에서 자주적이고 진취적인 역
  사의식을 반영하였음을 밝힌다.
- 조선중기 이후의 정치사는 '당쟁'이라는 용어를 피하고 당시 보
  편적으로 쓰이던 '붕당'정치로 서술하되 그것이 사회발전에 미
  친 긍정적 측면과 저해적 측면을 균형있게 서술한다.
- 조선후기에는 정치, 경제, 사회, 문화의 모든 면에 걸쳐 근대사회
  를 지향하는 새로운 성격이 형성됨으로써 한국 근대화의 내재적
  인 요인이 마련되었음을 서술한다.[13]

위 회의 자료에 제시된 논의주제와 내용서술의 지침으로 미루어보았
을 때, 5차 교육과정에서 요구하는 조선시대에 관한 서술 방향은 첫째,
조선 건국의 의의를 밝힐 것, 둘째, 16세기 이후의 정치사를 '붕당정치'로
서술하고 이전의 당쟁사적 인식에서 벗어날 것, 셋째, 조선후기를 근대
화의 내재적 요인이 마련된 사회로 보아야 한다는 것이다. 조선 전기 사

---

12 윤종영, 「국사교과서 편찬준거안」, 『역사와실학』 제10·11권, 1999, 703~704쪽.
13 윤종영, 「국사교과서 편찬준거안」, 『역사와실학』 제10·11권, 1999, 755쪽.

회를 4차 교육과정과 같이 개방적 관료사회로 보는 것에 대해서는 '조선 양반관료제 사회의 용어 사용이 타당한가', '조선전기의 신분구성을 어떻게 볼 것인가', '조선초기 신분구조와 관련하여 중인층 형성은 서술하는 것이 타당한가' 등에 대해 논의를 거치면서 다소 고민이 있었던 것으로 보이나, 결론적으로 최종적인 서술 지침이 조선후기의 근대지향성을 강조하는 방향으로 확정되면서, 이러한 조선 초기 사회의 개방성에 대한 서술은 '근세=조선설'을 채택하고 조선이 고려에 비해 발전된 국가였음을 명확히 하는 정도에서 타협점을 찾은 듯하다. 5차 교육과정의 위 세 가지 최종 서술지침이 교과서에서 실제로 어떻게 구현되었는지를 정리해 보면 다음 [표 2]와 같다.

[표 2] 제5차 교육과정 고등학교 '국사'의 조선시대 서술 방향과 교과서 내용(요약)

서술 방향	교과서 서술 (요약)
조선 건국의 의의	○ 근세사회의 전개: 국호를 '조선'으로 고침, 한양 천도, 숭유농본 정책 제시, 사대 교린을 기본 외교 정책으로 삼음/ 고려와의 차이점 - ① 왕권 중심 권력구조, 중앙집권적 제도 개편, 관료 체제의 기틀마련, 왕권과 신권의 조화 추구 ② 사회경제적으로 양인의 수 증가, 양인의 권익 신장, 자영농의 수 증가, 경작권 보장, 과거제 정비로 능력 존중 ③ 문화적으로 교육 기회 확대, 민족적 자각을 일깨우는 정신문화와 국민 생활에 기여하는 기술 문화 진작, 민족문화의 확고한 기반 마련/ 조선사회는 고려사회에 비해 진전된 사회였고 이것이 조선전기를 근세사회로 규정하는 이유임 ※ 제5차 교육과정 고등학교 『국사(상)』, 137~138쪽 내용을 요약함
16세기 이후 정치사를 '붕당 정치'로 파악	○ 붕당정치의 시작: 수차례의 사화에도 불구하고 서원 및 향약을 바탕으로 세력 확장, 16세기 후반 중앙 정치 무대의 주도권 장악, 관직 자리를 놓고 서로 대립, 사림이 정계 주도권을 장악한 이후 붕당 정치 시작, 붕당은 이조 전랑의 자리를 두고 동인과 서인이 양분되면서 출현, 붕당정치는 처음에는 학문과 이념의 차이에서 출발하여 폐단이 크지 않음, 오히려 정치의 활성화와 정치 참여의 폭을 넓히는 데 기여, 정치 세력 간의 상호 비판과 견제 기능, 시간이 흐르면서 이념보다 학벌, 문벌, 지방 의식과 연결되어 국가 사회 발전에 지정 초래, 왕권이 약화되면서 그 대립과 분열이 더욱 격화, 붕당의 경제적 기반은 지방 농장, 인적 토대는 지방 서원과 족당 중심의 사제 관계와 혈연의 결속, 붕당정치는 농장과 족당, 학파를 기반으로 언론을 통하여 전개됨 ※ 제5차 교육과정 고등학교 『국사(상)』, 150~151쪽 내용을 요약함

서술 방향	교과서 서술 (요약)
조선후기 사회에서 근대 지향적 발전상 서술	○ 근대 사회의 성격: 조선후기 농민의 의식 성장과 역량 증대가 조선 사회 전반에 커다란 변화를 초래, 이것은 확실히 근대사회를 지향한 것임/근대 사회의 의미-정치적으로 국민의 참정권이 전제되는 민주정치가 구현되는 사회, 사회적으로 각 사회계층이 평등한 사회, 경제적으로 자본주의 사회의 성립과 사상적으로 과학적·논리적 사고에 바탕을 둔 합리화를 추구하는 사회 ○ 근대사회로의 움직임: 경제적 측면-영농기술의 개발, 경영의 합리화를 통한 농업 생산력 급증으로 사회변화의 토대가 마련됨. 상공업에서 영리성 제고, 독점적 도매상인인 도고 출현/ 사회적 측면-부의 축적에 따른 신분 상승, 정쟁의 결과와 농민 분화로 인한 신분 변동, 봉건적 신분 구조 붕괴, 서얼 노비가 속박에서 점차 벗어남. 세습적·폐쇄적 신분제도의 의미 상실/ 사상적인 면-진보적 사상인 실학 연구, 사회개혁과 새로운 발전 방향 제시, 천주교의 전래로 평등 사회와 개인의 자유 주장, 전통 질서에 도전, 민족종교로서 동학 창시, 농민 중심의 현실 개혁 사회운동 전개 / 정치면-근대 지향적 움직임을 수용하지 못함. 붕당정치의 폐단 노출로 세도정치 출현, 행정기강과 수취체제의 문란으로 농민 생활 도탄, 민란 폭발, 양반중심 지배체제의 존속 어려워짐/ 조선후기 사회변화의 특징-자율적, 주체적으로 이룩됨. 스스로의 내재적 역량에 의해 근대사회로의 길을 걷고 있었음. 북학론자들이 통상개화론을 주장하여 개항과 개화의 기반 마련, 조선후기에 성장한 상업자본이 개항 후 민족 자본의 토대를 이루었던 것에서도 (이러한 내재적 역량에 의한 근대사회로의 접근이) 보여짐 ※ 제5차 교육과정 고등학교 『국사(하)』, 10~11쪽 내용을 요약함

[표 2]의 내용을 토대로 살펴보았을 때, 제5차 교육과정에서는 조선왕조의 건국의 의미를 명확히 제시하고자 하였으며, 당쟁사를 붕당정치의 전개로 파악하면서 그 긍적적인 측면에 대한 서술을 추가하였고, 특히 조선후기 이후를 '근대'를 향한 발전 선상에 두고자 노력하였음을 알수 있다. 이에 따라 5차 교육과정 고등학교 '국사' 교과서에서는 '조선의 개창'뒤에 '근세 사회의 전개'라는 소주제를 두고 근세 사회인 조선이 이전의 중세 고려왕조와 어떤 점에서 더욱 발전하였는지를 서술하였는데, 내용이 다소 추상적인 측면이 있어 능력 중심의 개방적 사회로서의 성격을 강조하였던 4차 교육과정에 비해 오히려 조선 초기 발전상에 대한 평가가 더욱 후퇴하였다는 느낌을 준다. 다시 말해 조선이 '근세' 사회라는 사실을 소제목을 통해 일방적으로 제시하고, 그 이유까지도 별다른 구체적 근거없이 추상적 주장만을 단정적으로 서술함으로써 조선이 고려에

비해 한 단계 발전한 사회라는 사실을 무조건 수용하게 만드는 역할을 하였다고 생각된다.

16세기 이후 정치사를 '붕당정치' 시기로 파악하고 긍정적 측면을 부각하려는 의도 역시 그다지 성공적으로 구현된 것으로 보이지는 않는다. 4차 교육과정에서 '당쟁의 발생'이었던 소제목이 '붕당정치의 시작'으로 바뀐 것을 제외하면, '처음에는 학문과 이념의 차이에서 출발하여 폐단이 크지 않았다'는 것과 '정치의 활성화와 정치 참여의 폭을 넓혔다'는 것은 4차 교육과정과 동일한 내용이고, 붕당정치의 긍정적 기능으로 추가된 부분은 '정치 세력 간의 상호 비판과 견제의 기능'뿐이다. 반면, 부정적 기능으로는 이전에 없었던 '왕권이 약화되고 정치 기강이 문란해지면서 그 대립과 분열이 더욱 격화되었다'는 내용과 '붕당의 경제적 토대가 지방 농장이고 인적 토대는 각 지방의 서원과 족당을 기반으로 한 사제관계 및 혈연의 결속이었다'는 내용, 그리고 '붕당정치가 이러한 농장과 족당 및 학파를 기반으로 언론을 통해 전개되었다'는 내용이 추가되어, 그 부정적 측면에 대한 서술이 크게 늘어났다.

조선후기 사회의 근대지향성에 대해서는 하권의 첫 번째 대단원인 '근대사회의 태동' 안에 '근대사회로의 지향'이라는 중단원을 별도로 두고, 그 속에 '근대사회로의 이행'이라는 제목의 소단원을 만들어 여기에서 '근대사회의 성격'과 '근대사회로의 움직임'에 대해 상세히 서술하였다. 이는 4차 교육과정에서 하권 첫 번째 대단원을 총 3개의 중단원, '조선후기 사회변동과 대외관계', '문화의 새 기운', '사회의 동요와 종교의 새 기운'으로 나눈 것과 뚜렷하게 대비된다. 그리고 5차 교육과정에서 새롭게 추가된 '근대사회의 성격'이라는 소주제 하에 '근대'가 어떤 사회를 말하는지를 명확하게 제시하고 '근대사회로의 움직임'에서 조선후기에 나타난 이와의 유사성을 경제와 사회, 사상적 측면에서 구체적 사례를 들어 설명한 것은, 조선후기사회가 내적인 동력에 의해 '근대'로 이행해가고 있었음을 확고한 사실로 받아들이게 만들려는 의도에서 이루어진 서술로 보인다.

제5차 교육과정 이후 조선후기와 '근대'와의 접근성을 강조한 이러한 서술 기조가 자리잡으면서 15세기 사회가 이른바 법제적 '양천제' 사회로서 양인을 기반으로 한 능력중심의 관료사회였다는 주장은 더 이상 강조되기 어려워졌으며, 이후 교육과정 개정에서는 조선왕조와 고려와의 동질성을 부각시켜 조선전기 사회의 '전근대성'을 더욱 명확히 하려는 경향도 나타났다.

결과적으로 5차 교육과정에서는 '국사' 교과서 서술의 초점이 17세기 이후 사회경제적 발전과 이를 뒷받침하는 학문적·사상적 경향의 변화로 옮겨가, 조선후기 전문직이라고 할 수 있는 중인계층과 생산력의 증대로 인한 서민계층의 성장 쪽에 더욱 무게가 실렸다.

이러한 서술 기조는 단원의 편제방식의 변화로 인해 더욱 확실해졌는데, 중학교와의 차별성 확보 방안으로 고등학교가 연대기적 체제 안에서 정치·경제·사회·문화를 나누어 서술하는 분류사적 체제를 취하게 되면서, 사회·경제와 관련된 내용이 정치사와 별도로 쓰여질 수 있게 된 것이다. 대단원 수준에서 조선시대가 조선전기와 후기로 나누어진 것은 4차와 5차 교육과정이 동일하였으나, 고등학교 '국사'의 경우 중단원 수준에서 정치사와 사회·경제사가 나누어지면서 신분제와 관련된 서술 분량이 늘어났고, 이에 따라 조선 후기 신분제 동요와 관련된 서술 분량도 늘어날 수 있었다. 또 이러한 사회적 변화 앞에 생산력의 증대와 상업 발전에 관한 경제적 변화를 서술함으로써 상호 간의 인과관계를 더욱 명확하게 만드는 효과도 있었다. 4차와 5차 교육과정 고등학교 '국사' 교과서의 조선후기 사회·경제적 변화 관련 내용구성을 비교해 보면 다음 [표 3]과 같다.

[표 3] 제4차와 제5차 교육과정 고등학교 '국사' 교과서의 조선후기 사회·경제적 변화 관련 내용구성 비교

4차 교육과정	5차 교육과정
I. 근대 사회의 태동 1. 조선 후기의 사회 변동과 대외 관계 (1) 정치·군사상의 변화 − 비변사의 확대강화, 5군영과 속오군, 정치적 대립의 격화, 탕평책과 정치 안정 (2) 세제의 개혁 − 전세의 개혁, 대동법의 실시, 균역법의 시행 **(3) 산업의 발달** **− 농업기술의 발전, 민간 수공업의 발달, 광산의 개발, 자유상업의 발달, 대외무역, 화폐경제** **(4) 대외 관계** **− 청과의 관계, 일본과의 관계** 2. 문화의 새 기운 (1) 실학의 발달 − 실학의 배경과 그 성격, 농업 중심의 개혁 사상, 상공업 중심의 개혁 사상, 국학연구의 확대, 서학의 전래, 과학의 연구 (2) 문학과 예술의 새 경향 − 서민문학의 대두, 서화의 새 경향, 공예와 건축 (3) 유교 철학의 동향 − 성리학의 경향, 양명학의 연구 3. 사회의 동요와 종교의 새 기운 (1) 사회의 동요 − 신분제의 변화, 외척 세도 정치, 농촌사회의 동요, 민란의 발생 (2) 종교의 새 기운 − 도교와 도참 신앙, 천주교의 박해, 동학의 발생 ※ 제4차 교육과정 고등학교 『국사(하)』 1−58쪽을 참조하여 작성함	I. 근대사회의 태동 1. 근대사회로의 지향 (1) 사회의 변화와 서민 의식의 성장 − 양반 사회의 동요, 농민의 각성, 부농층과 임노동자, 중간계층의 성장 (2) 근대사회로의 이행 − 근대사회의 성격, 근대사회로의 움직임 2. 정치 체제의 변화 (1) 통치 기구의 변화 − 비변사의 기능 강화, 5군영과 속오군 (2) 붕당정치의 발달과 변질 − 붕당정치의 발달, 붕당정치의 변질 (3) 탕평책의 실시 − 영조의 탕평책, 정조의 탕평책 (4) 세도 정치의 전개 − 세도 정치, 지배체제의 파탄 (5) 조선 후기의 대외 관계 − 청과의 관계, 일본과의 관계 3. 경제 구조의 변화와 사회변동 (1) 수취 체제의 개편 − 수취 체제 개편의 배경, 전세 제도의 개편, 공납 제도의 개편, 군역 제도의 개편 **(2) 경제생활의 향상** **− 경제의 활성화, 농업 생산력의 증대, 지대의 변화, 민영 수공업의 발달, 광산의 개발, 자유상업의 발달, 대외무역, 화폐의 보급** **(3) 사회구조의 변동** **− 신분제의 변천, 사회불안의 고조, 농민의 항거** (4) 사회불안과 종교계의 변화 − 민간신앙의 성행, 천주교의 전파, 동학의 발생

4차 교육과정	5차 교육과정
	4. 문화의 새 기운
	(1) 성리학계의 동향과 양명학의 수용
	– 성리학적 질서의 강화, 성리학의 발달과
	학통, 양명학의 수용
	(2) 실학사상의 발달
	– 실학의 연구, 농업 중심의 개혁사상, 상공
	업 중심의 개혁사상, 국학연구의 확대, 실
	학의 역사적 의의
	(3) 문학과 예술의 새 경향
	– 서민문화의 대두, 한글 소설과 사설시조,
	예술의 새 경향
	(4) 과학과 기술의 발달
	– 서양 문물의 수용, 천문학과 의학, 기술의
	개발과 보급
	※ 제5차 교육과정 고등학교 『국사(하)』, 1–68쪽
	을 참조하여 작성함

[표 3]의 내용을 통해 알 수 있는 것은 우선 '근대사회의 태동' 부분의 서술이 4차에 비해 5차 교육과정에서 대단히 상세해졌고, 그 분량 역시 늘어났다는 점이다. 이는 5차 교육과정에서 대단원의 편제를 정치, 경제, 사회, 문화로 나누어서 한 영향도 있겠지만 각 소단원의 소주제 역시 더욱 세분된 것을 알 수 있다. 또 분량 면에서 단순히 10페이지 정도만 늘어났다고 보기 어려운 것이, 책의 판형 자체가 4차 교육과정에서는 가로 15.5cm, 세로 22.5cm였던 것이, 5차 교육과정에서는 가로 18.1cm, 세로 25.5cm로 상당히 커졌기 때문에 실제 서술분량 면에서의 증가가 상당히 두드러졌다고 할 수 있다. 무엇보다 '(2) 경제생활의 향상' 뒤에 '(3) 사회구조의 변동'을 배치하여 생산력의 증대가 곧 농민들의 의식 변화로 이어져 신분제 동요와 아래로부터의 저항운동이 일어났다는 논리 구조를 성립시키고자 했다. 4차 교육과정에서 '(3) 산업의 발달' 뒤에 '(4) 대외관계'를 배치했던 것과는 크게 대비되는 부분이다.

이러한 변화만을 놓고 살펴보면 5차 교육과정 개정의 계기가 된 것은 비록 고대사 분야의 문제였지만, 실제로 중점을 둔 부분은 조선후기 사회의 자생적 근대지향성을 밝히는 일이 아니었나 하는 생각마저 든다. 내용편제의 방식과 서술 기조, 분량 면에서의 변화가 가장 뚜렷해 보이기 때문이다.

III. 1970년대~80년대 조선시대 관련 연구의 동향과 5차 교육과정 '국사' 교과서의 서술

제5차 교육과정 개정은 이를 위한 '준거안'의 제정 및 개정의 주안점 등이 모두 국가 주도로 논의되면서, 4차 교육과정에 대한 비판을 시정하기 위한 노력과 당시 학계에서 쟁점이 되었던 문제에 대한 서술방향이 신속하게 결정·추진될 수 있는 환경을 조성하였다.

먼저, 4차 교육과정에 대한 비판 중 '국사' 교과서의 서술이 '왕조 중심', 혹은 '정치사 중심'이라는 비판을 해결하기 위해, 5차 교육과정 개정에서는 사회경제사에 해당하는 내용의 비중을 늘리고, 더욱 상세히 다루고자 하였다. 이러한 노력은 앞 장(章)의 [표 1]과 [표 3]을 통해 확인할 수 있다.

또, 시대별·주제별로 편중된 역사연구와 국정교과서에 의한 국민교육의 문제점을 지적하는 목소리가 높았고, 성장하는 민중의식에 걸맞는 역사인식을 길러야 한다는 주장도 대두되었는데, 이를 해결하기 위해 지역사, 즉 향촌사회에 대한 연구 성과를 어느 정도 반영하고자 하였고, 주로 재지사족 출신으로 파악되었던 '사림'에 의한 붕당정치를 긍정적으로 보려는 시도가 나타났다.

1960년대 초반 4·19의 역사 경험을 계기로 대학가를 중심으로 한 지식계 일각의 민족문화에 대한 자각과 각성이 해방 이후 한국사에 대한 대중적 인식 기반을 마련한 이래, 70년대에는 각 분야의 연구를 종합적으로 정리한 연구물들이 쏟아져 나오기 시작하였다. 80년대의 반독재민주화의 틀 속에서 벗어나 변혁운동의 주체로서 성장한 젊은 연구자들은 이전의 연구자들과는 다른 자세로 연구에 뛰어들었다. 이들은 자신의 학문 활동을 사회변혁운동의 일익으로 적극적으로 편입시키고자 노력하였고, 그에 따라 변혁운동에 기여할 수 있는 학문, 대중의 정서에 밀착할 수 있는 학문체계의 수립이라는 구체적이고 직접적인 과제를 제기하였다. 이들의 연구는 그동안 소외되었던 사회경제사와 사상사 분야에 집중되었는데, 80년대 초에는 한국근대사의 성격을 민중을 주체로 한 민족으로서의 결집과정으로 파악한 『한국사연구입문』 제1판과[14] 2판이 잇따라 출간되어, 80년대 대표적인 연구 성과들이 교육과정에 반영될 수 있는 토대를 제공하였다.[15]

연구의 성과로 사회사 분야에서는 향촌사회의 권력구조와 조선 전기 신분구조의 실체가 상당한 정도로 파악되었고, 사상사 분야에서는 성리학적 질서가 자리를 잡아가는 과정에서 향약과 그 실천세력으로서의 '사림'에 대한 연구가 이루어졌다. 이 가운데에서도 특히 16세기 이후의 정치를 당쟁사적 관점에서 파악하기보다는 견제와 균형을 원칙으로 하는 '붕당정치'로 파악하려고 하는 관점과[16] 사림정치체제의 발전으로 본 연구가[17] 주목받았는데, 이에 따라 5차 교육과정 고등학교 '국사' 교과서는

---

14 한국사 연구회, 『한국사연구입문』, 지식산업사, 1981.
15 박종기, 「80년대 한국사학계의 성과와 과제(한국사연구회편, 제2판 한국사연구입문, 지식산업사, 1987)」, 『창작과비평』 제15권 제4호, 1987, 297~306쪽.
16 이태진, 「사림과 서원」, 『한국사』 제12권, 국사편찬위원회, 1978.
17 송찬식, 「조선기 사림정치의 권력구조−전랑과 삼사를 중심으로」, 『경제사학』 제2권, 1978.

'사림과 붕당정치'와 관련하여 총 4개의 소주제를 설정함으로써 관련 내용을 비교적 상세하게 서술하였다.

먼저 '사림의 대두'에서는 사림의 연원을 고려 왕실에 절의를 지켰던 정몽주, 길재 등에서 찾았고, 가계(家系)는 대개 고려 말기의 향리 출신으로 과거 등을 통해 신분이 상승한 지방의 중소 지주계층으로 파악했다. 이들은 조상 전래의 사회·경제적 기반과 성리학적 소양을 발판으로 향촌 사회에서 지배 기반을 구축해 갔고, 절의와 명분을 중시하여 세조의 찬탈을 불의로 간주하였으며, 사장(詞章) 중심의 관학과는 달리 경학에 치중하였다고 설명했다. 또 인간의 심성을 연구하는 성리학을 학문의 주류로 삼아 성리학 이외의 학문과 사상을 이단으로 배격하고 중앙 집권 체제보다는 향촌 자치를 내세운 것을 그 특징으로 제시하였다. 끝으로 사림 세력이 도덕과 의(義)를 숭상하고, 학술과 언론을 바탕으로 하는 왕도 정치를 추구하였으며, 3사에서 주로 언론과 문한을 담당하였고, 수차례의 사화(士禍)를 거쳤음에도 불구하고 서원과 향약을 바탕으로 성장하여 지방에서 강력한 지배력을 행사하였다고 서술하였다.

'사림의 정치적 성장'에서는 연산군 대 두 차례의 사화와 중종 대 기묘사화의 전말, 그리고 조광조의 개혁 내용에 대해 서술하였고, '서원과 향약'에서는 지방에서 사림 세력이 성장하였음을 이황과 이이의 사례를 들어 설명하였다. 또 '붕당정치의 시작'에서는 사림이 16세기 후반에 들어와 중앙 정치 무대의 주도권을 장악하였는데 이러한 사림세력의 급격한 성장을 붕당정치가 시작된 원인으로 파악하였다.[18]

---

18 위의 제5차 교육과정 고등학교 『국사(상)』 교과서, 146~151쪽. 5차 교육과정에서 이루어진 '사림'에 대한 이러한 기조의 서술은 지금까지도 크게 바뀌지 않고 있다. '사화'와 '훈구', '사림'의 개념과 그 특징에 대해서는 최근 연구 성과(김범, 『사화와 반정의 시대』, 역사의 아침, 2015)를 참고로 하여 서술을 수정할 필요가 있다. 기본적으로 '사화', '훈구', '사림'이라는 용어는 각기 '옥사(獄事)', '공신계층', '선비의 무리'라는 의미의 보통명사로서 조선시대 전시기에 걸쳐 널리 쓰이는 용어이기 때문이다. 특히 '사화'는 '옥사'와

80년대에는 '사림' 세력의 성장과 관련하여 이들이 주로 진출한 '언관직'에 관한 연구도 본격적으로 이루어져서, 언관의 성격을 낭관권과 관련지어 파악하고자 하는 연구가[19] 주목을 받았다. 이에 따라 5차 고등학교 '국사' 교과서에서는 '붕당은 인사의 권한을 가졌던 이조전랑의 자리를 두고 사림이 동인과 서인으로 크게 양분되면서 시작되었다'고[20] 서술하여 이조전랑직을 둘러싼 갈등이 동인과 서인이 갈라지는 원인이 되었음을 명시하였다.[21]

한편, 조선 후기사에 관련된 연구 성과 역시 교육과정 개정에 영향을 미쳤다. 80년대 조선후기사에 대한 연구는 대체로 두 방향으로 진행되었다. 하나는 60년대 이후의 내재적 발전론을 계승하는 것이었고, 다른 하나는 이를 비판하면서 새로운 연구 방향을 모색하는 것이었다. 이는 조선후기 이후 전개된 민족운동이 질적 전환을 일으켰던 것과 더불어서, 국가 주도의 사회발전이 계급적·민족적 모순을 노출시키자 이를 해결할

교차되어 서로 혼용되는 용어인데, 이때 '옥사'는 훈구와 사림 간의 대립이 아닌 왕권과 신권 간의 충돌에 의해 일어난 사건을 일컫는 말이다. 또 공신세력을 가리키는 말인 '훈구'와 선비들의 무리를 가리키는 말인 '사림'을 특정 시기에 존재했던 일종의 '정파'로 파악하고 이들의 특징을 선명히 대비시키려고 하는 것은 문제가 있다. 실제로 훈구로 분류되는 인물과 친형제 관계에 있는 사림 인사도 있을 뿐만 아니라, 사화에 의해 화를 입은 피화자 가운데에는 훈구에 속한 인사들도 적지 않게 포함되어 있기 때문이다. 또한 '사림'의 정치적 성격을 진보적 개혁세력으로만 파악하려는 경향도 그다지 실증적으로 보이지는 않는다. 앞으로의 교과서 서술에서 고려해야할 부분이라고 생각된다.

19 김돈, 「중종대 언관의 성격변화와 사림」, 『한국사론』 제10권, 1984; 최이돈, 「16세기 낭관권의 성장과 붕당정치」, 『규장각』 제12권, 1989.

20 위의 제5차 교육과정 고등학교 『국사(상)』 교과서, 150~151쪽.

21 이조전랑직을 둘러싼 갈등이 동인과 서인이 분기하는 계기가 되었다는 내용은 현재 사용되는 교과서에서도 변함없이 답습되고 있는데, 이 문제 역시 좀 더 다른 방향의 접근이 필요하다고 생각된다. 선조 대에 일어난 동인과 서인 간 갈등의 본질은 명종 대에 심각한 정치적 폐단을 초래했던 척신 정치의 청산 범위와 관련된 것이었으며, 정치적 주도권을 둘러싼 이러한 대립은 동서고금을 막론하고 언제, 어디에서나 일어날 수 있는 일이라고 보아야 한다. 따라서 붕당의 출현 배경을 이처럼 이조전랑의 인사추천권을 둘러싼 갈등에서 비롯된 것으로 단정지어 서술하는 것은 재고의 여지가 있다. 또한 조선시대 정치사에서 언관의 역할이 적지 않았음을 감안하여 보았을 때, 언관에 관한 내용은 왕권과 신권과의 관계를 설명하면서 함께 다루는 것이 더욱 적절할 것으로 생각된다.

수 있는 사회적 실체로서 노동자, 농민을 중심으로 하는 민중세력이 등
장했던 것에 주목한 것이었다. 특히 현대 사회에 들어와 체제적 탄압에
의한 민중운동의 좌절은 국가와 국가권력의 실체에 대한 구조적 해명을
촉구하게 되었는데, 이러한 연구의 경향은 국가적 토지 소유에 대치하여
민란으로 귀결되는 소농민경영의 성장을 강조하고자 하였고, 이것이 사
회운동사 연구에 비약적인 발전을 가져왔다. 따라서 향촌 사회의 운영원
리와 신분사회의 실체 등 지방제도 연구가 활발하게 이루어졌고, 사상사
분야의 연구도 보다 실천적인 의의를 지닐 수 있게 되었다. 이로써 조선
후기 민(民)에 의해 추진되었던 변혁운동 역량의 편성은 물론, 나아가 식
민지하에서 한국민족해방운동의 동력과 영도계급의 문제를 새롭게 해명
하고자 하는 노력도 더욱 적극적으로 이루어졌다.[22]

　이러한 연구 경향의 확산은 고려 말에 중국에서 들어온 이앙법에 의
한 노동생산성 상승효과로 경작 가능한 경지규모가 확대되어 부농이 생
겨났다는 견해를[23] 토대로 조선 후기 사회를 내적인 발전 과정으로 파악
할 수 있도록 하는 하나의 계기를 제공했다. 그리고 이것이 농업기술의
발달과 새로운 지배계층의 대두를 연관지어 설명하는 연구로[24] 이어져,
교과서 서술 기조 역시 조선후기 생산력의 발전을 동력으로 한 사회변화
가 '근대'를 향한 것이었음을 명확히 하는 쪽으로 굳어졌다.[25]

22　한국역사연구회 편집부, 「80년대 한국사연구의 반성과 90년대의 과제」, 『역사와현실』
　　제3권, 1990.5, 4~15쪽.

23　김용섭, 『조선후기 농업사연구』 II, 일조각, 1971.

24　이태진, 「14·5세기 농업기술의 발달과 신흥사족」, 『동양학』 제9권, 1978.

25　2000년대 중반 이후로는 이처럼 조선후기 사회·경제적 변동을 근대지향적인 것으로
　　보는 견해에 대해 비판적 시각도 대두하였다. 조선 후기 사회를 내적 발전 과정으로
　　파악하려는 견해는 일제에 의한 정체성론과 타율성론을 비판하기 위한 의도에서 출발하
　　였기 때문에 한국사 연구의 주류로 자리잡을 수 있었다는 주장과, '근대'를 지향하는 한
　　국사의 전개과정을 보여주기 위해 한국사 전체를 체계화하는 작업 과정에서 그러한 이
　　론이 만들어졌다는 비판이 그것이다(염정섭, 「1960~70년대 조선시대 농업사 연구와 내
　　재적 발전론, 근세사회론」, 『한국사연구』 제184권, 2019, 6쪽).

5차 교육과정 개정을 위한 연구에서 제시된 논의 주제와 교과서의 서술 맥락을 통해 살펴보았을 때, 조선후기 생산력의 발달을 강조한 것은 새로운 사회 변혁의 주체로서 민(民)의 성장을 설명하려는 작업의 일환으로 보인다. 이것은 '임술 농민 봉기'의 발생 배경을 다각도로 분석한 연구가[26] 나온 이후, 민란의 사회경제적 배경에 관한 연구와[27] 그 성격을 반봉건적 농민봉기로 이해하려는 연구[28] 등이 진행되었던 것을 통해서도 추론할 수 있다.

조선 후기 농민계층의 분화는 그 동안 교과서에서 조선 후기 사회 변화의 원인으로 서술되어 왔다. 특히 경제사 분야의 연구 성과 가운데 광작 또는 경영형 부농의 출현으로 대표되는 자본주의적 농업경영에 관한 연구는[29] 4차 교육과정 이후 조선후기 역사 서술의 방향을 제시하였다고 해도 과언이 아닐 만큼 교과서의 내용구성에 막대한 영향을 끼쳤다.[30] 그러나 이앙법에 의해 광작농 또는 경영형부농이 출현하였다는 사실이 구체적인 사례로 입증되지 못하였다는 비판이 대두되었고, 조선후기 사회를 하층농민의 성장 과정으로 이해하려는 시각도[31] 제시되고 있으므로, 앞으로 쓰여지는 교과서에서는 조선후기에 일어난 사회경제적 변화와 관련하여 학자들의 다양한 견해와 이를 뒷받침하는 구체적인 근거를 교과서에 함께 제시하여 학생들 스스로 평가를 내릴 수 있도록 하는 것이 바람직할 것으로 보인다.

26 김용섭, 「철종조 민란발생에 대한 시고」, 『역사교육』 제1권, 1956.
27 김진봉, 「임술민란의 사회경제적 배경」, 『사학연구』 제19권, 1967.
28 조광, 「19세기 민란의 사회적 배경」, 『19세기 한국전통사회의 변모와 민중의식』, 고대민족문화연구소, 1982.
29 송찬식, 「조선후기 농업에 있어서의 광작운동」, 『이해남박사화갑기념사학논총』, 편찬위원회, 1970; 김용섭, 『조선후기 농업사연구』 II, 일조각, 1971.
30 박평식, 「조선시대사 연구의 성과와 국사교육」, 『역사교육』 제125권, 2013, 348~349쪽.
31 정구복 외, 『조선시대연구사』, 한국정신문화연구원, 1999, 156~159쪽.

이밖에 5차 교육과정에 영향을 끼친 부분 가운데, 80년대 소위 '유사역사학'의 확산 경향도 주목해야 할 부분이라고 할 수 있다. 60년대 안호상에 의해 단군사상이 한얼사상으로 규정된 이후 별다른 학술적 근거를 가졌다고 보기 어려운 그의 사상이 70년대에 대중적으로 확산되었고, 이것이 80년대 초 국민윤리 학회 회장이던 한승조의 극우적 주장과 맞물리면서 역사교육에 적극적으로 반영되기에 이르렀다. 이들은 모두 서구민주주의를 부정적으로 평가하였고, 특히 안호상은 서구민주주의를 도입하는 것이 그들의 사상적 노예가 되는 것이라고까지 주장하였다. 그는 결과적으로 대동세계, 신흥민족종교의 후천선경 등 조상의 정신적 염원을 계승하여 민주사회주의 및 복지국가의 상과 통합된 이상적 민주복지국가를 건설하는 한국적 이데올로기를 창조해야 한다고 주장했고, 이후 단군과 화랑, 지눌, 이이, 현대의 신흥종교로 이어지는 가치가 한국사상사의 전통으로서 현재의 학교교육에까지 영향을 미치게 되었다.[32]

이상에서 1970년대에서 80년대에 걸쳐 이루어진 조선시대 관련 연구 동향이 5차 교육과정 '국사' 교과서의 내용구성과 서술방향에 미친 영향에 대해 간략하게나마 살펴보았다. 이 시기 조선시대 관련 연구 성과 가운데 교과서 서술에 반영됨으로써 학생들의 역사 인식에 가장 큰 영향을 주었을 것으로 보이는 부분은 기존의 '당쟁'이라는 용어 대신 '붕당정치'라는 용어를 사용하기 시작하였다는 것과, 조선후기를 근대로 향해가는 내재적 발전과정으로 파악하려는 시각이 '국사' 교과서 하권 전체의 서술구조에 지배적으로 작동하였다는 것이다. '당쟁' 대신 '붕당정치'라는 용어를 사용하는 것에 대해서는 학자에 따라 동의하지 않는 견해도 있을 수 있으나 우리의 경우 '당쟁'이라는 용어가 순수하게 붕당 간의 대립만을

---

32 신항수, 「80년대 유사역사학의 확산과 그 성격」, 『역사와실학』 제75권, 2021, 223~254쪽.

가리키는 데 그치지 않을 수 있다는 점을 생각해 보았을 때, 교과서에서 '당쟁'이라는 용어를 빼낸 것은 의미 있는 결과였다고 생각된다.

상식적으로 생각해 보았을 때, 서로 입장을 달리하는 정파의 형성이나 이들 간의 대립은 동서고금을 막론하고 어느 곳에서나 항시 일어나는 일이다. 만약 이러한 정치적 대립과 갈등이 전혀 존재하지 않는 국가가 있다면, 그 국가는 아마도 엄청난 폭압에 의한 전제국가일 가능성이 크다. 따라서 서로 다른 정치 세력 간의 대립을 반드시 비정상적인 역사 현상으로 치부하여 부정적으로 볼 이유는 없다고 생각된다. 그러나 서양사의 경우 '신석기 혁명', '산업혁명', '과학혁명', '가격혁명' 등에서 보듯 역사 속의 다양한 변화를 '혁명'이라 칭하기도 하고, 대규모 유혈사태를 초래한 분열과 대립에 대해서도 '종교개혁', '청교도혁명' 등으로 칭하며 자신들의 역사를 발전적으로 보려는 경향도 있으므로, 우리 역사에 대해서만 스스로 지나치게 부정적인 의미를 강조하거나, '역성혁명' '~운동' 등으로 그 역사적 의미를 제한하는 용어를 사용하려는 노력은 좀 더 신중할 필요가 있다. 따라서 역사가 퇴행하는 원인으로 오랫동안 지목되어 왔던 '당쟁'이라는 용어를 굳이 교과서에서 고집할 이유도 없다고 생각된다. 조선시대 정치사를 보다 발전적으로 파악하는 데 도움이 된다면 당시 정치사의 전개 과정을 '붕당정치의 전개'라고 표현하는 것이 더욱 적절할 수도 있다는 뜻이다.

조선 후기 사회의 변화를 '근대'로의 내재적 발전과정으로 이해하려는 견해가 우리 역사에 대한 새로운 시각을 갖도록 하는 데에 대단히 의미있는 기여를 한 것은 사실이다. 그러나 역사 발전의 원동력을 반드시 생산력의 증대와 같은 경제적 측면의 변화에서 찾으려고 하는 경향은 좀 더 입체화될 필요도 있다. 이러한 논리가 '법칙화'되면, 자본주의의 발전이 곧 역사의 발전이라는 인식으로 연결될 수 있기 때문이다.

이앙법으로 인한 잉여생산물의 증대가 상품화폐경제의 발달은 물론, 수공업과 상업의 발달과 그 운영방식에 대한 광범위한 변화를 초래하여 이것이 종국에 농민의 계층분화 등 조선사회 전반에 걸친 일대 변화와 발전으로 이어진다는 주장은, 자칫하면 서양의 역사를 세계사의 보편적 발전 과정이라고 보는 시각을 전제로 하였다는 비판에 직면할 수 있다.

역사는 결국 인간이 만들어가는 것이고 그 발전 정도를 평가하는 기준도 역시 인간이 설정한 것이라는 점을 감안하여 본다면, 경제적 측면의 변화가 정치, 사회, 문화 등 다른 모든 분야의 변화를 이끌어내었다는 설명보다는 정치, 사회, 경제, 문화 방면의 변화가 서로 끊임없이 상호작용함으로써 역사가 발전하였다는 설명이 좀 더 설득력을 가질 수 있을 것으로 보인다. 인간의 역사 전개 과정에서 홀로 선행하여 다른 모든 분야의 변화를 이끌어내는 그런 절대적인 '동력'은 아마도 존재하지 않을 것이기 때문이다.

IV. 맺음말

5차 교육과정 개정은 제6공화국의 성립과 더불어 제기된 정치적 요청에 의해 이루어졌다. 3차에서 5차 교육과정 시기는 이념 교육의 수단으로서 '국사' 교과에 대한 강조가 이루어져 '사회' 교과로부터 '국사'가 독립되어 있었기 때문에, 5차 교육과정 역시 국가주의적 성향으로부터 아직 완전히 탈피하지 못한 교육과정으로 분류될 수 있다. 그러나 5차 교육과정에서는 4·19혁명 이래 지향해 왔던 민중을 주체로 한 역사 인식과 1970년대와 80년대에 걸쳐 이루어진 사회경제사 및 사상사 분야의 연구 성과가 일정부분 반영되었고, 민주화 시대로의 이행을 표방하는 가운데 개정 작업이 이루어졌기 때문에 4차 교육과정에서 지적되었던 문제점을 적극적으로 개선하고자 하는 노력이 수반되었다.

또 역사교육 분야에서 제기된 다양한 요구들 역시 수용되어 역사에 대한 구조적 이해를 추구하였으며 역사적 사고력 함양이 강조되었고, 4차 교육과정에서 달성하지 못한 중·고 간의 내용 차별화 역시 중단원 내용 편제의 원칙을 달리함으로써 이를 실현하고자 하였다.

조선시대사에 대한 인식은 양란을 기점으로 조선 전기와 후기로 나누었다는 점에서 4차 교육과정과 동일하였으나, 5차 교육과정에서는 조선 후기와 근대와의 접근성을 강조하여 15·16세기 조선 사회의 구조를 이른바 '4신분설'에 입각하여 파악하였다. 이는 4차 교육과정에서 15세기를 16세기와 구분하고 양천제에 입각한 양인 중심의 개방적 사회로 인식하였던 것과는 명확한 대비를 이룬다.

1970년대와 80년대에 걸쳐 이루어진 붕당정치와 사림에 대한 연구 성과가 교과서에 반영된 것도 5차 교육과정의 특징이다. 이에 따라 종래 당쟁사로 인식되었던 조선시대 정치사의 흐름을 붕당정치의 전개과정으로 이해할 수 있게 되었다.

이밖에 조선후기를 근대사회로의 발전선상에 위치시키려는 노력이 더욱 적극적으로 이루어졌고, 조선후기의 근대성에 관한 내용을 별도의 소주제에서 다루면서 이러한 변화가 조선사회 내부로부터 일어난 것임을 분명히 밝히고자 노력하였다.

5차 교육과정 고등학교 '국사'에서는 중단원 수준에서 분야사 체제를 취하였으므로 '사회경제사'와 '사상사' 분야에 할애할 수 있는 분량이 늘어났고, 이에 따라 생산력의 증대에 따른 신분제 사회의 변동과 서민 계층의 각성, 그리고 이렇게 성장한 서민 계층이 조선 후기 민란의 주도세력으로 성장하는 과정이 보다 상세하게 서술될 수 있었다.

조선 후기 역사에서 이른바 '근대적인' 요소를 찾아내고 이것을 우리 역사가 내재적으로 발전한 근거로 삼는 것은, 당시 상황에서 어느 정도 필요하기도 했고, 의미 있는 일이었다고 생각된다. 그러나 소위 '근대'의 모습을 서유럽을 기준으로 정형화하고, 양란 이전 시기 역사의 발전상을 축소한 것은 재고의 여지가 있다. 이는 15세기 조선사회의 발전적 변화를 부정하는 결과로 이어질 수 있기 때문이다. 서양사의 전개과정에서 나타난 '근대'와의 접근성보다, 우리 역사에 바탕을 둔 역사인식을 통해 역사의 발전을 평가해 보려는 노력이 필요하다.

04

제5차 교육과정기『국사』교과서 근·현대사 체제·내용과 그 특징

최보영

Ⅰ. 머리말

제5차 교육과정은 1987·1988년에 걸쳐 문교부가 개정·고시한 초등학교·중학교·고등학교 교육과정을 말한다. 제5차 교육과정기『국사』교과서(이하 5차『국사』)는 1988년 3월 31일 문교부 고시 제88-7호에 의해 개정된 것으로 1992년 10월 30일 문교부 고시 제1992-19호로 개정·고시된 고등학교 교육과정(제6차 교육과정)이 시행되기까지 이어졌다. 대체로 교육과정의 개정은 사회적 상황의 변화 혹은 정치권력의 교체 내지 그들의 필요에 의해 이뤄졌음은 부인할 수 없지만, 제5차 교육과정의 개정에 의한『국사』교과서의 개정은 교과 내용에 대한 여론과 언론의 개정요구가 그 동인이었다는 점에서 앞선 개정과 차이점을 지닌다. 즉 5차『국사』는 제3차 교육과정부터 시작된 국정교과서 발행이라는 동질성을 갖지만 그 개정의 추동이 정권 밖이었다는 점에서 앞선 교과서와 달랐다.

특히 5차『국사』교과서는「편찬준거안」이라는 새로운 형태의 교과서 집필 시스템이 도입됨으로써 앞선 교육과정과도 차별성을 띤다. 무엇보다 한국 고대사 분야는 민족주체성과 관련해 사회적 관심이 지대했고 1986·1987년 민주화과정에서 촉발된 근·현대사 분야는 한국사 전반에 대한 식민주의 사관의 탈피와 맥을 같이 한다는 점에서 새로이 관심이 집중되었다. 따라서 5차 『국사』 근·현대사 부분의 서술 체제와 내용을 분석하는 작업은 국정 체제라는 간행환경에서도 앞서 출판된 교과서와 비교해 내용상의 변화와 특징을 파악하는 데 중요한 실마리를 제공할 것이다.

그럼에도 제5차 교육과정기 발행된 고등학교 『국사』에 대한 분석은 다른 시기의 교육과정 개정 분석에 비해 소략하다.[1] 제5차 교육과정의 성립과 선행 교육과정과의 비교를 위해 근·현대사를 부분적으로 언급한 연구가 몇몇 제출되었을 뿐 상대적으로 다른 연구분야에 비해 허술하다는 느낌이 든다.[2] 다만 5차 『국사』를 개정하는 데 중요한 역할을 담당했던 당시 문교부 연구관의 단편적인 글은 「편찬준거안」과 『국사』 교과서의 편찬 과정을 이해하는 데 도움을 줄 뿐이다.[3]

5차 『국사』는 국정 체제로 발행된 교과서 중 하나였으며 이 당시 역사교육에서 민족주체성 확립을 강조하는 도구로 활용되었다는 점에서 고대사 분야와 더불어 근·현대사 분야에 대한 체제 및 내용 분석이 필요하다. 본고에서는 5차 『국사』의 근·현대사 분야를 대상으로 그 서술체제와

---

1 5차 교육과정은 1차부터 7차까지, 혹은 3차부터 7차 교육과정을 다루는 과정에서 간단하게 언급할 뿐 본격적인 연구는 찾아보기 어렵다. 임기환, 「3~7차 교육과정 국정 국사 교과서의 고조선, 한군현 관련 서술의 변화」, 『사회과교육』 제56권 제1호, 2017; 이부오, 「제1차~제7차 교육과정기 국사교과서에 나타난 고대 영토사 인식의 변화」, 『한국고대사 탐구』 제4권, 2010.

2 김성자, 「한국 현대사 교육과정의 변천」, 『역사교육』 제155권, 2020; 강진웅, 「중등 사회 교육과정과 국가 정체성 교육의 변천사」, 『사회과교육』 제56권 제1호, 2017; 조성운, 「해방 이후 한국사 교과서의 전주화약 서술과 변천」, 『숭실사학』 제37권, 2016; 최상훈, 「역사과 교육과정 60년의 변천과 진로」, 『사회과교육연구』 제12권 제2호, 2005.

3 윤종영, 「『국사』 교과서의 편찬방향」, 『역사교육』 제48권, 1990.

내용이 이전 교육과정기의 교과서와 어떠한 차이점과 공통점이 있는지 살펴보고 5차『국사』만의 특징을 파악해 보고자 한다.

이를 위해 2장에서는 제5차 교육과정기 처음으로 만들어진 국사교과서「편찬준거안」과 교육과정 총론 및 국사교과목 목표·내용 및 교육과정 해설서를 검토하여 교과서 집필의 배경을 살피고 단원 구성을 검토할 것이다. 3장에서는 "중단원-연구과제-소단원-소항목" 구성과 학습목표 및 소항목 내용을 분석하였다. 연구 목적을 달성하기 위해 주로 4차 교육과정기『국사』교과서(이하 4차『국사』)와 비교하여 그 특징을 파악하고자 하였다.

본 연구는 5차『국사』(1990)[4]와 4차『국사』(1982)를 기본 자료로 활용하였고, 이들 교과서를 분석하기 위한 보조 사료로 각 시기의 문교부 고시「교육과정」과「교육과정 해설서」를 참고하였다. 또 5차 교육과정기에 새로 작성된「편찬준거안」도 구체적으로 살펴보았다. 특히 해당 교육과정이 개정되는 배경과 과정 그리고 개정 후 여론을 살펴보기 위해『조선일보』,『동아일보』등 신문자료도 방계자료로 활용하였다.

II.「편찬준거안」과『국사』교과서 근·현대사 서술 체제

1.『국사』교과서 편찬준거안과 구성 지침

5차『국사』의 개정은 시대의 변화에 따른 교육 환경의 변화와 역사학계의 연구 성과에 따른 사실 관계 기술의 변화에서 기인한 것이 아니라

---

4 본고에서는 5차 교육과정기『국사』교과서 '하권'만을 대상으로 하므로 이하『국사』는 모두『국사』하권을 지칭함.

다분히 일반 대중의 높아진 역사에 대한 관심과 일본의 역사교과서 왜곡 등 외부적 요인에 의해 추동되었다고 할 수 있다. 1986년 당시 현행 국사교과서가 청소년에게 민족사의 주체적-진취적 측면을 교육시키는 데 크게 미흡하다는 여론이 높게 일었다. 이 여론은 《조선일보》가 주도하였는데 8월 15일 광복 41주년 특별기획으로 「국사교과서 새로 써야한다」는 제목의 연재기사를 1면 머릿기사로 보도하면서 촉발되었다.[5] 이러한 여론에 문교부는 같은 국정교과서인 국어과보다 2년 가량 앞서 개정작업에 착수할 수밖에 없었다.[6] 『조선일보』의 특집기사는 1982년 일본의 역사교과서 파동 이후 역사에 대한 대중적 관심이 높던 시기에 나온 것으로 4차 『국사』에도 강한 영향을 주었던 고대사와 현대사 분야에 관심이 집중되어 있었다. 이에 따라 문교부에서는 이에 대응하기 위해 여론을 수렴하는 새로운 기구로 '국사교육심의회'를 발족하기에 이르렀다.

원래 기존의 국사 교과서는 1963년 만들어진 「국사교육내용통일안」이 준거가 되어 편찬되었다. 이는 당시 문교부가 주관하여 구성한 중견학자들의 회의체에서 협의한 내용을 「편수자료」에 수록한 것으로 '준법제적' 성격을 갖고 있었다.[7] 그런데 언론에서 제기한 문제들을 단기간 해결하기 위해서는 기존 「편수자료」로는 한계가 있었다. 즉 당시 국사 교과서의 문제점을 추출하고 새로운 교과서에 담길 내용과 체계표를 포함한 「편찬준거안」을 만들기 위해서 새로운 기구가 필요했던 것이다.

'국사교육심의회'는 변태섭 교수를 위원장, 김정배 교수를 부위원장으로 1986년 10월 24일 활동을 시작하여 1986년 11월 3일 문교부 장학편

---

5 「국사 교과서 새로 써야한다」, 『조선일보』, 1986년 8월 15일.
6 「고조선 최초국가로 명기」, 『조선일보』, 1990년 2월 20일; 「교과서의 고대사 공개토론 아쉬워」, 『조선일보』, 1990년 3월 3일.
7 윤종영, 「국사교과서 편찬준거안」, 『역사와실학』 제10·11권, 1999, 689쪽.

수실 산하에 두는 것으로 정식 발족하였다. 고고미술, 고대사, 중·근세사, 근·현대사, 역사교육 등 5개 분과로 구성되었으며 총 30명의 교수, 교사, 전문가가 참여하였다.[8] 이 중 근·현대사 분과에는 이광린(서강대, 이하 소속은 당시), 유영익(한림대), 이현희(성신여대), 박영석(국사편찬위원장), 조동걸(국민대), 박성수(정신문화연구원)가 참여하였다.[9] 이 중 박영석은 5차『국사』편찬에 연구진으로 참여하였다.[10] 이들 연구진들은 기존 국사 교과서 집필의 기준이 되는 새로운 준거안을 마련해야만 하였다. '국사교육심의회'는 국사 교과서 수정을 위해 성립되어 5차『국사』편찬에서 방향을 제시하는 역할을 수행하였다는 점에서 의미가 적지 않다. 또 반 년에 걸쳐 진행된 '국사교육심의회'의 활동 결과로 제시된 국사 교과서「편찬준거안」은 교과서 집필에 토대가 되는 중요한 지침서였다.

'국사교육심의회'를 기획·구성하고 실질적으로 회의를 주도한 문교부 편수관 윤종영에 의하면 국사 교과서 내용 서술은 "한국사학계의 연구성과를 기본"으로 하되, "주체적인 역사의식에 입각한 민족사에 대한 적극적이며 긍정적인 역사인식을 반영"토록하고 그 서술은 "학문적 관점을 넘어 역사교육적인 관점에서 고려"하고자 하였다. 여기서 주목해야 할 지점은 "주체적인 역사인식"을 위해 "민족사에 대한 적극적이며 긍정적이 역사인식"인데 이를 위해 윤종영은 "학문적인 전거가 부족하더라도 민족교육이라는 측면에서 교육적으로 필요하다면 새로운 내용을 교과서에 수록하는 것도 고려하여야 한다"고 보았다.[11] 이는 거꾸로 말하면 교과서를 집필하고 그 내용을 생산하는 것은 국가의 국정지표에 따라야 한

---

8 「국사 교육심의회 발족」,『조선일보』, 1986년 11월 4일.
9 「고대사 대폭 강화…국사교육 혁신」,『조선일보』, 1986년 11월 6일.
10 『국사』(1990), 판권.
11 윤종영, 「국사교과서 편찬준거안」,『역사와실학』제10·11권, 1999, 696쪽.

다는 것이다. 국가 지배 이데올로기를 확대 재생산하는 도구로 국사 교과서를 인식하고 있었다는 뜻이다. 그가 직접 교과서 내용을 생산해 내지는 않았지만 「편찬준거안」의 수립에 상당히 많은 영향을 끼친 인물이라는 점에서 그의 생각이 「편찬준거안」에 녹아들 가능성은 컸다. 나아가 그는 당시 국사 교과서에 대한 국정제 폐지와 검정제 도입을 요구하던 학계에 대해 "국사교과서가 갖는 특수성 때문에 풀기가 어렵습니다. 요사이 우리 학계의 소장학자 가운데 진보적인 성향을 가진 일부 학자들은 극히 편향적인 계급사관의 입장에서 우리 역사를 서술하고 있는데 만약 이들이 이러한 입장에서 교과서를 집필하고 이것이 중등학교 교재가 된다면 앞으로 우리 역사교육에 많은 문제를 가져올 염려"가 있다고 생각하고 있었다.[12] 국사 교과서 검정제는 문교부 내에서 논의조차 되지 않았던 사실로도 짐작할 수 있다.

'국사교육심의회'의 활동을거쳐 「편찬준거안」이 1987년 6월 5일 발표되었다. 이날 발표에는 35개 항목의 「편찬준거안」 최종안과 새 교과서 개발기관으로 국사편찬위원회를 선정·위탁할 계획, 새롭게 개발된 교과서를 중학교는 1989학년도, 고등학교는 1990학년도에 보급·사용할 목표 등을 밝혔다. 「편찬준거안」 중에서 〈근·현대사 부분〉만 제시하면 다음과 같다.

> 1) 한국의 근·현대사를 3기로 구분하여 한말까지를 제1기, 일제강점기를 제2기, 광복 이후를 제3기로 서술하되 제2기를 '독립운동의 전개와 발전'으로 파악한다.
> 2) 한말까지의 단원은 '개화', '개혁', '구국'운동을 중심개념으로 하여 구조화한다. '개혁'운동은 동학운동·갑오경장·광무개혁 등

---

12 윤종영, 「국사교과서 편찬준거안」, 『역사와실학』 제10·11권, 1999, 740쪽.

을 하나의 단원으로 구성하고 '구국'운동은 러·일전쟁 후의 주
권수호 노력과 의병전쟁 및 계몽운동을 포괄하여 구성한다.
3) 광복 이후 현대사의 서술 내용은 증면하되, 특히 경제·사회·문
화적 발전에 대하여 기술한다.
4) 광복 이후 북한의 역사 변천에 대하여 민족사적 차원에서 필요
한 내용을 설명한다.
5) 대한민국이 대한민국 임시정부의 정통성을 계승하였음을 강조
한다.
6) 광복 이후사는 자유민주주의와 국력신장을 위한 부단한 노력의
과정이라는 긍정적인 측면에서 서술한다.

「편찬준거안」에서는 근·현대사를 3시기로 구분하여 한말까지를 제1
기라고 하여 제1기의 끝부분은 규정하면서도 시작이 언제인지는 언급하
지 않았다. 「편찬준거안」 중·근세사 부분에서도 근세의 끝에 대한 관련
한 언급은 없다. 위에서도 다뤘지만 근대사를 제1기와 제2기로 나눈 것
은 분량의 증가에 따른 것도 있지만 시기구분을 통해 근대사회의 내재적
지향을 명확히 하고 일제강점에 의한 민족의 수난과 좌절 그리고 항일투
쟁을 자세히 다루기 위한 것으로 판단된다. 이에 따라 제1기는 '개화'·'개
혁'·'구국'에 초점을 두고 기술하도록 유도하였다.

현대사 부분에 대해서는 증면을 직접적으로 제시한 점이 인상적이다.
그러면서 경제·사회·문화의 발전을 기술케하고 "자유민주주의와 국력신
장"을 긍정적인 측면에서 강조할 것을 주문한 것은 6공화국 수립과 함께
정권의 정통성과 민주 정부임을 강조하기 위한 장치로 생각한다.

즉, 「편찬준거안」의 마련과 함께 제시된 제5차 교육과정은 제4차 교
육과정을 수정하고 「편찬준거안」을 더욱 자세히 한 것이다. 제4차 교육과
정기에 제시된 교육의 목적은 "민주, 복지, 정의 사회의 건설에 적극적으

로 이바지할 수 있는, 자주적이고 창의적인 국민을 길러내는 것"이었지만 이에 앞서 "민주주의를 토착화하고, 복지 사회를 건설하며, 정의 사회를 구현하는 한편, 교육을 혁신하고, 문화를 창달"한다는[13] 제5공화국의 국정 지표를 제시함으로써 교육 과정 구성이 당시 신생 정권의 영향을 강하게 받고 있음을 시사하였다. 이에 반해 제5차 교육과정기의 교육과정 구성 방향은 "홍익인간의 이념 아래, 모든 국민으로 하여금 인격을 완성하고 자주적 생활 능력과 민주 시민으로서의 자질을 갖추게 하여, 민주 국가 발전에 봉사하며, 인류 공영의 이상 실현에 기여하게 함을 목적"으로 할 뿐[14] 별도로 제6공화국의 국정지표를 노출시키지는 않았다.

5차 『국사』의 교과 목표와 근·현대사 부분의 서술 지침은 다음과 같다.

1. 교과 목표[15]

한국의 역사를 구조적으로 파악하여 그 발전의 특성을 이해하고, 역사 학습 과정을 통해 탐구 기능과 문제 해결 능력을 기르며, 올바른 역사 의식을 바탕으로 새 문화 창조와 민주 사회 발전에 기여하게 한다.

1) 한국사의 전개 과정을 문화 및 사회·경제면을 중심으로 파악하여, 이를 종합적으로 인식하게 한다.
2) 한국의 전통과 문화의 특질을 세계사적 보편성과 관련시켜 인식하게 한다.
3) 역사적 사실과 각 시대의 성격을 객관적으로 해석하고, 이를 현재적 관점에서 비교, 평가할 수 있는 비판적 사고력을 기르게 한다.
4) 역사 자료를 조사, 분석, 종합하는 기능과 역사적 방법으로 문제를 해결하는 능력을 기르게 한다.
5) 향토 문화에 대한 흥미와 관심을 높이고, 민족 문화에 대한 자부심을 가지며, 새역사 창조에 적극 참여하는 태도를 가지게 한다.

---

13 문교부, 「고등학교 교육과정」, 문교부고시 제442호 1981.12.31. 별책4」, 2쪽(국가교육과정정보센터에서 '[4차_1981]고등학교.pdf'로 제공).
14 문교부, 「고등학교 교육과정」, 문교부고시 제88-7호, 1988.03.31, 4쪽(국가교육과정정보센터에서 '[5차_1988]고등학교.pdf'로 제공 기준).
15 문교부, 「고등학교 교육과정」, 문교부고시 제88-7호, 1988.03.31, 43쪽(국가교육과정정보센터에서 '[5차_1988]고등학교.pdf'로 제공 기준).

2. 내용[16]	
5) 근대 사회의 태동	근대 사회의 태동이라는 측면에서 조선 후기의 제도 개편, 산업 발달, 신분제의 변화를 파악하게 하고, 실학과 서민 문화의 발달, 동학의 창도와 서민의 각성에서 나타난 역사성을 인식하게 한다.
	(1) 제도의 개편과 정치적 변화
	(2) 산업 발달과 사회 변동
	(3) 문화의 새 기운
	(4) 서민 의식의 성장
6) 근대 사회의 발전	근대 사회로의 새로운 움직임과 외세의 충격에 대응하면서 근대화를 추구해 가는 과정을 파악하게 하고, 자주적 근대화를 저해한 외세의 침략성을 인식하게 한다.
	(1) 근대 사회의 전개
	(2) 민족 의식의 성장
	(3) 근대의 사회의 경제
	(4) 근대 문화의 발달
7) 민족의 독립 운동	국권 상실 이후 전개된 무장 독립 전쟁과 외교적 노력, 사회·경제적 저항, 민족 문화 수호 운동 등의 실상을 파악하게 하고, 당시의 독립 운동을 세계 정세의 흐름과 관련하여 인식하게 한다.
	(1) 3·1 운동
	(2) 대한 민국 임시 정부와 독립 전쟁
	(3) 사회·경제적 저항 운동
	(4) 민족 문화 수호 운동
8) 현대 사회의 전개	광복 이후의 현대사를 미주 정치의 발전, 경제적 근대화의 달성, 민족 문화의 창달, 국제 사회로의 진출 등을 중심으로 파악하게 하고, 대한 민국의 민족사적 정통성과 민족 통일의 과제를 인식하게 한다.
	(1) 민주 정치의 발전
	(2) 경제 활동의 진전
	(3) 현대 문화의 동향
	(4) 세계 속의 한국

교육과정 내용을 중심으로 살펴보면, 우선 조선 후기를 근대라고 확정하지는 않았지만 근대 사회의 태동이라며 근대로 규정한 듯하다. 「편찬준거안」과 달리 한말을 '근대 사회의 태동'과 '근대 사회의 전개'로 구분하여 서술토록 하고, 근대의 시작을 안과 밖으로 나누어 구분한 것으로

---

16 문교부, 「고등학교 교육과정」, 문교부고시 제88-7호, 1988.03.31.(국가교육과정정보센터에서 '[5차_1988]고등학교.pdf'로 제공 기준 44쪽)

보아 「편찬준거안」을 기계적으로 적용한 것은 아니었다. 안으로는 조선 후기를, 밖으로는 국제사회로 진입하는 개항 이후를 근대로 인식한 것으로 보인다. 내용의 중단원 구성은 수정없이 그대로 교과서의 체제가 되었으나 그 하위 소단원은 거의 대부분 수정되었다.(2장 2절의 [표 1] 참조)

다음은 지도 및 평가상의 유의점을 옮긴 것이다.[17]

다. 지도 및 평가상의 유의점	
1) 지도	(1) 중학교에서의 정치사를 중심으로 한 국사 이해를 바탕으로 하여, 문화사와 사회경제사를 중심으로 한국사 이해의 체계를 세우도록 지도한다.
	(2) 오늘의 현실과 직결되어 있는 근·현대사를 강조하되, 한국사의 전개 과정을 민족, 사회, 국가의 과제 해결이란 측면에서 인식할 수 있도록 한다.
	(3) 민족 문화의 특성을 객관적으로 인식할 수 있도록 세계사와 관련시켜 지도한다.
	(4) 고고학, 민속학, 인류학, 사회학 등의 연구 성과를 충분히 활용하여 역사 이해를 위한 다양한 시각을 가지도록 지도한다.
	(5) 역사적 사실의 의미를 그 시대와 전체 역사 속에서 파악하는 가운데 역사적 사고력을 가지도록 지도한다.
	(6) 다양한 학습 자료와 수업 방법을 활용하여 역사에 해한 흥미를 높이고, 스스로 탐구할 수 있는 능력을 가지도록 지도한다.
	(7) 향토 문화에 대한 이해를 통해 민족 문화에 대한 관심과 긍지를 지니게 하며, 향토 사회의 일원으로서 역사 발전에 기여하려는 태도를 가지도록 지도한다.
2) 평가	(1) 역사적 사실에 대한 단편적 자식의 평가보다는 시대의 특성과 역사적 의미의 이해 정도를 평가한다.
	(2) 지필 검사에서 평가하기 어려운 역사적 탐구 기능과 태도의 변화에 대해서는 수업 관찰, 과제물 검사 등을 통해 평가한다.

5차 『국사』의 지도 및 평가상의 유의점에서 눈에 띠는 것은 "(2) 오늘의 현실과 직결되어 있는 근·현대사를 강조하되, 한국사의 전개 과정을 민족, 사회, 국가의 과제 해결이란 측면에서 인식할 수 있도록 한다."고 명시한 점이다. 이는 국정 국사 교과서로서의 특징이 잘 드러나는 지도 지침으로 민족주체성에 입각한 교과서 작성과 개인의 지적 성취보다

---

17 문교부, 「고등학교 교육과정」, 문교부고시 제88-7호, 1988.03.31, 45쪽(국가교육과정 정보센터에서 '[5차_1988]고등학교.pdf'로 제공 기준).

는 민족·사회·국가의 과제를 해결하고 이의 발전을 이루는 데에 학습지도의 방점이 찍혀 있는 것이다. 이러한 상황에서 1980년대 후반 민주화 과정에서 제기되고 있던 국정 교과서의 한계 지적과 검정 교과서의 발행 요구가 반영되기에는 무리가 있어 보인다. 또 5차 교육과정의 특징 중 하나인 '역사적 사고력'을 교육과정에 처음으로 명시한 것이 눈에 띤다.[18] 이로 인해 교과서에 사료와 같은 학습보조자료의 비중이 점차 늘어났다. 이에 대해서는 다음 절에서 구체적으로 다룰 것이다.

2. 5차 『국사』 서술 체제와 학습보조자료

제5차 교육과정에서는 기존의 3~4명이었던[19] 집필자가 9명까지 늘어났고, 시대별로 책임 집필진을 구성하는 등 인적 구성의 양적·질적인 변화를 보이기도 하였다. 집필진 구성과 전문분야를 표로 정리하면 다음과 같다.

담당 시대	필자명	당시 소속	출신/ 최종학위	주전공	비고
고대	최몽룡	서울대	서울대/ 하버드 박사	영산강유역 문화연구	한국상고사학회 회장
	안승주	공주사범대	고려대/ 경희대 박사	백제고분의 구조양식에 관한 연구	백제문화연구소 소장
	김두진	국민대	서울대/ 서울대 석사수료	신라화엄 사상 연구	진단학회 회장

---

18 차미희, 「5차 교육과정기(1989-95) 중등 국사교육 내용의 개정과 한계」, 『교과교육학연구』 제12권 제1호, 2008, 204쪽.
19 4차 『국사』의 경우, 하현강(연세대, 고대·중세편), 차문섭(단국대, 근세·근대편), 박용옥(성신여대, 근대 성장편), 이현희(성신여대, 근대 성장·현대편) 등으로 4명이 집필에 참여하였다.

담당 시대	필자명	당시 소속	출신/ 최종학위	주전공	비고
중세	박한설	강원대	고려대/ 고려대 박사	고려 건국의 연구	고대사학회 회장
	박천식	전북대	서울대/ 전남대 박사	조선 건국공신의 연구	전라문화연구소 소장
근세	이수건	영남대	경북대/ 영남대 박사	高麗時代 '土姓' 硏究	고문서학회 회장
근대	최완기	서울시립대	서울대/ 고려대 박사	朝鮮後期 稅穀運送과 船運業 發達	역사교육연구회 회장
	유영렬	숭실대	숭실대/ 고려대 박사	개화기 윤치호 연구	국사편찬위원회 위원장
근·현대	신재홍	국사편찬위원회	건국대/ 경희대 박사	대한민국 임시정부사 연구	한국사학회 회장

5차 『국사』는 4차 『국사』와 유사한 구성과 체제로 편성되어 있다. 먼저 Ⅰ·Ⅱ·Ⅲ·Ⅳ장으로 대단원을 삼았고 1·2·3·4 또는 5의 중단원을 구성하였으며 그 아래에 (1)·(2)·(3) 등의 소단원과 이하 다수의 소항목으로 갖추어져 있다.

대단원은 첫 페이지에 대단원의 제목과 중단원을 제시하고 그 아래에 학습보조자료로써 사진·사료 등으로 채웠다. 그 다음 면에는 단원개관을 두 문단 정도로 간략하게 서술하였고 그 아래에는 해당 시기의 연표를 포함시켰다. 중단원은 해당 중단원의 제목과 개요를 싣고 그 하단에는 연구과제를 제시하여 해당 중단원에서 강조하는 부분이 무엇인지 파악하게 하였다.

이들 내용은 정치사를 중심으로 하되 문화사 즉 사회·경제·문화를 포함한 광의의 문화사로 편재하였다. 특히 주제사·분류사의 형태로 구성되어 있으며 주제사를 택하면서도 시대를 통괄하도록 시도하였다. 조선후기사 집필에 참여한 최완기에 의하면 용어의 문제에서 민란 등을 농민의 항쟁이나 농민 운동으로 바꾸었으며 군역제도 종래의 '병농일치'를 '농병일치', '군관민'을 '민관군'으로 바꾸는 등 농민 중심으로 표현하고자 하였다. 이는 역사의 주인공을 농민으로 보고 기층 사회의 움직임을 주목한 것과 같다. 이와 궤를 같이하여 왕조사 혹은 지배층 중심을 지양하여 왕조의 명칭보다는 세기를 강조한 구성이 이뤄졌고 기층 단위의 변혁 움직임에 주목해 민중의 각성, 신분체제의 탈피 움직임, 역제(役制)에 대한 피지배 집단의 구속성을 지배에 대한 저항으로 파악하고자 하였다.[20]

5차 『국사』의 근·현대사 부분의 전체 서술 체제를 파악하기 전에 우선 근대의 기점에 대해 살펴볼 필요가 있다. 문교부는 1963년 국사교육 통일심의위원회를 설치하고 같은 해 6월 「국사교육 내용의 통일」(문교부, 『편수자료』 5, 대한교과서주식회사, 1964)을 발표하여 근대사의 기점을 '강화도조약'으로 결정하였다고 하였다.[21] 그럼에도 5차 『국사』의 하권이 18세기 실학부터 시작하는 이유는 사건 중심의 역사적 사실 나열을 지양하고 자율적이고 내재적인 발전의 흐름을 중시해 서술한다는 방침에 따른 것이나,[22] 이 시기를 근대로 보지는 않는다.

4차 『국사』의 체제를 보면 'II. 근대 사회의 성장'은 고종의 즉위 즉 1864년부터 시작한다. 그런데 같은 책의 부록으로 실은 연표를 보면 1886년까지를 조선사회, 그 이후를 대한제국으로 구분하고 있고 대한제국은 1905년에 끝나고 1906년부터는 일제 침략 시대로 구분하는 오류를 범하고 있다. 반면 5차 『국사』는 4차 『국사』와 마찬가지로 고종의 즉위와 흥선대원군의 섭정에서 시작하지만 '(2) 개항과 근대 사회의 개막' 부분에서 강화도조약 체결 이후 근대사회로 진전되었음을 명확히 하였다.

---

20 최완기, 「고등학교 『국사』 교과서의 내용구성과 특성」, 『역사교육』 제48권, 1990, 188~189쪽.
21 조성운, 「제4차 교육과정기 국사교과서 근현대사 서술의 특징」, 『역사와교육』 제30집, 2020, 126쪽.
22 「국사교과서 현대사 상세히 문화발전 치중」, 『동아일보』, 1987년 3월 10일.

하지만 이와 달리 부록의 연표를 보면 근대사회를 1863년 고종 즉위부터 표시하고 있다. 4차 『국사』와 마찬가지로 본문과 연표가 서로 맞지 않는 명백한 오류를 보이는 점은 교과서의 완성도면에서 아쉬운 부분이다.

한편, 4차 『국사』와 달리 일제강점기에 대해서 5차 『국사』는 일제침략 시대 혹은 일제강점기를 구분하지 않고 근대를 1945년까지 설정하고 있다는 차이점이 있다. 이는 3차 『국사』(1974년판)에서 처음으로 대단원에 '근대'가 명시되고 근대의 기점이 개항으로 설정된 것과 다소 차이가 나는 부분이라 하겠고 1979년판에서 근대 기점이 흥선대원군 집권기로 재설정된 것이 그대로 이어진 것이다. 그런데 1979년판 『국사』의 부록 연표를 보면 1897년 전을 '조선사회'로, 1897년부터 1910년까지를 '대한제국'으로 1910년부터 1945년까지를 '일제침략시대'로 구분하였는데 시기구분의 측면에서 『국사』 교과서 체제의 기술적 퇴행이라고 볼 수 있다.

이러한 근대 기점이 교과서마다 차이가 나는 것은 근대를 어떻게 설정할 것인가에 대한 관점의 차이점에서 비롯된다고 하겠다. 5차 『국사』는 근대사회에 대해 "민주화, 산업화, 합리화, 과학화 등이 추구된다. 조선 후기 사회에서도 이와 같은 경향이 서서히 나타나, 근대사회의 이행을 준비하고 있었다"[23]라며 근대의 기준을 국민의 참정권이 전제되는 민주정치와 개인의 권리 신장과 국민 각자가 공동체 구성원의 하나로 자신의 역할을 수행하는 것, 사회적으로 각 계층의 평등, 경제적으로 자본주의 사회의 성립, 사상적으로 합리화 추구 등의 기준으로 삼고 있다.[24] 하지만 4차 『국사』 I장에서는 본문에 "박규수, 김옥균 등 개화 사상가들에게 영향을 줌으로써 우리나라 근대 사상의 형성에 기여한 바가 적지 않았다"며 근대 사상

---

23 『국사』(1990), 10쪽.
24 최완기, 「고등학교 『국사』 교과서의 내용구성과 특성」, 『역사교육』 제48권, 1990, 189~190쪽.

의 태동에 북학파가 영향을 주었다고만 서술하고 있다.[25] 이처럼 5차 『국사』의 근대편 체제는 근대라는 개념에 대한 고민과 이를 구현하기 위한 방식으로 구성되었으며 역사학적 방법론으로 서술하고자 하였다.

다음으로 5차 『국사』의 전체적인 서술 체제를 살펴보기 위하여 4차 『국사』와 대단원·중단원·소단원의 체제를 시기에 맞춰 자른 다음 아래의 [표]들로 정리하였다.[26] 아래 [표]에서도 알 수 있듯이 5차 『국사』는 4차 『국사』보다 근현대사 서술이 세분화되어 있다. 이를 전체 비중의 측면에서 먼저 살펴보자.

제4차 교육과정기부터 『국사』를 상, 하로 나누어 출판하였는데 상, 하 각각 178쪽으로 편찬되었다. 단권으로 출판한 제3차 교육과정기 국사교과서 1979년도 판과 직접 비교할 수는 없지만 대략 비중으로 두 교과서를 비교하면, 1979년판은 근대사 부분 66쪽(21.9%)과 현대사 부분 16쪽(5.3%)로 총 82쪽(27.2%)인데[27] 반해 1982년판은 근대사 부분 96쪽(26.4%)과 현대사 부분 24쪽(6.2%)로 총 116쪽(32.6%)로 4차 『국사』부터 근현대의 비중이 실질적으로 급증한 것은 사실이다. 이와 더불어 1990년에 간행된 5차 『국사』는 상, 하 두 권으로 전근대사(상) 196쪽, 근현대사(하) 202쪽으로 전체 398쪽 중 근대사 부분이 168쪽(42.2%), 현대사 부분이 36쪽(9.0%)이다. 4차 『국사』보다도 분량과 비중 모두 증가하였고 특히 근대사 부분의 분량이 16% 가량 크게 증가했다.

---

25 『국사』(1982), 31쪽. 이외에도 중단원 1장에서는 "농업에 있어서는 새로운 영농 기술이 개발되고, 상공업에 있어서도 전기와 달리 자유 상공업이 크게 발전하였다. 이러한 움직임은 근대 사회로의 내재적 성장을 의미한다"거나 2장에서는 "실학이 유교주의적 기반에서 완전히 벗어날 수는 없었으나, 서서히 근대사회로 지향하는데 기여하였다"라는 표현이 등장하나 본문에서 이를 뒷받침해 줄만한 내용은 확인되지 않는다.

26 여기서는 대단원·중단원·소단원의 제목의 변화와 내용을 중심으로 살펴보되, 본문의 내용에 대해서는 다음 장에서 상세히 고찰할 것이다.

27 한철호, 「제3차 교육과정기 고등학교 『국사』 국정교과서의 한국 근·현대사 서술과 그 특징」, 『역사와교육』 제27집, 2018, 165쪽.

그런데 이러한 분량 증가와 비중도 물론 중요하지만 1982년판 이전의 교과서와 『국사』(1990)는 같은 판형을 쓰고 있으면서도 『국사』(1990)에 수록되어 있는 글자 크기가 이전 교과서에 비해 작은 크기로 조판되어 있어 교과서에 수록된 모든 분량이 절대적으로 증가하였다는 점은 강조해 두고 싶다.

[표 1] 4차 『국사』(1982)와 5차 『국사』(1990) 근현대사 I 단원 비교

제4차 교육과정 국사교과서(하)(1982)	제5차 교육과정 국사교과서(하)(1990)
I. 근대사회의 태동	I. 근대사회의 태동
1. 조선후기의 사회변동과 대외관계 (1) 정치·군사상의 변화 (2) 세제의 개혁 (3) 산업의 발달	1. 근대 사회로의 지향 (1) 사회 변화와 서민 의식의 성장[28] (2) 근대 사회로의 이행
2. 문화의 새 기운 (1) 실학의 발달 (2) 유교철학의 동향 (3) 문학과 예술의 새 경향	2. 정치 체제의 변화 (1) 통치 기구의 변화 (2) 붕당정치의 발달과 변질 (3) 탕평책의 실시 (4) 세도 정치의 전개 (5) 조선 후기의 대외 관계
3. 사회의 동요와 종교의 새 기운 (1) 사회의 동요 (2) 종교의 새 기운	3. 경제 구조의 변화와 사회 변동 (1) 수취 체제의 개편 (2) 경제 생활의 향상 (3) 사회 구조의 변동 (4) 사회 불안과 종교계의 변화
	4. 문화의 새 기운 (1) 성리학계의 동향과 양명학의 수용 (2) 실학 사상의 발달 (3) 문학과 예술의 새 경향 (4) 과학과 기술의 발달
1~56쪽(56면) / 31.8%	1~68쪽(68면) / 33.7%

먼저 근대 진입 단계로 설정한 'I. 근대사회의 태동'을 보면 조선 후기

---

28 집필자의 원래 제목은 '민중의식의 성장'이었다.(최완기, 「고등학교 『국사』 교과서의 내용구성과 특성」, 『역사교육』 제48권, 1990, 189쪽)

의 사회변동을 근대사회로의 지향으로 재설정한 것이 눈에 띤다. 중단원 '1. 근대 사회로의 지향'은 4차 『국사』에서는 없고 새롭게 작성한 부분으로 정치·군사·세제·산업에 앞서 서민 의식의 성장을 다룸으로써 양반을 최상위에 둔 신분질서의 동요에 따른 농민 의식이 재야의 진보적 지식인층에 의한 개혁 사상으로 각성하기 시작했음을 강조하고 있다.[29]

[표 2] 4차 『국사』(1982)와 5차 『국사』(1990) 근현대사 II 단원 비교

제4차 교육과정 국사교과서(하)(1982)	제5차 교육과정 국사교과서(하)(1990)
II. 근대사회의 성장	II. 근대사회의 발달
1. 민족의 각성과 근대문화의 수용 (1) 대원군의 집정 (2) 개항 (3) 개화운동과 척사운동 (4) 동학운동 (5) 갑오경장과 근대문물의 수용	1. 근대 사회의 전개 (1) 흥선 대원군의 정치 (2) 개항과 근대 사회의 개막 (3) 개화 정책의 추진과 반발 (4) 개화당의 개혁 운동
2. 근대국가의 성립과 시련 (1) 제국주의 열강의 대립 (2) 독립협회의의 활동과 대한제국 (3) 일제의 국권침탈과 민족의 저항 (4) 의병의 구국 항전 (5) 애국계몽운동	2. 근대 의식의 성장과 민족 운동의 전개 (1) 동학 농민 운동의 전개 (2) 근대적 개혁의 추진 (3) 독립 협회 활동과 대한 제국 (4) 항일 의병 전쟁의 전개 (5) 애국 계몽 운동의 전개
	3. 근대의 경제와 사회 (1) 개항 이후 열강의 경제적 침탈 (2) 경제적 구국 운동의 전개 (3) 개항 이후의 사회적 변화
	4. 근대 문화의 발달 (1) 근대 문명의 수용 (2) 근대 교육과 국학 연구 (3) 문예와 종교의 새 경향
57~118쪽(62면) / 35.2%	67~126(60면) / 29.7%

본격적인 근대 시작 부분이라고 할 수 있는 II장의 체제를 살펴보면, I장과 마찬가지로 중단원의 증가가 눈에 띤다. (하)권의 비중도 29.7%로

---

29 『국사』(1990), 6~7쪽.

중단원이 늘어난 반면 분량은 다소 감소한 듯 보이지만 조판의 변화로 분량 역시 증가하였다. 또 소단원의 제목을 보면 '동학운동'이 '동학농민운동'으로, '갑오경장'이 '근대적 개혁'(본문에는 갑오개혁)으로 '의병'이 '항일의병전쟁'으로 명칭이 변화된 것을 알 수 있다. 4차『국사』는 II장 근대사회의 성장에 대원군의 집정(고종의 즉위)부터 일제강점기까지 한 단원에 담고 있으나 5차 교과서는 이를 두 개의 중단원으로 나누었다는 점이 가장 큰 특징이다.

[표 3] 4차『국사』(1982)와 5차『국사』(1990) 근현대사 III 단원 비교

제4차 교육과정 국사교과서(하)(1982)	제5차 교육과정 국사교과서(하)(1990)
II. 근대사회의 성장	III. 민족의 독립운동
3. 3·1운동과 대한민국임시정부 (1) 일제 침략하의 민족의 수난 (2) 3·1운동 이전의 독립운동 (3) 3·1운동 (4) 대한민국 임시정부의 수립과 활동	1. 독립 의식의 성장과 3·1운동 (1) 민족의 수난 (2) 항일 독립 운동의 추진 (3) 3·1운동
4. 독립운동의 새 단계와 민족문화의 수호 (1) 독립운동의 강화 (2) 무장독립전쟁 (3) 광복군의 대일전쟁 (4) 민족문화의 수호	2. 대한민국 임시정부와 독립 전쟁 (1) 대한민국 임시정부의 활동 (2) 국내의 독립 전쟁 (3) 국외의 독립 전쟁 3. 경제·사회적 저항 운동 (1) 민족 경제의 침탈 (2) 경제적 저항 운동의 전개 (3) 사회 운동의 전개 4. 민족 문화 수호 운동 (1) 국학 운동의 전개 (2) 교육과 종교 (3) 문학과 예술 활동
119~152쪽(34면) / 19.3%	127~168(42면) / 20.8%

일제강점기의 역사를 '독립의식의 성장'과 '경제·사회적 저항 운동'으로 명시한 것이 4차『국사』와 차별되는 부분이며 이 부분에서도 중단원의 세분화가 눈에 띈다. 분량면에서는 8면이 늘어 20.8%를 차지한 것으로

역시 증면되었으나 비율면에서는 가장 적게 늘어난 부분이다.

[표 4] 4차 『국사』(1982)와 5차 『국사』(1990) 근현대사 IV 단원 비교

제4차 교육과정 국사교과서(하)(1982)	제5차 교육과정 국사교과서(하)(1990)
III. 현대 사회의 발달	IV. 현대 사회의 전개
1. 대한민국의 정통성 　(1) 대한민국의 성립 　(2) 6·25 남침	1. 민주 정치의 발전 　(1) 대한민국의 수립 　(2) 북한의 공산화와 6·25전쟁 　(3) 민주주의의 발전 　(4) 통일을 위한 노력
2. 민주주의 발전의 새 전기 　(1) 민주주의의 성장 　(2) 대한민국의 발전 　(3) 제5공화국의 성립 　(4) 오늘의 역사적 사명	2. 경제 성장과 사회 변화 　(1) 경제 활동의 진전 　(2) 사회 개혁 운동의 전개 3. 현대 문화의 동향 　(1) 교육과 학술 활동 　(2) 종교 생활과 문예 활동 　(3) 체육의 발전과 올림픽의 개최 　(4) 오늘의 역사적 사명[30]
153~176쪽(24면) / 13.7%	167~202쪽(36면) / 17.8%

위의 「편찬준거안」에서도 살펴보았듯이 IV장에서는 북한에 대해 새롭게 편성되어 있는 점이 확인된다. 세부 내용은 다음 장에서 보겠지만 '북한의 공산화'라는 제목처럼 북한의 성립과 공산주의를 등치시킴으로써 "북한=공산주의"라는 체제를 강조하고 있다. 또 북한을 침략자로 규정한 '6·25남침'이 '6·25전쟁'으로, 전쟁의 성격을 한층 강화한 제목으로 바뀐 것을 알 수 있다. 하지만 여전히 '6·25전쟁'으로서는 이 전쟁이 갖는 세계전의 성격과 그 발발 원인 및 시점에 대해서는 파악할 수 없는 문제점을 지닌다.

현대사 분야는 『국사』의 모든 시대사에 비해 가장 적은 양을 차지하고 있지만 4차 『국사』에 비해서 12면이 증가하였고 그에 따라 비중면에서는

30　1979년 교과서에 처음으로 편성.

전체에서 17.8%로 늘어났다. 현대사는 현재 우리의 삶에 직접적인 영향을 미친다는 점에서 쉽사리 연구의 대상이 되기도 어렵고 또 학계의 일반화가 이뤄지지 않은 상태임을 감안하면 1945년 이후 짧은 시기를 다루는 현대사의 특징을 고려하더라도 그 비중이 결코 적다고는 할 수 없다.

서술 체제 마지막으로 살펴볼 것은 글 이외의 학습보조자료이다. 학습보조자료는 아래의 [표 5]와 같이 사진, 사료, 지도가 다수 사용되었다. 그 중 직관적으로 내용을 파악할 수 있는 사진자료가 압도적으로 많았다. 3차 『국사』(1979)의 사진 자료는 22개, 사료는 6개, 지도는 2개로 구성되어 있었고, 4차 『국사』(1982)의 사진 자료는 91개, 사료는 9개, 지도 9개로 지면의 증가와 함께 사진 자료를 대폭 활용하기 시작하였다. 그런데 5차 『국사』의 경우, 사진 자료는 91개로 4차 『국사』와 같지만 사료는 37개, 지도는 19개로 수적으로도 늘었고 새로운 자료를 대거 활용하여 시각적·직관적 이해도를 높였다.[31]

[표 5] 5차 『국사』(하)에 수록된 학습보조자료의 제목과 게재수

단원	사진	사료	지도
I장			대동여지도
I-1	주막도	공명첩	
	집짓기*		
I-2	남한산성*	교지	대청사행로
	송시열		대일 통신사 행로
	탕평비*		
	한말의 규장각 서고		
	백두산 정계비		
	통신사행렬도		

---

31 선행 연구에서도 학습보조자료에 주목해 그 게재량을 수식화 하였으나 사진과 사료의 구분이 연구자마다 차이가 있어 전체적인 숫자는 연구마다 다를 수 있다. 필자는 사진이라고 하더라도 문자로 이뤄진 자료 중에 해독이 가능한 사진 자료는 사료로 분류하였다.

단원	사진	사료	지도
I-3	대동법 실시 기념비*	토지문서*	조선 후기 대동세의 징수와 운송
	모내기	동경대전	조선후기 도시의 발달
	대장간		조선 후기 상업과 무역 활동*
	시장도		장시의 구역도
			19세기 농민항쟁
			천주교의 박해와 교세의 신장
I-4	정약용	성리학 서적	
	정선의 인왕제색도	정제두의 글씨*	
	김홍도의 씨름도*	북학의*	
	신윤복의 선유도*	지봉유설	대동여지도(부분도)
	민화	춘향전*	
	청화백자*	동의보감	
	수원성*		
	거중기*		
II장	독립문		
II-1	흥선대원군*	강화도조약의 주요내용	
	경복궁*	갑신정변 때의 14개조 개혁 요강*	
	신미양요 때의 미국 군함 알래스카호		
	광성보		
	강화도조약 체결 장면*		
	김홍집		
	척사상소문을 읽고 있는 유생		
	임오군란 당시 습격당하는 일본 공사관		
	갑신정변의 주역들*		
II-2	서재필*	전봉준의 격문	동학의 교세 확장
	독립문	폐정개혁 12조*	동학농민 운동의 전개
	대한제국의 군인	홍범14조*	의병의 궐기
	의병	광민공동회의 헌의 6조*	
	최익현*	대한 국제	
	박승환	대한자강회 월보	
		황성신문의 논설	

단원	사진	사료	지도
Ⅱ-3	개항 후의 인천항	국채 보상 국민 대회의 취지문	열강의 이권 침탈
	일제의 토지 측량	천일은행 장부	경제 자주권 수호 운동
	개화기의 서대문 안 풍경	독립협회 회보	
	갑오개혁 전의 재판 광경	백정 박성춘의 관민 공동회 연설문(1898)	
Ⅱ-4	개화기 우편 배달원	서유견문	한말 서울의 주요 기관
	광혜원에서 사용한 의료기구	신소설	
	신식교육 장면	애국가*	
	나철		
Ⅲ장	파고다 공원		
Ⅲ-1	헌병 경찰 통치하의 식민지 교육	2·8독립선언서	만주와 연해주의 독립운동 기지
	서전서숙		
	3·1운동 당시 덕수궁 앞에서의 만세 시위		
Ⅲ-2	대한민국 임시정부 청사(1919)	대한민국임시헌장 선포문*	무장독립군의 대일 항전
	대한민국임시정부 요인들*	광주 학생 항일 운동을 보도한 당시의 신문	
	의거 직후 연행되는 윤봉길 의사	대한민국임시정부의 대일 선전 성명서*	
	봉오동 전투 현장		
	김좌진		
	훈련중인 한국 광복군		
	한국광복군의 사열식		
Ⅲ-3	간도로 이주하는 농민들	신간회 창립을 보도한 당시의 신문	
	일제의 산림 자원 약탈	브나로드 운동의 보도	
	일본으로의 쌀 반출		
	일제에 징용되어 혹사당하는 우리 동포들		
	물산 장려 운동		
Ⅲ-4	식민지 교육에 이용된 교과서들	한글맞춤법 통일안	
	조선어학회 회원들*	자주독립선언문	
	민족주의 역사책		
	보성전문학교의 도서실		
	폐허		
	홍난파		

단원	사진	사료	지도
IV장	제24회 서울 올림픽 입장식		
IV-1	38도선 안내 표지	신탁통치 반대 유인물	반공 의거와 공산 폭동
	제헌국회 개원식	대한민국 헌법 전문	
	초대 대통령 이승만	북한 공산군 작전 지도 및 공격 명령 1호	
	국군의 평양입성을 환영하는 시민들		
	대동강 철교를 넘어오는 피난민들*32		
	한미상호방위조약의 체결*		
	4·19의거		
	하야하는 이 대통령		
	장면 내각의 기자 회견		
	제6공화국 출범		
	헝가리와의 수교		
	남북 적십자 회담		
	남북 이산 가족 재회		
	남북 국회 회담		
IV-2	충주 비료 공장(1961)		
	자동차 수출의 시작		
	근대화되어 가는 농촌		
	광복 후의 신문 복간		
	최초의 텔레비전 방송(1956)		
IV-3	중학교 무시험 진학 발표에 환호하는 어린이들		
	국사편찬위원회		
	예술의 전당		
	올림픽 주경기장		
총계	91개	37개	19개

새로운 것으로 대체한 사진들은 대개 주막도·모내기·대장간·시장도 등 서술 원칙에 부합하는 농민과 서민 등 일반 민중과 관련한 자료를 게

---

32 해당 사진은 4차 교과서에서도 게재되었는데 그 사진에 "자유대한으로 넘어오는 북한 동포"라는 제목과 '파괴된 대동강 철교를 건너 자유를 찾아오는 피난민의 대열이다'라는 설명을 붙인 반면, 5차 교과서는 별다른 서술 없이 제목만 "대동강 철교를 넘어오는 피난민들"이라고 붙인 것이 인상적이다.

재한 면이 돋보인다. 이 중에서도 특히 학생들에게 친근감을 단적으로 보여주는 사진 자료는 현대사 부분의 '중학교 무시험 진학 발표에 환호하는 어린이들'의 사진이다. 중학교 무시험 진학은 1969년 2월 5일 서울에서 처음으로 시작되어 1971년 전국으로 확대되었다. 만약 1990년 고등학교 3학년으로 이 교과서로 공부했을 학생들이라면 거의 1971년 생 직후일 가능성이 있으므로 책을 들고 해맑게 웃는 아이들의 모습에서 자신들의 어린 시절을 떠올렸을 수도 있을 정도로 친숙하게 받아들였을 것이다.

새로운 사진 외에도 동일한 사진을 재게시한 것들도 적지 않다. 위의 [표 5]에 별표(*)한 것이 그것인데 91개 중에 19건(약 20.9%)이 동일한 사진이다. 동일한 사진은 아니지만 같은 제목에 다른 사진으로 대체한 것들도 존재하지만 특별한 의미를 가지진 않은 듯하다.

또 사료의 수는 9개였던 4차 『국사』보다 4배 이상 많은 37건을 포함하였는데 사료의 양적 증가는 교육과정의 목표인 '역사적 탐구력'과 관련이 있다. 이를 염두에 두고 제5차 『국사』 해설서에는 사료학습을 소개하고 있다. "역사학도가 지닐 수 있는 역사적 사고는 중·고등학교의 역사 수업에서도 연습에 의해 배울 수 있고 사료학습이 그러한 연습에서 가장 적합한 활동이라고 하겠다"는 것이다. "학생들은 번역되거나 쉬운 말로 다시 써진 옛 사료를 조사함으로써 역사가들이 사용하는 여러 가지 기능이나 생각하는 방법을 연습"하게 함으로써 역사적 탐구능력을 신장시키고자 하였다.[33] 이처럼 학습보조자료로 사진, 사료, 지도 등을 다수 활용하였고 여기서 언급하지는 않았지만 도표와 연표 그리고 각주를 사용해 다양하게 구성되어 있다. 하지만 사진의 경우 1장 20개, 2장 24개, 3장 22개, 4장 24개로 고루 제시했지만 사료는 2장에, 지도는 1단원에 집중

---

33 문교부, 「고등학교 국사과 교육과정 해설」, 문교부고시 제88-7호, 1988.03.31, 45쪽 (국가교육과정정보센터에서 '[5차_1988]고등학교_국사과_해설서.pdf'로 제공 기준).

되어 학습보조자료가 전반적으로 골고루 분포되지 못했다고 할 수 있다. 또 사진의 경우 대부분 농민을 중심으로 한 서술과 함께 의도적으로 농민 생활 중심의 사진만이 게제됨으로써 내용상의 형평성도 맞추지 못하였다. 즉 양적 증가만큼 질적 증가가 뒤따라 주지 못해 공간 사용에 비해 학습 효과가 뛰어나다고 할 수 있을지 의문이다.

Ⅲ. 『국사』의 근·현대사 서술 내용과 특징

5차 『국사』의 기본 방향은 기층 단위의 역사 주체를 앞선 교육과정기 교과서보다는 높게 설정하고 있다. 그렇다면 실제 5차 『국사』 근·현대사 분야의 서술은 어떤 내용과 맥락적 전개를 펼치고 있는지 살펴볼 필요가 있다. 이를 위해 지금까지 다뤄지지 않았던 중단원에 제시된 「연구과제」와 소항목까지 검토 대상을 넓히고 여기에 새롭게 제시된 용어와 변화된 용어를 중심으로 파악해 보고자 한다.

5차 『국사』의 근·현대사 서술은 4차 『국사』와 마찬가지로 임진왜란 이후 조선 후기사를 '근대사회의 태동'이라는 제목으로 시작한다. 이는 4차 『국사』와 같이 이 시기를 자본주의 맹아론에 입각해 서술함을 의미한다.[34] 하지만 엄밀히 말하면 '근대사회의 태동'기 조선사회는 "안으로부터 싹트기 시작한 근대적인 요소를 충분히 발전시키지 못한 채 제국주의 열강에 개항을 하였다"[35]고 언급한 것처럼 제국주의 열강 즉 일본에게 문호를 개방하기 전까지는 근대적인 요소만을 품고 있었을 뿐 근대라고 할 수

34 조성운, 「제4차 교육과정기 국사교과서 근현대사 서술의 특징」, 『역사와교육』 제30집, 2020, 121쪽.
35 『국사』(1990), 「단원개관」, 70쪽.

없는 시기였다. 따라서 본 연구에서는 II~IV장을 중심으로 다뤄보고자
한다.

1. 근대사 서술 내용과 특징

근대사에 해당하는 II, III장은 각각 4개의 중단원과 그 아래 소단원
및 소항목으로 구성되어 있다. 또 중단원에는 34개의 「연구과제」를 설정
하여 근대사 중에 핵심적으로 학습할 목표를 제시하였다. 중단원 아래의
소단원에는 두 개 이상의 소항목으로 구분되어 있는데 "대단원-중단원-
연구과제-소단원-소항목" 체제를 중단원을 기준으로 정리하면 다음과
같다.

대단원	II. 근대 사회의 발전	
중단원	1. 근대사회의 전개	
연구 과제	1. 흥선대원군이 실시한 내정 개혁과 대외정책의 성격은 어떠한가? 2. 개항은 역사적으로 어떠한 의의를 가지는가 3. 개항 이후, 근대 국가의 수립을 목표로 한 각 부문의 개혁 추진 방향은 어떠했는가? 4. 개화 운동과 위정척사운동 간의 갈등은 어떻게 나타났는가? 5. 갑신정변 때에 추구한 개혁의 목표는 무엇이며, 그것은 역사적으로 어떠한 의미를 가지는가?	
소단원 / 소항목	(1) 흥선대원군의 정치	전제 왕권의 강화 쇄국정책과 양요
	(2) 개항과 근대 사회의 개막	강화도조약과 개항 각국과의 조약체결 근대사회로의 진전
	(3) 개화정책의 추진과 반발	개화정책의 추진 위정척사운동의 전개 임오군란의 발발
	(4) 개화당의 개혁운동	개화당의 형성과 활동 갑신정변과 그 영향

'1. 근대사회의 전개'에서는 흥선대원군의 정치가 가장 먼저 등장한

다. 흥선대원군에 대해서는 3차 『국사』에서도 부국강병의 개혁정책을 펼친 인물로 우호적으로 평가했지만[36] 4차 『국사』에서는 "삼정을 바로잡고 농민 생활의 안정을 꾀하는 획기적인 개혁을 감행"하는 등 개혁을 실시하였지만 경복궁 중건에 필요한 원납전 강제징수와 당백전 발행 및 백성들의 토목공사 징발에 의해 "대원군은 양반과 백성들의 큰 원성을 사게 되었다"고 평가하며 대원군에 대해 부정적 평가로 돌아섰다.

반면 5차 『국사』는 다시 "양반 지배층의 부당한 억압과 수탈을 약화시켜 민생을 안정시키는 데 기여"하였다는 긍정적 평가를 내리면서도 대외정책에 대해서는 "쇄국정책은 외세의 침략을 일시적으로 저지시키는 데 성공하였으나 조선의 문호 개방을 가로막아 근대화에 뒤지게 하는 결과"를 가져왔다고 비판적으로 보았다. 즉 연구과제에서 제시한 흥선대원군의 내정개혁과 대외정책에 대해 개별적으로 파악하고 그에 따른 적절한 평가가 이뤄질 수 있도록 서술한 것으로 보인다. 대개 민중 중심의 개혁에 대해서는 긍정적으로 평가하면서도 국제사회에 대한 이해면에서는 부정적으로 평가하고자 한 것이다.

또 이 단원에서는 근대 국가 건설과 관련하여 갑신정변을 주목하였다. 소단원 (3)과 (4)에서는 개화정책과 개화당 그리고 갑신정변에 대해 많은 분량을 할애하여 다루고 있다. 이는 4차 『국사』에서 (3) 개화운동과 척사운동이라는 제목으로 다룬 것을 내용면에서 대폭 확장하고 개화정책과 개화당의 형성 및 활동을 비중있게 다루고 있는 점에서 알 수 있다. 특히 위정척사운동에 대해 "우리 민족을 자주적으로 이끌어 나가고자 한 민족사상의 한 흐름"[37]이라고 평가한 4차 『국사』와 달리 "당시 정부의 개

---

36 한철호, 「제3차 교육과정기 고등학교 『국사』 국정교과서의 한국 근·현대사 서술과 그 특징」, 『역사와교육』 제27집, 2018, 176쪽.
37 『국사』(1982), 78쪽.

화 정책 추진에 장애물이 되었고 그만큼 역사의 발전을 가로 막는 역기능도 가지고 있었다"[38]고 하는 비판까지 하며 개화정책을 부정적으로 보았다. 이러한 의도는 이미 연구과제 3·4·5번의 문항에서 잘 드러나 있다.

대단원	II. 근대 사회의 발전	
중단원	2. 근대의식의 성장과 민족운동의 전개	
연구 과제	1. 동학농민운동이 일어나게 된 배경은 어떠하였는가? 2. 갑오개혁, 을미개혁의 역사적 의의는 무엇인가? 3. 독립협회의 사상과 활동이 근대 사회에 미친 영향은 무엇인가? 4. 대한제국의 성격과 역사적 의의는 무엇인가? 5. 항일의병전쟁과 애국계몽운동은 독립운동사에서 어떤 의의를 지니는가?	
소단원 / 소항목	(1) 동학농민운동의 전개	농민층의 동요 동학농민군의 봉기 동학농민운동의 성격
	(2) 근대적 개혁의 추진	갑오개혁 을미개혁 갑오·을미개혁의 의미
	(3) 독립협회의 활동과 대한제국	독립협회의 창립과 민중 계몽 국권·민권운동의 전개 독립협회 활동의 의의 대한제국
	(4) 항일 의병 전쟁의 전개	무력 항일 운동의 시작 의병 항전의 확대 항일 의병 전쟁의 의의
	(5) 애국계몽운동의 전개	애국계몽운동의 맥락 한말의 애국계몽운동

중단원 2에서 눈에서 띠는 부분은 동학농민운동의 소단원이다. 동학 관련 내용은 4차 『국사』에서는 중단원 1에 있으면서 소단원 '(4) 동학운동'이라는 제목이었다. 동학운동이 동학농민운동으로 개칭된 것이다. 우선 서술 흐름상 나타난 위치에 대해 살펴볼 필요가 있다. 4차 『국사』의 동학은 열강의 대립과 일본의 경제침탈 등 방곡령을 다루는 과정에서 갑

---

38 『국사』(1990), 81쪽.

자기 '동학교세의 확대'라는 소항목을 두어 "제2세 교주 최시형이 (중략) 관료의 횡포와 일본 경제의 침투로 고난 속에서 허덕이는 가난한 농민과 몰락한 양반들 사이에 세력" 뻗쳤다는 맥락으로 서술하였다. 반면 5차 『국사』는 중단원 2에 소단원 '(1) 동학농민운동의 전개'라는 제목으로 근대의식의 성장이라는 중단원 학습목표의 첫 머리에 위치시켰다. 이에 대한 평가 역시 4차 『국사』는 "갑오경장이 이루어지는 계기가 되었다"고 긍정적으로 평가하면서도 "밖으로는 청과 일본이 조선에 군대를 파견함으로써 마침내 청·일전쟁이 일어났다"[39]며 청·일전쟁의 직접적 원인을 동학운동에서 찾는 오류를 범하고 있다. 반면 5차 『국사』는 4차 『국사』와 마찬가지로 갑오개혁에 영향을 끼쳤다고 평가하고 "반침략적 성격은 동학농민군의 잔여 세력이 의병 운동에 가담함으로써 구국 의병 투쟁을 활성화시켰다"[40]며 4차 『국사』와는 전혀 다른 평가를 내리고 있다.

특히 이 단원에는 용어의 변경이 두드러지는데 앞선 동학농민운동과 함께 갑오경장을 갑오개혁으로 바꿨고 의병의 항전을 항일 의병 전쟁으로 바꾸어 서술하고 있다. 특히 항일 의병 전쟁은 의병의 투쟁 대상을 명확히 할 뿐만 아니라 민란과 봉기의 수준을 넘어 근대적 전쟁이라는 의미를 부여함으로써 의병의 활동에 대한 위상을 강화하고자 하는 의도를 엿볼 수 있다. 이는 의병의 주체가 다수의 농민들로 구성되어 있으며 이들의 항전 이유가 국체 보전에 있었다는 점에서 국가에 대한 국민의 의무와 충성을 교육하기에 적합했기 때문인 것으로 보인다.

---

39 『국사』(1982), 83쪽.
40 『국사』(1990), 90쪽.

대단원	II. 근대 사회의 발전	
중단원	3. 근대의 경제와 사회	
연구 과제	1. 개항 이후, 일본의 경제 침탈 정책은 어떠하였는가? 2. 일본의 경제적 침탈에 대항한 경제적 구국운동에는 어떠한 것들이 있는가? 3. 개항 이후, 근대적 경제를 건설하기 위한 노력은 어떻게 전개되었는가? 4. 개항 이후, 우리나라의 신분제도와 사회 의식은 어떻게 변화되어 갔는가?	
소단원 / 소항목	(1) 개항 이후 열강의 경제적 침탈	일본상인의 무역독점 제국주의 열강의 경제침탈 일본의 토지약탈
	(2) 경제적 구국 운동의 전개	경제적 침탈 저지운동 근대적 상업 자본의 성장 산업 자본과 금융자본
	(3) 개항 이후의 사회적 변화	평등사회로의 이행 사회의식의 변화

중단원 3의 연구과제는 일본의 경제침탈과 이에 대항하는 경제적 구국운
동 및 근대적 경제를 건설하기 위한 노력을 살펴볼 것과 이에 따른 사회상의
변화에 주목할 것을 강조하고 있다. 특히 중단원 3과 4는 4차『국사』에서 다
루지 못했던 다양한 경제적·사회적 상황을 폭넓게 설명하면서 한국 병탄 직
전까지 일본의 한국 침탈과 이에 대항하는 한국민의 대응을 서술하고 있다.
또 앞선 교육과정의『국사』에서 시대별로 흩어져 있던 경제와 관련한 사항을
이곳으로 한데 묶은 주제사 서술이 두드러지는 대목이기도 하다.

한편 백정에 대한 서술에서 4차『국사』의 경우 갑오경장을 다루는 부
분에서 백정, 광대 등의 천민신분을 폐지하였다고[41] 언급한데 그치고 있
지만 5차『국사』에서는 4차『국사』에서 다루지도 않은 관민공동회를 새롭
게 추가하고 천인 출신인 백정이 연사로 나섰다는 사실과 백정 박성춘의
관민공동회 연설문을 사료로 제시하고 있는 점이 특징이다.[42] 백성 중심
의 서술과 더불어 천민 신분에 대해서도 언급하고자 한 것이다.

---

41 『국사』(1982), 88쪽.
42 『국사』(1990), 117쪽.

대단원	II. 근대 사회의 발전	
중단원	4. 근대 문화의 발달	
연구 과제	1. 근대 기술과 근대 시설의 수용이 가지는 의미는 무엇인가? 2. 근대 교육은 어떻게 발전되었으며, 어떠한 성격을 지녔는가? 3. 한말에 국학운동이 일어난 동기와 그 의의는 무엇인가? 4. 한말의 종교계는 어떠한 성격을 지니고 있었는가?	
소단원 / 소항목	(1) 근대 문명의 수용	과학기술의 수용 근대시설의 수용
	(2) 근대 교육과 국학 연구	근대 교육의 발전 국학연구의 진전
	(3) 문예와 종교의 새 경향	문학의 새 경향 예술계의 변화 종교운동의 변화

중단원 4의 경우도 중단원 3과 마찬가지로 새롭게 편성된 부분으로 주제사 중심의 서술로 이뤄져 있다. 4차 『국사』에서 단편적·파편적으로 다뤘던 부분들을 한 곳에 모으고 더 많은 주제로 세분화하여 구체적으로 서술하는 등 기술적인 변화가 나타난다.

대단원	III. 민족의 독립운동	
중단원	1. 독립의식의 성장과 3·1운동	
연구 과제	1. 일제의 식민통치는 우리 민족의 독립운동과 세계정세의 변화와 결부하여 어떻게 바뀌었는가? 2. 우리 민족은 독립운동의 추진을 위해 어떠한 방략을 세웠는가? 3. 3·1운동은 국외로 어떻게 확산되어 갔는가? 4. 3·1운동의 민족사적 의의와 세계사에 미친 영향을 무엇인가?	
소단원 / 소항목	(1) 민족의 수난	국권의 피탈 간도와 독도 조선총독부 헌병 경찰 통치 식민지 지배체제의 변화 민족말살통치
	(2) 항일 독립 운동의 추진	항일 결사의 조직 독립운동 기지의 건설
	(3) 3·1운동	3·1운동의 태동 3·1독립선언 3·1운동의 확산 3·1운동의 의의

대단원 III의 중단원 1에서 주목되는 것은 독도와 간도 등 영토에 대한 서술이다. 독도와 간도에 대한 서술은 전체적인 서술 경향과는 완전히 다른 것으로 확인된다. 『국사』교과서 개정요구를 촉발시킨 1982년과 1986년 일본의 역사왜곡과 교과서 파동을 겪으면서도 독도에 대한 서술은 사회적 요구에 역행한 것으로 보인다. 4차 『국사』는 '간도와 독도'라는 소항목을 설정하고 「(사진)백두산정계비」, 「(지도)간도 개척과 한민족의 이주」와 「(사진)독도 - 우리나라 최동단에 위치한 섬으로, 동서 두 개의 섬으로 되어 있다」는 학습보조자료를 활용하고 두 쪽에 걸쳐 자세히 설명하고 있는 반면, 5차 『국사』는 같은 제목의 소항목을 설정했으면서도 1/3쪽 정도의 분량으로 아무런 학습보조자료도 없이 짧게 서술하였다. 특히 독도에 대해서는 "한편, 일제는 러·일 전쟁 중에 독도를 일본 영토에 편입시키는 불법 행위를 저지르기도 하였다"는 단 한 줄로 그치고 있다.

대단원	III. 민족의 독립운동	
중단원	2. 대한민국 임시정부와 독립전쟁	
연구 과제	1. 대한민국임시정부의 수립 및 발전과정은 어떠하였는가? 2. 대한민국임시정부의 민족사적 의의는 무엇인가? 3. 3·1운동 이후, 국내외의 독립운동은 어떤 방향으로 어떻게 전개되었는가? 4. 한국광복군의 성격과 활동 내용은 어떠하였는가?	
소단원 / 소항목	(1) 대한민국 임시정부의 활동	대한민국 임시정부의 수립 임시정부의 헌정 광복운동의 전개
	(2) 국내의 독립 전쟁	무장 항일 투쟁 애국지사들의 활동 6·10만세운동 광주학생 항일운동
	(3) 국외의 독립 전쟁	독립전쟁의 방향 봉오동·청산리 전투 독립전쟁의 시련 한국광복군의 결성 대일 선전포고와 한국광복군의 활약

5차 『국사』는 임시정부 수립이 3·1운동의 결과로 귀결된 것이라는 관점보다 임시정부 수립이 향후 독립운동과 독립전쟁에 시발점이 되었다는 구성으로 중단원 2를 구성하고 있다. 이는 3·1운동의 성격에 대해 역사적 관점을 강조한 4차 『국사』와 달리 5차 『국사』에서는 민족사적 관점을 강조한 것과 비슷한 맥락으로 이해된다. 그리고 독립운동을 '운동'적 성격보다는 '전쟁'의 성격에 더 무게를 두고 소단원의 제목에서 '독립 전쟁'이라는 이름을 제시하면서 독립운동의 투쟁성을 강조하고 있는 특징이 있다.

대단원	III. 민족의 독립운동	
중단원	3. 경제·사회적 저항운동	
연구 과제	1.일제의 식민지 경제정책의 목적과 방향은 어떠하였는가? 2. 농민, 노동자의 항일민족운동은 어떻게 전개되었는가? 3. 민족 산업을 육성하려는 경제적 자립운동은 어떻게 전개되었는가? 4. 1920년대의 사회운동은 어디에 역점을 두었는가?	
소단원 / 소항목	(1) 민족 경제의 침탈	토지의 약탈 산업의 침탈 식량의 수탈 병참기지화 정책
	(2) 경제적 저항운동의 전개	소작쟁의 노동쟁의 민족기업의 성장 물산장려운동
	(3) 사회운동의 전개	신간회와 근우회 청소년 운동 문맹퇴치운동

중단원 3은 4차 『국사』에서는 없었던 전혀 새로운 내용을 편성한 것으로 경제·사회분야에 대해 서술하고 있다. 우선 일제의 침략을 경제적 침탈로 규정하고 이에 대해 비교적 자세히 다루었다. 경제적 침탈을 토지, 산업, 식량 그리고 전쟁 수행에 필요한 병참기지화로 구분하고 이러한 침탈에 저항한 다양한 소작쟁의, 노동쟁의에 대해 서술하고 있다. 이와 더불어

독립전쟁으로는 다룰 수 없는 민간 분야의 사회운동에 대해 신분, 남녀, 노소, 문맹 등을 다양하게 구성하고 있음을 알 수 있다.

대단원	III. 민족의 독립운동	
중단원	4. 민족 문화 수호 운동	
연구 과제	1. 일제 식민지 문화정책의 목적과 방향은 어떠하였는가? 2. 일제가 저지른 한국사 왜곡의 실상은 어떠하였는가? 3. 일제하의 국학 연구는 어떻게 추진되었는가? 4. 일제하의 민족교육활동은 어떻게 전개되었는가?	
소단원 / 소항목	(1) 국학 운동의 전개	식민지 문화 정책 한글 진흥 운동 한국사의 연구
	(2) 교육과 종교활동	민족 교육 종교 활동
	(3) 문학과 예술 활동	문학 활동 예술 활동

마지막으로 중단원 4에서는 민족문화 수호운동을 다루고 있는데 4차 『국사』와 내용에는 큰 차이가 없지만 분량에서는 큰 폭의 확대가 있었다. 민족문화 말살정책과 국학, 문예 운동 등 소단원으로 짧게 다룬 것을 5차에서는 중단원으로 재편하고 국학운동과 교육 및 종교활동 그리고 문학과 예술활동으로 세분해 서술하고 있다. 4차 『국사』에서 '민족문화 말살정책'이라는 제목의 소항목을 5차 『국사』에서는 '식민지 문화정책'으로 재구성하고 있는 점이 특징인데 일제의 식민 정책 중 문화에 대한 부분을 민족말살의 측면이 아니라 식민지 문화 전체를 대상으로 취하고 있다고 확대 해석함으로써 다양한 일제통치의 단면을 살필 수 있게 하였다.

이처럼 5차 『국사』의 근대사 분야 서술은 4차 『국사』의 내용을 거의 그대로 이어가지만 판형이 달라지면서 같은 지면에 더 많은 분량의 내용이 담기게 되었다. 또 중단원 앞의 연구과제를 통해 학습목표를 제시하고 이에 부합하는 서술을 이어나갔다. 근대를 맞이하기 직전에 등장하는 흥선대원군은 국내외의 활동을 양분하여 각각 긍·부정의 평가를 내렸고 근대 사회를 열망했던 갑신정변을 비중있게 다루었다. 동학운동은 그 주체인 농민이 드러나도록 하였고 백정의 활약을 거론하면서 기층 단위를 역사의 수면 위로 한 단계 상승시켰다. 이에 덧붙여 갑오개혁과 의병전쟁 역시 각각 그 역사적 위상을 높이고자 하였다. 반면 간도와 독도의 경우 지면확대에도 불구하고 오히려 내용이 소략되는 모습도 보였다.

2. 현대사 서술 내용과 특징

현대사에 해당하는 IV장은 3개의 중단원으로 구성되어 있으며 연구과제는 모두 13개로 근대사의 34개 연구과제에 비해 27.7%정도 수준이지만 근현대 전체 단원에서 현대사가 차지하는 분량이 17.8%임을 감안하면 적은 수의 연구과제는 아니라고 할 수 있다. 4차『국사』에서 '대한민국의 정통성'이었던 중단원 1은 '민주정치의 발전'으로 바뀌었고, '대한민국의 성립'은 '대한민국의 수립'으로 바뀌었다. 경제성장과 사회변화 그리고 현대문화의 동향까지 현대사 분야를 폭넓게 다루면서 이전 교과서와는 질적·양적 변화가 가장 많은 부분이 현대사라 할 수 있다. 개별 중단원의 연구과제와 소단원 및 소항목을 정리하면 다음과 같다.

중단원	1. 민주 정치의 발전
연구 과제	1. 남북 분단과 민족 분열의 역사적 배경과 그 근본 원인은 무엇인가?*(기존) 2. 대한민국의 민족사적 정통성은 어디에 근거하고 있는가?* 3. 6·25전쟁은 왜 일어났으며, 국제 전쟁으로서 어떠한 의의를 지니는가? 4. 대한민국의 민주 헌정은 어떠한 시련을 겪었는가?

소단원 / 소항목	(1) 대한민국의 수립	건국 준비 활동 민족의 광복 국토의 분단 신탁통치 문제 대한민국정부의 수립
	(2) 북한의 공산화와 6·25전쟁	북한정권의 수립 공산집단의 남한 교란 6·25전쟁과 공산군의 격퇴 휴전과 전후 복구
	(3) 민주주의의 발전	제1공화국 4·19의거 제2공화국 5·16군사혁명 제3공화국 10월 유신과 제4공화국 제5공화국 제6공화국의 출범
	(4) 통일을 위한 노력	적극 외교의 추진 북한의 변천 통일정책의 추진

앞서 언급한대로 현대사 부분은 양적으로 늘어나긴 했지만 새롭게 쓰여진 부분 이외의 부분은 4차 『국사』의 내용을 그대로 답습하였다. 다만이 과정에서 용어가 수정된 것이 몇 개 보이는데 '제주도 폭동 사건'[43]을 '제주도 4·3사건'으로 바꾸었다.[44] 그런데 그 해설을 보면, "제주도 4·3사건은 공산주의자들이 남한의 5·10 총선거를 교란시키기 위해 일으킨 무장 폭동이었다"라며 공산주의자에 의한 무장 폭동이라는 관점은 그대로 유지되었다.

국사 교과서에는 처음으로 북한에 대한 소단원이 처음으로 설정되었다. 4차 『국사』에서는 '북한의 공산화'라는 소항목이 있었지만 소단원명으로 북한을 끌어올린 것은 처음이다. 기존 소항목은 '북한 정권의 수립'

---

43 『국사』(1982), 161쪽.
44 『국사』(1990), 177~178쪽.

으로 바꾸었다. 이에 대해 "북한 인식을 객관화하려는 시도"[45]로 평가하기도 하지만 내용 서술은 기존 교과서와 대동소이하여 「편찬준거안」과 교육과정의 서술 지침이 반영되었다고 보기 어렵다.

한편, 현대사 분야의 연구과제로 제시한 것 중에 특징적인 것은 6·25전쟁에 대한 것이다. 6·25전쟁의 발발 배경과 함께 연구과제는 이 전쟁을 '국제전쟁'으로 의미를 규정하고 있는 점이 흥미롭다. '6·25남침'이었던 것을 '6·25전쟁'으로 개칭하고 이 전쟁의 성격을 국제전쟁으로 확대하고자 한 것이다. 4차 『국사』의 경우 6·25전쟁을 6월 25일 북한의 남침에 의해 시작된 국지전으로 규정하고자 6·25전쟁 이전 지속되던 남북 양측의 교전은 생략한 채, "북한 공산주의자들의 교란 작전은 그 후에도 여러 가지로 나타났으나, 국민들의 적극적인 협력으로 해결되었다"[46]며 한국전쟁 이전에는 아무런 문제가 없고 오히려 문제가 해결되었다는 오류를 보인다. 하지만 5차 『국사』는 "이러한 북한 공산주의자들의 교란 작전은 그 후에도 여러 가지 형태로 나타났다"로 끝맺으면서 양측의 분쟁은 지속되었음을 시사하였다. 뒤이어 6·25전쟁을 서술하여 분단과 38도선을 두고 벌이던 양측의 갈등이 전쟁으로 이어지고 있다는 흐름으로 서술하는 차이점을 보인다.[47]

명칭 변화와 관련해 또 흥미로운 사실은 박정희의 군사 쿠데타를 '5월혁명'이라고 미화한 4차 『국사』와 달리 '5월 군사혁명'이라고 개칭하면서 그 내용 역시 2쪽에 달하던 방대한 분량을 1/3분량으로 축소하고, 군정실시, 반공국시, 경제재건과 정치안정 강조, 구 정치인의 정치활동 금지

---

45 김정인, 「국정 『국사』 교과서와 검정 『한국사』 교과서의 현대사 체계와 내용 분석」, 『역사와현실』 제92권, 2014, 99쪽.
46 『국사』(1982), 162쪽.
47 『국사』(1990), 178쪽.

등 사실 나열 위주로 간략하게 서술하고 있는 점이다. 이는 직선제에 의해 성립한 민주 정부와 앞선 권위주의적 군사정권과 차별화하려는 시도로 보인다. 이러한 서술의 경향은 광주민주항쟁에 대한 서술에서 잘 드러난다.

4차 『국사』는 5공화국이 성립된 이후의 것으로 광주민주항쟁을 거쳤음에도 그 이후 출범한 5공화국 성립은 다루고 있으면서 광주민주항쟁에 대해서는 직접적으로 다루고 있지 않고 부록에서도 포함시키지 않았다.[48] 반면, 5차 『국사』에서는 "민주화를 요구하는 학생들의 시위가 계속되었고, 그 과정에서 5·18 광주민주화운동이 일어났다"고 기술하고 또 부록의 연표에도 포함시키는 변화를 보여주었다.

중단원	2. 경제 성장과 사회 변화	
연구 과제	1. 6·25전쟁으로 인한 경제적 피해는 어떠하였는가? 2. 1960년대 이후의 경제개발계획과 수출 정책은 어떠한 성과를 이룩하였는가? 3. 경제성장과 더불어 추진된 의식개혁 운동은 어떻게 평가되고 있는가? 4. 산업화, 도시화가 진행되면서 어떠한 사회문제가 야기되었는가?[49]	
소단원 / 소항목	(1) 경제활동의 진전	미 군정기의 경제 정부 수립과 경제 건설 경제개발5개년 계획의 추진
	(2) 사회개혁 운동의 전개	의식 개혁 운동 언론 활동 노동 운동

경제성장과 관련한 부분에서는 '대한민국의 발전'을 '경제성장'을 통해 강조한 4차 『국사』와도 약간의 차이점이 발견된다. 박정희 정권 하 추

---

48 이 시기와 관련한 4차 『국사』의 본문에서는 "그 이후 한때 혼란 상태가 나타났고"라는 문구가 보이는 데 광주민주화운동을 지칭하는 것인지 정확하지 않고 또 광주민주화운동을 지칭하는 것이라면 이 운동을 '혼란 상태'로 규정함으로써 운동의 의미를 격하시키고 있다고 볼 수 있다.(4차 『국사』(1982), 173쪽)

49 산업화, 도시화의 긍정적인 면보다는 산업화, 도시화가 사회문제를 야기했다는 것을 기정사실화하고 그 문제가 무엇이었는가에 주목하게 하는 질문.

진된 경제개발 5개년 계획과 이를 통한 고도 경제 성장을 강조하여 국력이 신장되었다고 서술하고 있는 긍정적 평가 일색인 4차 『국사』와 달리 5차 『국사』는 "이와 같이 경제 개발 계획은 성공적으로 추진"되었다며 기존 경제성장의 서술에 대부분 동의하면서도 "국민 간의 소득 격차, 정부 주도형 경제 체제 등의 문제점도 있었다"고 서술함으로써 앞선 교과서와 차별점을 두고자 하였다.

중단원	3. 현대 문화의 동향	
연구 과제	1. 광복 이후, 우리 교육은 어떠한 방향으로 발전하였는가? 2. 학술연구활동은 시기별로 어떠한 특색을 지녔는가? 3. 광복 이후, 종교는 민족의 요구에 어떻게 부응하였는가? 4. 문화계의 서구문화 수용에 대한 반성과 민족문화에 대한 관심은 어떠하였는가?[50] 5. 21세기를 앞둔 우리의 민족사적 과제는 무엇인가?	
소단원 / 소항목	(1) 교육과 학술 활동	교육활동 학술활동
	(2) 종교 생활과 문예 활동	종교생활 문예활동
	(3) 체육의 발전과 올림픽의 개최	체육의 진흥 올림픽의 개최
	(4) 오늘의 역사적 사명	(없음)

중단원 3의 현대문화의 동향은 처음으로 설정되었는데 이는 주제사에 따른 분류체계를 현대사에도 반영한 것으로 교육·학술활동에 많은 부분 할당하고 있다. 특히 홍익인간을 교육의 근본이념으로 규정한 민족정신에 대해 "인류 공영이란 민주주의 기본 정신과도 부합되는 것"으로 보았다. 광복 후 6·25전쟁 그리고 군부에 의해 교육이 정상화되지 못한 점을 꼬집고 교육의 중앙집권화와 관료적 통제에 대해 비판적으로 서술하

---

50 서구문화 수용을 반성해야 할 것으로 규정하고 이와 반대로 우리의 민족 문화에 대한 관심은 어떠했는지 살피게 함으로써 상대적으로 우리 민족 문화에 대해 관심을 가질 것을 유도하는 질문.

는 등 교육에 대한 권위주의적 정치권력의 영향을 비판하였다.[51]

마지막으로 소단원 (3)의 '체육의 발전과 올림픽의 개최'는 5차 교육개정을 전후하여 치러진 1986년 제10회 아시안게임과 1988년 제24회 88서울올림픽이 포함되어 있다. IV장 현대 단원의 사진 자료 역시 '제24회 서울 올림픽 입장식'인데 서울올림픽 입장식이 열렸던 '올림픽 주경기장' 사진을 본문에 또다시 게재하면서 국제 스포츠경기를 개최했다는 점을 홍보하듯 서술하고 있다.

이처럼 5차 『국사』의 현대사 분야 서술은 4차 『국사』보다 양적 질적으로 중요시 되었음이 확인된다. 특히 북한을 소항목으로 설정해 객관적으로 다루고자 한 것과 제주도4·3사건, 6·25전쟁 및 5월 군사혁명 그리고 광주민주화운동 등 몇몇 용어의 변화를 시도한 점이 눈에 띈다. 그러나 이 외의 거의 대부분의 내용은 『국사』(1982)를 답습하다시피 한 복제판 교과서라 할 수 있다. 이는 6공화국의 잉태가 권위주의 군부독재 정권에서 비롯되었고 이에 따라 현대사 서술의 내용 전개나 표현이 당대 정권을 미화하거나 합리화하려고 했던 것으로 여겨진다. 즉 현대사 영역은 역사 연구의 과정을 거쳐 일반화된 역사가 아니라 단순 사실 나열과 이를 통한 정권 홍보에 그치고 있는 한계를 가진다. 또 현대사라는 당대 정치 권력의 영향을 강하게 받을 수밖에 없는 한계가 제5차 교육과정기에도 반복되었다.

IV. 맺음말

5차 『국사』는 국정 발행제 기간에 간행된 3번째 교과서이긴 하지만 교육과정 개정의 배경이 단순히 정권의 교체나 유신 등 정치적 영향만 있지

---

51 『국사』(1990), 196~197쪽.

않았다. 이는 5차『국사』가 다른 교과서와 적지 않은 차별점을 갖는 강력한 이유이기도 하다. 본고에서는 교육과정 개정에 따른 5차『국사』의 근·현대사 분야의 서술 체제와 내용을 검토하여 그 특징을 살펴보았다. 여기서는 지금까지 논의된 내용을 간략하게 정리하는 것으로 맺음말을 갈음하고자 한다.

첫째, 1982년 일본의 역사교과서 파동 이후 역사에 대한 대중적 관심은 높아졌다. 이 때 게재된『조선일보』의 특집기사는『국사』교과서 개정을 위한「편찬준거안」이라는 새로운 기구의 설립으로 이어졌다. 5차 교육과정 개정은 언론과 여론에 의해 추동된 것으로『국사』교과서의 내용에도 강한 영향을 끼쳤다고 할 수 있다.「편찬준거안」의 근·현대사 부분은 '개화', '개혁', '구국', '경제·사회적 발전', '북한의 역사', '자유민주주의'와 '국력신장'을 강조하는 것으로 이뤄졌다. 이는 5차 교육과정과 교육과정 해설에도 반영되어 교과서 서술체계와 내용의 기준이 되었다.

둘째, 5차『국사』의 서술 체제는 근대의 기점만 보더라도 본문의 내용과 부록의 연표가 서로 다르며 3차『국사』와 4차『국사』와도 다를 정도로 개념이 명확하지 않다. 그럼에도 조판 상 글자 크기가 축소됨에 따라 모든 영역에서 절대적인 양적 증대가 이뤄졌고 이를 통해 기존 교과서에 없었던 다양한 내용을 수록할 수 있었다. 또 3~4명에 불과하던 집필진을 9명으로 확대시킨 것도 이와 관련이 있어 보인다. 특히 교육과정에서 강조하기 시작한 '역사적 탐구력' 신장을 위해 학습보조자료의 다양한 활용이 눈에 띄는 변화라 할 수 있다.

셋째, 5차『국사』의 근대사 분야 서술은 4차『국사』의 내용을 거의 그대로 옮기면서도 판형의 변화에 따라 같은 지면이라고 하더라도 더 많은 분량의 내용이 담기게 되었다. 또 중단원 앞의 연구과제를 통해 학습목표를 제시하고 이에 부합하는 서술을 이어나갔다. 근대를 맞이하기 직전에 등장하는 흥선대원군은 국내외의 활동을 양분하여 각각 긍·부정의 평가를 내렸고 근대 사회를 열망했던 갑신정변을 비중있게 다뤘다. 동학운동은 그 주체인 농민이 드러나도록 하였고 백정의 활약을 거론하면서 지배층 중심의 역사서술에서 기층 단위를 포함시키는 서술로 변화하였다. 이에 덧붙여 갑오개혁과 의병전쟁 역시 각각 그 역사적 위상을 높이고자 하였다. 반면 간도와 독도의 경우 지면확대에도 불구하고 오히려 내용이 소략되는 모습도 보였다.

넷째, 5차 『국사』의 현대사 분야 서술은 4차 『국사』보다 양적·질적으로 중요시 되었음이 확인된다. 특히 북한을 소항목으로 설정해 객관적으로 다루고자 한 것과 제주도4·3사건, 6·25전쟁 및 5월 군사혁명 그리고 광주민주화운동 등 몇몇 용어의 변화를 시도하였다. 그러나 이 외의 거의 대부분의 내용은 4차 『국사』를 답습하다시피 한 복제판 교과서라 할 수 있다. 이는 6공화국의 잉태가 권위주의 군부독재 정권에서 비롯되었고 이에 따라 현대사 서술의 내용 전개나 표현이 당대 정권을 미화하거나 합리화한 결과로 여겨진다. 대신 '군사혁명'과 경제개발 부분에서는 군사독재와 차별화하려는 모습도 보인다. 즉 현대사 영역은 역사 연구의 과정을 거쳐 일반화된 역사가 아니라 단순 사실 나열과 이를 통한 정권 홍보에 그치고 있는 한계를 가진다.

결과적으로 근대사의 경우 기층 단위 즉 농민과 민중의 시각에 보다 무게 중심을 두어 서술하고 있는 점이 두드러졌다. 하지만 현대사의 경우 1982년판 『국사』의 서술 내용을 거의 그대로 옮겨 쓴 부분이 적지 않다. 이는 권위주의적 독재 정권에 정통성을 둔 당시 정부를 미화하거나 합리화 내지 차별화하고자 한 것으로 보이며 교과서로써는 명확히 한계라 할 수 있다. 대한민국 역사교과서가 역사가와 교사 그리고 학생들에 의해 자유로운 날개를 달게 될 날을 기약해 본다.

2장

6차 역사교육과정

01

제6차 국사과 교육과정의 성립과정과 그 성격

조성운

I. 머리말

해방 이후 미군정에 의해 교수요목이 제정되고 1956년 제1차 교육과정이 제정된 이래 우리나라의 교육과정은 시대적·학문적·개인적 변화와 요구에 따라 개정되었다. 특히 제6차 교육과정은 기존의 교육과정 개정과는 달리 20세기를 마무리하고 새로운 시대를 준비하는 교육개혁의 일환으로 개정된 점에서 특별한 시대적 의미를 갖는다고 할 수 있다.[1] 이는 1987년 6월 민주화운동의 결과 개정된 헌법 정신을 교육과정에 반영하는 과정이기도 하였다.

제6차 교육과정 개정은 주기적으로 이루어진 평범한 교육과정 개편으로 기억되고 있다는 선행 연구의 평가와 같이 학계의 관심이 상대적으로 많지 않았다.[2] 그렇기 때문에 제6차 교육과정기 국사교육에 대해 전론(專

---

1 『교육과정 연수자료 1-'92.11 제6차 교육과정의 개요』, 교육부.
2 김영석, 「제6차 사회과 교육과정 개정 과정에 대한 기억의 재구성-국민에서 시민으로-,

論)한 연구도 2편[3]에 불과하였다. 이는 제6차 교육과정의 목표가 제5차 교육과정의 목표와 동일하다는 것에서 기인한 바가 적지 않다.[4] 또한 제6차 교육과정은 종래의 교육과정 운용상에서 나타난 문제점을 개선하려는데 주안점을 두고 있었다는 것을 시사한다.[5] 그러함에도 불구하고 제6차 교육과정은 국민윤리 과목의 명칭 및 성격 조정, 국사 과목의 사회과 편입, '현대사회와 시민(공통사회)'의 신설 등으로 논란이 되었다. 특히 국사 과목의 사회과 편입은 역사학과 역사교육학계만이 아니라 언론과 시민사회의 비판에 따라 철회되고 국사과는 필수로 지정되었다.

제6차 교육과정기 국사교육과 국사교과서에 대한 연구는 매우 미진한 실정이다. 본고는 이러한 현실 속에서 제6차 국사과 교육과정의 성립 과정과 그 성격을 살펴보는 것을 목적으로 하였다. 이 목적 달성을 위해 본고에서는 기존의 연구 외에 교육부, 한국교육개발원 등에서 생산한 1차 자료와 각종 신문의 기사를 주요 자료로 활용하였다. 특히 교육부 자료는 학계에 최초로 소개하는 것이다. 이러한 까닭에 본고는 자료의 분석보다는 소개에 방점을 두고자 한다. 향후 이의 활용을 통해 제6차 교육과정기 국사교육에 대한 연구가 진전되기를 기대한다.

『사회과교육연구』 제20권 제2호, 한국사회과교육학회, 2013, 14쪽.

3 주웅영, 「6차 교육과정 초·중·고 사회과 국사영역의 특징과 그 실현을 위한 전제」, 『역사교육논집』 제19권 제1호, 역사교육학회, 1994; 송춘영·주웅영, 「현행 초·중·고 사회과 국사교육의 특징과 개선 방안」, 『대구교육대학교논문집』 제30집, 대구교육대학교, 1995.

4 제5차 교육과정기 국사교과서에 대해서는 2020년 11월 28일 역사와교육학회가 '제5차 교육과정기 역사교육과 국사교과서'라는 주제로 학술회의를 개최하여 논의한 후 『역사와교육』 제33집(2021)에 다음과 같이 기획논문으로 수록하였다. 신선혜, 「제5차 교육과정기 고등학교 『국사』 교과서의 고대사 서술 특징과 배경」; 허은철, 「제5차 교육과정기 국사교과서의 고려사 서술」; 신유아, 「제5차 교육과정기 '국사'의 내용편제와 서술방향」; 최보영, 「제5차 교육과정기 『국사』 교과서 근·현대사 체제·내용과 그 특징」.

5 송춘영·주웅영, 「현행 초·중·고 사회과 국사교육의 특징과 개선 방안」, 『대구교육대학교논문집』 제30집, 대구교육대학교, 1995, 3쪽.

Ⅱ. 제6차 국사과 교육과정의 성립

1992년 6월 30일 문교부 고시 1992-1호로 중학교 교육과정, 9월 30일 문교부 고시 1992-15호로 유치원 교육과정과 1992-16호로 국민학교 교육과정, 10월 30일 문교부 고시 1992-19호로 고등학교 교육과정이 공포되면서 제6차 교육과정이 제정되었다. 그리고 유치원·국민학교·중학교는 1995년부터 적용되었으며, 고등학교는 1996년부터 적용되었다.

제6차 교육과정 총론의 교육과정 구성방침에 따르면 제6차 교육과정이 추구하는 인간상은 건강한 사람, 자주적인 사람, 창의적인 사람, 도덕적인 사람으로서 그 구성 방침은 다음과 같다.

1. 도덕성과 공동체 의식이 투철한 민주시민을 육성한다.
2. 사회의 급속한 변화에 대응할 수 있는 창의적 능력을 개발한다.
3. 학생의 개성, 능력, 진로를 고려하여 교육 내용과 방법을 다양화한다.
4. 교육과정 편성·운영체제를 개선하여 교육의 질 관리를 강화한다.[6]

그런데 제6차 교육과정이 추구한 인간상은 제5차 교육과정과 동일하다. 이는 제6차 교육과정이 제5차 교육과정이 지향했던 교육개혁의 방향을 지속적으로 추구하였다는 것을 의미한다고 할 수 있다. 그러나 제6차 교육과정은 총론에서 교육과정의 성격, 교육과정 구성 방침, 교육과정 구성 중점 등을 제시했다는 점에서 제5차 교육과정과 구별된다. 이를 [표 1]에서 확인할 수 있다.

---

6 『고등학교 교육과정(Ⅰ)』, 교육부, 1992.10.(국가교육과정정보센터에서 인용)

[표 1] 제5차 고등학교 교육과정과 제6차 고등학교 교육과정 총론 비교[7]

구분	제5차 교육과정	제6차 교육과정	비고
추구하는 인간상	• 건강한 사람 • 자주적인 사람 • 창조적인 사람 • 도덕적인 사람	• 건강한 사람 • 자주적인 사람 • 창조적인 사람 • 도덕적인 사람	• 제5차 교육과정 교육개혁 심의회 심의결과 지속적 추구
성격	• 없음	• 국가 수준 교육과정 • 공통적, 일반적인 기준 • 시도 편성 운영 지침	• 교육과정의 성격 명료화 • 시도 교육청 역할, 권능 부여
구성 방침	○구성 방향 문장 서술[8] • 목적 • 강조점 • 개정의 필요성 • 추구하는 인간상	○구성방침 • 민주시민의 육성 • 창의적인 능력 개발 • 교육내용과 방법의 다양화 • 편성 운영체제 개선	• 교육과정의 구성 방침을 목표, 내용, 방법, 운영면에 걸쳐 명확히 제시
편제	• 일반계, 실업계, 기타계 고등학교별 고정 제시	• 보통교과와 전문교과로 구분 제시 • 보통교과는 공통필수 및 과정별 필수과목군으로 구분 제시 • 전문교과는 계열에 관계없이 선택 이수 가능하게 제시	• 외국어에 관한 전문교과 신설

[표 1]을 통해 제5차 교육과정에 비해 제6차 교육과정은 성격과 구성 방침, 편제 등을 보다 명확히 하고 시도 교육청에 역할과 기능을 부여하는 한편 외국어에 관한 전문교과를 신설하였다는 측면에 그 특징이 있음을 확인할 수 있다.

이러한 기본방향 아래 교육과정 결정의 분권화(교육내용의 획일성·경직성·폐쇄성 해소, 자율 재량 확대), 교육과정 구조의 다양화(다양한 이수과정, 필수

---

7 『교육과정 연수자료 1-'92.11 제6차 교육과정의 개요』, 교육부, 쪽수 없음. 이 자료의 편성 운영 기본 지침과 실업계 고등학교의 전문교과 편제는 생략하였다.

8 구성 방침은 "건전한 정신과 튼튼한 몸을 지닌 건강한 사람, 자신과 공동체의 일을 스스로 결정하여 실천하는 자주적인 사람, 지식과 기술을 익혀 문제를 슬기롭고 합리적으로 해결하는 창조적인 사람, 인간을 존중하고 자연을 아끼며 올바르게 판단하고 행동하는 도덕적인 사람을 기르는 데 역점을 두어 구성한다."로 표현되어 있다.(문교부고시 제88-7호 1988.3.31. 별책 1 고등학교 교육과정』, 문교부).(국가교육과정정보센터에서 인용).

정선, 선택 확대, 시대적 요구 반영), 교육과정 내용의 적정화(학습부담 경감, 학습량·수준 조정, 이수 내용의 성차별 철폐), 교육과정 운영의 효율화(학생의 적성·능력·진로 중시, 교육방법 및 평가의 개선)에 교육과정 개정의 중점을 두었다.[9]

이를 바탕으로 제정된 제6차 중학교 교육과정은 전 학년의 학습 부담을 감축, 조정하여 기존의 34~36시간이었던 수업시간을 34시간으로 축소하였으며, 필수 교과를 13개에서 11개로 축소하였다. 이 결과 지리, 세계사, 공민으로 구성되었던 사회과에 독립교과였던 국사과를 포함시켰고, 기술, 가정, 기술·가정, 농업, 공업, 상업, 수산업, 가사로 구성되었던 실업·가정과가 기술·산업, 가정의 2개 교과로 조정되었다. 특히 기술·산업과와 가정과는 남녀 공통 필수로 지정하여 교과목 이수의 성차별을 철폐하였다. 그리고 시대적, 사회적, 개인적 요구를 반영하여 한문, 컴퓨터, 환경 등을 선택교과로 선정하였다. 또한 음악, 미술, 체육 등의 교과에서 전통민요, 전통 미술, 씨름과 태권도 등 전통문화교육을 강화하였고, 수학, 과학 관련 교과의 학습 분량과 수준의 적정화를 시도하였다.

제6차 고등학교 교육과정은 교육과정 편성 운영의 역할 분담 체제를 확립하여 보통교과와 전문교과로 구분하였다. 모든 고등학생이 이수하는 공통필수과목과 각 과정에 알맞게 이수하는 과정별 필수과목 및 선택과목으로 구성된 보통교과는 윤리, 국어, 한문, 수학, 사회, 과학, 체육, 교련, 음악, 미술, 실업·가정, 외국어와 교양 선택으로 구성되었다. 교육부가 결정하는 계열별 필수 과목과 시·도 교육청이 편성하는 학과별 필수과목, 학교가 선택하는 학과별 선택과목으로 구성된 전문교과는 농업, 공업, 상업, 수산·해운, 가사·실업, 과학, 체육, 예술, 외국어에 관한 교과로 구성되었다. 이를 통해 고등학교의 설립 목적과 특성에 따라 필요

---

9 『편수 94-11('94.11.30) 편수업무담당자 연수자료 편수 업무 편람』, 교육부, 1994.

한 과목을 융통성 있게 편성, 운영할 수 있도록 하였다. 이는 교육과정 개정 취지에 따라 보통교과 46과목, 전문교과 338과목이었던 기존의 교과목 수를 보통교과 70과목, 전문교과 378과목으로 늘려 학생 선택의 폭을 확대하였기 때문에 가능하였다. 그리고 학생의 적성·능력·진로를 고려하여 수학, 과학, 영어, 한문, 제2외국어 과목은 수준별로 과목을 설정할 수 있도록 하였고, 국어, 사회, 실업·가정, 교양 선택은 특성별 과목설정을 가능하도록 하였다. 그리하여 수학과는 공통수학, 수학Ⅰ, 수학Ⅱ, 수학Ⅲ, 실용수학이, 국어는 국어, 화법, 독서, 작문, 문법, 문학 과목이 설정될 수 있었던 것이다.

이러한 제6차 교육과정은 다음의 절차에 따라 제정되었다.

① 기초 연구 및 개정안 개발: 각 교과 교육과정 연구를 담당할 연구기관을 교육부 교과담당자가 선정하고 이들 연구기관과 공동으로 기초 연구 및 개정안의 연구 개발을 추진하였음.

② 교육과정 심의회(교과별 소위): 연구기관이 제출한 개정시안은 교육과정심의회 각 교과별 소위원회에서 1차 심의를 하였음.

③ 교과별 공청회: 개정시안은 교과 전문가, 현장 교원, 관련 전문가 등이 참여한 교과별 공청회에서 세미나 형식으로 문제점과 개선 대안을 검토하고 논의하였음.

④ 개정안의 현장 교원 검토: 개정시안은 전국의 180개교 8,000명의 현장 교원에게 송부되어 3주일간 검토되었고, 교육부 각 교과 담당자가 직접 검토 학교를 방문하여 의견을 듣고 검토 결과 보고서를 수합하였음.

⑤ 수정·보완 집중 작업: 교육부 교육 담당자가 주관하여 현장 교원, 전문직, 대학 교수 등(6명 내외)과 공동 작업을 통해 공청회, 심의회, 현장 검토 등의 결과를 참고로 수정·보완 작업을 실시하였음.

⑥ 교육과정심의회(교과별 소위): 수정·보완된 개정안은 교육과정 심의회 각 교과별 소위원회에서 제2차 심의를 하였음.

⑦ 교육부 자체 검토 및 수정 작업: 심의 후 조정된 개정안은 각 편수실과 교육과정 담당관실 관계자가 공동작업을 통해 윤독회를 거치고 축조식 검토를 하여 문제점을 논의하였음.

⑧ 일부 교과 제3차 심의: 문제점이 있거나 대폭 수정·보완된 일부 교과는 교과별 심의회에서 제3차 심의를 하였음.

⑨ 교육과정 심의회(학교별 심의): 교과별 심의를 마친 개정안은 다시 학교별 소위원회에 회부되어 학교급별로 전 교과의 개정안을 총론과 연계하여 심의하였음.

⑩ 교육과정심의회(운영위): 학교급별 심의를 마친 개정안은 최종적으로 운영회에 회부되어 학교급별 개정안을 개정의 전체적인 방향과 중점을 비추어 심의하였음.

⑪ 관련 기관 검토 의뢰: 각급 학교의 개정안은 시·도 교육청, 교원양성대학, 교육과정 실험연구학교 및 교육연구원, 연구기관, 정부 각 부처 등 관련 기관에 송부하여 검토하도록 협조, 의뢰하였음.

⑫ 관련 기관 검토 결과 협의회: 교육과정 개정안에 대한 검토 결과를 발표하고 공동 협의하는 관련 기관 검토 결과 협의회를 학교 급별로 개최하고 시·도 교육청, 교육연구원, 실험·연구학교장 등의 관계자가 참가하여 개정안의 문제점과 개선 대안을 논의하였음.

⑬ 교육부 자체 최종 정리 작업: 개정안은 최종적으로 각 편수관실 장학관과 각실 대표 연구관으로 구성된 총괄위원회에서 검토되고 문제점과 개선 대안이 다시 논의됨.

⑭ 최종 원고 제출: 개정안은 각 교과별 담당자가 개정을 위한 각 절차, 과정을 통해 검토, 논의된 결과를 종합하여 최종 개정안 원고를 확정하고 담당 편수관의 검토를 거쳐 제출함.

⑮ 보고·결재: 이상의 모든 절차를 마친 개정안은 교육법 제155조

에 의거, 결정권자인 교육부장관에게 보고되고 결정 과정을 거
쳐 확정됨.

⑯ 인쇄·고시: 확정된 개정안은 책자로 인쇄하고 관보 게재를 의뢰
하여 새 교육과정으로 고시됨.

⑰ 새 교육과정 설명회: 확정 고시된 새 교육과정에 대하여 시·도 교
육청, 교육연구원, 교원 양성대학 관계자를 대상으로 설명회를
갖고 개정의 방향과 주요 변화, 특징, 개정 내용을 이해시킴.[10]

제6차 국사과 교육과정도 위의 절차를 통해 개정되었다. 제6차 교육과
정의 특징 중의 하나는 통합교과의 편성과 운영이었다. 사회과의 교과목
으로 공통사회(일반사회, 한국지리 8단위), 국사(6단위), 국민윤리(6단위)를 필수
로 편재하고, 정치(4단위), 경제(4단위), 사회·문화(6단위), 세계사(6단위), 세
계지리(6단위)를 선택과목에 편재하였다. 이는 형식상 국사과가 독립교과
로 성립하기 이전의 상태로 되돌린 것이었다. 물론 교수시간에는 변화가
없었으나 교과목 통합이라는 교육과정 개정의 방침에 따라 국사교육의 위
상을 변화시키는 것이었다.[11] 특히 제6차 교육과정 개정 시안에 따르면 필
수과목이던 국사과를 선택과목으로 설정하였다. 이에 역사학과 역사교육
학계를 중심으로 반발이 일어났을 뿐만 아니라 『조선일보』와 『동아일보』는
각각 사설로서 「국사가 선택과목일 순 없다」와 「국사교육에 더욱 힘쓰자」
를 게재하여 국사과의 선택과목화를 반대하였다.[12] 특히 『동아일보』는 이
사설에서 다음과 같이 정부의 국사과의 선택화를 비판하였다.

10 『편수 94-11('94.11.30) 편수업무담당자 연수자료 편수 업무 편람』, 교육부, 1994.
11 김종철, 「국사 교과과정의 변천과 그 문제점」, 『역사교육』 제61호, 역사교육연구회,
    1997, 159쪽.
12 (사설)「국사가 선택과목일 순 없다」, 『조선일보』, 1991년 10월 2일; 「국사교육에 더욱 힘
    쓰자」, 『동아일보』, 1991년 10월 4일.

지난날 권위주의 정치체제 아래서 국사교육을 강화한다 해서 자기네들의 정치적 주장이나 치적을 미화하고 과대선전하는 내용을 교과서에 끼어넣었던 어리석음을 되풀이해서는 안된다. 또한 섣부른 세계시민을 키운다고 제나라 말도 제대로 못하고 제나라 역사도 바로 이해하지 못하는 얼간이 국제인의 양산은 더욱 있어서는 안된다. 참다운 국제인, 세계시민이란 우선 제나라 말, 제나라 역사를 제대로 이해하고 제고장의 문화에 대한 애정과 긍지를 가지고 국제사회에 나서야 한다.[13]

그리고 후술하듯이 교육과정개정연구위원회의 입장을 대변한 주장이 나오기도 하였으나 『동아일보』는 시안이 발표된 지 약 한 달이 지난 1991년 11월 3일 "국민적인 자존심과 우리 사회의 특수성에 비춰 필수과목으로 그대로 존속하는 것이 마땅"[14]하다는 주장을 사설을 통해 다시 강조하였다. 또 한국교총은 초중고 현직교사 1,335명을 대상으로 실시한 설문 조사 결과 84.1%인 1,127명이 국사과의 사회과 통합과 필수과목 제외에 반대한다고 밝혔다.[15]

또한 역사교육연구회는 1991년 9월 25일 한국방송통신대학에서 「소위 사회과 통합문제와 역사교육의 진로」라는 특별발표회를 개최하여 교육과정 개정시안에 대한 비판과 함께 국사교육의 강화를 주장하였다. 이 자리에서 윤세철은 통합사회의 본거지인 미국의 사회과를 살핀 후 미군정기 사회생활과가 설치된 이래 우리나라 사회과의 변화와 현실, 사회교과 통합의 본질을 천착하였다. 특히 미국에서 사회과라는 용어는 원리 '역사 및 관련 교과목'을 통칭하는 데에 이용되었던 것이라며 그 뒤 사회

---

13 「국사교육에 더욱 힘쓰자」, 『동아일보』, 1991년 10월 4일.
14 「국제화시대의 국사교육」, 『동아일보』, 1991년 11월 3일.
15 「국사과목 통합 개정안 현역교사 84% 반대」, 『조선일보』, 1991년 11월 6일.

과에 대한 논의는 주로 사회과 교육과정 내에서 어떻게 관련 과목들을 배열하는가의 문제였다는 점을 전제로 하면서 우리나라의 사회과 통합 논의는 사회과학 분야의 교과목을 통합하는 성격을 가진 새로운 교과목을 설치하는데 있는 것 같다고 비판하였다.[16] 그리고 토론 과정에서 나온 중요한 내용은 다음과 같다.

① 국어, 영어, 수학 과목의 비중이 타당한 근거 없이 학교교육의 단위 시수에서 30%, 입시에서 60%, 실제 공부에서 근 90%나 차지하고 있는 현실을 비판하며 이에 대한 비중 감축없이 여타 과목만을 산술적으로 축소하는 방법은 교육과정 개정의 근거로 의미가 없다.

② 교육과정 개정시안은 대학수학능력시험과 표리관계에 있는데, 이 계획에 따르면 총 200점 만점에 언어능력 60, 외국어능력 40, 수리·탐구능력 100 중 사회(역사, 지리, 공민)는 23의 비중으로 되어있으며, 사회 23점 속에 국민윤리과목까지 포함되어 있어 대학수학능력시험에서 국어, 영어, 수학 과목의 비중을 절대화시킨다.

③ 역사과목(국사, 동양사, 서양사)을 지리, 공민과 융해하여 『현대사회와 시민』이란 단일교과로 신설하는 것은 통합사회과 발원지인 미국에서조차 '역사 및 관련 과목'으로 통칭되고 있듯이 역사 중심으로 주도되며 아울러 미국사와 각국사는 별도의 필수 교과로 설정되어 있다. 통합사회교과는 독일에서는 벌써 폐기되었고, 일본에서도 근래 선택교과가 되고 대신 세계사가 필수교과로 개정되고 있다.

④ 역사교과는 미·일·영·불의 사례에서도 알 수 있듯이 어느나라에서난 필수교과 내지 그에 준하는 위치에 있고 단위 시수도 높다.

---

16 윤세철, 「사회과 교육통합의 본질」, 『역사교육』 제50호, 역사교육연구회, 1991, 102~121쪽.

⑤ 이번 시안은 역사교과 교육전문가나 관련 교사, 관련 학계의 참여가 주체에서 배제된 채 진행된 데서 연유한다. 현재 사회과가 통합으로 운영되고 있는 중학교의 경우 교사·학생의 반발이 극심하고 일선 교육 현장의 커다란 문제가 되고 있다. 더욱이 본 시안의 선택교과가 학생 선택이 아니고 학교 선택이므로 외국과는 달라 더욱 그러할 것이다.[17]

그리고 토론 결과 교육과정 개정 시안에 대해 다음과 같이 결론을 내렸다.

① 영·수·국 등 도구과목에 편중하는 교육과정은 납득할 수 없고 실체도 없는 허상인 소위 통합사회과에 연연해 하는 이유는 전혀 이해할 수 없고 더구나 이 방향에서 착수되는 『현대사회와 시민』이라는 교과의 신설은 용납할 수 없다.
② 개정시안이 확정되면 우리나라 교육 전반에 파탄이 야기되고 영·수·국에 더욱 편중할 폐단이 명약관화하다. 그리고 역사교과는 근대적 공교육 체계가 우리나라에 실험된 이래 가장 위축된 상태에 처하게 될 것이다.
③ 이 개정시안은 시안으로 그쳐야 한다. 따라서 대응조치가 절박·절실하다.[18]

또 그 대응 방안으로서 역사학계를 응집시키고 인근 학회와 연대하여 의견을 표명하고 여론을 고양하며 시안 작성은 특정학계 일각의 독점이

---

17 편집부, 「『소위 사회과 교육의 통합문제와 역사교육의 진로』의 발표 요지 및 토의 내용」, 『역사교육』 제50호, 역사교육연구회, 1991, 166~167쪽.
18 편집부, 「『소위 사회과 교육의 통합문제와 역사교육의 진로』의 발표 요지 및 토의 내용」, 『역사교육』 제50호, 역사교육연구회, 1991, 167쪽.

아니다라는 의견을 표명하기로 결정하였다.[19] 이 결정에 근거하여 역사교육연구회와 동양사학회 등 6개 역사학 관련 학회에서는 1991년 9월 7일 성명을 발표하고 교육과정 개편 시안을 재검토하고 국민적 여론을 폭넓게 수렴할 수 있도록 공청회 절차를 보완하고 중고등학교 국사 과목을 종전 대로 필수로 환원할 것을 요구하였다.[20] 이러한 분위기에서 동양사학자인 윤내현은 조선시대의 사대주의와 일제의 민족 말살과 역사 왜곡으로 인해 우리 민족은 자존심에 상처를 입었고 열등의식에 빠져있었다고 하면서 국사교육을 강화할 것을 주장하였고,[21] 일반 시민들의 반발도 적지 않았다.

이와 같이 국사교육 위상의 하락에 대해 역사학과 역사교육학계, 그리고 언론계를 중심으로 반발이 일어났다. 이러한 반발에 대해 교육과정 개정연구위원회 위원장 한명희는 『동아일보』에 「국사 사회과목 통합 역사 흐름 종합적 이해에 도움」이라는 특별기고를 하였고,[22] 한국교육개발원 과학교육연구부장 김주훈 역시 『동아일보』에 「국사 과목 필수이어야 하나」라는 칼럼을 기고하여 교과개정 개정연구위원회의 입장을 대변하였다.[23] 그러나 결국 윤형섭 교육부장관은 1991년 10월 16일 "고등학교 국사 과목의 선택과목화를 두고 이는 어디까지나 교육과정개정연구위원회 (위원장 한명희 동국대교수)의 시안일 뿐이며 이것이 그대로 채택되는 일은 없을 것"[24]이라 밝혔다. 그리고 1991년 11월 20일 교육과정 개정연구위원회는 국사를 전국 공통의 필수과목을 하고 중학교 과정에 한문을 자유선

---

19 편집부, 「소위 사회과 교육의 통합문제와 역사교육의 진로」의 발표 요지 및 토의 내용」, 『역사교육』제50호, 역사교육연구회, 1991, 167쪽.
20 「교육과정 개편시안 재검토 등 요구 성명」, 『매일경제신문』, 1991년 10월 8일.
21 「'국사교육' 포기할 것인가」, 『조선일보』, 1991년 10월 3일.
22 「국사 사회과목 통합 역사 흐름 종합적 이해에 도움」, 『동아일보』, 1991년 10월 19일 .
23 「국사과목 필수이어야 하나」, 『동아일보』, 1991년 10월 24일.
24 「고등학교 국사 필수과목 유지 윤교육 밝혀」, 『한겨레신문』, 1991년 10월 17일.

택과목으로 포함시키는 것 등을 골자로 한 「제6차 교육과정 개정연구안」
을 확정, 발표하였다.[25] 이와 같이 국사과의 필수화 지정은 학계·언론계·
시민사회 등의 반발에 따른 것이었다. 이에 대해 교육과정개정연구위원
회는 그 경위를 다음과 같이 설명하였다.

> 비판의 소리는 국사를 선택과목으로 하면 민족 교육을 소홀히 하
> 게 함으로써 국가 및 민족 정체성을 와해시킬 가능성이 있다는 것이
> 다. 이 주장의 타당성 여부는 차지하고라도 이 주장은 강력한 여론의
> 지지를 받았으며 연구팀은 국민 여론 전체의 방향을 인식하지 않을
> 수 없었다. … 국사를 필수에서 제외한 연구팀의 사안에 대한 강한
> 비판과 이에 대한 연구팀의 해명에 따른 강한 동조 사이에서 … 진지
> 하고 괴로운 논의의 과정을 거쳐 도달한 결론은 국사를 필수로 포함
> 시킨다는 것이었다. … 따른 문제가 발생하겠지만(공통필수 과목수
> 가 많아서 교육과정의 경직성과 획일성이 증대되고, 지리 등의 교과
> 에서 필수로의 환원을 위한 강한 반발이 예상되며 과학과와 사회과
> 의 균형의 파괴가 심대되어 …) 이 모든 것은 무시하고서라도 … 국
> 민적 감정을 받아들이는 것이 보다 중요할 것이라는 판단에서였다.[26]

이에 따라 국사과 교육과정도 개정되었다. 제6차 국사과 교육과정 개
발은 현행 교육과정의 문제점과 개선의견 조사를 통해 이를 반영한 초안
을 마련하기 위해 4차에 걸쳐 협의회를 개최한 후 최종 수정안을 마련하
고, 이 시안에 대한 토론회를 공청회 형식으로 개발 책임자의 주제 발표,
중고등학교 각 2명(교사 1명, 교수 1명)이 약정토론을 하도록 하였다. 이후

---

25 「국사, 고교 필수과목 포함」, 『조선일보』, 1991년 11월 21일.
26 교육과정개정연구위원회, 『제6차 교육과정 개정을 위한 초·중등학교 교육과정의 체제
및 구조 개선 연구』, 1991, 171쪽(김영석, 「제6차 사회과 교육과정 개정 과정에 대한 기
억의 재구성－국민에서 시민으로-』, 『사회과교육연구』 제20권 제2호, 한국사회교과교육
학회, 2013, 17쪽에서 재인용).

공청회에서 거론된 의견을 반영한 후 교육부가 구성한 교육과정심의회가 2차례 심의를 실시하고 다수 의견을 종합하여 최종적으로 제6차 국사과 교육과정 시안을 정리하여 교육부 장관의 결재를 득한 후 확정, 발표하는 과정을 거치도록 하였다.[27]

그러므로 국사교육 내용전개의 준거안이 마련되기 전에 국사과 교육과정의 개정이 이루어져야 하였다. 앞에서 본 바와 같이 국사과 교육과정을 마련하기 위해서는 우선 문제점과 개선의견 조사가 선행되어야 하는 것이었다. 이 작업은 국사교육의 시대적 요청과 사회적 변화, 학문적 연구 성과를 반영하는 것이기도 하였다. 제6차 국사과 교육과정을 마련하는 과정에서 제5차 국사과 교육과정과 교과서 간에는 다음과 같은 괴리가 있었다.

첫째, 교육과정의 목표에서는 한국사를 구조적으로 파악해야 한다고 하였는데 이는 시대 구분과 관련되고 학생의 역사의식과 관련되는 문제이다. 종래의 시대구분은 각 시대의 특성이나 구분의 근거가 분명치 않은 채 형식적 시대구분에 그치고 있다. 각 시대의 내용 설명도 그 시대의 사회를 구조적으로 이해할 수 없도록 유기적 파악이 거의 고려되지 못하고 있다.

둘째, 한국사의 발전적 특성을 이해한다고 했는데 학계에서 내재적 발전론이 1960년 이후 활발히 논의되어 왔음에도 불구하고 바로 표현되지 못하고 있다. 더구나 발전의 째(주체-인용자)로서 기층민이 주목되고 그들이 사회 모순을 해결하고자 하는 노력이 여로모로 증명되어야 함에도 교육과정의 내용 체계는 이같은 의도가 구현될 여지가 거의 없었다. 나아라 교과서에서는 여전히 왕조의 교체를 중시하여 사회 발전의 실체를 감하시키고 있다.

---

27 류재택 외, 『RR92-02 제6차 교육과정 각론 개정 연구 중·고등학교 국사』, 한국교육개발원, 1992.

셋째, 역사적 탐구기능과 문제 해결력을 기른다고 하였는데 종래의 교육과정에서는 이를 본질적으로 추구하려 하지 않고 지엽적인 부문에서 처리하려 하였다. 즉 역사자료를 조사, 분석하거나 역사적 방법의 적용을 통하여 그 능력을 구현시키고자 하였고, 내용 체계에는 반영될 소지가 거의 없었다. 그것은 곧바로 교과서에 그대로 반영되어 교과서의 본문 내용에서는 탐구기능과 문제 해결력을 배양하는 데 거의 이바지하지 못하고 있다.

넷째, 올바른 역사의식을 바탕으로 새 문화 창조와 민주 사회 발전에 기여하게 한다고 하였는데 이 의도는 특히 그 자리매김을 하지 못하고 있다. 이는 역사의식의 현재성과 실천성을 강조하는 것으로서 역사교육의 궁극적 목적이다. 역사의 어느 한 면만을 가지고 전체인 듯 평가하는 역사의식은 바람직하지 않다. 올바른 역사의식은 역사의 전체 흐름을 조망하면서 인과 관계, 해결해야 할 과제 등을 주체적이고 현재적 입장에서 검토할 수 있을 때 가능하다. 이같은 관점에서 교육과정은 근·현대사의 비중을 강화시켜야 하건만 종래에는 그렇지 못하였을 뿐만 아니라 다소 자리를 부여하였다고 하여도 형식적이었다.[28]

즉 시대구분 문제, 역사 발전의 주체로서의 민중 문제, 교과서 본문에서 탐구능력과 문제 해결력을 배양하도록 서술되지 못한 문제, 역사의 현재성을 반영한 근현대사 비중의 축소 문제 등을 제5차 국사과 교육과정과 교과서 간의 괴리로 지적하였다.

이러한 문제점을 해결하기 위해 제6차 국사과 교육과정 개정의 기본 방향을 ① 시대 변화에 대응하는 창조적 인간을 육성한다, ② 학교급별로 내용을 구조화한다, ③ 살아있는 역사교육을 추구한다, ④ 역사교육

---

28 류재택 외, 『RR92-02 제6차 교육과정 각론 개정 연구 중·고등학교 국사』, 한국교육개발원, 1992.

의 내재적 목표를 보다 강조한다로 설정하였다.[29] 이를 토대로 학교급별 계열성이 보다 분명해야 한다는 점, 사회변화와 학문적 성과가 충분히 반영되어야 한다는 점, 지역화 정신의 반영으로 향토사가 강조되고 국제 이해 교육의 일환으로 세계사와의 연계성이 심화되어야 한다는 점, 학습 내용을 구체화하기 위해 학습요소를 제시해야 한다는 점 등을 개정의 중점 사항으로 삼았다.[30]

이러한 인식을 바탕으로 제6차 국사과 교육과정을 개정하기까지는 다음의 절차를 따랐다.

(1) 현행 교육과정의 문제점과 개선의견 조사

(2) 초안 작성

(가) 제1차 협의회(1991.12.16.)-교육과정개발방향설정협의회: 현 교육과정의 문제점 분석과 이를 개선할 대체방법을 찾았다. 주로 학교급별(초중고) 계열성 문제, 중고등학교의 내용 구성의 차이 문제, 새로운 사회변화와 새로운 학문적 성과 등의 반영, 향토사 반영 문제, 국사와 세계사 및 기타 과목과의 연계성 문제 등이 집중 거론되었다.

(나) 제2차 협의회(1992.2.17.)-국사과 교육과정 개정 초안 검토 협의회: 공동연구진에 의해 각론 초안이 마련되었는데 교육과정의 성격, 목표, 내용, 방법, 평가 가운데 우선 성격, 목표, 내용체계 까지 마련하였고 본 협의회에서는 가장 핵심 부분인 내용체계에 대해서 집중 검토하였다.

• 도입단원을 신설하고 여기에 향토사를 포함시키기로 함.

• 중학교 16개 단원(중단원 체제), 고등학교는 9개 단원(대단

---

29 류재택 외, 『RR92-02 제6차 교육과정 각론 개정 연구 중·고등학교 국사』, 한국교육개발원, 1992.

30 류재택 외, 『RR92-02 제6차 교육과정 각론 개정 연구 중·고등학교 국사』, 한국교육개발원, 1992.

원 체제)으로 합의함.
- 학습요소 종합 검토.
- 고등학교는 현재의 체제를 기초로 함.

(다) 제3차 협의회-1차 수정안 검토 협의회: '국사과의 성격'이 제6차 교육과정 문서 체제상에 신설됨에 따라 국사과 교육과정의 전문적 성격을 띄게 되므로 이의 문장 표현, 내용 전재 등에 심층 토의하였고 내용체계에 대해서도 재차 검토하였다.
- 국사과의 성격 문장 및 내용 검토(중고의 성격을 같게 하고 중학교에서는 인접 사회과 교과와의 관련성에 대해 언급함).
- 국사과 교육 목표 검토(중고의 차이를 둠).
- 어색한 표현은 수정(예: 남과 북의 두 나라).
- 중학교에서 어려운 용어 사용 지양(예: 호족의 등장, 사대부 사회 등).
- 고등학교의 '민족독립운동사'를 분류사적으로 새로이 구성.

(라) 제4차 협의회(1992.3.27.)-국사과 교육과정 종합 검토: 3월말까지 시안 개발이 완료되어야 하기 때문에 최종협의가 되었다. 각론 체제를 총괄적으로 검토하였다. 또한 자문검토자(2인)의 검토 의견도 동시에 청취하였다.
- '국사과의 성격' 진술은 매우 중요한 의미를 가지므로 문법적 오류 여부까지 검토하고 국사과의 성격, 국사교육의 필요성, 목적, 방법 등이 명료하게 진술되어야 한다고 강조.
- 교육목표는 행동목표별로 구분하고 중고의 차이를 두어 수정함.
- 3국시대사를 주제 중심으로 개선(중학교).
- 3국시대, 통일과정을 통일지향적이고 민족지향적으로 구성(중학교).
- 고등학교는 향토학습을 제외하고 세계사와의 관련성을 강조함.
- 지도방법, 평가방법을 새로운 교과교육의 연구 결과를 토대로 진술.

(마) 최종 수정안 마련: 제4차 협의회까지 거론된 의견을 반영하고 나아가 자문 검토자의 검토 의견을 우편으로 수합하여 최종 수정안을 마련하였다. 이상과 같이 수차례의 연구진의 공동연구와 협의회, 자문 검토 등을 받아 국사과 교육과정 각론 시안(試案)이 마련되었다.

(바) 공청회(1992.5.19.): 제6차 국사과 교육과정 시안에 대한 토론회가 공청회 형식으로 열리게 된다. 이는 교육부 주관으로 관심있는 모든 사람이 청취할 수 있도록 공개적으로 추진된다. 개발 책임자의 주제 발표(각론 시안에 대한 개발 근거, 내용, 체제, 특성 등)를 듣고 이에 대하여 중고등학교 각 2명(교사 1명, 교수 1명)이 약정 토론을 하게 된다.

(사) 시안의 조정 및 확정: 공청회 결과 거론된 의견을 다시 반영한 후 교육부에서 구성한 교육과정심의회를 2차례에 걸쳐 실시하고 그 결과 얻어진 다수 의견을 종합하여 최종적으로 제6차 국사과 교육과정 시안을 정리한다. 이를 교육부장관의 결재를 득한 후 차기(제6차) 교육과정으로 확정, 발표하게 된다.

(예정-1992. 6월 말)[31]

위의 절차에 따라 이루어진 조사의 결과 교육과정 운영면에서는 나타난 문제점으로는 중고등학교 교과내용의 중복성 문제, 타교과와의 연계성 문제, 학습방법에서 교과서 중심의 지식암기 위주의 교육으로 치우쳐 역사의식의 배양, 역사적 사회인식력, 태도·가치교육 등에 소홀한 점, 향토사에 접근할 수 없다는 점, 중학교 의무교육을 대비하여 중학교 과정은 기초과정으로 구성해야 한다는 점 등이었다.[32] 내용면에서는 다음과

---

31 류재택 외, 『RR92-02 제6차 교육과정 각론 개정 연구 중·고등학교 국사』, 한국교육개발원, 1992.
32 류재택 외, 『RR92-02 제6차 교육과정 각론 개정 연구 중·고등학교 국사』, 한국교육개발원, 1992.

같은 점들이 지적되었다.

첫째, 고대사의 기원과 관련하여 지나치게 실사 위주로 구성하여 많은 부분을 虛史 또는 신화시대 등으로 간주하여 아직 학계에서 그 실존 여부가 쟁점으로 남아있는 부분을 교과서 내용에서 누락시켜 역사의 많은 부분을 상실하고 있는 점이다. 현행의 제5차 교육과정에서는 이점이 부분적으로는 개선되었다고는 하나 그래도 새로운 학설의 수용에 인색한 면을 보이고 있다.

둘째, 외세와의 대립을 많은 부분 외침사로 표현하고 있어서 식민사관에 의한 허약한 민족사 의식을 심어주고 있다.

셋째, 일제강점기 일제의 탄압에 경험한 민족적 고충과 피약탈상을 피해자의 입장에서 보다 상세하게 소개할 필요가 있다.

넷째, 현대사의 빈약으로 현대사회의 변화에 대한 교육이 부족하고 시대조류에 미치지 못하고 있다.

다섯째, 내용이 탐구학습을 하기에는 어렵게 구성되었다는 지적도 있다. 사실 전개보다는 좀 더 역사에 흥미를 갖고 탐구 의욕을 촉진시킬 수 있도록 구성되기를 바라는 면도 있다.[33]

그리고 지방 교육청 및 교육연구원의 연구사와 교사들은 다음과 같은 점들을 개선해야 한다고 요구하였다.

① 국사 교육과정에서 문제가 되거나 개선이 요망되는 점
- 고대사 내용에 변화가 많으며 낱말이 어렵다.(지도사, 연수 등이 필요하다).
- 반공 위주의 교육은 지양되어야 한다.
- 중고 체제를 같게 하여 중학교는 기초과정으로 하고 고등학

---

33 류재택 외, 『RR92-02 제6차 교육과정 각론 개정 연구 중·고등학교 국사』, 한국교육개발원, 1992.

교 과정에서 심화시키는 방향으로 하는 것도 좋다.

- 고대사 내용에 비해 중세(고려)의 내용이 부족한 편이다.
- 민중사 중심으로 구성할 필요가 있다.(중학교)
- 고등학교 과정에서 근대사의 독립운동사와 현대사 내용을 보강할 필요가 있다.

② 현재의 문제점 개선이나 새로운 방안은?

- 역사 본내용의 학습에 들어가기 전에 역사의 개념, 역사 학습 방법, 시대구분 등에 대해 언급하여 역사학습의 기초를 교육할 필요가 있다.
- 참고자료를 보다 심도있게 개발할 필요가 있으며 교과서에 참고서 내용들을 부록화하는 것도 시도해볼만 한 일이다.
- 현대사 내용을 늘리고(친일파, 신민회 등), 사실 나열보다는 철학이나 사상 등도 첨가할 필요가 있다.
- 시대를 초월한 국사도 고려해볼만한 구성방법이다.
- 중학교 수준을 하양 조정하고 향토사를 반영할 필요가 있다.
- 삽화의 해설고 용어를 명확히 하고 고대사, 중세사의 용어가 통일되어야 한다.

③ 혁신적 개혁 방안은?

- 한자를 병기하여 이해를 용이하게 해야 한다.
- 역사과 시범학교를 운영하는 것도 좋다.
- 사관을 중시하여 교육할 필요가 있다.

④ 기타 의견

- 국사는 한국적 가치이고 일반사회는 서구적 가치를 토대로 하고 있어 사회과 전체 통합은 어렵다.
- 지역화 학습은 미국이나 일본의 지방분권 사회에서 가능한 것이며 우리나라와 같이 중앙집권화 사회나 국민성이 정적인 사회에서는 잘못하면 지역 감정을 유발하고 지역문화를 국가 차원으로 해석할 가능성이 있다. 국민학교에서는 어느 정도 가능하나 중고등학교에서는 바람직하지 못하다.

- 교과서에 나오는 향토의 위인이나 각 지역의 주요 내용은 각
  주 처리하여 지역화 내용으로 취급할 수 있다.[34]

이와 같이 제6차 국사과 교육과정은 현행 교육과정의 문제점과 개선
의견 조사와 초안을 작성한 후 교육과정개발방향설정협의회, 국사과 교
육과정 개정 초안 검토 협의회, 1차 수정안 검토 협의회, 국사과 교육과
정 종합 검토 등의 4차에 걸친 협의회를 거친 후 최종 수정안을 마련하고
이를 공청회를 통해 관련 전문가와 대중의 의견을 청취한 후 최종 시안을
마련하여 확정하는 과정을 거쳤던 것이다.

이 과정에서 제1차 협의회인 교육과정개정방향설정협의회에서는 다
음과 같은 의견이 제출되었다.

- 중고 교과서 반복성 지양 고려
- 향토사 신설 필요(중학은 가능하나 고등학교는 불편하다)
- 재미있는 교과서, 실생활과 가까운 주제, 내용을 선전해야 한다.
- 분류사, 시대사 정리 부족(인물사→주제사→분류사 연대기식의
  계열성은 지양해야 한다)
- 사실 나열보다 철학, 가치관, 민족관을 갖게 해야 한다.
- 정치사와 사상, 경제사와 가치관을 융합시킨 내용이어야 깊이
  있는 교육이 이루어진다.
- 역사 사실에 대한 분석력, 가치관 강조해야 한다.
- 긍정적 내용 확대 필요(한국의 것, 한국적 인식 필요)
- 차이점(분열성)보다 공통점(통일성) 강조 필요
- 중학은 조선 중기까지, 고교는 현대사·생활사의 비중을 높여야
  한다.

---

34 류재택 외, 『RR92-02 제6차 교육과정 각론 개정 연구 중·고등학교 국사』, 한국교육개
   발원, 1992.

- 문화사를 강조하고 민족사 전체에서 공통성을 가진 기초를 이루어야 한다.
- 중고의 계열성(sequence)이 부족하다.
- 국사와 세계사가 별도로 인식되고 있다. 상호 연계성을 가져야 한다.
- 탐구기능이 부족하다.(단답형, 암기 위주로 되어 있다). 사료 중심으로 탐구학습의 기회를 확대할 필요가 있다.
- 고교는 분류사, 통사 중심으로 체계화나는 것이 바람직하다.
- 중고등학교 교과서 집필진을 동일인으로 하여 계열성, 심층도, 영역별 접근 등을 체계 있게 하는 것이 바람직하다.
- 중학교 내용은 정치제도사, 대외관계사를 구체적으로 다루어 흥미를 유발하고 고등학교 내용은 정치사를 배경으로 하고 사상, 문화, 사회사를 총괄적으로 다루는 것이 좋다.(중학교는 실생활, 사회경제사적 내용을 주축으로 하고 고등학교는 총괄적이면서 개념, 문화, 사상의 접근이 필요하다는 의견도 나왔음).
- 현실 사회 이해와 국제 정치 이해를 강조해야 한다.
- 세계사적 관점에서 한국 특수성을 고려하여야 한다.
- 동양 문화의 특수성 때문에 반복교육이 불가피하다. 그러나 그 외의 교육에 차이를 두어야 한다.
- 최근의 세계사의 변화를 신속하게 수용해야 한다.
- 생산대중(민중)의 역할을 중요시하여야 한다.
- 북한, 중공의 교육과정도 참조하여야 한다.
- '국사'를 '한국사'로 개칭하여야 한다.[35]

이러한 조사와 연구 결과를 바탕으로 제6차 국사과 교육과정이 1992년 10월 30일 제정되었다. 제6차 국사과 교육과정은 국사과의 성격을 "우리

---

35 류재택 외, 『RR92-02 제6차 교육과정 각론 개정 연구 중·고등학교 국사』, 한국교육개발원, 1992.

민족의 역사적 사실과 그 속에 내재된 역사적 가치를 다음 세대에게 교육하기 위해 설정한 것"으로 파악하고, "고등학교에서의 국사교육은 국민학교와 중학교에서 생활사와 정치사를 중심으로 학습한 내용을 토대로 하여, 문화사와 사회·경제사를 중심으로 정치, 사회, 경제, 문화 등 각 영역을 세계사의 보편성과 한국사의 특수성에서 보다 심층적으로 파악하도록" 하였다.[36] 결국 국민학교와 중학교에서는 생활사와 정치사를 중심으로 교육하며, 고등학교에서는 문화사와 사회경제사를 중심으로 교육한다는 국사교육의 계열성에 입각한 교육과정을 마련한 것이었다. 그리고 국사교육의 목표를 다음과 같이 설정하였다.

> 가. 한국사의 전개과정을 정치, 사회, 경제, 문화 등 각 영역별로 파악하여, 이를 종합적으로 이해하게 한다.
> 나. 우리 민족의 역사적 전통과 문화의 특성을 세계사의 보편성과 관련시켜 인식하게 한다.
> 다. 역사 자료를 분석, 종합하는 기능과 역사 의식을 바탕으로 문제를 해결하는 비판적 사고력을 높이도록 한다.
> 라. 향토사가 민족사의 기초를 이루고 있음을 인식하게 하여, 향토사에 대한 관심과 향토 문화에 대한 애호심을 가지게 한다.
> 마. 역사의 발전 과정을 올바르게 인식하여, 새 문화 창조와 자유 민주주의 사회 발전에 적극적으로 참여하는 태도를 기르게 한다.[37]

특히 우리 민족의 역사적 전통과 문화의 특성을 세계사의 보편성과 관련시키기 위한 방안으로 국사교과서 각 대단원의 처음에 '고대의 세계', '중세의 세계', '근세의 세계', '근대의 세계', '제국주의시대의 세계'와

---

36 『고등학교 교육과정(Ⅰ)』, 교육부, 1992.10.(국가교육과정정보센터에서 인용)
37 『고등학교 교육과정(Ⅰ)』, 교육부, 1992.10.(국가교육과정정보센터에서 인용)

같이 해당 시대의 세계사를 개관한 소단원을 설정하였다. 또 향토사에 대한 강조는 1995년 지방자치제가 본격적으로 시행되면서 지방사 곧 향토사에 대한 관심을 반영한 것이라 생각되나 학교교육에서 향토사교육이 제대로 이루어지지는 못하였다.

Ⅲ. 제6차 국사과 교육과정의 성격
- 「국사교육 내용전개 준거안」을 중심으로 -

앞장에서 본 바와 같이 1992년 10월 30일 제6차 국사과 교육과정이 제정된 이후 교육부에서는 제6차 교육과정기에 사용할 국사교과서의 편찬을 준비하였다. 이를 위해 1993년 8월 교육부 장학편수실에서는 「국사교육 내용전개의 준거안 연구계획」[38](이하 연구계획)을 작성하여 연구의 목적과 주요 연구 내용을 다음과 같이 설정하였다.

> 1. 목적
> ○ 근·현대사의 재조명을 통한 역사용어의 정리
> ○ 역사학계의 연구성과를 교수·학습 내용으로 선정하여 교과서에 반영
> ○ 제6차 교육과정에 의거 국사교육내용 전개의 준거안 작성
>
> 2. 주요 연구 내용
> 가. 현행 교과서의 분석을 통하여 새로운 국사교육의 방향 제시
> 나. 국사교과서의 내용체계와 내용요소에 관한 연구를 통하여 역사교육의 본질과 목표 설정

---

38 「국사교육내용준거안 논란에 대한 경위 및 대책」, 1994.3.(사편 81181-69(1994.4.1.) 근·현대사 관련 논란 대상 역사용어 및 교과서 서술 방향에 대한 의견서 제출」에 첨부되어 있음).

다. 중·고등학교 국사교과서 간의 내용상의 중복성을 탈피하여 계
　열성과 연계성 유지
라. 근·현대사에서 논쟁의 대상이 되고 있는 학술용어를 정리하여
　통일안 제시
마. 중·고등학교 국사과 교육과정 내용체계에 따른 교육내용 전개
　의 준거와 서술 방향 제시

　이 연구계획에 따르면 국사교육내용전개준거안은 연구책임자 및 연
구위원회 구성(1993.8.) ⇨ 영역별 연구계획 수립 및 추진(연구위원회) ⇨ 영
역별 분과위원회 구성 ⇨ 중간연구보고서 작성·제출 ⇨ 연구보고서 1차
심의(심의위원회) ⇨ 국사교과서 편찬방향 모색을 위한 세미나 개최 ⇨ 연
구보고서 및 준거안 작성·제출(연구위원회) ⇨ 연구보고서 2차 심의(심의위
원회) ⇨ 국사편찬위원회 최종 심의 ⇨ 준거안 확정(1994.5)의 절차를 거치
도록 하였다. 그런데 연구계획에 첨부된 소요예산에는 각 영역별로 전문
가 3명의 자문비가 책정되어 있는 것으로 보아 앞의 절차 외에도 전문가
자문을 받았음을 알 수 있다.

　이 연구계획에 따라 교육부는 1993년 8월 1,600만원의 예산으로 국사
교육내용전개준거안연구위원회(이하 연구위원회)를 구성하였다.[39] 연구위원
회는 연구위원장을 포함한 9명으로 구성하고, 연구보고서 및 준거안 작성
을 그 임무로 하였다. 연구위원은 고대사 영역 2명, 고고학·미술사 영역
1명, 중·근세사 영역 2명, 근·현대사 영역 3명, 역사교육 영역 1명으로
계획하였다. 연구위원회가 조직될 당시 연구위원은 [표 1]과 같으나 이태
진의 개인 사정과 근·현대사 영역의 연구를 보완하기 위하여 정재정(鄭在

---

39 「국사교육내용준거안 논란에 대한 경위 및 대책」, 1994.3.(사편 81181−69(1994.4.1.)
　근·현대사 관련 논란 대상 역사용어 및 교과서 서술 방향에 대한 의견서 제출」에 첨부
　되어 있음).

貞)으로 교체하였다.[40]

[표 2] 국사교육 내용 전개 준거안 연구위원 명단[41]

이름	소속	전공	비고
李存熙	서울시립대	한국근세사	연구책임자
李隆助	충북대	한국상고사	
盧泰敦	서울대	한국고대사	
朴龍雲	고려대	한국중세사(고려)	
李泰鎭	서울대	한국근세사(조선전기)	鄭在貞(방송통신대)으로 교체
鄭萬祚	국민대	한국근대사(조선후기)	
李炫熙	성신여대	한국독립운동사	
徐仲錫	성균관대	한국현대사	
金興洙	춘천교대	역사교육	

그런데 연구계획에서는 근·현대사에 영역 3명의 전공자를 배치하도록 되어 있으나 [표 2]에는 정만조와 서중석만이 근·현대사 전공자로 표기되어 있다. 이는 연구책임자 이존희를 한국근세사로 잘못 표기한 데서 비롯한 것이다. 연구계획의 '가. 국사교육내용전개준거안연구위원회 구성·운영'에는 연구책임자 이존희를 한국근대사로 명기하고 있기 때문이다. 그리고 근대사 전공자인 정재정이 한국근세사 전공자인 이태진을 대신하여 연구위원에 합류하였기 때문에 이존희를 한국근세사로 표기했을 수도 있다.

그리고 역사교육내용전개준거안심의위원회(이하 심의위원회)도 영역별 전공자와 현장 교사 등 30명으로 구성하여 연구위원회에서 작성, 제출한 연구보고서와 준거안을 심의하도록 하였다. 심의위원회는 바로 구성되

---

40 「국사교육내용준거안 논란에 대한 경위 및 대책」, 1994.3.(사편 81181-69(1994.4.1.) 근·현대사 관련 논란 대상 역사용어 및 교과서 서술 방향에 대한 의견서 제출」에 첨부되어 있음).
41 「국연 93-1 국사교육내용전개준거안 공동연구원 일부 변경 승인 요청」.

지 않았으나 1993년 11월 25~26일 대한교과서주식회사에서 각각 중학
교 국사(상, 하) 및 교사용지도서와 고등학교 국사(상, 하) 및 교사용지도서
를 대상으로 한 심의위원회가 개최된 것으로 보아 1993년 11월에는 심의
위원회가 구성되어 활동하였음을 알 수 있다. 심의위원은 [표 3]과 같다.

[표 3] 중·고등학교 국사 편찬심의위원[42]

이름	소속	직위	비고
정영호	한국교원대	교수	고고학·미술사
신형식	이화여대 인문대학	교수	고대사
박용운	고려대 문과대학	교수	고려사
이존희	서울시립대	교수	조선 전기
정만조	국민대	교수	조선후기
최완기	이화여대 시범대학	교수	조선후기
정재정	한국방송통신대	교수	현대사
조동걸	국민대	교수	독립운동사
신재홍	국사편찬위원회	편사부장	현대사
김흥수	춘천교대	교수	독립운동사
김광남	국사편찬위원회	교육연구관	역사교육
류재택	한국교육개발원	책임연구원	역사교육
최용규	한국교원대	교수	역사교육
정선영	충북대	교수	역사교육
윤종영	서울시 남부교육청	중등교육과장	역사교육
김홍섭	서울시 교육연구원	교육연구사	역사교육
권길중	청담중학교	교감	역사교육
최병도	경동고등학교	교사	역사교육
김동운	서울고등학교	교사	역사교육
이서희	광진중학교	교사	역사교육
신영범	교육부	교육연구관	역사교육

[표 2]의 심의위원 중 연구위원인 이존희, 박용운, 정만조, 정재정, 김

---

42 「사편 81151-340(1993.11.15.) 1종도서 편찬심의회 개최」.

홍수는 심의위원회에도 참여하였음을 알 수 있다.

한편 연구위원회는 1994년 3월 18일 서울시립대학교에서 세미나를 열어 「국사교육 내용전개의 준거안」의 개편 시안을 공개하였다. 이 시안은 특히 현대사 부분에서 사회적으로 큰 파장을 불러일으켰다. 그것은 "통일정부를 수립하기 위해 좌우합작운동이 어떻게 전개되었는지를 기술하고 9월총파업과 10월항쟁에 대해 간략히 언급한다."와 "반민법 지정, 농지개혁 등 건국 초기의 활동과 제주4·3항쟁, 여순사건 등을 이해하게 한다."와 같이 해방 직후의 현대사 문제에 집중되었다.[43] 이에 대해 『조선일보』는 "논쟁의 소지가 되고 있는 부분은 근현대사의 역사인식. 일부 학자들은 정통사관이 아닌 민중사관이 처음부터 끝까지 배어있"으며 "대표적인 사례로서 대구폭동사건, 주체사상 포함 여부, 제주4·3사건, 여수·순천 사건 등 현대사의 사상적 부분"이라 언급하였다.[44] 또한 5·16, 12·12, 5·17 등의 사건은 모두 쿠데타로 표현하였고, 4·19는 4월혁명, 6·25전쟁은 한국전쟁, 여순반란사건은 여수·순천사건으로 바꾸기로 하였던 것이다.[45] 이외에도 동학농민운동은 동학농민전쟁으로 사용할 것을 제안하였다.[46]

이처럼 개편 시안은 근현대사 용어를 중심으로 사회적 논란을 야기하였다. 그것은 앞에서 인용한 바와 같이 연구계획의 목적 중 하나가 근·현대사의 재조명을 통한 역사용어의 정리에 있었기 때문이었다. 이에 대해 박성수 교수는 "근본적으로 우리 근현대사를 보는 사관의 차이에서 비롯된 것"이라며 "80년대 젊은 학자들을 사로잡았던 민중사관이 이제

---

43 「제주4·3사건-대구10월폭동 '항쟁'인가 '폭동'인가」, 『한겨레신문』, 1994년 3월 22일.
44 「학계 '위험한 민중사관' 비판」, 『조선일보』, 1994년 3월 20일.
45 「대구 「폭동」을 「항쟁」 개칭 큰 논란 예상」, 『조선일보』, 1994년 3월 19일.
46 「국사교과서 정권 바뀔 때마다 바꿔야 하나」, 『조선일보』, 1994년 3월 23일.

유일한 국정교과서에 당당히 자리잡고 청소년들의 의식을 파고들 처지에 놓였다"고 비판하였다. 이러한 비판은 1980년대 이후 이른바 '진보사관'의 등장과 영향력이 확대된 것에 대한 '정통사관'의 위기의식을 드러낸 것이라 할 수 있다.[47]

이러한 논란이 일어나자 교육부는 1994년 3월 「국사교육내용준거안 논란에 대한 경위 및 대책」을 청와대에 보고하였다. 이 문건은 국사교육내용 준거안 연구 진행과정을 표로 제시하고 국사교육내용준거안 연구위원 인선 경위, 물의를 일으킨 경위, 향후 대책 순으로 정리한 후 연구위원과 심의위원의 명단을 첨부하였다. 연구위원 인선 경위는 다음과 같다.

가. 연구책임자는 교과교육에 경륜이 있고 올바른 역사의식을 지닌 중견학자로 학자들 간에 친화력이 있는 현직 교수 중에서 물색하여 이존희 교수(58세, 서울시립대)로 선정하였음.

나. 연구위원은 연구책임자를 포함하여 9명으로 하고 상고사 1명, 고대사 1명, 중세사 1명, 조선전기사 1명, 조선후기 1명, 근현대사 3명, 역사교육 1명으로 하고 소속대학, 출신대학을 고려하여 선정하되 가장 쟁점이 많은 것으로 예상되는 근현대사에 3명을 배정하도록 하였음.

다. 연구위원 선정 작업은 연구책임자인 이존희 교수 책임하에 교육부 역사담당 연구관과 협의하여 선정하되, 쟁점이 많은 근현대사 전공 교수는 보수와 진보사관을 지닌 학자를 적절히 조화시켜 연구하는 것이 좋다고 판단하였음.

라. 8·15 광복 이후 현대사에 관한 기술 문제는 현대사를 전공한 역사학자가 토의자료를 제공하고, 심의·검토는 인접 학문 전공자가 하는 것이 바람직할 것으로 판단되어 현대사 전공학자를

---

47 '민중사관', '정통사관'이라는 용어는 『조선일보』의 기사를 따온 것이다.(「학계 '위험한 민중사관' 비판」, 『조선일보』, 1994년 3월 20일.)

물색하게 되었음.

마. 현대사 전공 박사학위 소지자로는 노경채 교수(수원대)와 서중석 교수(성균관대) 뿐이었고, 노경채 교수는 급진사관을 가진 학자 모임인 한국역사연구회 회장이기 때문에 배제하고, 서중석 교수는 서울대학에서 현대사로 박사학위를 받고 서울대에 출강하고 있으며 학자들 간에도 비교적 온건하고 학문적 깊이가 있는 학자로 평을 받고 있었음.

바. 서중석 교수가 한때 10월유신반대투쟁에 참여한 일이 있었다는 말은 들었으나 오래된 일이었고 그것이 학문 연구에는 영향을 주지 않을 것이라고 판단하였고, 또 보수적인 이현희 교수와의 균형을 이룰 수 있다고 보아 서중석 교수를 연구팀에 참여시키기로 합의하였음.

사. 93년 8월 말경 연구책임자인 이존희 교수가 전화로 서중석 교수에게 공동연구에 참여해달라고 부탁하였으나 거절당했다는 연락을 받고 교육부 역사담당 연구관(신영범)이 직접 성균관대학으로 서중석 교수를 찾아가 부탁하였으나 1일간 생각할 여유를 달라고 하였으며, 그 다음날 전화로 승낙을 받았던 것임.

아. 국사교과서 준거안 연구는 교육부 자체의 교육정책 연구과제로 국사교과서 집필에 참고 자료로 활용하려는데 목적이 있으며 이 연구과정에서 외부의 간섭은 전혀 받지 않았음.[48]

결국 서중석 교수를 연구위원으로 인선한 것은 교육부이며, 그 이유는 현직 교수 중 2명에 불과한 현대사 전공자 중 노경채 교수는 급진사관을 가진 학자이기 때문에 그보다 온건하다고 판단된 서중석 교수를 인선하였다는 것이다. 즉 현대사 전공자가 부족한 가운데서도 교육부는 최선

---

[48] 「사편 81181-69(1994.4.1.) 근·현대사 관련 논란 대상 역사용어 및 교과서 서술방향에 대한 의견서 제출」. 이 문서 원본의 다항에는 '진보사관을 지닌'에 줄을 긋고 '소장'이라 부기하였다. 본고에서는 원문 그대로 인용하였다.

을 다했다는 것을 표현함과 동시에 이 시안이 교육부의 교육정책 연구과
제로서 국사교과서 집필의 참고자료일 뿐이며, 이대로 국사교과서가 편
찬되지는 않을 것이라는 점을 명확히 한 것이었다. 그리고 다음을 향후
대책으로 보고하였다.

> 가. 서중석 교수의 역할을 약화시키고 연구책임자인 이존희 교수
>   가 연구보고서 작성의 주도적 영향력을 행사하도록 할 것임.
> 나. 심의위원 31명 중에 포함된 연구위원 9명 중 연구책임자 이존
>   희 교수를 제외한 8명 전원을 6·25전쟁 경험세대인 원로교수
>   로 교체할 계획임.
> 다. 국사편찬위원회에 별도의 근현대사 역사용어 및 서술방향에
>   대한 의견서를 받아 논쟁의 대상이 되고 있는 사관 문제 정리
>   에 참고할 것임.
> 라. 연구보고서가 제출되면 고대, 중세, 근세, 근대 분야는 당초 계
>   획대로 6월말에 준거안을 확정하여 교과서 편찬에 활용하고,
>   쟁점이 되고 있는 현대사 분야는 좀더 시간을 가지고 신중히
>   연구, 검토하여 '94년 1월부터 6월 사이에 집필된 교과서의 내
>   용을 수정, 보완할 것임.[49]

즉 연구책임자의 관리 책임을 강화하는 한편 심의위원을 6·25전쟁을
경험한 세대로 교체하여 심의위원회를 보다 보수적으로 재구성하며, 국
사편찬위원회의 의견을 청취하여 교과서 편찬에 참고하며, 현대사 분야
의 집필은 시간을 가지고 연구를 더 진행한다는 것이다. 이는 진보적이
라 평가받던 연구위원회 시안을 보수화하겠다는 의도였다고 할 수 있다.
이어 1994년 3월 20일 교육부는 다음의 「국사교과서 내용 준거안에

---

49 「사편 81181-69(1994.4.1.) 근·현대사 관련 논란 대상 역사용어 및 교과서 서술방향에
   대한 의견서 제출」.

대한 교육부 입장」이란 문건을 통해 시안의 내용으로 교과서를 편찬하지
않을 것임을 발표하였다.

> ○ 국사교과서 내용 준거안을 연구하는 과정에서 일부 학자의 개
> 인 의견이 연구위원회 전체가 합의한 것처럼 오해를 일으켰습
> 니다. '대구폭동', '제주도 4·3사건' 등 역사적 사실들은 학술세
> 미나 검토과정에서도 발표자 자신이 다수의 의견을 존중하여
> 가지 주장을 고집하지 않겠다고 밝힌 바 있습니다.
> ○ 교육부는 학계에서 정설화된 내용만을 교과서에 수록하는 것을
> 원칙으로 하고 있으므로 지금 논란이 되고 있는 내용들은 학계
> 의 정설이 아니므로 교과서의 내용으로 수용할 수 없는 입장입
> 니다.
> ○ 국사교과서 내용 준거안 연구위원회에서도 연구위원 간의 합의
> 를 통하여 보통교육에 적합한 보편적인 내용을 선정하여 보고
> 서를 제출해올 것으로 기대하고 있습니다. 보고서의 내용은 국
> 사편찬위원회 등 전문가 집단의 여러 차례의 검토, 심의를 거쳐
> 교과서의 내용으로 수용될 것입니다.
> 그러므로 국민 여러분께서 걱정하시는 바와 같이 편향적 내용으로
> 구성된 교과서는 편찬하지 않을 것입니다.
> 좋은 교과서를 만들기 위한 한차례의 진통으로 이해하여 주시고
> 앞으로 지켜보아 주시기 바랍니다.

1994. 3. 20.
교육부 편수관리관 한명희[50]

또한 1994년 4월 1일 교육부는 앞의 향후 대책에 따라 국사편찬위원
회에 근현대사 관련 논란 대상 역사용어 및 교과서 서술 방향에 대한 의

---

50 「사편 81181-69(1994.4.1.) 근·현대사 관련 논란 대상 역사용어 및 교과서 서술방향에
  대한 의견서 제출」.

견서의 제출을 요구하였다. 이때 교육부가 국사편찬위원회에 요구한 역사용어는 갑오개혁, 동학농민운동, 애국계몽운동, 6·10만세운동, 광주학생항일운동, 창씨개명, 8·15광복, 제주도4·3사건, 여수·순천반란사건, 대구폭동사건, 4·19의거, 5·16군사혁명, 10·26사태, 12·12사태, 5·18광주민주화운동, 기타 등으로서 명칭과 학문적(교육적) 근거를 제시해달라는 것이었다.[51]

국사편찬위원회 이 요청에 따라 다음과 같이 역사용어 정리 의견서를 제출하였다.

[표 4] 국사편찬위원회가 정리한 근·현대사 관련 교과서용 역사용어 정리의견서[52]

현행 교과서 용어 (예시)	국사편찬위원회 안	
	명칭	학문적(교육적) 근거
갑오개혁	갑오개혁 갑오경장	갑오개혁이 일반적으로 사용되는 용어이나 갑오경장이 당시에 사용된 주체적 용어라는 견해가 있음
동학농민운동	동학농민운동 동학농민혁명	동학농민운동이 많이 사용되나 혁명성을 강조하여 동학농민혁명을 주장하는 학자도 다수 있음
애국계몽운동	애국계몽운동	
6·10만세운동	6·10만세운동	
광주학생항일운동	광주학생항일운동	
창씨개명	일본식 성명 강요	
8·15광복	8·15광복	
제주도4·3사건	제주도4·3사건	
여수·순천반란사건	여수·순천좌익반란사건 여수·순천 주둔군 반란사건	종래 여수·순천반란사건으로 불려져 왔으나 사건의 핵심 주동체를 부각시키는 것이 합리적이라는 견해가 많음
대구폭동사건	대구폭동사건	

---

51 「사편 81181-69(1994.4.1.) 근·현대사 관련 논란 대상 역사용어 및 교과서 서술방향에 대한 의견서 제출」.
52 「편사81181-52(1994.6.7.) 근·현대사 관련 역사용어 및 교과서 서술방향에 대한 의견 제출」.

현행 교과서 용어 (예시)	국사편찬위원회 안	
	명칭	학문적(교육적) 근거
4·19의거	4월혁명 4·19의거	보훈처에서 관계법령에 따른 용어를 사용하는 것이 좋음
5·16군사혁명	5·16군사정변 5·16쿠데타	쿠데타의 우리 용어인 군사정변으로 하는 것이 좋다는 것이 다수 의견임
10·26사태	10·26사태	사건의 진상이 규명될 때까지 사태라는 표현이 적절함
12·12사태	12·12사태	
5·18광주민주화운동	5·18광주민주화운동	
기타		

[표 4]에서 볼 수 있듯이 갑오개혁, 동학농민운동, 여수·순천반란사건, 4·19의거, 5·16군사혁명은 복수 의견을 제출하였는데 이는 현대사 전공자들과 수차 협의한 결과 합의에 도달하지 못했기 때문이었다.[53]

이러한 과정을 거쳐 1994년 7월 연구위원회는『국사교육 내용전개의 준거안 연구보고서』(이하 이존희연구보고서)를 제출하였다. 이 보고서는 1994년 3월 개편 시안 공개 이후 제기된 비판적 견해를 다음의 원칙 하에 대폭 수용한 것이었다.

(1) 그동안 축적된 학계의 연구 성과를 충분히 검토하여 정설로 인정된 사항만을 반영한다.
(2) 우리 민족사의 주체적인 발전 과정을 중시하며, 문화 역량의 풍부함을 부각시킨다.
(3) 세계사적 시야에서 우리 역사를 파악할 수 있게 한다.
(4) 특정 이데올로기나 역사관에 따라 역사적 사실을 과도하게 또는 과소하게 취급하는 것에서 벗어나 우리 역사를 전체적인 시각에서 파악한다.

---

53 「편사81181-52(1994.6.7.) 근·현대사 관련 역사용어 및 교과서 서술방향에 대한 의견 제출」.

(5) 역사·교육적 관점과 국민 정서를 고려한다.[54]

위의 원칙에서 주목되는 것은 (4), (5)항이다. 특정 이데올로기나 역사관을 배제하고 역사·교육적 관점과 국민 정서를 고려한다는 것은 개편 시안 공개 이후 야기된 현대사 관련 역사용어 논란을 의식한 것으로 보이기 때문이다.

이존희 연구보고서가 제출된 이후 교육부는 1994년 9월 2~3일의 양일에 걸쳐 이기백 외 28명의 심의위원이 참석한 국사교육 내용전개 준거안 심의회를 중앙교육연수원 2층에서 개최하였다. 회의에서는 한국교원대 교수 정영호를 위원장으로 선출한 후 회의를 진행하였다.[55] 심의위원은 [표 5]와 같다.

[표 5] 국사교육 내용전개 준거안 심의위원 명단[56]

순	성명	소속	직위	전공영역
1	김정배	고려대학교	교수	고대사
2	최몽룡	서울대학교	교수	고고학
3	정영호	한국교원대학교	교수	고고학, 미술사
4	이기동	동국대학교	교수	신라사
5	윤석효	한성대학교	교수	가야사
6	주보돈	경북대학교	교수	불교사상사
7	김두진	국민대학교	교수	백제사
8	양기석	충북대학교	교수	고려사
9	이기백	한림대학교	교수	고려사
10	이희덕	연세대학교	교수	고려사
11	김광수	서울대학교	교수	고려사
12	최규성	상명여자대학교	교수	고려사

---

54 이존희 외, 『1993년도 교육부 정책과제 연구비에 의한 연구보고서 국사교육 내용전개의 준거안 연구보고서』, 1994, 1~2쪽.
55 「사편 81181-192(1994.8.4.) 국사교육내용전개준거안 심의회 개최」.
56 「사편 81181-192(1994.8.4.) 국사교육내용전개준거안 심의회 개최」.

순	성명	소속	직위	전공영역
13	이존희	서울시립대학교	교수	조선전기
14	이범직	건국대학교	교수	조선전기
15	이태진	서울대학교	교수	조선전기
16	이원순	민족문화추진회	위원장	조선후기
17	유영렬	숭실대학교	교수	조선후기
18	이은순	한국외국어대학교	교수	조선후기
19	전형택	전남대학교	교수	조선후기
20	최완기	이화여자대학교	교수	조선후기
21	유영익	한림대학교	교수	근대사
22	박성수	한국정신문화연구원	교수	근대사
23	심지연	경남대학교	교수	현대사
24	윤세철	서울대학교	교수	동양사
25	노명식	전 한림대학교	교수	서양사
26	신재홍	국사편찬위원회	편사부장	근·현대사
27	김광남	국사편찬위원회	교육연구관	역사교육
28	윤종영	영림중학교	교장	역사교육
29	이서희	장안중학교	교사	역사교육
30	최병도	경동고등학교	교사	역사교육
31	신영범	교육부	교육연구관	역사교육

이 심의회에서 교육부가 심의위원에게 제공한 한국근현대사 관련 주요 역사용어 정리의견서와 주요 심의·검토사항은 [표 6], [표 7]과 같다.

[표 6] 한국근현대사 관련 주요 역사용어 정리의견서

현행교과서	이존희 연구보고서	학계·교육계 의견	교육부안	심사위원의견
동학농민운동	동학농민혁명운동	동학농민운동 (동학농민혁명)	동학농민운동	
갑오개혁	갑오개혁	갑오개혁(갑오경장)	갑오개혁	
애국계몽운동				
애국계몽운동	애국계몽운동	애국계몽운동	애국계몽운동	
창씨개명	일본식 성명 강요	일본식 성명 강요	일본식 성명 강요	
8·15광복	8·15광복 (해방과 겸용)	8·15광복	8·15광복	

현행교과서	이존희 연구보고서	학계·교육계 의견	교육부안	심사위원의견
제주도4·3사건	제주도4·3사건	제주도4·3사건	제주도4·3사건	
여수·순천반란사건	여수·순천사건	여수·순천좌익반란사건(여수·순천주둔군반란사건)	여수·순천사건 *반란의 주체는 내용기술에서 설명	
대구폭동사건	*내용으로 서술	대구폭동사건	대구폭동사건	
6·25전쟁	한국전쟁	6·25전쟁(6·25동란)	6·25전쟁	
4·19의거	4월혁명	4월혁명(4·19의거)	4월혁명	
5·16군사혁명	5·16군부쿠데타	5·16군사정변(5·16쿠데타)	5·16군사정변	
10·26사태	10·26사태	10·26사태	10·26사태	
12·12사태	*내용으로 서술	12·12사태	12·12사태	
5·18광주민주화운동	5·18광주민주화운동	5·18광주민주화운동	5·18광주민주화운동	
6월민주항쟁	6월민주항쟁	6월민주항쟁(6월항쟁)	6월민주항쟁	

[표 7] 주요 심의·검토사항

내용	현행교과서	이존희 연구보고서	교육부안
벼농사 실시 시기	청동기시대	신석기시대	청동기시대 (주에서 최근 학설 소개)
고조선의 중심지	요령지방→한반도	요하 하류지역→평양	요령지방→평양
국가의 형성 과정	군장국가→연맹왕국→중앙집권국가	씨족→부족→부족연맹→초기고대국가→고대국가	군장국가(군장사회)→연맹왕국→중앙집권국가
4세기 백제세력	요서지방, 산둥반도, 일본지역 진출	*학문적 근거 미약하여 주에서 처리	요서지방, 산둥반도, 일본 지역 진출 (주에서 근거 문헌 제시)
향·소·부곡의 신분	천민계층	양인신분	*현행 교과서대로 서술
최씨무인정권의 막부적 정청	교정도감	진양부	*현행 교과서대로 서술
고려후기의 집권세력	권문세족	권족과 세족은 다름	권문세족 (주에서 최근 학설 소개)
15세기의 학풍	詞章學	類書學	詞章學
근대의 태동기	17세기 후반	18세기 후반 (영·정조 이후)	17세기 후반 (제6차 교육과정에 근거)
흥선대원군의 대외정책	쇄국정책	통상거부	통상거부

내용	현행교과서	이존희 연구보고서	교육부안
개화파의 분류	온건개화파, 급진개화파	개량적 개화파, 변법적 개화파	온건개화파, 급진개화파
만주의 표기 문제	만주	중국 동북지역	만주(1949년 이후는 중국 동북지역으로 표기)
일제 강점시기의 국외동포사 강화	간도와 일본지역 등 간략히 서술	만주, 연해주, 일본, 미국 등지의 5백만 교포사 강화 (소련에 의해 중앙아시아로 강제 이주 포함)	'국외동포의 활동과 시련'이라는 소단원 설정
현대사회의 단원구성	(1) 민주정치의 발전 (2) 경제성장과 사회변화 (3) 현대문화의 동향	(1) 8·15광복과 대한민국의 수립 (2) 민주주의의 시련과 극복 (3) 경제성장과 사회변화 (4) 문화의 발전 (5) 통일조국의 건설과 민주주의	(1) 대한민국의 수립 (2) 민주주의의 시련과 발전 (3) 경제성장과 사회변화 (4) 현대문화의 동향
'민주정치의 발전' 단원의 소단원 구성	〈민주정치의 발전〉 1) 대한민국의 수립 2) 북한의 공산화와 6·25전쟁 3) 민주주의의 발전 4) 통일을 위한 노력	〈민주주의의 시련과 진전〉 1) 4월혁명과 자유민주주의 2) 5·16군부쿠데타와 민주주의 3) 6월항쟁 이후 민주주의의 진전 4) 북한의 수령 유일체제	〈민주주의의 시련과 발전〉 1) 4월혁명과 민주주의의 성장 2) 5·16군사정변과 민주주의의 시련 3) 민주주의의 발전 4) 통일을 위한 노력

그리고 심의회 결과 [표 8]과 같이 의견서가 제출되었다.

[표 8] 준거안 연구결과 쟁점 예상 내용에 대한 의견서

내용	현행교과서	연구위원회안	의견[57]
중석기시대의 신설	구석기→신석기	구석기→중석기→신석기	중석기시대의 존재 가능성 소개
벼농사 실시 시기	청동기시대	신석기시대	주에서 처리
고조선의 중심지	요령지방→한반도	요하하류지역→평양	요령지방→평양

---

57 '의견' 옆의 손글씨로 '교육부안'이라 부기되어 있으며, '의견'란과 밑줄친 것은 손글씨로 작성한 것으로 보아 회의 당시 제출된 의견을 정리한 것으로 판단된다.

내용	현행교과서	연구위원회안	의견[57]
국가의 형성과정	군장국가→연맹왕국 →중앙집권국가	씨족→부족→부족연맹 →초기고대국가 →고대국가	군장국가→연맹왕국 →중앙집권국가
백제세력의 중국 진출	4세기 요서지방과 산동반도, 일본지역으로 진출	*학문적 근거가 미약하여 각주로 처리	현행 교과서에 준하여 서술하되 주에서 근거 제시
향·소·부곡민의 신분	천민계층	양인신분	현행대로 서술
최씨 무신정권의 막부적 정청	교정도감	진양부	현행대로 하되 진양부도 추가 서술
고려후기 집권세력	권문세족	권족과 세족은 다름	주에서 서술
15세기의 학풍	관학, 詞章學	類書學	현행대로 사용
근대의 태동기	17세기 후반	18세기 영·정조 이후 (붕당정치 성숙, 기구 개편, 수치체제 개편을 근세사회 단원에서 취급)	현행대로 사용
흥선대원군의 대외정책	쇄국정책	통상거부정책	통상거부로 서술
일제강점기의 국외동포사	간도와 일본지역 등 간략히 서술	중국 동북지역, 연해주, 미국 등지의 5백만 교포사 귀급(소련에 의해 중앙아시아로 강제 이주 포함)	별개의 항목 설정 서술
만주의 표기	만주	중국 동북지역	만주 (1949년 이후 중국 동북지역으로 표기)
'현대사회'의 단원 구성	1) 민주정치의 발전 2) 경제성장과 사회변화 3) 현대문화의 동향	1) 8·15광복과 대한민국의 수립 2) 민주주의의 시련과 극복 3) 경제성장과 사회변화 4) 문화의 발전 5) 통일조국의 건설과 민주주의	1) 대한민국의 수립 2) 민주주의의 시련과 발전 3) 경제성장과 사회변화 4) 현대문화의 동향
'민주주의의 발전'의 학습요소 구성	○제1공화국 ○4·19의거 ○제2공화국 ○5·16군사혁명 ○10월유신과 제4공화국 ○제5공화국 ○제6공화국 ○새 정부의 출범	○4월혁명과 자유민주주의 ○5·16군부쿠데타와 민주주의의 시련 ○6월민주항쟁 이후 민주주의의 진전	1) 4월혁명과 민주주의의 성장 2) 5·16군사정변과 민주주의의 시련 3) 민주주의의 발전 4) 통일을 위한 노력

내용	현행교과서	연구위원회안	의견[57]
개화파의 분류		개량적 개화파, 변법적 개화파	온건개화파, 급진개화파
독립운동의 역량 축적기			

　한편 1994년 10월 6~7일 중앙교육연수원 2층에서 국사교육내용 준거안 2차 심의회가 개최되었다. 이 회의에는 노태돈 등 27명이 심의위원으로 위촉되어 26명이 참여하였는데 1차 심의회와 마찬가지로 한국교원대의 정영호 교수가 위원장에 선출되었다.[58] 2차 심의회의 심의위원은 [표 9]와 같다.

[표 9] 국사교육 내용전개 준거안 심의위원 명단[59]

순	성명	소속	직위	전공영역	비고
1	노태돈	서울대학교	교수	고대사	고, 심의위원
2	이융조	충북대학교	교수	상고사	고, 심의위원
3	정영호	한국교원대학교	교수	불교미술사	고, 심의위원
4	정양모	국립박물관	관장	미술사	중·고, 심의위원
5	신형식	이화여자대학교	교수	신라사	중·고, 심의위원
6	이기동	동국대학교	교수	신라사	중, 심의위원
7	박희현	서울시립대학교	교수	상고사	중, 심의위원
8	윤석효	한성대학교	교수	가야사	중, 심의위원
9	박용운	고려대학교	교수	고려사	중·고, 심의위원
10	홍승기	서강대학교	교수	고려사	고, 심의위원
11	김광수	서울대학교	교수	고려사	중, 심의위원
12	이태진	서울대학교	교수	조선전기사	중·고, 심의위원
13	박성래	한국외국어대학교	교수	과학사	고, 심의위원
14	한영국	인하대학교	교수	조선후기사	중, 심의위원
15	이은순	한국외국어대학교	교수	조선후기사	중, 심의위원
16	박용옥	성신여자대학교	교수	근대사	고, 심의위원

---

58 「사편 81181-237(1994.9.15.) 국사교육내용전개준거안 2차 심의회 개최」; 「사편 81181-261(1994.10.11.) 국사교육내용전개준거안에 대한 의견서 제출」.
59 「사편 81181-237(1994.9.15.) 국사교육내용전개준거안 2차 심의회 개최」.

순	성명	소속	직위	전공영역	비고
17	정재정	서울시립대학교	교수	근대사	중·고. 심의위원
18	신재홍	국사편찬위원회	편사부장	근현대사	중·고. 심의위원
19	김광남	국사편찬위원회	교육연구관	역사교육	중·고. 심의위원
20	윤종영	영림중학교	교장	역사교육	중·고. 심의위원
21	김홍섭	서울시교육청	장학사	역사교육	중. 심의위원
22	이서희	장안중학교	교사	역사교육	중. 심의위원
23	김미숙	개포중학교	교사	역사교육	중. 심의위원
24	최병도	경동고등학교	교사	역사교육	고. 심의위원
25	김동운	한성과학고등학교	교사	역사교육	고. 심의위원
26	이창호	성심여자고등학교	교사	역사교육	고. 심의위원
27	신영범	교육부	교육연구관	역사교육	중·고. 심의위원

이상의 과정을 통해 보면 교육부는 이존희 연구보고서가 제출된 이후에도 2차에 걸친 심의회를 통해 국사교육 내용전개의 준거안을 수정하여 교육부 준거안(시안)을 마련하였음을 알 수 있다. 또 이 교육부 준거안(시안)을 국사편찬위원회에서 다시 검토하는 과정을 거쳤다. 뿐만 아니라 2차 심의위원은 1차 심의위원 중 상당수를 교체하여 심의에 다양한 의견을 청취, 수용하려는 노력을 하였다. 그리고 국사편찬위원회는 교육부 준거안(시안)의 검토를 통하여 검토의견서(양식1, 양식2)와 주요 심사·검토 사항에 관한 의견서를 제출하였다.[60] 결국 국사교육 내용전개 준거안을 제정에는 교육부가 깊숙이 개입하였다는 것을 알 수 있다. 그리고 이 과정을 거쳐 준거안은 1994년 11월 최종적으로 확정되었다.[61] 그리하여 주요 심의·검토 사항은 [표 10]과 같이 정리되었다.

---

60 「통사 81181-186(1994.11.14.) 국사교육내용전개준거안(시안)에 대한 검토의견서 제출」.
61 확정된 제6차 교육과정 국사교육내용전개의 준거안은 「사편 81181-346(1994.12.17.) 국사교육내용전개의 준거안 송부」에 첨부되어 있다.

[표 10] 주요 심의·검토 사항 정리안[62]

내용	현행교과서	준거안
벼농사의 실시 시기	청동기시대	현행대로 하되 주에서 최근 학설 소개
국가의 형성 과정	군장국가→연맹왕국 →중앙집권국가	현행대로 기술
4세기 백제 세력	요서지방, 산동반도, 일본지역 진출	현행대로 기술
고려시대 향·소·부곡의 신분문제	천민계층	현행대로 기술하되 주에서 최근 학설 소개
최씨 무인정권의 막부적 정청	교정도감	교정도감
고려후기의 집권	권문세족	權門勢族
15세기의 학풍	詞章學	현행대로 서술
개화파의 분류	온건개화파와 급진개화파	현행대로 서술
만주의 표기 문제	만주	만주, 단 제2차 세계대전 이후는 중국 동북지방으로 표기
일제 강점시기의 국외동포사 강화	간도, 일본지역 등 간략히 서술	'국외 동포의 활동과 시련'[63]이라는 단원 설정
근·현대사 관련 주요 역사용어	1) 흥선대원군의 쇄국정책	통상수교의 거부
	2) 동학농민운동	현행대로 표기
	3) 갑오개혁	현행대로 표기
	4) 애국계몽운동	현행대로 표기
	5) 창씨개명	일본식 성명 강요
	6) 8·15광복	현행대로 표기
	7) 제주도4·3사건	현행대로 표기
	8) 여수·순천반란사건	여수·순천10·19사건 단 반란의 주체는 내용 서술에서 명시
	9) 대구폭동사건	대구10·1폭동사건
	10) 6·25전쟁	현행대로 표기
	11) 4·19의거	4·19혁명(국가유공자예우 등에 관한 법률과 국가유공자 등 단체 설립에 관한 법률에 근거)

---

62 「사편 81181-346(1994.12.17.) 국사교육내용전개의 준거안 송부」.

63 「국사교육 내용전개 준거안」에는 '국외 동포의 활동과 시련'이라 되어 있으나 국사교과
서에는 '(3) 국외 이주 동포의 활동과 시련'이라는 제목으로 편제되었다. 이로 보아 교과
서 편찬 과정에서 변경된 것으로 보인다.

대한민국 역사교육과정 3

내용	현행교과서	준거안
근·현대사 관련 주요 역사용어	12) 5·16군사혁명	5·16군사정변
	13) 12·12사태	※특정 용어의 사용을 보류하고 실제 상황을 문장으로 풀어 서술
	14) 5·18광주민주화운동	현행대로 표기
	15) 6월민주항쟁	현행대로 표기

[표 8]과 [표 10]에서 확인할 수 있듯이 이존희 연구보고서에서 주장한 중석기시대의 설정문제는 고등학교 국사교과서 18쪽에서 각주로 소개하였다. 이존희 연구보고서에서 신석기시대로 상한을 올릴 것을 제안한 벼농사 실시 시기는 준거안에서는 현행대로 하되 주에서 최근 학설을 소개한다고 하였으나 실제 고등학교 국사교과서에는 이에 대해 주 처리가 이루어지지 않았다. 또 이존희 연구보고서에서 요하 하류지역에서 평양으로 고조선의 중심지가 이동하였다고 서술하자고 한 제안은 요령지방에서 평양으로 이동한 것으로 기술하였다. 그리고 백제의 요서·산둥·규슈지방 진출에 대해서는 이존희 연구보고서에서는 학문적 근거가 미약하므로 각주로 처리할 것은 제안하였으나 확정된 준거안에서는 기존대로 기술하였다. 이는 향·소·부곡의 기술에서도 마찬가지였다. 또한 근대의 태동기를 18세기 이후로 설정할 것을 제안한 이존희 연구보고서의 제안은 확정된 준거안을 근거로 기존대로 17세기 후반으로 결정하였다. 다만 중국 동북지방으로 표기할 것을 제안한 이존희 연구보고서의 제안은 제2차 세계대전 이후에는 중국 동북지방으로 표기하는 것으로 결정되었고, 국외 이주 동포사를 폭넓게 서술하자는 제안은 '국외 동포의 활동과 시련' 단원을 설정하는 것으로 수용되었다. 이처럼 이존희 연구보고서의 제안은 공청회, 심의회 등을 거치면서 상당 부분 수정되었음을 알 수 있다. 이는 1994년 3월 18일 이존희 연구보고서의 개편 시안이 최초로 공개되어 근현대사 용어를 중심으로 사회적으로 논란을 일으킨 이래 교육부의

준거안 마련에 교육부의 간섭과 통제가 상당히 이루어진 때문이라고도 볼 수 있을 것이다.

그리하여 특히 근현대사 관련 주요 역사용어를 [표 9]와 같이 표기하게 된 이유는 다음과 같다.

(1) 흥선대원군의 대외정책: 조선왕조는 이미 중국, 일본과의 외교관계를 맺어 무역을 해왔었고 흥선대원군의 대외정책이 강경하게 선회한 것은 상대국의 접근 방법이 조선의 관행에 어긋하고 위압적이었기 때문이다. 따라서 쇄국정책이라는 용어에는 우리나라를 전근대적인 폐쇄사회로 규정하고 있고 당시 제국주의 세력에 의한 문호개방을 합리화시키려는 식민사관이 숨어있기 때문에 '통상수교거부'라는 용어로 바꾸기로 하였다.

(2) 동학농민운동: 동학농민전쟁 또는 동학농민혁명으로 하자는 주장도 있었으나 전쟁으로 할 경우 전쟁의 당사자가 불분명하고 혁명으로 표기할 경우 혁명의 개념을 둘러싸고 문제가 제기될 뿐만 아니라 1940년 천도계의 역사 서술가 오지영의 '동학사'에 대한 사료로서의 비판도 크게 제기되었다. 더욱이 전봉준은 혁명가라기보다는 당시 집권세력인 민비척족세력을 타도하고 대원군 중심의 보수정권을 재건하려는데 목표를 두고 있었기 때문에 '동학농민봉기'라는 용어를 사용해야 한다는 주장도 만만치 않아 현행대로 '동학농민운동'으로 표기하기로 하였다.

(3) 창씨개명: 우리 국민 모두가 자발적으로 참여하는 것이 아니고 일제의 민족말살정책의 일환으로 자행된 것이기 때문에 '일본식 성명 강요'로 변경하기로 하였다.

(4) 8·15광복: 광복이라는 용어는 우리 민족이 적극적인 독립투쟁에 의하여 주권을 회복하였다는 의미를 지니고 있으며 해방은 외세에 의하여 수동적을 이루어졌다는 소극적인 의미를 내포하고 있기 때문에 현행대로 광복이라는 용어를 사용하기로 하였다. 그러

나 학계 일각에서는 광복은 정치적 성격의 용어이고 해방은 정치, 경제, 사회, 문화 및 인권문제까지도 포괄한다는 주장도 있었다. 그러나 우리나라 현행 법규상으로도 광복절로 규정하고 있기 때문에 현행 체제를 유지하도록 하였다.

(5) 대구10·1폭동사건과 제주도4·3사건: 이들 사건은 당시 피해자의 입장을 고려하여 조직적이고 적극적인 의미를 내포하고 있는 '항쟁'으로 표기하자는 의견도 있었으나 피해자의 입장과 역사적 평가와는 다르다는 의견이 제기되기도 하였다. 대구폭동사건은 미군정시기인 1946년 10월 1일 좌익세력의 사주에 의하여 야기된 대규모의 조직적이고 계획적인 소요사건으로서 그 뒤 남한의 거의 전 지역으로 확산되었던 공산집단의 남한 교란 작전이었다. 뿐만 아니라 이 사건은 공산주의자들이 한반도 전체를 적화시키려는 목적으로 일으켰던 사회 교란 작전이었기 때문에 폭동이라는 용어는 종전대로 사용하면서 제주도 4·3사건과 같이 발생 일자를 명시하여 '대구10·1폭동사건'으로 표기하기로 하였다.

(6) 여수·순천10·19사건: 여수·순천반란사건으로 표기할 경우 이 지역 주민 전체를 반란자로 고착시키는 오해의 소지가 있기 때문에 발생 일자를 명시하여 '여수·순천10·19사건'으로 표기하면서 반란의 주체는 내용 서술에 밝히기로 하였다. 즉 당시 여수·순천지역에 주둔하고 있던 국군 제14연대 내부의 일부 좌익세력이 반란을 일으켰고 이 지역에 잠입하고 있던 공산주의자들이 합세하였다는 것을 명시하고자 한다.

(7) 6·25전쟁: 영문표기를 감안하여 한국전쟁(Korean War)으로 하자는 의견도 있었으나 외국인은 그렇게 부를 수 있으나 한국인 자신이 한국전쟁이라고 부르는 것은 적합하지 않다는 주장이 많아 현행대로 6·25전쟁으로 표기하기로 하였다. 또한 학계의 일각에서는 동족간의 싸움을 전쟁으로 부를 수 있느냐 하는 반론도 있었으나 서양사의 경우에도 왕실간의 싸움을 전쟁으로 한

사례도 있고 특히 6·25전쟁은 냉전체제에서 국제적 성격도 지니고 있기 때문에 현행대로 표기하는 것이 무난하다고 보았다.

(8) 4·19혁명: 현행 교과서에 4·19의거로 되어 있는 것을 혁명으로 보는 것은 혁명의 개념으로 볼 때 논리적 비약이라는 주장도 강하게 제기되었다. 그러나 8·15광복 이후 우리나라 역사의 발전과정을 정치적 측면에서 자유민주주의의 시련과 발전으로 볼 때 4·19혁명을 비록 '미완성의 혁명'이지만 독재정권을 타도하고 자유민주주의를 지향한 역사의 큰 획을 그을 수 있는 사건이었다는 점에서 혁명으로 하는 것이 옳다는 주장이 지배적이었다. 한편 1994년 12월말 '국가유공자 등 예우에 관한 법률'이 국회에서 통과되어 교과서 용어는 대한민국 헌법과 법률 정신에 따른다는 차원에서 4·19혁명으로 확정하였다.

(9) 5·16군사정변: 5·16은 쿠데타로 하자는 의견이 많았으나 전문적 학술서가 아닌 교과서에 외래어를 사용하는 것은 적절하지 않다는 의견을 수용하였다. '정변'이라는 용어는 쿠데타, 혁명 떠는 불법적인 방법에 의하여 정권을 탈취하는 것이라는 뜻을 내포하고 있기 때문에 5·16군사정변으로 표기하기로 하였다. 그러나 5·16 이후 30년간의 역사는 전근대적인 농업사회에서 산업사회로 넘어가는 혁명적 변화를 가졌왔다는 점을 강조하여 5·16군사혁명으로 해야 한다는 의견도 만만치 않았다.

(10) 10·26사태 이후의 역사용어: 박정희 대통령이 피살된 10·26사태 이후 '12·12사태'는 특정 용어를 사용하지 않고 사실 위주 내용으로 서술하는 것으로 하였고 5·18광주민주화운동과 6월민주항쟁도 현행대로 사용하는 것이 무난하다고 하였다. 특히 '12·12사태'는 지금까지 사회과학적인 관심에서의 논설과 정치학적 관점에서의 논문은 있으나 역사학자에 의한 논고는 거의 없는 상태일 뿐만 아니라 유동적인 현대사(Current history) 관련 사건은 타당한 자료에 의한 연구 결과에 따라 역사적 의미를 부여할 수 있다는 것이 학계의 일반

적인 주장이었다. 따라서 아직 학문적 연구가 미약하고 역사
적 평가가 내려지지 않은 유동적인 현대사 관련 사건을 중고
등학교 학생들에게 가르칠 경우 교육적 입장에서 신준해야
하기 때문에 '12·12사태'는 역사학계의 합의가 이루어질 때
까지 교과서에서는 특정 용어 사용을 보류하면서 실제 상황
을 문장으로 풀어 서술하도록 하였다.

(11) 만주: 청나라 시대나 중국 구긴당 정부시대에도 만주라는 용
어를 사용했기 때문에 역사용어는 당시에 사용하던 용어 표
기에 따른다는 원칙에 의해 만주로 사용하되 중국과 수교 관
계를 고려하여 1949년 중화인민공화국 수립 이후의 만주 표
기는 '중국 동북지방'으로 표기하기로 하였다.[64]

1994년 11월 확정된 「국사교육 내용전개의 준거안」에 따라 제6차 국
사교과서 편찬이 시작되어 1996년부터 사용되었다. 제6차 국사과 교육
과정과 1996년 출판된 국사교과서의 내용체계는 [표 11]과 같다.

[표 11] 제6차 국사과 교육과정과 고등학교 국사교과서의 내용체계 비교

제6차 국사과 교육과정		국사교과서(1996)
(1) 한국사의 바른 이해	상	Ⅰ. 한국사의 바른 이해
(2) 원시 사회와 국가의 성립		Ⅱ. 선사 문화와 국가의 형성
(3) 고대 사회의 발전		Ⅲ. 고대 사회의 발전
(4) 중세 사회의 발전		Ⅳ. 중세 사회의 발전
(5) 근세 사회의 발달		Ⅴ. 근세 사회의 발달
(6) 근대 사회의 태동	하	Ⅰ. 근대 사회의 태동
(7) 근대 사회의 전개		Ⅱ. 근대 사회의 전개
(8) 민족의 독립운동		Ⅲ. 민족의 독립운동
(9) 현대 사회의 발전		Ⅳ. 현대 사회의 발전

---

64 교육부, 『편수업무편람』, 1995.

[표 9]에서 확인할 수 있듯이 제6차 국사과 교육과정과 국사교과서의 대단원은 제6차 국사과 교육과정의 '(2) 원시 사회와 국가의 성립'(국사교과서의 'Ⅱ. 선사 문화와 국가의 형성')을 제외하면 모두 같다. 그런데 앞에서 본 제6차 국사과 교육과정을 제정하기 위한 각론 연구인 『RR92-02 제6차 교육과정 각론 개정 연구 중·고등학교 국사』에도 선사문화를 원시사회로 표현하였던 것을 보면 국사교과서에서 선사문화라고 표기된 것은 교과서 편찬 과정에서 어떠한 작용이 있었던 것으로 보인다. 이는 국사교육 내용전개의 준거안을 마련하는 과정에서 고고학자와 문헌사학자 간의 의견 차이가 해소되지 않은 결과라 생각된다. 국사교육 내용전개의 준거안 제정 실무를 담당한 신영범은 1994년 9월 2~3일 개최된 제1차 심의회에서 원시사회와 선사시대 문제에 대한 이기동 위원의 질문에 대해 고고학자들은 선사시대를 선호하고 일반 역사가들은 원시사회를 선호하고 있다고 대답하였다. 이는 같은 석상에서 고고학자인 최몽룡이 선사문화가 좋다고 주장한 사실과 이기백이 이기동과 같이 원시사회가 좋다고 주장한 사실에서도 확인된다.[65] 그리고 앞에서 본 바와 같이 벼농사의 실시 시기와 향·소·부곡에 대한 교과서 서술에서 볼 수 있는 바와 같이 준거안대로 교과서가 서술되지는 않았다는 것을 의미한다. 즉 교과서 서술과 검토 과정에서 집필자와 교육부 사이에 논의가 이루어져 집필자의 의도가 반영되기도 하였다는 것을 보여준다고 할 수 있다.

---

65 「회의록」.(이 회의록은 「사편 81181-192(1994.8.4.) 국사교육내용전개준거안 심의회 개최」에 첨부되어 있다.).

IV. 맺음말

이상에서 살펴본 바와 같이 제6차 교육과정은 제5차 교육과정의 연장선에서 성립하였으나 총론에서 교육과정의 성격, 교육과정 구성 방침, 교육과정 구성 중점 등을 제시했다는 점에서 제5차 교육과정과 구별된다고 할 수 있다. 또한 제5차 교육과정에 비해 성격과 구성 방침, 편제 등을 보다 명확히 하고 시도 교육청에 역할과 기능을 부여하는 한편 외국어에 관한 전문교과를 신설하였다는 측면에서도 제5차 교육과정과 구별된다.

그런데 제6차 교육과정이 통합교과를 편성, 운영한다는 것을 표방하면서 최초에는 국사 과목은 독립교과서로서의 지위를 상실하고 사회과에 편제되었으나 역사학과 역사교육학계 및 언론계의 반발로 독립교과로서의 지위를 유지하였다. 그리고 제5차 교육과정기 국사과 교육과정과 국사교과서 간의 괴리를 보완하기 위해 시대 변화에 대응하는 창조적 인간 육성, 학교 급별 내용 구조화, 살아있는 역사교육 추구, 역사교육의 내재적 목표 강조 등의 제6차 국사교 교육과정 개정의 기본방향을 설정하였다. 이를 바탕으로 제5차 교육과정의 문제점과 개선 의견 조사한 후 4차례의 교육과정개발방향설정협의회와 공청회를 거친 후 시안을 조정하여 초안을 확정하였다. 이 과정에서 교과서의 내용 중 고대사의 기원, 즉 단군조선을 허사(虛史) 또는 신화시대 등으로 서술한 부분을 지양하여 새로운 학설을 수용할 것, 식민사관을 극복하고 민족사관에 입각한 서술을 할 것, 일제의 식민지 침탈을 피해자의 입장에서 상술할 것, 현대사회의 변화를 강조할 것, 탐구학습을 충족시키는 방향으로 서술할 것 등이 지적되었다. 이와 함께 지방 교육청 및 교육연구원의 연구사와 교사들의 의견을 청취한 후 1992년 10월 30일 제6차 국사과 교육과정이 제정되었다.

제6차 국사과 교육과정이 제정된 후 교육부는 국사 교과서 편찬의 준거가 될 「국사교육 내용전개의 준거안 연구」를 위한 연구위원회를 조직하였다. 이 연구위원회는 근현대사 역사 용어의 정리, 역사학계의 연구성과를 교수·학습 내용으로 선정하여 교과서에 반영, 제6차 교육과정에의거한 국사교육 내용 전개의 준거안 작성을 목적으로 하였다. 이존희를위원장으로 하고 9명으로 구성된 이 연구위원회는 1994년 3월 18일 세미나를 개최하여 「국사교육 내용전개의 준거안」의 개편 시안을 공개하였으나 이 시안의 현대사 부분은 사회적으로 큰 파장을 불러일으켰다. 이른바 '민중사관' 논쟁이 그것이다. 보수학계와 언론을 중심으로 문제가제기되자 교육부는 시안의 내용대로 교과서를 편찬하지 않을 것이라는발표를 통해 이 준거안의 시안을 그대로 수용하지 않을 것임을 밝혔다.그리고 보수학자와 언론에서 제기한 근현대 역사용어의 학문적, 교육적근거를 제시해달라고 요청하는 한편 국사교육 내용전개 준거안 심의위원회를 조직하여 준거안을 심의하였다. 그리고 이러한 과정에서 교육부는 연구위원회의 책임자의 권한을 강화하는 등 교육부가 준거안 마련에 깊숙이개입하여 1994년 11월 국사교육 내용 전개 준거안이 최종 확정되었다.

그러나 실제 편찬된 국사교과서의 내용은 이 확정된 준거안의 내용이그대로 반영된 것이 아니었다. 제6차 국사과 교육과정과 국사교과서의목차부터 차이가 났던 것이다. 즉 교육과정에서 규정한 '(2) 원시사회와국가의 성립' 단원이 'Ⅱ. 선사 문화와 국가의 형성'로 바뀌었던 것이다.이는 교육과정을 그대로 준수하지 않고 집필자 혹은 심의위원의 주장을반영한 것이었다. 또한 벼농사의 실시 시기와 향·소·부곡에 대한 교과서서술도 마찬가지였다. 이로 보아 교과서 서술과 검토 과정에서 집필자와교육부 사이에 논의가 이루어져 집필자의 의도가 관철되기도 하였다는것을 의미한다.

요컨대 제6차 국사과 교육과정은 역사학계의 연구 성과를 반영하는 것을 원칙으로 삼았음에도 불구하고 역사·교육적 관점과 국민적 관점을 고려하여 편찬 방향이 변화하였음을 확인할 수 있다. 그런데 역사·교육적 관점과 국민적 관점은 결국 정부와 기득권 세력의 관점이라 할 수 있다. 이는 이 시기 역사교육의 성격을 그대로 보여준다고 할 수 있다. 향후 역사교육의 방향 설정과 관련하여 주의해야 할 것이라 생각한다.

02

제6차 교육과정기 국사 교과서의 고대사 서술 분석

조영광

Ⅰ. 머리말

제6차 교육과정기 국사 교육은 제5차 교육과정기와 비교하였을 때 외형적으로는 큰 변화가 없었으나 교과의 지위나 시수 배분 등에서는 적지 않은 변화가 있었다. 교육과정 편제상 가장 큰 변동은 그동안 독립 교과로 편성되어 있던 '국사'가 사회과의 하위 과목으로 재편된 것이다. 기존 교육과정에서 역사 과목이 한국사 파트는 '국사'라는 독립 교과로, 세계사 파트는 중학교의 경우 사회 교과의 일부로, 고등학교는 사회과의 하위 과목인 세계사로 편제되어 있었다.[1] 따라서 제6차 교육과정기 국사과 독립 폐지는 중등 역사 교육이 정치적 목적에 의해 국사과와 사회과라는 두 독립 교과로 분리되어 이루어진 파행적 상황을 정상화하고자 한 조치

---

[1] 국사가 독립 교과가 된 것은 유신 정권이 제3차 교육과정을 도입하며 민족의 자긍심 고취라는 국수주의적 목적에 의해서이다.(김한종, 『역사교육과정과 교과서 연구』, 선인, 2006, 41쪽)

인 것이다. 하지만 그에 수반해 중학교 국사는 주당 시행되는 시수도 일부 감소되어 국사 교육의 약화가 우려되기도 하였다.

위와 같은 교육과정의 편성과 운영상 적지 않은 변화가 생긴 제6차 교육과정의 국사 교육이 교과 내용적 측면에서도 어떠한 변화가 있었는지에 대해 살펴볼 필요가 있다. 본고는 그러한 문제의식을 바탕으로 제6차 중등 국사 교과서 서술의 특징과 변화 및 그 의미에 대해 간단히 고찰해 보고자 한다. 다만 전 시대의 내용을 모두 다루기에는 필자의 능력과 지면 등 여러 한계가 있으므로 범위는 고대사 부분으로 한정하고자 한다.[2] 본문 Ⅱ장에서는 고등학교 국사 교과서를, Ⅲ장은 중학교 국사 교과서를 중심으로 고대사 부분 서술의 특징과 쟁점에 대하여 살펴볼 것이다.

Ⅱ. 고등학교 『국사』 고대사 서술의 특징과 쟁점

제6차 교육과정 고등학교 국사 교과서의 고대사 부분은 제5차 교육과정과 비교하였을 때 큰 차별성을 보여주고 있지 않다. 이것은 제5차와 6차 고등학교 국사 교과서 고대사 부분의 집필진이 거의 변화가 없었던 데서 기인한 것이다.[3] 이처럼 필진이 거의 겹치는 두 국사 교과서의 고대사 부분 서술은 내용 체계는 물론 서술의 상당 부분까지 같거나 유사한 모습을 보여준다. 교과서 서술뿐만 아니라, 그 기초가 되는 교육과정도 거의 변화가 없이 확인된다. 다음 표는 제5차와 제6차 고등학교 국사 교육과정의 고대사 부분을 정리한 것이다.

---

2 본고에서는 편의상 선사 시대와 고대를 아울러 고대로 칭하고 함께 검토할 것이다.
3 제6차 고등학교 국사 교과서는 김두진과 최몽룡이 선사와 고대 부분을 집필하였고, 제5차 고등학교 고대사 부분의 필자는 최몽룡을 필두로 안승주, 김두진이 참가한 것으로 확인된다. 비록 교육과정 차수는 바뀌었지만 교과서 집필진은 거의 변화가 없는 것이 확인된다.

[표 1] 제6차 및 제5차 교육과정 고등학교 국사 고대사 부분 내용

제6차		제5차	
대단원	중단원	대단원	중단원
(2) 원시 사회와 국가의 성립 원시 사회의 생활상과 국가의 성립 과정을 파악하게 하고, 민족사의 초기 모습을 세계사와 비교하여 이해하도록 한다.	**(가) 원시 사회의 모습** - 원시 사회의 성격, 원시 시대의 세계	1) 선사 문화와 국가의 형성 선사 시대의 생활상을 고고학 및 인류학 등의 연구 성과를 기초로 파악하게 하고, 농경 문화와 청동기·철기 문화를 기반으로 한 사회의 변화와 국가의 형성 과정을 인식하게 한다.	(1) 선사 문화의 전개
	(나) 선사 문화의 전개 - 한반도와 동아시아, 구석기 문화, 신석기 문화, 청동기 문화		(2) 한민족의 기원
	(다) 한민족의 형성 - 민족의 기원, 문화의 교류		
	(라) 국가의 성립 - 생산력의 발달, 정복 활동, 계급의 분화, 연맹 왕국		(3) 국가의 형성
(3) 고대사회의 발전 고대 사회의 성립과 발전 과정을 동아시아의 정세 변화와 관련하여 파악하게 하고, 고 유 문화와 외래 문화를 조화시켜 이룩한 민족 문화의 본질을 이해하도록 한다.	**(가) 고대 사회의 형성** - 고대 사회의 성격, 고대의 세계, 한국의 고대 사회	2) 고대 사회의 발전 삼국의 성장으로부터 통일 신라와 발해의 번영에 이르기까지 고대 사회의 발전 과정을 동아시아의 정세와 관련하여 파악하게 하고, 토착 문화의 기반 위에 외래 문화를 받아들여 민족 문화의 기초를 확립한 고대 문화의 특성을 인식하게 한다.	(1) 고대 사회의 성장
	(나) 고대의 정치적 발전 - 왕권 강화, 왕위 세습, 법제 정비, 영토 확장, 민족 통합, 대외 관계		(2) 고대의 정치적 변천
	(다) 고대의 사회와 경제 - 귀족사회, 농업의 확대, 조세 제도, 경제력 향상, 대외 무역		(3) 고대의 사회와 경제
	(라) 고대 문화의 발달 - 문화의 다양성, 학술의 발달, 고분 문화, 불교 문화, 발해 문화		(4) 고대 문화의 발달

위의 [표 1]을 통해서 확인할 수 있듯이 제5차와 제6차 고등학교 국사 교육과정의 고대사 부분은 내용 체계의 편제는 물론 대단원과 중단원명까지 거의 유사하다. 이러한 상황은 소단원명이나 내용 서술에 이르기까지도 동일하게 나타나고 있어, 사실상 제6차 고등학교 국사의 고대사 부분은

직전 교육과정기 교과서의 해당 부분을 거의 답습한 것이라 보아도 무방할
정도이다. 이처럼 제6차 고등학교 국사 교과서의 고대사 부분이 체재와 서
술 모두 큰 변화나 발전이 없다는 문제점을 노출한 가운데 일부 서술에서
이전과 달라진 부분이 있어 그 배경과 요인에 대해 살펴보겠다.

첫 번째로 눈에 띄는 부분은 고조선의 영역 표시 지도의 변화이다. 다
음과 같다.

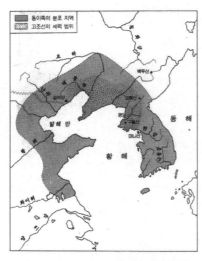
[그림 1] 제5차 고등학교 국사 교과서 게재

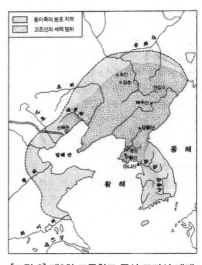
[그림 2] 제6차 고등학교 국사 교과서 게재

위의 [그림 1]과 [그림 2]는 모두 고조선의 영역과 당시 한민족의 기
원이 되는 종족으로 상정한 동이족의 분포 범위를 묘사한 지도이다. 위
의 지도처럼 황해를 가운데 두고 중국 산둥 지역과 만주, 한반도를 둘
러싼 형태로 상고기 동이족이 분포하였다고 주장하는 소위 '말발굽형
동이 문화권' 지도가 처음으로 국사 교과서에 실린 것은 제5차 교육과

정기부터이다.[4]

하지만 관련 연구는 이미 그보다 훨씬 더 이전부터 이루어져 왔고, 이는 역사 교육과 교과서에도 어느 정도 반영되었던 것으로 보인다. 제3차 교육과정기 고등학교 국사 교과서에는 직접적인 지도로 제시되지는 않았지만 화이허강 유역과 산동반도 지역에 거주하던 동이족에 만주와 한반도로 이동해 정착하였다고 서술함으로써 사실상 말발굽형 문화권의 존재를 인정하고 있음을 보여준다.

소위 말발굽형 동이족 문화권에 대한 연구는 1950년대 김상기가 시초이다.[5] 고대 한민족의 활동 범위로 만주, 한반도와 함께 중국 산동성 일대까지 포함해 상정한 것은 단재 신채호에 의해서이다.[6] 김상기는 이러한 주장을 받아들여 치밀한 문헌 고증 작업을 거쳐 말발굽형 동이족 문화권에 대한 이론을 체계화시킨다.[7] 그러나 이와 같은 말발굽형 동이 문화권 지도는 고고학 증거의 결여와 동이 개념의 전화(轉化) 양상에 대한 연구 성과와 같은 문헌 연구의 심화 등에 따라 지속적인 비판이 제기되어 제7차 교육과정기를 끝으로 더 이상 중등 교과서에는 게재되지 못

---

4 제5차 교육과정기 상기 지도가 등장한 것에 대해 신선혜는 당시에도 관련 주장에 대한 비판이 학계에서 제기되고 있었고, 그러한 상황에 대하여 준거안에서도 신중히 접근할 것을 주문하였으나, 최종적으로 교과서는 준거안도 제대로 준수하지 않은 채 결과물을 내놓은 것이라고 지적하였다.(신선혜, 「제5차 교육과정기 고등학교 국사 교과서의 고대사 서술 특징과 배경」, 『역사와교육』 제33집, 역사와교육학회, 2021, 24~25쪽.)

5 김상기는 한민족의 기원이 되는 예맥족이 중국 북방 지역에서 만주와 한반도 지역으로 이동해 왔다는 주장한 이래(「한, 예, 맥 이동고」, 『史海』 제1호, 조선사연구회, 1948), 동이계 종족이 중국 산동반도와 만주, 한반도 일대에 말발굽형으로 분포하였다는 견해를 제기하게 된다.(「동이와 회이, 서융에 대하여」, 『동방학지』 제2호, 연세대학교 국학연구원, 1955, 30~31쪽.) 이처럼 만주와 한반도 및 중국 하북성, 산동성 일대에 언어와 문화적으로 유사한 종족 집단들이 분포하고 있었다는 주장은 대만의 文崇一에 의해서도 제기되었다.(「濊貊民族文化及其史料」, 『中央研究院民族學研究所集刊』 第5輯, 1958, 137쪽.)

6 신채호, 「朝鮮上古文化史」, 『朝鮮日報』, 1931~1932;『譯註 朝鮮上古文化史』, 형설출판사, 1998.

7 조영광, 「해방 후 첫 官認 교과서 『국사교본』의 한국고대사 서술 분석」, 『한국민족문화』 제70호, 2019, 208쪽.

하고 있다.[8]

본고에서 주목하는 부분은 위에서 제시된 두 지도가 같은 '말발굽형 동이문화권' 주장에 기반하고 있으면서도 구체적인 영역 묘사에 있어 차이를 보이고 있다는 점이다. 상기 지도들을 통해서 확인할 수가 있듯이 제6차 고등학교 교과서에는 고조선의 세력 범위에 대해 제5차 고등학교 교과서의 그것에 비해 훨씬 넓게 그려놓았다.[9] [그림 1]은 고조선의 영역을 한반도 서북부와 만주 물론 요서 지역까지 모두 포괄하는 매우 넓은 범위로 설정하고 있고,[10] 동이족의 분포는 거기에 한반도 남부와 중국 하북성, 산동성 지역까지 포괄하고 있는 모습이다. 제6차 교과서 단계에는 그에 더해 고조선의 세력권과 동이족 분포 지역에 중국 길림성 일원과 한반도 동북부 지역을 추가한 것이 눈에 띈다.

[그림 1]과 [그림 2]가 게시된 교과서의 저자가 사실상 같다는 점을 상기할 때 그러한 변화의 배경에 대한 의문은 더욱 깊어진다. 과연 제5차 교육과정에서 제6차 교육과정으로 바뀌는 5~6년의 시간 동안 관련 문제에 대한 연구가 어떻게 진전되어 그 결과가 교과서에까지 반영되었던 것일까? 이러한 물음에 대한 해답의 실마리는 제5차 교육과정 중학교 교과서의 '고조선의 세력 범위' 지도를 통해 찾을 수가 있다.

---

8 '조영광, 「해방 후 첫 官認 교과서 『국사교본』의 한국고대사 서술 분석」, 『한국민족문화』 제70호, 2019, 208~211쪽.

9 현재 고조선의 '문화 범위'라는 개념으로 교과서에 소개되는 고조선 영역 관련 지도는 비파형동검, 북방식 지석묘, 미송리식 토기 등을 표지 유물로 하여 그 출토 범위를 표시한 것이다. 고조선의 영역에 대한 지도를 교과서상에 최초로 게재한 제5차 교육과정기에는 비파형동검의 출토 지역만 그 기준으로 삼고 있었음이 확인된다.(국사편찬위원회 편, 『고등학교 국사』(상), 1990, 17쪽.)

10 해당 지역은 비파형동검이 집중적으로 출토되는 지역이다.

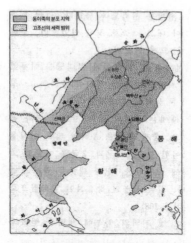

[그림 3] 제5차 중학교 국사 교과서 게재

위 [그림 3]은 제5차 중학교 국사 교과서에 게재된 고조선 영역 관련 지
도이다. 동일한 교육과정기 고등학교 국사 교과서에 실린 지도인 [그림 1]
과는 분명한 차이를 보이고, 오히려 제6차 교과서인 [그림 2]와는 완벽히
일치하는 모습을 보여준다. 이처럼 흡사 고구려 전성기를 방불케 할 만큼
넓은 고조선 영역을 상정한 지도가 이미 제5차 교육과정기 중학교 국사 교
과서에 등장하였던 것이다. 이와 같이 제5차 교육과정기 국사 교과서의 고
조선 영역 관련 지도가 학교급에 따라 그 영역 범위가 상이하게 제시되었
다는 점은 작지 않은 문제라 생각된다. 이는 학생들에게 같은 역사적 사실
에 대한 혼란을 초래하거나 오개념을 심어줄 우려가 있기 때문이다.

그렇다면 제5차 교육과정 국사 교과서의 고조선 영역 관련 지도는 왜
학교급에 따라 차이가 있으며, 제6차 교육과정 고등학교 국사 교과서의
필자들은 자신들이 종전 교육과정기에 그렸던 지도를 포기하고 중학교
교과서에 실렸던 지도를 가져오게 된 것일까? 그에 대한 의문은 제5차
교육과정 중학교 국사 교과서 고대사 부분의 필자를 파악해 봄으로써 추

론해 볼 수밖에 없다. 해당 교과서의 고대사 부분은 김정배와 신형식에
의해 집필되었다.

전공 영역이나 연구 주제 등을 고려할 때 제5차 교육과정 중학교 국
사의 고조선사 관련 부분은 김정배가 쓴 것으로 추정된다. 김정배는 제
4차 국사 교육과정의 연구진으로 참여하였으며, 제5차 교육과정에 따른
중학교 국사 교과서의 집필을 맡았다. 그는 주로 한민족의 형성과 고조
선사 등을 연구하며 고고학과 문헌사를 폭넓게 섭렵한 연구 성과를 내놓
았다. 그 1차적 성과가 집대성된 것이 1972년에 나온『한국민족문화의 기
원』이라는 저서이다. 여기서 그는 한민족 문화의 근간이 되는 청동기 시
대의 대표적인 유물과 유적으로 비파형동검과 함께 지석묘와 석관묘를
들었다.[11] 그리고 그러한 지석묘와 석관묘의 주요 분포 지역을 한반도와
남만주로 설정함으로써 고조선 영역과 관련하여 기존 비파형동검 출토지
보다 훨씬 넓은 지역을 상정할 수 있게 된 것이다.[12]

요컨대 제5차 교육과정 중학교 국사의 필자인 김정배가 새로운 고고
학 발굴 성과를 바탕으로 제기한 보다 광역의 고조선 영역 지도를 제6차
교육과정기에 이르러 최몽룡, 김두진도 수용한 것으로 이해하는 편이 가
장 합리적일 듯하다. 위와 같은 추론을 뒷받침해 주듯 제6차 고등학교 국
사의 한국의 청동기 문화 관련 서술에서 고인돌(지석묘)과 돌널무덤(석관
묘)을 강조한 것이 확인된다.[13] 이때 확립되는 고조선 영역 관련 지도는
이후의 교과서에도 그대로 반영되어 현재까지 이어지게 된다. 다만 최초
의 국가인 고조선의 정치적 지배 범위가 그 국가 발달 수준이 고려되지

---

11 김정배,「한국 청동기문화의 사적 고찰」,『한국사연구』제6호, 1971;「고조선의 민족구성과
    문화적 복합」,『백산학보』제12호, 1972;『한국민족문화의 기원』, 고려대학교출판부, 1972.
12 이를 근거로 김정배는 그가 집필한 제5차 중학교 국사 교과서에 한국 청동기 문화의 대
    표적인 유적과 물로 비파형동검과 함께 고인돌(지석묘)과 돌널무덤(석관묘)을 적극적으
    로 제시하였다.(국사편찬위원회 편,『중학교 국사』(상), 1990, 11~12쪽.)
13 국사편찬위원회 편,『고등학교 국사』(상), 1996, 22~23쪽.

않은 채 지나치게 넓은 영역으로 표시되었다는 비판이 지속적으로 제기되었고,[14] 그 결과 2009 개정 교육과정 단계부터는 기존 고조선의 '세력 범위'에서 '문화 범위'라는 표현으로 순화하여 제시되고 있다.

제6차 고등학교 국사 교과서의 고대사 서술에서 두 번째로 주목되는 부분은 백제 건국 세력에 대한 서술의 변화이다. 제5차 교육과정기까지 백제 건국 세력에 대한 서술은 고구려계 유이민에 의한 것이라는 논조였으나, 제6차 고등학교 국사에는 북방에서 내려온 유이민 세력과 한강 유역의 토착 세력이 결합해 성립되었다고 서술 기조가 바뀌었다. 다음과 같다.

> A-1. 백제는 한강 유역에 위치한 마한의 한 소국으로부터 출발하였다. 기록에 의하면, 고구려 주몽의 아들 온조가 남하하여 하남 위례성에 도읍을 정하고 백제를 세웠다고 한다(B.C. 18). 이것은 백제가 고구려의 유이민에 의해 건국되었음을 의미하는 것으로, 그 도읍이 오늘의 서울 지역이었음을 설명하는 것이다.(국사편찬위원회 편, 『고등학교 국사』(상), 1990, 37쪽.)
>
> A-2. 백제 사회는 북방에서 내려온 유이민과 한강 유역의 토착민 집단이 결합하여 이루어졌다. 유이민 집단은 우수한 철기 문화를 경험하면서 이동해 들어온 반면, 토착민 집단은 북방 문화를 접한 경험이 부족하였다. 이에 백제 사회에서는 유이민이 지배층으로 권력을 행사하였다. 백제는 한강 유역에 위치한 마한의 한 소국으로부터 출발하였다. 고구려 주몽의 아들 온조가 남하하여 하남 위례성에 도읍을 정하고 백제를 세웠다(B.C. 18). 그 도읍은 오늘의 서울 지역이었다.(국사편찬위원회 편, 『고등학교 국사』(상), 1996, 45쪽.)

---

14 송호정, 「국사교과서의 선사 및 국가 형성 관련 서술 검토」, 『한국고대사연구』 제29호, 2003, 20~23쪽.

위의 자료 A-1과 같이 제5차 교육과정기까지 국사 교과서의 백제사 서술은 『삼국사기』 백제본기에 전하는 백제 건국 설화를 바탕으로 고구려 유이민 세력이 남하하여 세운 것으로 서술하는 것이 일반적이었다. 그러나 제6차 교육과정에 이르러서는 A-2에서 확인되는 바처럼 백제의 건국을 북방계 유이민 세력과 한강 유역 토착민 세력의 융합이라는 관점으로 서술하고 있다.

여기서 확인되는 기존 교육과정 단계와의 차이점은 '고구려'가 빠지고 그를 '북방'이 대체하였으며 '한강 유역의 토착민'이 추가되었다는 점이다. 이는 백제 건국 세력에 대하여 고구려뿐만 아니라 부여도 주목하여야 한다는 견해와 한강 유역 토착 세력도 간과할 수 없다는 최신 연구 성과들이 반영된 결과로 보인다.[15]

그런데 이처럼 학계의 최신 연구 성과를 적극적으로 수용하여 교과서 서술에 반영한 제6차 고등학교 국사 교과서와는 달리 중학교 국사 교과서의 백제 건국 서술은 여전히 고구려 유이민에 의해 건국되었다는 기존의 서술을 답습하고 있어 아쉬움이 남는다.[16] 이는 두 교과서의 필자 간 조율이 이루어지지 않은 결과로 짐작된다. 고대 국가의 형성에 대한 서술이 학교급 간 편차가 보이는 점은 자칫 학습자의 혼란과 오해를 초래할 수 있는 부분이므로 보다 세심한 주의를 기울였어야 함이 옳다.

제6차 고등학교 국사 교과서 고대사 부분의 특징 중 변화 중 하나는

---

15 노중국은 백제 건국 과정에서 부여계 세력에 주목하며 초기의 다루-기루-개루왕을 부여계 해씨 왕계로 파악하였다.(노중국, 『백제정치사연구』, 일조각, 1988, 71~74쪽.) 김두진 역시 백제 온조 집단이 고구려 왕실에 대응하는 부여계의 별개 집단이라고 보았다.(김두진, 「백제 건국신화의 복원 시론」, 『국사관논총』 제13호, 국사편찬위원회, 1990 참조. 한편 임영진은 즙석분구묘로 대표되는 토착 세력과 고구려식 적석총을 조영한 이주민 집단의 연합을 통해 백제 건국이 이루어졌다는 견해를 제출하였다.(임영진, 「백제 한성시대 고분에 관한 연구」, 『한국고고학보』 제30호, 1993, 85~86쪽.)
16 백제는 한강 유역의 위례성에서 고구려 계통의 유민인 온조에 의해 세워졌다(기원전 18).(국사편찬위원회 편, 『중학교 국사』(상), 1996, 37쪽.

가야사 서술이 이전에 비해 획기적으로 늘어났다는 점이다. 동 시기 중학교 국사의 가야사 서술은 직전 교육과정기에 비해 내용이나 양적 측면에서 크게 달라진 것이 없다. 그러나 고등학교 국사는 가야사에 대해 텍스트 분량이나 사진 자료를 2배 이상 증가시켜 이전 교육과정기보다 훨씬 자세하고 풍부하게 서술하고 있다.[17]

가야사 서술의 이와 같은 대폭적 증가는 90년대 이후 가야 지역 고고학 발굴 성과의 획기적 진전과 그에 따른 가야사에 대한 관심 증가 등을 이유로 꼽을 수가 있겠다.[18] 제6차 고등학교 국사는 가야사 분량이 늘어난 만큼 초기 가야 연맹체의 형성 과정과 대가야를 중심으로 한 후기 가야 연맹의 형성 및 제가야 세력의 내분과 이합집산 등에 대해 매우 자세하게 서술하고 있다. 또한 대가야를 '대가야 연맹 왕국'으로 규정하고 설명함으로써 가야 연맹체의 국가 발달 단계를 기존의 이해에 비해 더 높은 수준으로 바라보는 인식이 드러난다.[19] 그리고 대가야가 중국에 사신을 보내거나 신라 혹은 백제와 동맹해 고구려에 대항한 사실 등도 소개함으로써 그동안 수동적이고 강대국 사이에 끼어 소멸되어 버린 소국 연맹체로 이해하던 시각에서 탈피하여 가야사의 능동성과 주체성에 대해서도

---

17 제5차 고등학교 국사 교과서는 가야사에 대해 당시 교과서를 기준으로 사진 자료 포함 1페이지 정도의 분량을 할애하였다. 그리고 지도 1점과 사진 자료 2점을 함께 제시해 이해를 돕고자 하였다. 제6차 교과서는 가야사를 약 3페이지에 걸쳐 서술하고 있고, 지도 1점과 함께 사진 자료도 4점으로 증가시켜 소개하고 있다. 제5차와 제6차 고등학교 국사 교과서의 판형이 변화가 없음을 고려할 때 대폭적인 증가임을 알 수가 있다.

18 변한 구야국과 금관가야 중심지인 김해의 대성동 고분군에 대한 발굴 작업이 1990년부터 대대적으로 이루어졌고 이후 문화재로 지정되었다. 그리고 안라국 혹은 아라가야 중심지로 추정되는 함안의 말이산 고분에 대한 정밀 조사가 1990년대 초반에 시행되어 그동안 주목받지 못했던 가야사에 대한 관심이 커졌고 관련하여 의미 있는 성과들도 다수 나왔다.

19 김태식은 5세기 후반 대가야를 중심으로 한 후기 가야 연맹의 성립을 적극 논증하였고, (김태식, 『가야연맹사』, 일조각, 1993) 이에서 한 걸음 더 나아가 '대가야 연맹'이라는 개념이 제출되기도 하였다.(田中俊明, 「千勒十二と大加耶聯盟」, 『東洋史硏究』第48輯, 1990;「大加耶聯盟の興亡」, 『加耶史論』, 고려대한국학연구소, 1993)

조명한 점도 눈에 띈다.[20] 이러한 가야사에 대한 관점의 변화는 학습자들에게 역사와 역사를 구성하는 다양한 주체들에 대해 평면적 해석을 넘어서는 이해의 장을 제공해 준다는 의미가 있다.

Ⅲ. 중학교 『국사』 고대사 서술의 특징과 쟁점

본 장에서는 제6차 교육과정 중학교 국사 교과서 고대사 서술에 대하여 검토해 보겠다. 제6차 중학교 국사 교과서의 고대사 부분 또한 고등학교와 마찬가지로 제5차와의 차별성이 크게 찾아지지는 않는다. 다만 고대사에 해당하는 대단원이 제5차 교육과정에서는 2개였으나 제6차에서는 3개로 늘어나 표면적으로 고대사 분량이 증가한 것처럼 보인다. 그러나 실상은 제6차 중학교 국사 교과서는 전체 대단원 수가 이전 교육과정 단계의 9개에 비해 15개로 크게 늘어난 상황이므로 실질적 비율로 치면 미묘하게나마 고대사 서술 분량이 더 줄어든 것으로 파악된다.[21] 다음은 제6차와 제5차 중학교 국사 교육과정의 고대사 부분을 표로 정리한 것이다.

---

20 "한편, 신라의 팽창에 자극을 받아 빠른 성장을 이룬 대가야 연맹 왕국은 합천, 함양, 하동 등의 지역을 포괄하는 세력권을 형성하였고, 중국 남조에 사신을 보내기도 하였으며, 신라나 백제와 동맹하여 고구려에 대항하기도 하였다."(국사편찬위원회 편, 『고등학교 국사』(상), 1996, 47~50쪽.)

21 제6차 중학교 국사는 상, 하권 각 196페이지, 전체 396페이지로, 그중 고대사의 서술 분량은 83페이지이다. 5차 중학교 국사의 경우 상권이 186페이지, 하권이 182페이지로 전체 368페이지 중 고대사는 82페이지이다. 서술 분량의 비율상 제6차 중학교 국사 교과서의 고대사 비중이 줄어들었음을 확인할 수가 있다. 거기에 제5차까지는 중세사 부분에 포함되어 서술되었던 후삼국 시기와 고려의 통일 과정에 대한 내용도 고대사 부분에서 다루어진 것을 감안한다면 고대사 파트의 서술 비중이 다소 줄어든 것은 분명해 보인다.

[표 2] 제6차 및 제5차 교육과정 중학교 국사 고대사 부분 내용

제6차		제5차	
대단원	중단원	대단원	중단원
(2) 고조선의 성장 원시 시대의 생활 모습과 민족의 형성 및 국가 발생 과정을 파악하게 하여, 민족사의 기원을 이해하도록 한다.	(가) 한민족의 기원 – 생활 터전, 민족의 형성	가) 우리나라 역사의 시작 우리나라의 선사 문화와 초기 역사 시대의 사회 생활 및 국가의 성립 과정을 살핌으로써, 우리 민족사의 유구함과 고유성에 대해 알게 한다	(1) 선사 시대의 생활
	(나) 농경 생활 – 무리 및 공동 생활, 토기, 자연 숭배, 고인돌		(2) 고조선의 건국과 발전
	(다) 고조선 – 단군 왕검, 홍익 인간, 8조 법		(3) 초기 여러 나라의 성장
	(라) 여러 나라들 – 부여, 고구려, 옥저, 동예, 한		
(3) 중앙 집권 국가의 형성 중앙 집권 국가의 형성과 발전 과정을 파악하게 하고, 민족의 대내외적 활동 모습을 이해하게 함으로써, 민족의 전통과 민족 문화에 대한 긍지를 가지도록 한다.	(가) 강력한 왕권 – 5부족 통합, 6좌평, 율령, 화랑도, 골품 제도, 가야 연맹	나) 고대 왕국의 성립과 발전 삼국의 형성·발전 및 통일 과정과 발해의 민족사적 의의를 파악하여, 우리 민족의 진취적 기상과 통일 의지를 이해하게 하고, 나아가 고대의 우리 역사에 대한 폭넓은 시각을 가지게 한다.	(1) 삼국의 발전과 민족의 통일
	(나) 영토의 확장 – 고구려의 영토 확장, 삼국의 경쟁, 중국과의 대립, 한강 유역 진출		(2) 삼국의 사회와 문화
	(다) 불교와 고분 – 불교 전래, 태학, 쌍영총, 무령왕릉, 천마총, 가야 철기		
	(라) 민족의 대외 활동 – 백제 세력권, 삼국과 가야 문화의 일본 전파, 해상 세력		(3) 통일 신라와 발해의 발전

제6차		제5차	
대단원	중단원	대단원	중단원
(4) 통일 국가의 성립 민족의 통일 과정과 통일된 민족 문화의 발전 과정을 이해하게 하며, 발해사가 가지는 민족 사적 의의를 인식하도록 한다.	**(가) 삼국의 통합** - 나·당 연합, 고구려·백제 부흥 운동, 나·당 전쟁		(4) 불교 문화의 융성
	(나) 통일 신라 - 집사성, 9주 5소경, 5교 9산, 석굴암, 향가, 청해진		
	(다) 발해 - 정당성, 해동 성국, 발해 문화		(5) 신라 말의 사회 변화
	(라) 고려의 통일 - 호족, 후삼국, 고려의 건국, 북진 정책, 과거 제도		

이처럼 전체 국사 교과서에서 상대적 비중이 이전보다 줄어든 제6차 중학교 국사의 고대사는 내용면에서 몇 가지 주목되는 변화가 찾아진다.

우선 백제의 요서진출설에[22] 대한 서술의 완화이다. 소위 요서진출설은 제3차 교육과정기 국사 교과서에서부터 등장하여 제5차 교육과정기에 서술의 강도와 분량이 절정에 달하게 된다. 다음은 관련 자료이다.

> B-1. 한편, 4세기 중엽 진이 약화되었을 때, 백제는 부여족이 살고 있던 요서 지역을 점령하였다. 그리하여, 백제는 기마 민족 세력이 일찍부터 진출하여 각 지방에 식민지 국가를 세워 놓았던 일본 지역, 그리고 요서 지방, 산둥 반도 등지와 본국과를 연결하는 고대 상업 세력을 가지게 되었다.(국사편찬위원회 편, 『고등학교 국사』, 1979, 21쪽.)
>
> B-2. 백제가 괄목할 만한 발전을 이룩하게 된 것은 4세기 후반 근

---

22 백제의 요서진출설은 요서경략설, 대륙진출설 등으로 다양하게 묘사되고 있으나 본고에서는 편의상 요서진출설로 통일하고자 한다.

초고왕 때의 일이었다. 이 때, 백제는 영토를 크게 확장, 마
한의 남은 영역을 정복하여 전라도 남해안에 이르렀으며, 북
으로는 고구려의 평양성까지 공격하였다. 동시에, 낙동강 유
역의 가야 여러 나라에 대해서도 지배권을 행사하였다. 그리
하여 백제는 오늘의 경기, 충청, 전라도와 낙동강 중류 지역,
강원, 황해도의 일부를 포함하는 넓은 영토를 확보하였다.
또, 백제는 수군을 증강시켜 중국의 요서 지방을 점령하고,
이어서 산동 지방과 일본에까지 진출하는 활발한 대외 활동
을 벌였다.(국사편찬위원회 편, 『고등학교 국사』(상), 1990,
37~38쪽.)

B-3. 그 후, 4세기 근초고왕 때에 이르러 백제는 비약적인 발전을
이루게 되었다. 마한의 나머지 땅을 정복하여 남해안에까지
진출하였고, 북쪽으로는 고구려를 쳐서 고국원왕을 전사하게
하였다. 아울러 낙동강 유역에까지 진출하여 가야의 여러 나
라에 대해서도 영향력을 행사하였다. 이 때 중국의 동진, 그
리고 왜와 교섭을 하였는데, 이를 계기로 백제는 중국의 요
서, 산동 지방 및 일본의 규슈 지방에까지 진출하여 해상 활
동의 무대를 넓혔다.(국사편찬위원회 편, 『중학교 국사』(상),
1996, 46쪽.)

B-4. 백제는 3세기 고이왕 때에 한강 유역의 대부분을 통합하여
중앙 집권적 국가 체제를 갖추기 시작하였다. 이어서 4세기
근초고왕 때에는 마한을 완전히 정복하여 남해안 일대까지
진출하였으며, 밖으로 동진과 교섭하였다. 특히, 이 때에는
북으로 고구려를 공격하고, 바다를 건너 요서, 산동 지방 및
일본까지 힘을 뻗쳐 백제의 세력권을 크게 확장하였다.(국사
편찬위원회 편, 『중학교 국사』(상), 1990, 29쪽.)

위의 자료 B-1은 백제의 요서진출설이 처음 교과서에 게재된 제3차
교육과정기 고등학교 국사 교과서의 관련 서술이다. 백제의 요서 지역

진출을 긍정하는 서술 기조는 제4차 교육과정기를 거쳐 제5차 교육과정 국사 교과서까지 이어진다.[23] B-2를 통해 확인되듯 제5차 교육과정 국사 교과서에는 백제의 해당 지역 진출을 '수군'을 동원한 '점령'이라는 정복 활동으로 규정하며 적극적인 해석을 내놓고 있다. 그리고 '백제의 발전(4세기 후반)'이라는 지도까지 그려 백제의 요서, 산동 지역에 대한 진출 방향과 시기까지 특정하였다. 이와 같은 백제의 요서진출설 소개는 고등학교 국사의 경우 제5차와 제6차 교과서 저자가 거의 일치하는 관계로 서술의 내용이나 논조에 큰 변화가 없다.

하지만 중학교 국사는 일정한 변화가 엿보인다. 자료 B-3 제6차 중학교 국사의 요서진출설 관련 서술인데, 제5차 중학교 국사의 서술인 B-4와 비교해 보았을 때 다소 완화된 모습을 보여준다. 직전 교육과정기까지 점령이나 세력권의 확장 등 사실상 정복 활동을 전제로 한 서술에서 해상 활동의 무대를 넓혔다는 표현을 사용함으로써 군사 활동 외에도 무역이나 교류 등으로 해석할 수 있는 여지를 두었다.

백제의 요서진출설은 중국 정사에 기재되어 있기 때문에 많은 주목을 받아왔다. 하지만 한국 측 사료의 부재와 고고학 증거의 부족으로 시기와 지역 범위를 비정하는 데 많은 난관이 있어 다수의 연구자들이 부정적 견해를 노출하고 있는 실정이다.[24] 요서진출설은 이후 제7차 교육과정 국

---

23 백제의 요서 진출설이 교과서에 실리게 되는 배경과 각 교육과정기별 교과서의 서술에 대해서는 이부오의 「제1차~제7차 교육과정기 국사교과서에 나타난 고대 영토사 인식의 변화」(『한국고대사탐구』 제4호, 2010)와 임기환의 「백제 요서 진출설과 역대 교과서 서술 검토」(『한국사학보』 제63호, 2016)에 잘 정리되어 있다.

24 근래의 연구 동향은 백제의 요서 진출을 긍정하더라도 광역의 지역에 대한 항구적이고 군사적인 지배로 파악하기 보다는 후연의 혼란기를 틈타 요서 지역에서 봉기한 부여계 인물들과의 연계를 통한 일시적인 진출 정도로 보거나, (강종훈, 「4세기 백제의 요서 지역 진출과 그 배경」, 『한국고대사연구』 제30호, 2003) 해당 사실 자체를 부정하는 것이 보편적이다. 부정적 입장에서는 그러한 기록이 사적에 남게 된 원인을 분석하기도 하였는데, 백제 지배층이 부여계임을 상기하여 4세기 무렵 요서와 하북 지역으로 끌려왔던 부여계 인물과 그 휘하의 집단이 해당 지역에서 벌였던 활동을 남조 史家들이 혼동하

사 교과서에도 제6차 중학교 국사의 서술과 유사하게 소개되며, 백제의 군사적 진출로 정의하던 과거의 논조는 점차 자취를 감추게 된다.

이처럼 제6차 교육과정 중학교 국사 교과서가 백제의 요서 진출에 대하여 이전 교육과정기와 대비해 완화해 서술한 것은 당시 이미 역사학계에서 백제의 요서 진출에 대한 근거 부족을 이유로 부정하거나 면밀한 재검토를 요구하는 견해들이 제출된 것에서 찾을 수 있겠다.[25] 이와 같은 요서진출설에 대한 학계의 우려와 회의적 반응은 교과서 서술에도 영향을 미치게 된다. 다음은 그와 관련된 자료이다.

> C-1. 백제의 요서 지방 진출설에 대하여는 일지기 한진서가 『해동역사』 속편에서 근거가 없는 것으로 일단 이를 부인한 적이 있다. 그러나 이 사실을 구체적으로 기록한 『송서』, 『양서』 등 중국 정사의 백제전 기록에서 명백한 오류를 발견할 수 없는 이상, 이를 사실로 기술해도 무방하리라고 생각한다. 실제로 현행 교과서(중학 24쪽 및 31-32쪽, 고교 23쪽)에는 이 사실이 기술되어 있다. 다만, 교과서의 상고사 분량이 늘어날 경우 이 관계 서술을 보충하는 문제가 대두될 것이 필연적인데, 이 경우 보충할 내용의 취사 선택에 신중을 기할 필요가 있다고 생각된다.(변태섭 등, 「국사교육 내용전개의 준거안」, 1986, 49쪽.)
>
> C-2. ⑧ 백제의 해외 진출과 요서 및 화복 지방경략설: 백제가 요서 지방을 차지하고 군을 설치하였다는 기록은 송서 백제전에서 처음 나온다. 양서 백제전 및 양직공도에서도 확인된다.

여 기록한 것이라 해석하기도 한다.(여호규, 「백제의 요서진출설 재검토」, 『진단학보』 제91호, 2001) 그러므로 백제의 요서 진출을 긍정하는 쪽이나 부정하는 쪽 모두 백제가 요서 지역을 장기간 점유하며 항구적인 지배를 관철하였다고 보지는 않는 상황이다.

25 김정학, 『百濟と倭國』, 大興出版(東京), 1981, 221~222쪽; 이기백·이기동, 『한국사강좌』1(고대편), 1982, 195~197쪽.

자치통감에서도 이와 연관될 수 있는 기사가 보인다. 이들 기사에서 전하는 백제가 요서 지방을 경략하였다는 대체적인 시기와 송서 백제전의 편찬 시기가 백수십년의 차밖에 없는 점과 중국측 기사에 그것이 수록되어 있다는 점 등이 백제 요서 경략설을 가볍게 부정할 수 없는 근거가 된다. 그러나 백제 요서 경략설은 아직 중, 고등학교 교과서에 기술할 수 있을 정도로 정화화하는 데에는 문제점이 많다. 이에 대해 5~6세기 중국 북조 계통의 역사 기록에서는 이에 대한 언급이 전혀 보이지 않는 점, 4세기 중엽에 백제가 요서 지방까지 진출할 수 있을 정도로 백제 국가 자체가 성장하였다는 점에 대한 실증적 연구의 미진과 요서 지방으로 진출할 구체적인 동인과 그 유지 방안 등에 대한 논증이 수반되지 못한 점 등이 그러한 면이다. 그 다음 화북의 해안 지역에 백제가 진출하였다는 학설은 그 논거가 더 미약하다. 이러한 점들을 고려할 때, 현 단계에서는 이 문제에 대해서는 '백제 요서 경략설과 화북 해안 지역 진출설'이란 차원에서 주(註)서 언급하는 것이 타당하다고 본다.(이존희 등, 「국사교육 내용전개의 준거안 연구보고서」, 1994, 24쪽.)

위의 자료 C-1과 C-2는 백제 요서진출설 서술에 관한 제5차 교육과정과 제6차 교육과정의 준거안 내용이다. 준거안은 국정 교과서의 집필 기준 성격을 지닌 문서이므로 사실상 해당 교육과정기 교과서 서술의 가이드라인이나 마찬가지이다. 그런데 백제 요서진출설에 대한 관점이 C-1과 C-2가 현저히 다르다는 점이 눈에 띈다. C-1은 백제의 요서진출을 신뢰하는 입장에서 긍정적으로 서술할 것을 주문하고 있는 반면, C-2는 C-1과는 반대로 신중론을 펼치며 본문에 직접 서술하기 보다는 각주 정도로 소개하는 것이 바람직하다는 입장을 내보이고 있다.

백제 요서진출설에 대한 자료 C-2의 관점은 사실상 현재 다수의 고대사 연구자들의 입장과 일치하는 것이다. 하지만 이 준거안에 따른 권고는 그대로 지켜지지는 않는다. 앞에서 살펴 본 자료 B-3이나 제6차 고등학교 국사 교과서의 서술처럼 해당 학설을 여전히 본문 중에 그대로 소개하고 있었기 때문이다.[26] 이러한 주문은 2009 개정 교육과정기에 와서야 중학교 역사나 고등학교 한국사 교과서에 어느 정도 반영이 된다. 그럼에도 불구하고 제5차 교육과정 국사 교과서까지는 학계의 정설인 것처럼 교과서에 소개되었던 백제의 요서 진출설이 제6차 교육과정기부터 서술의 수위가 조절되기 시작하였다는 점은 상당한 의의가 있다고 평가할 만하다.

제6차 중학교 국사 교과서 서술에서 또 한 가지 눈에 띄는 사항은 후삼국과 고려의 재통일 과정이 고대사 부분 말미에 배치되어 있다는 점이다. 이는 [표 2]에서 확인되듯 제6차 중학교 국사 교육과정은 해당 시기를 고대사의 말미에 두도록 짜여졌기 때문이다. 그런데 문제가 되는 것은 고등학교 국사는 같은 후삼국의 성립과 고려의 재통일 과정을 중세사 파트에 배치하고 있다는 점이다.[27] 즉, 같은 역사적 상황을 두고 동일 교육과정기의 두 중등 교과서가 시대 배분을 달리하고 있는 현상을 보인 것이다.

물론 해당 시기가 고대에서 중세로 이행하는 전환기이자 과도기이므로 두 시대적 성격이 공존한 것은 당연한 일이다. 그리고 그 시기를 어느

---

26 「국사교육 내용전개의 준거안 연구보고서」에서 백제 요서진출설에 대해 부정적 입장을 표명하였음에도 불구하고 제6차 교육과정 국사 교과서에 해당 내용이 이전 교육과정기 교과서와 마찬가지로 실리게 된 것은 보고서 제출 후 개최된 '국사교육내용전개준거안 심의회'에서 긍정적 서술로 선회하였기 때문으로 밝혀졌다.(조성운, 「제6차 국사과 교육과정의 성립과정과 그 성격」, 「제6차 교육과정기 역사교육과 국사교과서」, 동국대 역사교과서연구소·역사와교육학회 정기 학술대회 발표논문집, 2021, 32쪽.)
27 제6차 고등학교 국사 교육과정 참조

시대로 구분할 것인가에 대해서도 상반된 관점이 존재할 수도 있다. 하지만 같은 차수의 중등 교육과정 체제 내에서 학교급만 다른 동일 과목의 국정 교과서가 특정 시기를 각각 다른 시대로 해석하여 편제하였다는 점은 도저히 납득할 수가 없는 처사이다.

그렇다면 후삼국과 고려의 통일 부분을 이전 교육과정기 교과서들은 어디에 배치하고 있었을까? 제5차 교육과정기는 중, 고등학교 모두 중세사 초입부에 해당 시기의 내용을 서술하고 있다. 이는 중등 국사 과목이 국정화되는 제3차 교육과정기부터의 모든 중, 고등학교 국사 교과서가 따르고 있는 체제이다. 제6차 교육과정 고등학교 국사 교과서 역시 이를 따르고 있는 것이다. 그리고 제6차 교육과정의 국사 교과서 집필을 위한 준거안에도 후삼국과 고려의 재통일을 중, 고등학교 공히 중세사 부분에서 서술하도록 안내하고 있다.[28]

이러한 상황을 다시 정리하면, 제6차 중학교 국사 교육과정의 내용은 후삼국과 고려의 재통일을 고대사 부분 말미에 배치해 놓았지만, 준거안은 중세사 도입부에서 서술하도록 하는 혼선을 빚고 있음이 발견된다. 중학교 국사 교과서의 필자는 당연히 준거안 보다는 상위 문서인 교육과정의 내용을 따를 수밖에 없었던 것으로 보인다.

물론 후삼국 시기에 대한 제6차 중학교 국사 교육과정의 이와 같은 배치는 해당 대단원명이 '통일 국가의 성립'이므로, 신라에 의한 삼국 통일과 고려에 의한 후삼국 통일이 궁극적으로 민족의 통일을 지향하였다는 취지에서 시대 구분의 차원을 넘어 같은 범주로 서술할 개연성이 충분하다고 판단하였던 것으로 보인다. 이와 유사한 인식은 제7차 중학교 국사 교과서에서도 찾을 수 있다. 다만 제7차 교과서에는 후삼국의 성립 부

---

28 이존희 외, 「국사교육 내용전개의 준거안 연구보고서」, 1994, 26쪽.

분은 고대사 부분의 말미에 두고, 고려의 건국과 통일은 중세사 초입에 서술함으로써 고려의 통일 과정까지 고대사 부분으로 몰아넣은 제6차 교과서의 다소 무리한 배치를 극복하고자 한 고민의 흔적으로 이해된다.

제6차 중학교 국사 교과서 고대사 부분의 특징 중 하나는 고등학교 국사 교과서와 비교할 때 '남북국 시대' 용어의 사용 빈도가 현저히 적다는 점이다.[29] 통일 신라와 발해가 함께 존재하던 시기를 어떻게 칭할 것인가에 대한 논쟁은 상당히 오래되었고 현재도 진행 중이다.[30]

'남북국 시대' 용어 사용에 대한 공식적 주장이 나온 1970년 이후, 중등 국사 교과서에 등재되는 것은 1990년부터 현장에서 사용되기 시작한 제5차 교육과정 국사 교과서부터이다. 제5차 교육과정을 준비하면서 교과서 서술을 위한 준거안에는 중, 고등학교 국사 교과서에서 통일 신라와 발해 시기를 소개할 때 '남북국 시대'로 부를 것을 주문한 바가 있다. 다음은 관련 자료이다.

> 남북국 시대의 사회와 문화 문제: 종래의 단원명은 '통일 신라와 발해'(중학교)와 '통일 신라와 발해의 발전'(고등학교)으로 되어 있다. 더구나, 발해 서술은 지나치게 간략할 뿐 아니라(중학교는 4쪽, 고등 학교는 4쪽, 통일 신라는 중학교 16쪽, 고등 학교 15쪽) 양국의 대립, 爭長 관계를 지나치게 강조함으로써 발해사를 외면하고 있는 실정이다. 그러나, 발해의 주민이 대부분 고구려민이었고, 신라가 반드시 발해를 적대시한 것은 아니다. 오히려 '以一吉湌伯魚使北國'(『삼국사기』권10 원성왕 6년 3월)이나, '遣級湌崇正使北國(『삼국사기』권

---

29 제6차 고등학교 교과서에는 남북국이라는 표현이 본문 중 수 차례를 비롯하여, '남북국의 정치 조직', '남북국의 경제 생활' 등과 같은 소단원명에도 반영하여 매우 적극적으로 활용하는 양상을 보여준다. 그러나 중학교 국사 교과서에는 본문 중이나 단원명의 사용 없이 개요 부분에 단 두 차례만 사용되고 있을 따름이다.

30 관련 연구는 조영광, 「2015 개정 역사 교육과정의 한국 고대사 부분에 대한 검토」, 『인문사회21』 제10권1호, 2019, 10~12쪽 참조

10 헌덕왕 4년 9월)과 같이 발해를 北國으로 생각하여 신라(南國)와 대칭 관계로 이용하였으므로 제목(단원명)을 '남북국시대의 사회와 문화'로 바꾸는 것이 바람직하다. 신라와 발해의 대립은 당의 견제책으로 고조된 것이며, 실제로 고려초 발해 유민의 수용, 흡수로 보더라도 양국의 대립보다는 공존, 화해의 의미로 서술하는 것이 필요하다.(변태섭 등, 「국사교육 내용전개의 준거안」, 1986, 51-52쪽.)

위 자료에서 확인할 수 있듯이 제5차 교육과정기부터 국사 교과서에 통일신라와 발해가 공존하던 시기를 '남북국 시대'로 호칭해야 하는 사유에 대해 관련 사료까지 근거로 제시하며 적극 권고하고 있다. 이에 따라 제5차 국사 교과서부터 남북국 시대라는 용어가 공식적으로 중등 교과서에 등장하게 되었다.

그러한 추세는 제6차 교육과정기에도 그대로 이어져 중, 고등학교 국사 교과서에 반영되었다. 그런데 앞에서 언급한 바처럼 고등학교는 교과서 본문 서술은 물론 소단원 제목에 이르기까지 '남북국 시대' 용어를 적극적으로 수용하여 사용한 반면, 중학교는 그 사용 빈도를 최소화하여 실질적 본문 서술이나 단원명 등에 전혀 사용하지 않았다. 그 이유에 대해서는 다각도로 추론이 가능하겠지만 가장 중요한 것은 교육과정이나 준거안의 문제가 아닐까 한다. 실제로 제6차 국사 교육과정이나 교육과정 해설서, 준거안 등에는 중, 고등학교를 막론하고 '남북국 시대'에 대한 권고나 안내 사항이 찾아지지 않는다. 이점은 제5차 교육과정 국사 교과서 내용 준거안의 그것과 분명한 차이이다.

고대사 연구자들 사이에서 여전히 '남북국' 용어의 사용에 대해 회의적 시각이 많은 것을 감안할 때 제6차 교육과정기 중학교와 고등학교 국사 교과서의 저자들도 적지 않은 고민을 하였을 것이고, 제5차 국사 교과서의 내용에 대한 반추의 시간을 가졌을 것임을 추론하기란 어렵지 않다. 오히려 제5차 교육과정기에 다소 결과론적이고 민족주의적 관점에서 제시된 '남북국 시대' 용어가 전격적으로 교과서 서술에 도입된 것이 더 놀라운 부분이기도 하다. 이러한 과정의 배경에는 1970년대 말부터 1980년대 초반까지 비정상적인 국수주의 신념으로 무장된 유사역사학자들에 의해 초래된 소위 '상고사 논쟁'과 '국사교과서 파동' 등과 무관하지 않다고 생각된다.[31]

국사 교과서 내용전개 준거안에 '남북국 시대'를 포함할 것을 공식적으로 주문한 제5차 교육과정기에도 중학교 국사 교과서의 필자는 이를 적극적으로 준수하지 않았다. 따라서 제6차 중학교 국사 교과서의 필진 역시 기존 교과서를 참조하여 '남북국'이라는 용어를 적극적으로 사용하지 않고 여전히 '통일 신라와 발해'라는 틀로 해당 시기의 내용을 전개하였던 것으로 추정된다.[32]

마지막으로 제6차 국사 교과서의 학교급 간 계열화가 어느 정도 구현되었는지에 대해 고대사 부분을 중심으로 살펴보기로 하겠다. 제6차 교육과정에 따른 국사 교과서 편찬을 위한 「국사교육 내용전개의 준거안 연구보고서」에 따르면 기존 교육과정기에 사용된 국사 교과서의 여러 문제점을 지적하며 학교급별 계열성의 확보와 이를 위해 주제 중심의 내용 조

---

31 당시 강화된 민족주의적 여론과 이를 유도하고 활용하고자 한 독재 세력의 지원을 받은 유사역사학계가 역사학계와 역사 교육에 가한 압력은 상당했던 것으로 보인다.(윤종영, 『국사교과서 파동』, 혜안, 1999 참조) 이러한 정치, 사회적 분위기 가운데 교과서 서술에 있어 역사학계가 그나마 새로이 시도해 볼만한 부분이 남북국 시대 용어의 채용이나 백제 요서진출설 서술의 강화정도가 아니었을까 한다.

32 고등학교의 경우 앞에서도 언급하였지만 고대사 부분의 필진이 제5차와 제6차가 사실상 동일하므로 기존의 관성에 의해 관련 서술이 그대로 유지된 것으로 볼 수도 있다. 이러한 추세는 제7차 교육과정 국사 교과서의 서술에도 그대로 영향을 미치게 되는데, 제7차 고등학교 국사교과서는 남북국 용어를 적극적으로 활용한 반면, 제7차 중학교는 그 사용 빈도가 매우 떨어짐을 통해 확인할 수 있다. 제7차 고등학교 교과서 필진에는 제5차부터 참여하였던 최몽룡이 여전히 참여하고 있었고, 중학교 교과서는 제6차 교과서부터 필진이었던 양기석이 집필을 맡았던 것을 볼 때 추측 가능하다.

직, 고등학교 교과서의 분류사적 형태의 구성을 통한 문화사 및 사회경제사 중심 서술 등의 목표를 언급하였다.[33]

하지만 지금까지 살펴본 바와 같이 제6차 국사 교과서 역시 기존과 마찬가지로 중학교와 고등학교의 단원과 주제 서술 등이 유사하여 중복되는 내용이 많다. 심지어 교육과정이 달라졌어도 중, 고교 모두 이전 교육과정기 교과서를 자기복제한 것과 같은 모습을 보여주고 있어 당초의 목표치에 크게 못 미치는 양상을 보이고 있다.[34] 특히 학교급별 계열성 확보의 최대 요소 중 하나로 지적되어온 고등학교 교과서의 문화사 및 사회경제사 중심 서술은 거의 지켜지지 못한 실정이다.

초, 중등 역사 교육의 위계성 확보를 위한 방안으로 가장 많이 제시되는 방법으로, 초등은 인물, 생활사 중심 서술, 중학교는 정치사, 시대사 중심 체제의 서술, 고등학교는 문화와 사회 경제에 중점을 두는 서술 방식이 있다. 이러한 초, 중등 역사 교육의 계열화 원칙은 상당히 오랜 전통을 가진 것이다.[35] 제5차 교육과정 단계에서도 이를 제대로 구현해 내기 위해 골몰한 흔적이 찾아진다.[36] 이러한 목표의 실현을 위해 시도한 것이 고등학교 국사 교과서의 일부 분류사적 체계의 도입으로 판단된다.

[표 1]에서 보이는 것처럼 제5차 고등학교 국사의 고대사 부분은 시대

---

33 이존희 외, 「국사교육 내용전개의 준거안 연구보고서」, 1994, 8~9쪽.
34 제6차 고등학교 국사 고대사 부분은 [표 1]에서 보이는 바와 같이 교육과정도 제5차와 거의 흡사하며 실제 교과서의 구성이나 내용 서술도 크게 달라진 부분이 없다. 이처럼 제6차 고등학교 국사 교과서의 체재가 제5차와 거의 동일한 것은 제5차 교육과정이 기획되던 당시부터 심각하게 고려하던 중, 고등학교 간 계열성의 확보를 위한 조치로 볼 수 있다. 그러나 정치사 중심의 중학교 교과서 서술과 사회, 문화사 중심의 고등학교 서술이라는 목표가 얼마만큼 성취되었는가 하는 부분은 여전히 회의적이다.
35 이러한 원칙은 교수요목기~제2차 교육과정기에 그 원형이 형성되고, 제3차 교육과정기에 정식으로 마련된 것이다. 그 취지와 목적은 김철이 발표한 「국사교육과정의 계열성」(『사회과교육』 제7호, 1974)을 통해 확인이 가능하다.(방지원, 「국사 교육과정에서 '생활사−정치사−문화사'계열화 기준의 형성과 적용」, 『사회과교육연구』 제13권 3호, 2006 참조)
36 변태섭 등, 「국사교육 내용전개의 준거안」, 1986, 6~9쪽.

별로 구성된 대단원의 하위에 정치, 사회, 경제, 문화로 제목을 붙인 분류사적 체제를 담은 중단원으로 구성하고 있다. 이것은 제4차 교육과정 중, 고교 국사 교과서가 학교급 간 계열성이 제대로 확보되지 못하고 고등학교 교과서는 중학교 교과서를 조금 더 상세화한 것에 불과했다는 비판에 대한 반성의 결과로 시도된 것이다.[37] 제6차 교육과정 고등학교 국사 역시 제5차 교육과정기의 그러한 정신을 그대로 이어받아 단원 구성을 유사하게 꾸려 중학교 교과서와의 차별을 도모하였다.

하지만 주지하다시피 제5차 중, 고등학교 국사 역시 그 이전 교과서들에게 제기되었던 내용 중복과 계열화 실패라는 비판을 피해가지 못하였다. 그리고 제6차 고등학교 국사 교과서의 고대사 부분 역시 그러한 평가에서 자유롭지 못하다. 우선 고대사 부분은 교육과정 내용의 선정과 구성부터 제5차의 그것과 거의 일치하며, 그에 따른 교과서 서술 또한 크게 달라진 부분이 발견되지 않는다. 그리고 제6차 중학교 국사 교과서의 고대사 부분과 비교해 보았을 때도 서술의 분량이나 상세함 정도의 차이가 있을 뿐 다루고 있는 주제나 교과서 구성의 차별성 등은 전혀 부각되지 않는 실정이다. 적어도 제6차 국사 교과서의 고대사 부분 서술은 학교급별 계열화에 성공적이지 못하고 평가할 수밖에 없는 것이다.

그 원인은 결국 교과서 내용의 조직에 대한 개선 방향이 제대로 실천되지 못한 측면이 크다.[38] 제6차 교육과정 개편을 위해 집필된 「국사교육 내용전개의 준거안 연구보고서」에는 중, 고교의 계열성 확립을 위해 기존의 '대단원제와 중단원제의 형식적 구별에서 탈피하고, 주제 중심으로 내용을 조직하는 것이 바람직하다'라고 적기하였다. 제5차 교육과정 개

---

37 변태섭 등, 「국사교육 내용전개의 준거안」, 1986, 7쪽.
38 이존희 외, 「국사교육 내용전개의 준거안 연구보고서」, 1994, 7쪽.

편을 위해 준비되었던 「국사교육 내용전개의 준거안」과 동일한 문제 지적을 그대로 하고 있을 뿐만 아니라, 그러한 문제의식을 바탕으로 집필된 결과물도 크게 개선된 부분이 없다는 점은 제6차 국사 교육과정에 따른 중, 고등학교 국사 교과서의 계열화가 사실상 실패한 것임을 보여주는 것이다.

이처럼 학교급 간 내용의 계열화에 실패한 제6차 교육과정의 국사 교과서는 차기 교육과정에 해묵은 숙제를 그대로 인계하였고, 이후 제7차 교육과정의 국사 교과서는 대대적인 개편을 맞이하게 된다.[39] 요컨대 제5차 국사 교육과정 개정을 준비하던 때부터 심각하게 받아들여졌던 학교급 간 계열화에 대한 고민이 제6차 교육과정에 따른 교과서에서도 진전된 모습을 보여주지 못한 부분은 제6차 교육과정 국사 교과서의 서술 체계에 있어 가장 큰 한계점이라 생각된다.

IV. 맺음말

제6차 교육과정기에 들어 그 전까지 독립교과였던 '국사과'는 사회과의 하위 과목으로 재편되면서 시수 조정 등 적지 않은 운영상의 변화가 있었다. 하지만 고대사 부분의 내용 체계와 서술 등은 직전 교육과정기의 교과서와 유사한 모습이 많이 보여 큰 변화상을 찾기는 어렵다. 그럼에도 교육과정의 변화에 따라 달라진 부분도 산견되는데, 본고는 그에 대해 집중적으로 살펴보았다. 이를 요약함으로써 결론을 대신하고자 한다.

---

39 거듭된 국사 교과서의 학교급 간 계열화 실패 문제를 엄중히 받아들여 제7차 교육과정에서는 고등학교 국사 교과서를 전면적으로 분류사 체제로 서술하는 개편을 단행한다. 결과물이 성공적이었다고 평가하기는 어렵지만, 변화를 위한 시도와 노력은 상당한 의미를 가진다.

먼저 고등학교 국사의 고대사 서술에서 고조선의 영역이 크게 늘어난 사실이 주목된다. 중국의 산둥반도와 만주, 한반도를 둘러싼 형태로 동이족이 분포하였다는 '말발굽형 동이 문화권' 지도가 제5차 교육과정기 교과서에 게재되었고, 이를 기반으로 제6차 교과서에는 고조선의 영역이 만주와 한반도 동북쪽으로 훨씬 확대된 형태의 지도가 실리게 된다. 이는 고조선의 지표 유물이라 할 수 있는 비파형 동검, 지석묘 등에 대한 진전된 연구성과가 교과서에 반영된 것으로 보인다.

고등학교 국사 서술의 변화 중 두 번째로 눈에 띄는 것은 백제 건국 세력에 대한 부분이다. 기존에는 고구려계 북방 유이민 세력이 한강 유역에 정착함으로써 백제가 건국되었다고 서술하였으나, 제6차 교과서에는 현지 토착 세력과 유이민 세력의 결합을 강조하는 것으로 기조가 변화하였다. 이 또한 관련 연구성과의 확대와 이를 교과서 서술에 최대한 반영하려고 한 노력의 결과로 파악된다. 이러한 경향과 궤를 같이 하는 것이 가야사 서술의 대폭적 증가이다. 그리고 그동안 가야사를 조망하던 피동적 시각에서 능동적이고 주체적 관점이 반영된 것 또한 주목되는 변화이다.

중학교 국사의 고대사 서술도 일부 변화된 양상을 보이고 있다. 우선 백제의 요서 진출설 관련 서술이 이전 교육과정기에 비해 완화되었다는 점이다. 제5차 교과서까지는 백제의 요서 진출에 대해 정복을 전제로 한 군사 활동으로 규정하는 서술이었으나, 제6차 중학교 국사는 요서, 산둥, 규슈 지역으로 진출하여 해상 활동의 무대를 넓혔다고 기술하여 정복 외에도 대외 교류나 무역 등으로 그 가능성을 넓힌 기조를 취하였다. 이것은 백제 요서진출설이 고고학적 증거의 부재, 특정 사서 편재 등 여러 문제점을 갖고 있어 쉽게 취신하기 어렵다는 학계의 중론을 의식한 것으로 풀이된다.

제6차 중학교 국사에서 기존과 달라진 점 중 하나는 단원 구성에 있어 후삼국과 고려의 재통일 과정이 고대사 부분 말미에 배치되었다는 점이다. 이것은 해당 교과서가 대단원명을 '통일 국가의 성립'으로 설정함으로써 신라와 고려의 통일을 민족 통일 국가의 성립과정으로 설명하려는 의도에서 비롯된 것으로 추정된다.

그리고 중학교 국사 교과서 서술에서 드러나는 두드러진 특징으로 '남북국 시대' 용어의 사용 빈도가 현저히 적다는 점이다. 이것은 같은 교육과정기 고등학교 국사와 비교해도 선명히 부각되는 부분이다. '남북국 시대' 용어가 교과서에 처음 반영되기 시작한 것은 제5차 교과서부터이다. 그러나 해당 용어에 대한 학계의 비판은 지속적으로 제기되었고, 이는 교육과정에 반영되지 않은 '남북국 시대' 용어에 대한 교과서 필자의 시각과 집필 재량이 반영되어 중학교 국사에는 그 사용 빈도가 현저히 감소한 것이라고 해석할 수밖에 없다.

03

제6차 교육과정기(1992~96) 중·고등학교 『국사』교과서의 고려 시대 내용 분석

이명미

Ⅰ. 머리말

3차 교육과정 시기(1273.2.~1981.12.) 사회과에서 분리되어 독립교과가 되었던 국사 교과가 사회과로 재편입된 것은 6차 교육과정(1992.10.~1996.12.)에서 국사 교과에 발생한 가장 큰 변화이자 특징이라고 할 수 있을 것이다.[1] 이러한 큰 변화를 수반한 6차 교육과정에서는 중·고등학교 국사 교과와 관련한 각론을 개정하는 과정에서 다음 사항들을 각기 그 기본방향과 주안점으로 삼았다.[2]

---

[1] 6차 교육과정기 국사 교과 및 교과서와 관련해서는 다음 연구들을 참고할 수 있다. 류재택 외, 「제6차 교육과정 각론 개정 연구_중·고등학교 국사」, 한국교육개발원, 1992; 주웅영, 「6次 敎育課程 初·中·高 社會科 國史領域의 特徵과 그 實現을 위한 前提」, 『역사교육논집』 19호, 1994; 서인원, 「고등학교 국정 국사 교과서의 비교 분석 – 6차·7차 교육과정 고려시대 정치·경제를 중심으로 –」, 『역사와 실학』 제26집, 2004; 김영석, 「제6차 사회과 교육과정 개정 과정에 대한 기억의 재구성–국민에서 시민으로」, 『사회과교육연구』 제20권 2호, 2013 외.

[2] 고등학교 교육과정 제6차 교육과정 국사 교과 관련 기본방향 및 주안점과 관련한 아래의 내용은 류재택 외, 「제6차 교육과정 각론 개정 연구_중·고등학교 국사」, 한국교육개발원, 1992, 6~11쪽 참조.

2장·03 제6차 교육과정기(1992~96) 중·고등학교 『국사』교과서의 고려 시대 내용 분석　　**235**

[표 1] 6차 교육과정 중·고등학교 국사 교과 각론 개정의 기본방향, 주안점

기본방향

① 시대 변화에 대응하는 창조적 인간 육성
  : 암기 중심 교육에서 창조적 사고력 위주 교육으로의 전환
② 학교급별 내용 구조화 및 계열성 확립
③ 살아있는 역사 교육 추구
  : 민족사의 발전적 특성과 변혁의 움직임 파악
④ 역사 교육의 내재적 목표 강조
  : 창조적 사고력 교육

주안점
① 학교급별 계열성의 확립 ② 한국사 연구 성과의 반영 ③ 향토사와 세계사의 이해

이는 6차 교육과정기『국사』교과서를 이해하는 데에 중요한 지점들이라고 생각된다. 이에 본 연구에서는 위와 같은 교육과정의 기본방향 및 주안점을 바탕으로, 세 가지 문제와 관련해 6차 교육과정기 중·고등학교『국사(상)』교과서에 실린 고려 시대 관련 내용을 분석해보고자 한다. 본문에서 살펴볼 내용은 다음과 같다.[3]

첫째, 학교급별 내용 체계의 계열성이 확보되었는가의 문제이다. 이는 기본방향과 주안점에서 모두 제시하고 있는 내용이며, 현재까지도 명확한 돌파구가 마련되지 않고 있는 문제이기도 하다. 이에 6차 교육과정기 중·고등학교『국사(상)』교과서의 목차와 내용 구성을 비교해 양자 간의 차별성 및 계열성이 확보되었는지, 6차 교육과정 개정의 기준이 된 5차 교육과정기 중·고등학교『국사(상)』교과서의 내용 체계에 비해 어떤 개선이 이루어졌는지에 대해 살펴보도록 하겠다.

---

3 아래 교과서 검토의 기준으로 제시한 내용은 모두 위의 각론 개정 기본방향 및 주안점과 관련된다. 다만, 기본방향 가운데 ③ 항목은 그간의 교육과정에서 가장 잘 추구되어온 문제이기에 일단 배제하고, 주안점의 ② 항목은 중요한 문제이지만 6차 교육과정에서 이 문제와 관련해 주안점을 둔 부분은 고대사와 근현대사 부분이기에 역시 별도 검토 기준으로 설정하지는 않았다. 그러나 이 두 문제 모두 본문에서 교과서의 내용을 검토하는 과정에서 다른 기준들과의 연계선상에서 검토될 것이다.

둘째, 세계사에 대한 이해를 어떻게 반영하고 있는가의 문제이다. 이는 주안점으로 제시된 '향토사와 세계사의 이해'와 관련되는 문제이다. 6차 교육과정에서는 "2천 년대를 향하는 고도 정보화 시대, 국제 개방화 시대에 부응할 자주인, 창조인을 육성"한다는 교육 목표에 연계하여, "민족사 이해의 편협성을 극복하자는 의도"에서 세계사 이해를 강조하고 있으며,[4] 이를 위한 단원을 구성했다. 이러한 문제의식은 현재에도 유효한 문제의식이기도 하므로, 그러한 문제의식에 부합하는 내용 구성 및 서술이 이루어지고 있는지를 살펴볼 필요가 있다.

마지막으로, 역사 교육의 내재적 목표와 관련하여, 역사적 사고력을 함양하기 위한 노력이 6차 교육과정기 『국사』 교과서의 내용과 서술에서 어떻게 이루어지고 있는지에 대해 검토해보고자 한다. 이는 이른바 '창조적 사고력 교육 지향'이라는 기본방향과 관련된다.

이 가운데 두 번째, 세 번째 검토할 내용은 세계화·국제화·민주화라는 사회 현실의 변화에 따라 그에 부응할 수 있는 시민으로서의 역량 함양이 국사 교과에도 요구되는 가운데, 또 역사 교육 이론의 발전과 함께 여러 과정을 거치며 역사 교과의 교육 목표로 자리를 잡게 된 요소들과 관련된다. 이에 이러한 '새로운' 역사 교육 목표와 민족사의 발전을 구조적으로 이해하도록 한다는 '기존' 역사 교육 목표가 『국사』 교과서 안에서 어떻게 관계를 맺고 있는지의 문제에 대해서도 간단하게나마 살펴보고자 한다.

---

4 류재택 외, 「제6차 교육과정 각론 개정 연구_중·고등학교 국사」, 한국교육개발원, 1992, 11쪽.

Ⅱ. 중학교 『국사』와 고등학교 『국사』의 내용 체계

1. 내용 체계의 차별성

학교급별 국사 교과서 내용 체계의 차별성 및 계열성 확보 문제는 6차 교육과정 이전에도 중요시되었다. 이전의 국사 교육에서도 국민학교-생활사, 중학교-시대사, 고등학교-문화사를 내용 구조상의 계열적 특성으로 삼았지만, 각 개념이 분명히 인식되지 못하고 내용 구성이 확연히 구분되지 않아 각 학급에서는 사실상 동일한 내용을 반복해서 교육하는 상황이 지적되어왔다. 이러한 가운데, 6차 교육과정 개정의 기준이 되었던 5차 교육과정에서 이미 이러한 문제점을 시정하기 위한 시도가 이루어져, 국민학교-주제사, 중학교-연대사·주제사 조합, 고등학교-연대사·분류사 조합이라는 내용 체계를 구성해 외형상 큰 변화를 도모했다.[5]

5차 교육과정기 중학교와 고등학교 『국사(상)』 교과서의 목차를 대단원-중단원-소단원-세부항목(중단원 이하는 고려시대 부분만 정리)의 순서로 정리하여 표로 제시하면, 뒤에 별도 첨부한 [표 2]와 같다. 아래 [표 2-1]은 중단원까지만 정리한 것이다.

[표 2-1] 5차 교육과정기 중·고등학교 『국사(상)』 목차 비교(대단원·중단원)

중학교 『국사(상)』(5차)	고등학교 『국사(상)』(5차)
Ⅰ. 우리 나라 역사의 시작	Ⅰ. 선사 문화와 국가의 형성
Ⅱ. 삼국의 발전과 그 문화	Ⅱ. 고대 사회의 발전
Ⅲ. 통일신라와 발해	

---

5 류재택 외, 「제6차 교육과정 각론 개정 연구_중·고등학교 국사」, 한국교육개발원, 1992, 9쪽.

중학교 『국사(상)』(5차)	고등학교 『국사(상)』(5차)
Ⅳ. 고려 사회의 발전 1. 고려의 성립 2. 국가 체제의 정비 3. 고려 전기의 대외 관계 4. 고려 전기의 사회 5. 고려 전기의 문화 6. 귀족 사회의 동요와 무신정권 7. 고려 후기 사회의 변화 8. 고려 후기의 문화	Ⅲ. 중세 사회의 발전 1. 중세 사회로의 이행 2. 중세의 정치와 그 변천 3. 중세의 사회와 경제 4. 중세 문화의 발달
Ⅴ. 조선 사회의 발전	Ⅳ. 근세 사회의 발전

보다시피, 중학교—연대사+'주제사', 고등학교—연대사+'분류사'라는 차이가 있다고 하지만, 사실상 '주제사'와 '분류사'의 차이는 크게 드러나지는 않는다. 이들 간의 차이는 '주제사'와 '분류사'의 차이보다는 이들을 연대와 조합하는 방식에서 두드러지는데, 고등학교 『국사(상)』(5차)에서는 시간의 단위를 '중세'라고만 설정하고 그 안에 정치, 사회, 문화를 각각의 중단원으로 정리한 것에 비해, 중학교 『국사(상)』(5차)에서는 왕조 단위로 대단원을 구분하는 한편, 시간의 흐름과 보다 직접적으로 관련된 정치사적 주제들을 중단원으로 드러내고, 이외 사회, 문화 등 분야를 전기와 후기로 나누어 역시 중단원으로 편성함으로써 중단원을 더 많이 배치했다. 즉, 5차 교육과정기 『국사』 교과서에서는 중학교 단계에서 시간의 단위를 세분하여 드러내며 상대적으로 통사적인 체계를 보여주고, 고등학교 단계에서는 보다 큰 시간 단위 안에서 여러 주제, 분야의 내용을 각각 함께 다루는 분류사적 체계를 보여준다. 그러나 목차 상으로 양자 간의 차이가 확연히 드러나지는 않는다.

이러한 가운데, 6차 교육과정기 중·고등 『국사』 교과서에서는 중학교—통사적 단원 편성, 고등학교—분류사적 단원 편성을 취하여 양자 간 차별성을 분명히 하고 계열성을 확보하고자 했다.[6] 6차 교육과정기 중·고등 『국사(상)』 교과서의 목차는 뒤에 첨부한 [표 3]과 같다. 아래 [표 3-1]은 [표 3]의 내용을 중단원까지만 간략히 정리한 것이다.

[표 3-1] 6차 교육과정기 중·고등학교 『국사(상)』목차 비교(대단원·중단원)

중학교 『국사(상)』(6차)	고등학교 『국사(상)』(6차)
Ⅰ. 우리 나라 역사와 우리의 생활	Ⅰ. 한국사의 바른 이해
Ⅱ. 고조선의 성장	Ⅱ. 선사 문화와 국가의 형성
Ⅲ. 중앙 집권 국가의 형성	Ⅲ. 고대 사회의 발전
Ⅳ. 통일 국가의 성립 4. 고려의 재통일	

Ⅴ. 귀족 사회의 변천
  1. 문벌 귀족 사회의 전개
  2. 귀족 문화의 발달
  3. 귀족 사회의 동요와 무신 정권
	Ⅳ. 중세 사회의 발전
	  1. 중세 사회로의 전환
	  2. 중세의 정치적 변천
	  3. 중세의 사회와 경제
	  4. 중세 문화의 발달

Ⅵ. 북방 민족과의 전쟁
  1. 거란·여진과의 전쟁
  2. 몽고와의 전쟁
  3. 자주성의 회복
  4. 고려후기의 문화	

Ⅶ. 양반 사회의 성립	Ⅴ. 근세 사회의 발달
Ⅷ. 사림 세력의 집권	

[표 2]·[표 2-1]과 [표 3]·[표 3-1]을 비교해보면 드러나듯, 6차 교육과정기 고등학교 『국사(상)』 교과서는 5차 교육과정기 고등학교 『국사(상)』 교과서와 그 목차 구성이 거의 동일하다. 단, 5차 고등학교 『국사(상)』에서 도입 단원을 〈1. 중세 사회로의 이행〉이라는 제목으로 구성해서 한국사의 상황만을 서술한 것에 비해, 6차 고등학교 『국사(상)』에서는 〈1. 중세 사회로의 전환〉이라는 중단원 아래, 〈(1) 중세의 세계〉라는 소단원

---

6 국사편찬위원회, 「제6차 교육과정 국사 교과서 해제」(http://contents.history.go.kr/resources/front/html/txthj_m_06.html)

을 설정해 한국사 이외, 동양과 서양의 중세에 대한 설명을 추가했다.

한편, '통사적 단원 편성'을 취한 중학교 『국사(상)』(6차)에서는 대단원 명에 왕조명을 드러내거나(5차 중등) 고대·중세·근세 등 시대구분 명칭을 드러내지(5차·6차 고등) 않고 있는 점이 주목된다. 단순히 ○○왕조의 '발전'이나 고대·중세·근세 사회의 '발전(발달)'이라는, 다소 무의미해 보이는 여타 교과서의 대단원명에 비해, 각 시대의 특징적인 정치사적 면모를 대단원명에 드러냄으로써 한국사의 전체적인 흐름을 정치사 중심으로 엮어낸 목차라고 생각된다. 이러한 목차 구성을 통해, 우선 목차 상에서 학교급별 내용 체계 구성의 차이를 드러내는 것에는 성과가 있었다고 생각된다.

한편, 중·고등 『국사』(6차) 교과서의 목차에서는 고려 시대가 한국사에서 갖는 위치 설정에서도 차이가 보인다. 즉, 고려가 건국하고 후삼국을 통일해가는 과정이 6차 중등에서는 한국사상 통일 국가가 완성되는 단계로 설정되었고, 6차 고등에서는 중세 사회가 시작되는 단계로 설정되었음이 주목된다.

2. 내용 구성의 차이점

전체적인 분량의 차이(50:58)[7]에서 드러나듯, 중등 6차에 비해 고등 6차의 내용이 더 상세하다. 이러한 '상세함'에는 약간의 서술이 추가된 경우도 포함되지만, 눈에 띄는 분량의 서술이 추가되거나 새로운 내용이 새로운 항목으로 추가된 경우도 있다. 6차 중등에 비해 6차 고등에서 항목이 추가되거나 분리되고 설명이 추가된 사례를 표로 정리하면 다음과 같다.

---

7 이는 대단원 전체 개관을 제외한 소단원에 할당된 쪽수만을 비교한 것이다.

[표 4] 항목 분리 및 추가와 내용 추가(6차 중·고등학교 『국사(상)』비교)

중학교 『국사(상)』(6차)	고등학교 『국사(상)』(6차)	변화 내용
·	IV-1. 중세 사회로의 전환 (1) 중세의 세계	· 단원 및 항목 추가
IV. 통일 국가의 성립 4. 고려의 재통일 〈고려의 건국과 민족의 재통일〉	IV-1. 중세 사회로의 전환 (2) 한국의 중세 사회 〈고려의 건국〉, 〈민족의 재통일〉	· 항목 분리 · 후고구려, 후백제, 발해 관련 내용 추가
·	IV-1. (2) 〈중세 사회의 성립〉	· 항목 추가
V. 귀족 사회의 변천 1. 문벌 귀족 사회의 전개 〈정치 제도〉	IV-2. 중세의 정치적 변천 (1) 정치구조의 정비 〈중앙의 통치조직〉, 〈지방의 행정조직〉, 〈군사조직〉	· 항목 분리 · 중앙 통치조직, 지방 행정조직 관련 설명 추가
·	IV-3. 중세의 사회와 경제 (2) 사회 시책과 법속 〈재산의 상속과 여성의 지위〉	· 항목 추가
V-1. 문벌 귀족 사회의 전개 〈토지제도〉, 〈농민의 생활〉	IV-3. (3) 경제 정책과 경제구조 〈토지제도의 정비〉, 〈수취체제의 확립〉	· 항목 변경 · 전시과제도 및 수취제도에 대한 설명 추가

먼저, 내용 체계의 차이에서 비롯된 항목 차이이기는 하지만, 6차 고등에서는 6차 중등에 보이지 않는, 중세 사회를 설명하는 항목이 신설되었다. 고려 시대를 다루는 IV단원의 첫 번째 중단원으로 〈1. 중세 사회로의 전환〉이 새롭게 설정된 가운데, 그 아래 소단원으로 〈(1) 중세의 세계〉가 설정되어 동양과 서양의 중세에 대한 내용을 포함하고 있다. 이어 〈(2) 한국의 중세 사회〉라는 소단원에는 6차 중등에 있던 내용을 다룬 소항목들 외에, 〈중세 사회의 성립〉이라는 항목이 신설되었다. 여기에서는 고려의 건국 및 후삼국 통일 이후를 한국의 '중세'로 볼 수 있는 근거 혹은 그 특징을 ① 새로운 사회 지배세력 대두[8], ② 유교 사상에 입각한 새

---

8 이 문제와 관련해서는 6차 중등에서도 〈학습의 도움글－호족 세력의 등장〉을 통해 비교

로운 질서 구축, ③ 중세 문화 성립, ④ 민족의식 형성과 기능, 4가지로
제시했다.[9]

마찬가지로 〈(2) 한국의 중세 사회〉에 포함된 소항목들 가운데, 〈고
려의 건국〉, 〈민족의 재통일〉 두 개 항목은 6차 중등 Ⅳ-4 단원의 〈고려
의 건국과 민족의 재통일〉 항목이 분리된 것이다. 항목 분리와 함께 내용
도 상세해졌는데, 6차 중등에서 약 1쪽 분량으로 후삼국 통일 과정이 간
략하게 제시되었던 것에 비해, 6차 고등에서는 분량이 2쪽으로 확대되어
후고구려와 후백제 관련 내용이 더 상세하게 서술되었고, 발해 관련 내
용이 추가되었다.[10]

이외에도, 6차 중등 〈Ⅴ-1. 문벌 귀족 사회의 전개〉 단원의 〈정치제
도〉 항목에서 간략하게 서술되어 있던 관련 내용이 6차 고등에서는 〈2.
중세의 정치적 변천-(1) 정치구조의 정비〉 아래, 〈중앙의 통치조직〉,
〈지방의 행정조직〉, 〈군사조직〉 3개 항목으로 분리되었다. 〈군사조직〉
에 해당하는 내용에는 별다른 변화가 없으나, 〈중앙의 통치조직〉과 〈지
방의 행정조직〉 항목의 내용은 6차 중등에 비해 압도적으로 늘어났다.
이러한 분량 확대는 6차 중등뿐 아니라 5차 중·고등에 비해서도 그러한
데, 단지 분량의 확대 이상으로 중앙과 지방에 어떤 기구들이 있었는지
를 대략적으로 나열한 정도의 서술에 그쳤던 다른 교과서에 비해, 6차 고
등에서는 각 기구의 역할과 그 의미에 대한 설명이 추가되었다는 점에서
내용의 심화가 이루어진 부분이라고 할 수 있겠다.

〈3. 중세의 사회와 경제-(2) 사회 시책과 법속〉 아래 〈재산의 상속과

적 상세히 설명하고 있다.

9 이 항목은 6차 고등과 동일한 내용 체계를 가진 5차 고등에서는 〈Ⅲ-1. (2) 중세 사회의
   전개〉의 소항목, 〈중세 사회의 성격〉으로 들어가 있으며, 그 내용도 유사하다.

10 5차 고등에서도 이 부분의 소항목은 〈고려의 건국〉, 〈민족의 재통일〉로 나누어져 있다. 그러
   나 6차 중등에 비해 추가된 6차 고등의 내용은 5차 고등에 비해서도 추가된 부분이다.

여성의 지위〉라는 소항목은 6차 중등에도 포함되어 있지 않고, 내용 체
계가 동일한 5차 고등에도 포함되어 있지 않았던 내용이 6차 고등에 새
롭게 추가된 사례이다. 이는 당시 고려시대사 연구에서 새롭게 주목되고
있던 내용을[11] 교과서에 반영한 부분으로서 주목된다.

〈3. 중세의 사회와 경제-(3) 경제 정책과 경제구조〉 단원의 소항목
인 〈토지제도의 정비〉, 〈수취체제의 확립〉 항목 역시 6차 중등에 비해
내용이 추가되었다. 6차 중등에서는 〈Ⅴ-1. 문벌 귀족 사회의 전개〉의
〈토지제도〉 및 〈농민의 생활〉 항목에서 고려의 전시과와 공음전, 민전
등 토지제도에 대한 간략한 개관과 민전에 대한 수취를 중심으로 한 농민
의 부담에 대한 보다 간략한 개관이 전체적으로 1쪽 남짓의 분량으로 실
려 있다. 이에 비해, 6차 고등에서는 역분전에서 시작하여 시정·개정·경
정 전시과의 내용과 각 단계별 차이에 대한 설명, 나아가 공음전 외 한인
전, 내장전, 공해전, 사원전 등, 그리고 민전에 대한 설명까지 포함되어
있다. 그리고 수취제도와 관련해서도 토지의 성격에 따른 조세 수취율에
대한 설명이 부가되었을 뿐 아니라 공납과 역에 대한 설명도 추가되어,
6차 중등에 비해 거의 두 배에 이르는, 2쪽 반 정도의 분량으로 서술되어
있다. 이러한 양상은 분명 6차 중등에 개괄적인 내용을 담고, 보다 상세
한 내용은 고등에서 다루는, 학교급에 따른 내용의 심화를 통해 계열성
이 확보된 사례라고 할 수 있다. 용어 면에서도, '전시과'의 전시(田柴)를
가리켜, 6차 중등에서는 '농토와 임야'라 하고, 6차 고등에서는 '전지와
시지'라고 하여 쉬운 용어로 설명한 후 사료 용어를 사용하여, 쉽고 단순
한 내용 및 어휘에서 전문적이고 심화한 내용으로 단계를 높여가는 방향
으로의 개정이 이루어졌다고 생각된다.

---

11 노명호, 「高麗社會의 兩側的 親屬組織 硏究」, 서울대학교 문학박사학위논문, 1988.

대한민국 역사교육과정 3

다만, 오히려 고등학교 단계에서 설명이 없어진 주제도 있다. 6차 중등에서는 〈Ⅵ-3. 자주성의 회복〉 단원에서 고려 전기에 확립된 토지제도 및 민에 대한 수취제도가 무너지는 고려 후기에 농장이 확대되는 양상 관련 서술을 포함했다. 그러나 6차 고등에서는 분류사 체계를 채택한 가운데, 〈3. 중세의 사회와 경제〉라는 중단원을 설정했지만, 여기에서는 고려 초에 토지제도 및 수취체제가 어떤 과정을 거쳐 확립되고 운영되었는지에 대한 설명만 있을 뿐, 그러한 것이 고려 중기를 거쳐 후기에 이르러 변화한 양상에 대한 설명은 담고 있지 않다.[12] 이러한 점은 중세의 사회와 경제 단원에서 농장과 관련한 내용을 담도록 한 6차 교육과정 국사과 내용 영역의 지침과도 부합하지 않는다.[13]

3. 목차와 내용의 관계: 부적절한 조합

고려 시대와 관련한 다방면의 내용을 일정한 내용 체계 안에 담아내려는 과정에서 일부 상위 단원명과 하위 단원명 간, 혹은 단원명과 아래 소항목 간 연결성이 부족하거나 부적절한 사례들이 있었다. 간단히 제시해 둔다.

1) 과거제도와 음서제도는 어떤 항목에?

고려 시대 대표적인 관직 진출 통로로서, 과거제도와 음서제도는 함께 이야기되는 경우가 많다. 6차 교육과정기 『국사(상)』 교과서에서도 이

---

12 〈Ⅵ-3-(1) 중세의 사회〉 아래 〈권문세족〉 부분에서 이들이 "수단 방법을 가리지 않고 불법적으로 토지를 겸병하여 대토지를 소유함으로써 국가 재정을 악화시켰다"라는 간략한 설명이 있을 뿐이다.
13 해당 지침은 아래 제3장 2절에서 소개할 것이다.

두 제도는 함께 언급되고 있는데, 다만 이들을 다루고 있는 항목과 내용의 연결성이 부적절해 보인다.

즉, 6차 중등에서는 〈Ⅴ-1. 문벌 귀족 사회의 전개〉 단원 내 소항목 〈교육과 과거제도〉에서 과거제도와 음서제도에 대해 설명하고 있다. 음서제도가 과거제도와 연결성을 갖기는 하지만, 위 소항목명과는 어울리지 않는다. 이러한 점은 6차 고등에서도 대동소이한데, 여기에서는 〈과거제도와 음서제도〉라는 소항목이 설정되었지만, 그 소항목을 포함하는 소단원 및 중단원은 〈4. 중세 문화의 발달-(1) 유학과 한문학〉이다. 과거제도는 이에 적합하지만, 음서제도는 그렇지 않다.

2) 고려 전기의 문화는 귀족문화?

6차 중등에서는 고려 전기의 정치·문화·사회적 상황을 모두 〈Ⅴ. 귀족 사회의 변천〉이라는 대단원 아래에 서술하고 있으며, 고려 전기 문화와 관련해 〈2. 귀족 문화의 발달〉이라는 중단원이 설정되어 있다. 고려를 '귀족 사회'라 하였으니, 그 문화를 '귀족 문화'라 할 수 있지만, 실제 그 아래 서술되어 있는 내용들이 모두 '귀족 문화'에 포괄되지는 않는다.

3) 북방 민족과의 전쟁이 고려 후기 문화에 미친 영향?

6차 중등에서는 고려 후기의 역사를 〈Ⅵ. 북방 민족과의 전쟁〉이라는 대단원 아래에 서술했다. [표 3]에서 보다시피, 해당 대단원은 〈1. 거란·여진과의 전쟁〉, 〈2. 몽고와의 전쟁〉, 〈3. 자주성의 회복〉, 〈4. 고려 후기의 문화〉, 4개 소단원으로 구성되어 있다. 얼핏 보기에도 '북방 민족과의 전쟁'이라는 대단원명과 '고려 후기의 문화'라는 중단원명의 관계가 어색한데, 굳이 연결성을 찾자면 북방 민족과의 전쟁의 결과로서 나타난 고려 후기 문화에 대해 설명하고자 하는 것이라고 볼 수도 있겠다. 실제 〈4. 고려 후기의 문화〉의 내용 중에는 '전쟁'의 결과는 아니지만 '전쟁' 이후 주변국과의 관계로부터 영향을 받은 고려 후기의 문화에 대한 설명들이 포함되어 있는데, 딱히 그와 관련되지 않은, 그냥 '고려 후기의 문화'도 포함되어 있다.

4) 정치적 지배 세력이 그 사회를 어디까지 대변하는가?

고려 지배층이 귀족인가 관료인가를 두고 벌어진 논쟁이 곧 고려 사회 성격 논쟁이 되었던 것을 생각하면, 한 사회의 지배 세력이 어떤 사람들인지를 파악하는 것은 그 사회를 이해하는 데에 중요한 부분이라고 할 수 있다. 귀족제 사회론과 관료제 사회론 간의 논쟁은 분명 고려 사회의 성격을 따지는 논쟁으로서의 성격을 갖지만, 그렇다고 해서 이후 정치적 주도 세력에 대해서도 마찬가지의 위상을 부여할 수 있는지는 다소 의문스럽다.

그런 점에서, 6차 고등의 〈3. 중세의 사회와 경제-(1) 중세의 사회〉 단원의 소항목이 〈사회 구조의 개편 ‖ 문벌 귀족 ‖ 권문 세족 ‖ 신진 사대부〉로 구성된 것은 어색하다. 〈사회 구조의 개편〉에서 고려의 신분제도 전반을 다루고 있고, 이후 소항목들은 정치적 주도 세력의 변화를 이야기하고 있는데, 이러한 내용만을 가지고 '중세의 사회'를 논할 수 있는가? 이러한 점을 의식해서인지, 본문 중에서 권문세족과 신진 사대부를 '정치 세력'이 아닌, '사회 세력'이라고 지칭하고 있는 점이 주목되는데, 이 역시 부적절해 보인다. 이 부분은 오히려 거의 유사한 내용 체계를 가진 5차 고등의 소단원명, 〈Ⅲ-3. (1) 사회 구조와 지배 세력〉이 더 적절해 보인다.

III. 『국사』 교과서 속의 한국사와 세계사

1. 〈중세의 세계〉와 〈한국의 중세 사회〉

- 특히, 고등학교에서의 국사 교육은 국민학교와 중학교에서 생활사와 정치사를 중심으로 학습한 내용을 토대로 하여, 문화사와 사회·경제사를 중심으로 정치, 사회, 경제, 문화 등 각 영역을 세계사의 보편성과 한국사의 특수성에서 보다 심층적으로 파악하도록 한다.
- 우리 민족의 역사적 전통과 문화의 특성을 세계사의 보편성과 관련시켜 인식하게 한다.

위 인용문은 6차 교육과정 고등학교 국사 교과의 성격과 목표로 제시된 내용 가운데 일부이다. 앞서도 언급했듯이 6차 교육과정에서는 "2천년대를 향하는 고도 정보화 시대, 국제 개방화 시대에 부응할 자주인, 창조인을 육성"한다는 교육 목표에 연계하여, "민족사 이해의 편협성을 극복하자는 의도"에서 세계사 이해를 강조하고 있는데,[14] 세계사에 대한 이해는 6차 교육과정 이전에도 그 중요성이 언급되었으나, 관련한 서술이 본격적으로 이루어진 것은 6차 교육과정에 이르러서이다.[15] 6차 교육과정에서 국사 교과가 사회과로 재편입되면서 '국민 교육'에서 '시민 교육'으로의 전환을 도모했다는 사실을 염두에 둔다면,[16] 세계사와의 관련성 속에서 한국사를 이해하고자 하는 방향성은 사회과로의 편입이라는 변화

---

14 류재택 외, 「제6차 교육과정 각론 개정 연구_중·고등학교 국사」, 한국교육개발원, 1992, 11쪽.

15 방지원, 「국사교육에 나타난 한국사와 세계사의 연계」, 『역사교육연구』 제7집, 2008.

16 6차 교육과정에서 국사 교과가 사회과로 환원되는 과정에서의 논란 및 의미 등과 관련해서는 김영석, 「제6차 사회과 교육과정 개정 과정에 대한 기억의 재구성-국민에서 시민으로」, 『사회과교육연구』 제20권 2호, 2013 참조.

를 동반한 6차 교육과정기 국사 교과의 가장 특징적인 면모인 것으로 보이기도 한다.

위에 제시한 것은 고등학교 국사 교과와 관련한 내용이지만, 이는 중학교 국사 교과에서도 마찬가지이다. 위와 같은 지침이 교과서에서 어떻게 구현되었는지를 보면, 우선 6차 중등에서는 〈Ⅴ. 귀족 사회의 변천〉 단원을 시작하기에 앞서 〈11세기경의 세계〉 지도를, 〈Ⅵ. 북방 민족과의 전쟁〉 단원을 시작하기에 앞서 〈13세기경의 세계〉 지도를 제시하고 있으며, 6차 고등에서는 〈Ⅳ. 중세 사회의 발전〉 단원의 모두에 〈단원 개관〉과 함께 '우리나라'와 '다른 나라'의 주요 사건을 정리한 연대표를 제시했다. 세계지도 및 연표의 제시는 5차 중등 및 고등 교과서에서도 이루어졌던 것인데, 5차 고등에 제시된 연표에 비해 6차 고등의 연표는 그 내용을 더 단순화시켜 알아보기 쉽게 했다.

세계지도와 연표도 관련되어 있지만, 세계사 속 한국사 인식이라는 지향과 관련하여 결정적으로 6차 교육과정기 『국사』 교과서가 갖는 차별성은 6차 고등의 대단원 도입부에 배치된 소단원, 고려 시대 관련 부분에서는 〈1. (1) 중세의 세계〉라는 소단원이라고 할 수 있다.[17] 여기에는 〈동양의 중세〉, 〈서양의 중세〉라는 소항목이 포함되어 있다.

이러한 내용 체계상의 변화가 지향하는 바는 비교적 명백하다. 6차 교육과정 개정과 관련해 작성된 연구보고서에 따르면, 이는 "민족사 이해의 편협성을 극복하자는 의도"라고 하며, 나아가 "2천 년대를 향하는 고도 정보화 시대, 국제 개방화 시대에 부응할 자주인, 창조인을 육성하고자 한다면 민족 주체 의식의 함양만을 강조하는 것으로는 부족"한 상황에 대한 고려, "국제적으로 개방화되는 사회 현실에서는 민족의 번영

---

17 이러한 단원 설정은 물론 중세에만 한정되지 않고 고대와 근세에도 마찬가지이다.

을 위한 주체적 노력과 함께 국제 사회의 일원으로서 상호 이해하고 협력하는 정신이 강조되며, 이러한 자질은 민족사의 특질을 세계사적 보편성 안에서 파악할 수 있을 때, 보다 더 함양될 수 있는 것"이라는 인식에서 특히 고등학교 『국사』에서는 "각 단원마다 동시대의 세계사적 일반론을 제시하여 이해를 깊게" 하고자 했다고 설명했다.[18]

이 단원이 갖는 이러한 교육적 의미는 고등학교 『국사(상)』 교과서의 첫 단원 〈I. 한국사의 바른 이해 – 2. 한국사와 세계사〉에도 잘 정리되어 있다. 해당 단원의 개요 부분을 인용해 보면 아래와 같다.

> 어떤 민족의 역사이건 주변 민족, 주변 문화와 관계 없이 발전해 온 예는 없다. 주변으로부터의 자극과 도전을 받으며 새로움을 찾고, 자기 발전을 위하여 노력을 하는 가운데 그 민족의 역사적 발전이 있었던 것이다.
>
> 이는 우리 역사도 마찬가지였다. 만주와 한반도에 터전을 잡고 전개된 한국사는 오늘의 모습으로 진전되기까지 주변 민족, 주변 사회와 여러 형태로 긴밀한 관계를 가지면서 발전해 왔다.
>
> 올바른 역사 의식을 가지고 우리 역사를 객관적으로 이해하려고 하면, 우리 역사뿐만 아니라 주변 민족, 주변 사회의 역사도 바르게 이해해야 한다. 우리가 세계사에 비추어 우리 역사의 보편성과 특수성을 제대로 인식할 때 한국사의 참모습을 이해할 수 있는 것이다.[19]

요컨대, 6차 교육과정기 『국사』 교과서에서 부각되는 세계사에 대한 관심은 크게 두 가지, 주변국과의 관계를 통해 한국사에 대한 이해를 심화시키는 것(정확히는 민족의 역사적 발전을 이해하는 것), 그리고 세계사에 비

---

18 류재택 외, 「제6차 교육과정 각론 개정 연구_중·고등학교 국사」, 한국교육개발원, 1992, 11쪽.
19 국사편찬위원회, 고등학교 『국사(상)』, 1996(6차 교육과정), 6쪽.

추어 우리 역사의 보편성과 특수성을 이해하는 것으로 정리된다. 이러한 문제의식과 지향은 '일단은' 바람직해 보이며,[20] 대단원마다 동시기 세계 사 관련 내용이 하나의 소단원으로 구성되고 그 단원들이 갖는 의미를 구 체적으로 교과서 초두에 적시했다는 사실 그 자체로서 학생들에게 갖는 교육적 의미가 크다고 할 수 있겠다.

다만, 그러한 문제의식과 지향이 타당해 보이는 것과는 별개로, 그 내 용이 실제 그러한 문제의식과 지향에 부합할 수 있도록 구성되었는가의 문제도 중요하다. 먼저 6차 고등의 4단원 첫 번째 소단원, 〈1. 중세 사회 로의 전환-(1) 중세의 세계〉에 실린 내용을 살펴보도록 하겠다.

〈동양의 중세〉에서는 고려와 동시기의 중국 정세를 정리했는데, 송을 중심으로 그 정치체제 및 정치 세력, 문화를 설명한 내용이 80%에 이른 다. 요, 금, 원 등은 송을 공격하여 결국 멸망하게 한 세력 정도로 이야기 되고 있으며, 원에 대해서는 세계제국으로 발전해 동서 문화 교류에 공 헌했음을 2줄 정도로 언급했다.

이어지는 〈서양의 중세〉에서는 서양 중세의 문화권을 로마 카톨릭 중 심의 서유럽 문화권, 그리스 정교 중심의 비잔틴 문화권, 이베리아반도 와 북아프리카에 걸친 이슬람 문화권으로 나누고, 그 가운데 서유럽 문 화권의 왕국 및 그 봉건제도와 종교에 대해 언급했다. 그리고 봉건사회 해체 후 비잔틴 제국의 문화, 이슬람 제국에 대해 간략히 서술했다.

앞서 본 이 단원의 필요성과 연계해서 보자면, 〈동양의 중세〉는 고려 와 관계를 맺은 주변국의 역사나 동시기 보편적 세계사로서의 의미를 모 두 가질 수 있다. 먼저 고려와 관계를 맺은 주변국의 동향이라는 필요성 과 관련해서 보자면, 물론 고려가 송과 많은 문물 교류를 했고, 그 영향

---

20 주변국과의 관계를 고려하는 것이 그를 통한 민족의 역사적 발전을 이해하기 위함이라 는 점은 근본적인 문제를 갖는데, 이에 대해서는 후술하도록 하겠다.

을 받은 것은 사실이지만, 보다 오랜 기간 외교적 관계를 형성한 것은 요와 금, 그리고 보다 많은 부분에서 영향을 받은 것은 몽골이 세운 원이다. 그런 점에서 이 부분의 서술은 고려와 관계를 맺었던 주변국으로서의 '동양'에 대해 설명하는 단원으로서는 한계가 있어 보인다. 또한 마찬가지로 '동양'에 해당하며 고려와도 교유했던 일본에 대한 언급이 전혀 없다는 점도 짚어볼 부분이다.[21] 이러한 경향은 6차 고등 『국사(상)』 교과서가 고려와 주변국의 관계 그 자체에 관심이 있었다기보다는, 한국사의 '발전'에 기여한 문물을 제공한(정확히는 제공했다고 인식한) 주변국 및 그와의 관계에 주안점을 두고 있었음을 보여주는 것이 아닌가 한다.

이러한 '주변국' 범주의 편협함 문제도 있지만, 이 단원의 설명은 한국사의 중세가 갖는 보편성과 특수성을 이해하기 위한 비교군으로서 보편적 '동양의 중세에 대한 설명으로서도 한계를 가진다. 여기에서 제시하고 있는 '동양의 중세' 사례가 한국사의 중세를 이해하는 데에 어떤 점에서 도움을 주는지, 어떤 부분에 유의해야 하는지가 분명하지 않은데, 이는 이어지는 〈서양의 중세〉 또한 마찬가지이다.

총 2쪽에 정도 분량으로 구성된 〈Ⅳ-1. (1) 중세의 세계〉 가운데 〈동양의 중세〉가 1/2쪽을 차지하는 가운데, 〈서양의 중세〉는 그림 자료(장원구조도)를 포함해 1쪽 반 정도의 분량을 차지하고 있다. 당시 고려가 서양의 여러 세력과 직접 관계를 형성하지는 않았고, 고대-중세-근대와 같은 시기 구분법 역시 서양을 기준으로 한 것이므로, 이 부분은 한국의 중세가 갖는 보편성과 특수성을 파악하기 위한 비교군으로서의 의미를 주로 갖는다고 할 수 있다. 사회의 내부적 구성이나 특징 등이 설명된 것은 주로 서유럽 문화권의 사례로, 서양 중세의 특징은 봉건제도와 기독교의

---

21 앞의 연표에는 한 항목뿐이긴 하지만, 1337년에 일본의 무로마치 막부가 성립했음을 제시했다.

영향력으로 정리되어 있다. 그런데 이러한 서양 중세의 특징들이 한국의 중세 사회를 이해하는 데에 어떻게 활용될 수 있을 것인지에 대해서는 알기 어렵다.[22] 요컨대, 해당 소단원을 설정한 취지는 좋으나, 그것이 실제 학습에 도움이 되는 내용으로 구성되었는가의 문제에서는 아쉬운 점이 있다.

2. 고려와 주변국의 관계를 어떻게 서술하고 있는가?

앞서 언급했듯이, 6차 교육과정기 국사 교과 개정 담당자들은 '현' 시대를 "국제적으로 개방화되는 사회 현실"로 파악하고, 이러한 사회에서 필요한 개인의 자질 내지 정신으로 "민족의 번영을 위한 주체적 노력과 함께 국제 사회의 일원으로서 상호 이해하고 협력하는 정신이 강조"된다고 파악했고, 이를 위해 〈1. (1) 중세의 세계〉라는 소단원을 설정했다.

그런데 위와 같은 문제의식 및 그 구현은 간략하게 서술된 소단원만으로 해결될 수 있는 것은 아니다. 이러한 것도 중요하며 의미를 갖지만, 그것을 발판으로 그보다 더 많은 분량을 차지하며 실제 한국사를 구성하고 있던 국가들과 엮여있던 '주변국과의 관계'를 어떻게 서술하고 교육하는가를 통해 그러한 문제의식이 실천성을 담보하는 것인가, 단지 명목상으로 제시된 것인가를 판단할 수 있을 것이다. 이에 아래에서는 6차 교육과정기 국사 교과서에서 고려의 대외관계를 어떤 체제로 구성하여 어떻게 설명하고 있는지에 대해 살펴보도록 하겠다.

먼저 중등 6차의 목차를 보면, 주로 정치 세력이나 정치체의 특성을 드러내는 다른 대단원명들에 비교할 때, 〈Ⅵ. 북방 민족과의 전쟁〉이라

---

22 해당 단원의 〈연구과제〉나 〈학습정리〉에도 이러한 내용은 포함되어 있지 않다.

는 대단원이 눈에 띈다. 해당 대단원은 〈1. 거란·여진과의 전쟁〉, 〈2. 몽고와의 전쟁〉, 〈3. 자주성의 회복〉, 〈4. 고려후기의 문화〉와 같은 4개의 소단원으로 구성되어 있다. 고려가 관계를 맺었던 주변국 가운데, 송과의 관계는 〈Ⅴ-1. 문벌 귀족 사회의 전개〉 아래 소항목으로 정리되어 있으니, 송 이외에 고려가 관계를 맺은 주요 국가인 요·금·원과의 관계를 모두 〈Ⅵ. 북방 민족과의 전쟁〉 단원에서 서술한 것이다.

고려가 송과 공식적으로 외교 관계를 맺은 것은 30여 년에 불과하며 요·금·원과는 각기 100년 이상 관계를 맺었다. 거란(요), 몽골(원)과는 전쟁을 치렀지만, 전쟁 국면 이후에도 고려와 이들의 관계는 장기간에 걸쳐 유지되었다. 특히 원과의 관계는 여러 면에서 고려 후기의 사회, 나아가 이후의 역사 전개에 큰 영향을 미쳤다. 그러한 고려와 주변국의 관계를 '북방 민족과의 전쟁'이라는 대단원명을 통해 규정하고, 주변국과의 관계를 갈등 국면만을 부각해 서술하는 것은 일단, "국제 개방화 국제화 시대에 부응할 자주인, 창조인"을 양성하고 "국제 사회의 일원으로서 상호 이해하고 협력하는 정신"을 함양하고자 하는 역사교육에 부적절해 보인다.

(6) 북방 민족과의 전쟁
북방 민족의 침입에 대한 항쟁 과정과 고려 말기의 자주권 회복을 위한 노력을 이해하게 함으로써, 민족의 자주정신이 가지는 역사적 의미를 인식하도록 한다.
(가) 거란·여진과의 전쟁—강동 6주, 귀주 대첩, 동북 9성
(나) 몽고에 대한 항쟁—몽고의 침입, 정동행성, 삼별초
(다) 자주성의 회복—권문 세족, 전민변정도감, 쌍성총관부 회복, 사대부, 홍건적과 왜구
(라) 팔만 대장경—조계종, 금속 활자, 직지심경, 삼국유사, 목화, 성리학

인용한 내용은 6차 교육과정 중학교 사회과 국사 교과의 내용 영역 가운데 〈Ⅵ. 북방 민족과의 전쟁〉에 해당하는 내용이다.[23] 여기에 간략하게 제시된 학습 목표를 통해 해당 교과서가 '북방 민족'과의 관계를 '전쟁'이라는 갈등 국면을 중심으로 서술한 이유가 그와의 항쟁 과정 및 자주권 회복 노력 과정에서 생겨난, 혹은 빛을 발한 '민족의 자주정신'을 강조하기 위한 것임을 알 수 있다.

고려인들이 외부의 침입에 대해 적극적으로 대응했던 모습을 교육의 내용으로 삼는 것은 중요하며 적절하다. 그 원동력이 6차 고등에서 이야기하는 것과 같이 후삼국 통일 과정에서 형성된 '강렬한 민족의식'의 결과물인지 여부는 차치하고서라도 말이다.[24] 그러나 주변국과의 안정적인 관계가 고려에 미친 영향이나 그에 대한 고려·고려인의 인식 등에 대해서는 언급하지 않은 채, 주변국과의 갈등 관계만을 부각해 '우리(민족)'의 정체성을 확고히 하고자 하는 것을 통해서는 실제 역사상을 종합적으로 전달하지 못할 뿐 아니라, 6차 교육과정(그 이전부터)에서 중요하게 제시하고 있는 국사 교과 교육의 목표 중 하나인 국제화·세계화 시대에 적합한 인재를 양성하는 데에도 역할을 하기 어렵다고 생각된다.

본문의 내용을 통해 이 문제를 좀 더 살펴보도록 하겠다.

〈1. 거란·여진과의 전쟁〉 단원은 〈강동 6주의 회복 ‖ 귀주 대첩 ‖ 동북 9성의 설치〉라는 소항목에서 보이듯, 주로 거란과의 전쟁 경과 및 귀주대첩 및 천리장성으로 이어지는 전쟁의 결과, 여진의 성장에 대한 고려의 대응 및 금 건국 후 사대관계 형성까지의 내용을 담고 있다. 고려가

---

23 국가교육과정정보센터(ncic), 우리나라 교육과정-6차 시기-중학교(1992.06)-사회-3. 내용 나. 학년별 내용-2학년 (http://ncic.re.kr/mobile.kri.org4.inventoryList.do)

24 6차 고등에 있는 한국 중세 사회 성립의 근거 가운데 마지막 항목을 통해 보자면, 고려 사회의 민족의식은 이미 후삼국 통일 과정에서 확고하게 형성되었고 이후 전쟁의 과정에서 빛을 발했다고 한다.

관계를 형성한 주요 국가들이지만, 그러한 관계를 맺기까지의 과정(전쟁, 갈등)이 서술 내용의 주를 이루고, 그 이후 유지된 '관계'에 대해서는 서술되어 있지 않다.

이에 비해 〈2. 몽고와의 전쟁〉에서는 전쟁의 과정뿐 아니라 전쟁 이후 〈원과의 관계〉까지 서술하고 있으며, 이어 〈3. 자주성의 회복〉에서는 원 간섭기에 발생한 여러 문제점을 공민왕이 개혁을 통해 해결하고자 했으나 그의 사망으로 개혁이 중단되었음을, 그리고 왜구와 홍건적 격퇴에 이르기까지를 서술하고 있다. 이 가운데, 〈원과의 관계〉 항목에서는 원이 고려에 부가한 영토면, 군사면에서의 압박과 정치적, 경제적 간섭에 대한 내용이 주를 이루고 있다. 말미에 양국의 문물 교류가 있었다는 점을 간략히 언급했는데, 본문 중의 내용은 간략하지만 〈학습의 도움글-몽고풍과 고려양〉을 통해 당시 고려 지배층 사이에 유행했던 몽고풍의 양상과 고려양이라는 이름으로 고려식 생활풍습이 원에서 유행했음을 설명하고 있다.

전쟁 이후의 양국 관계를 다루고 있고, 갈등 관계 외에 교류의 측면도 언급하고 있다는 점에서 〈1. 거란·여진과의 전쟁〉 단원 서술 양상과는 차이를 보인다. 그러나 양국의 관계라고 하는 것이 주로 원의 일방적인 압박과 간섭이라는 틀 속에서 설명되며, 교류라고 하는 것도 표면적 현상에 대한 언급일 뿐이라는 점에서 한계를 보인다.

고려와 몽골의 관계와 관련한 서술 양상은 당시의 연구 성과 등을 고려할 때 딱히 6차 교육과정기 교과서의 문제라고 할 수는 없다. 그러나 이후 관련한 연구가 상당히 진행되어있는 현재 교과서의 관련 서술 및 서사도 크게 다르지 않다는 점에서, 이는 단순히 관련한 연구 성과를 반영하는 문제 이상으로, 교과서 서사를 구성하는 민족주의적 역사 인식과 관련된 문제라고 생각된다. 주변국과의 관계를 침략과 저항, 간섭과 극

복을 중심에 두고 서술하는 양상은 현재의 교과서 서사에서도 대동소이
한 문제라고 할 수 있다.[25] 그리고 이러한 민족 항쟁 중심의 서사가 6차
교육과정 국사 교과에서 특징적이며 현재의 역사교육에서도 중요하게 논
의되고 있는 '시민 교육'의 방향성과 배치된다는 점은 두말할 필요가 없
을 것이다.[26]

이에, 물론 6차 교육과정기 당시의 연구 성과를 넘어서는 논의이기에
부적절한 논의일 수는 있지만, 현재 진행된 연구 성과들을 바탕으로 6차
교육과정기 『국사』 교과서의 고려─몽골 관계 부분 서술과 서사가 갖는
문제점을 제시해보면 아래와 같다.[27]

즉, 이 시기 원의 고려에 대한 압박과 간섭이 있었던 것은 사실이지
만, 정동행성의 문제 등에서 보이듯 그러한 것이 전개되는 과정에는 고
려 측의 이해관계나 의도 역시 개입되어 있었고,[28] 원의 과도한 공물 요
구를 언급하고 있지만 이는 주로 원이 남송을 포괄하기 이전까지의 상황
이며, 이 시기 고려의 상인들은 몽골이 열어놓은 세계 교역망에 포함되
어 활발하게 활동하기도 했다. 당시 고려인들에게 원은 단지 고려에 간
섭과 압박을 가하는 극복해야 할 존재만은 아니었다. 딱히 부원배라 할
수 없는 다수의 '일반적인' 고려인들이 원을 중심으로 한 세계질서 속에

---

25 관련해서는 김민정, 「역사 교과서 집필진의 고려시대 교과서 서사 인식과 서술 방향」,
    『역사교육』 제149집, 2019 참조.
26 근래 역사교육에서 이슈가 되고 있는 시민 교육─민주시민 교육과 관련해서는 대표적으
    로 김한종 외, 『시민교육을 위한 역사교육의 이론과 실천』, 책과 함께, 2019 참조.
27 앞서 언급했듯이, 해당 주제와 관련한 교과서의 서술과 서사는 현행 2015 교육과정 『역
    사』·『한국사』 교과서에서도 대동소이하다. 이 문제와 관련해서는 아래 서술하는 내용
    을 포함하여, 현재 사용되고 있는 2015 개정 교육과정 『역사』·『한국사』 교과서의 내용
    을 바탕으로 고려─몽골 관계와 관련한 교과서의 서술·서사를 분석하고, 그 대안 서사
    를 제시한 다음 연구가 참고된다. 이명미, 「역사·한국사 교과서 '고려─몽골 관계' 서사
    재구성 제안」, 『역사교육』 제160집, 2021.
28 이명미, 「13~14세기 고려·몽골 관계 연구: 정동행성승상 부마 고려국왕, 그 복합적 위
    상에 대한 탐구」, 혜안, 2016; 「14세기 초 遼陽行省의 合省 건의와 고려─몽골 관계: 고
    려국왕권 기반의 변화와 정동행성 위상의 재정립」, 『한국중세사연구』 제51호, 2017.

서 개인적 성취를 이루고자 했고, 원의 수도인 대도(大都)는 그를 가능하게 해주는 공간으로서의 상징성을 가졌다.[29]

고려양과 몽골풍의 유행을 통해 당시의 시대를 이해하고자 할 때 중요한 지점은 단지 옷 모양, 머리모양, 음식의 유행이라고 하는 표면적인 양상보다는, 그러한 현상 아래에 자리하고 있는, 고려인 개개인들의 원에 대한 인식이나 원의 등장으로 인해 접하게 된 세계 속에서 고려의 개개인이 꿈꾸게 된 성취에 대한 욕구 등이라고 생각된다. 그러한 원의 간섭과 그를 통한 세계 및 보편 문명에 대한 인식은 고려 후기의 정치질서나 국가 제도에서 큰 영향을 미쳤으며, 이는 이후 조선 시대에 이르러 보다 구체적인 모습을 드러내게 된다.[30]

그러나 6차 교육과정기뿐 아니라, 『국사』교과서의 내용으로 적절한 원과의 관계는 실제 그것이 내포한 다양한 양상 가운데 일부, 원의 압박과 간섭, 그리고 그에 대한 고려 측의 저항과 극복이라는 서사에 한정된다. 당시 고려인들의 다수가 원 중심의 세계질서를 긍정하고 그 안에서 가능한 성취를 이루어내고자 했던 모습들, 그리고 그 세계와 그 안에서의 고려에 대한 인식이 고려 후기 및 조선의 국가 제도에 미친 영향은 한국사의 전개—고려 말에서 조선 초에 이르는 시기의 역사 전개를 이해하는 데에는 매우 중요한 문제이지만, '민족사의 발전'을 이야기하고자 하는 『국사』교과서를 구성하기에는 부적절한 내용일 것이며, 그러한 '원과의 관계'는 '민족사의 발전'에 기여한 '주변국과의 관계'의 범주에는 포함

---

29 채웅석, 「원 간섭기 성리학자들의 화이관과 국가관」, 『역사와 현실』 제49권, 2003; 이명미, 「13~14세기, 성취를 위해 국경을 넘은 고려인들」, 『현대교육연구』 제33권 제2호, 2021 외.

30 최종석, 「중화 보편, 딜레마, 창의의 메커니즘―조선 초기 문물제도 정비 성격의 재검토」, 『조선시대 예교 담론과 예제 질서』, 소명출판, 2016; 최종석, 「13~15세기 천하질서와 국가 정체성」, 『고려에서 조선으로 ― 여말선초, 단절인가 계승인가』, 역사비평사, 2019.

되지 않는 것이다.

관련하여, 〈3. 자주성의 회복〉에 이어지는 〈4. 고려후기의 문화〉 단원 역시 살펴볼 필요가 있다. 우선 〈4. 고려후기의 문화〉라는 중단원명은 그 상위의 〈Ⅵ. 북방 민족과의 전쟁〉이라는 대단원명과 잘 연결되지 않는다. 사실상 원 간섭기의 역사는 대외관계의 영역에서만 다루기에는 국내 정치상황에 미친 영향이 크고, 이에 고려 후기의 역사를 〈Ⅵ. 북방 민족과의 전쟁〉이라는 대단원으로 아우르다 보니, 그 아래에 다소 어색하지만 〈4. 고려후기의 문화〉라는 중단원을 설정한 것으로 보이기도 한다. 그런데 이러한 어색함에도 불구하고, 〈4. 고려후기의 문화〉라는 중단원은 〈Ⅵ. 북방 민족과의 전쟁〉이라는 대단원과 맥락을 같이하는 부분이 있다.[31] 해당 중단원의 학습 개요는 아래와 같다.

> 고려 후기의 문화에서는 새로운 경향이 나타났다. 불교계는 선종을 중심으로 융합되어 조계종이 성립되었으며, 원으로부터 새롭게 수용된 성리학이 불교를 대신하여 새로운 사회를 이끄는 사상으로 자리잡아 갔다.
>
> 문학에서는 자주 의식이 강한 작품들이 창작되었고, 귀족이나 민중의 삶을 노래한 작품도 나타났다. 역사에서는 민족의 자주 의식을 강하게 드러내는 역사서가 나와 민족의 자각과 자부심을 일깨워 주었다.
>
> 고려는 세계 최초로 금속 활자를 발명하여 우리 민족의 슬기를 보여 주었으며, 밖으로부터 과학과 기술을 받아들여 이것을 실제 생활에 활용하였다.[32]

---

31 본 절의 앞부분에 인용한 6차 교육과정 중학교 사회과 국사 교과의 내용 부분을 보면, 이 연결성을 더 잘 이해할 수 있다.

32 국사편찬위원회, 중학교 『국사(상)』, 1996(6차 교육과정), 137쪽.

해당 중단원에는 〈불교계의 변화 ‖ 성리학의 수용 ‖ 문학과 역사학 ‖ 금속활자와 화약 ‖ 목화의 전래 ‖ 예술〉과 같은 소항목이 설정되어 있는데, 이 가운데 학습 개요를 통해 제시된 것은 불교계의 변화와 더불어 그를 대체하게 된 성리학의 도입, 문학이나 역사서에 보이는 민족의 자주의식, 외부로부터의 기술 도입, 세 가지이다.

우선 문학과 역사서에서 보이는 민족의 자주 의식은 〈Ⅵ. 북방 민족과의 전쟁〉과 그로 인한 간섭과 압박에 대해 저항하는 과정에서 생겨난 중요한 결과물로서 대단원의 취지와 맥락을 같이 한다. 이에 비해 다른 두 가지, 성리학의 도입이나 과학과 기술의 도입은 외부와의 갈등 국면에서 발생한 양상은 아니라는 점에서 대단원의 제목과는 결을 달리한다. 다만 이들이 모두 '원과의 관계' 속에서 발생한 결과물이라는 점에서 주변국과의 관계를 다루는 좋은 사례가 될 수도 있겠다. 그런데 이 부분의 서술은 앞에서 본 〈원과의 관계〉라는 소항목에서 제시된 고려와 원의 관계를 바탕으로는 선뜻 이해하기 어려운 부분들이 있다.

먼저 고려 말 조선 초의 정치적 사회적 변동 과정에서 성리학이라는 학문이 보여주었던 역할과 비중이 상당하기에, 성리학 문제를 도외시할 수는 없었을 것이다. 그런데 단순히 어떤 문물, 학문이 도입되는 것과 그것이 사회 내에서 널리 전파되어 특정한 기능을 하게 되는 것은 다른 문제이다. 사례와 상황에 따라 다르겠지만, 고려 말 성리학이 도입되어 우리가 알고 있는 기능을 할 정도로 전파가 되었던 데에는, 원에서 성리학을 관학으로 정하고 그를 과거시험 과목으로 지정했다는 점이 중요하게 작용했다. 즉, 원의 과거시험, 제과에 합격하기 위해서는 성리학 관련 서적을 공부해야 했고, 당시 고려에는 제과에 합격해서 황제의 조정에서 출사하고자 하는 유자들이 많았던 상황은 성리학이 급속도로 고려사회에 자리잡을 수 있었던 중요한 요인 중 하나였다. 이러한 고려 유자들의 동향은 당시 고려인들에게 원이라는 나라가 어떤 의미였는지, 이들이 원에 대해 어떤 인식을 갖고 있었는지를 보여주는 사례이기도 하다. 단순히 고려에 대해 다방면에서 압박과 간섭을 행한 국가로서만 원을 서술하는 가운데에서는 이해할 수 없는 고려인들의 행동양상이다.[33]

앞 중단원의 소항목 〈원과의 관계〉에서, 원의 압박과 간섭 양상을 서술한 후 그 말미에 간략하게 이 시기 원과 고려 사이에 교류가 많아졌음을 이야기하기는 했지만, 이러한 서술만으로는 당시 고려인들이 도대체 왜 고려에 대해 그러한 압박과 간섭을 일삼는 원과 교류하며 문물을 받아들였는지를 이해하기 어렵다. 이러한 점은 동일 소항목에 대한 〈학습의 도움글−몽고풍과 고려양〉에서도 마찬가지이다. 여기에서는 몽골로 가서 '고려양'을 유행시킨 고려인으로 '끌려간' 공녀와 환관을 주로 언급했지만, 당시 몽골로 갔던 고려인들에는 자기 성취를 위해 자발적으로 간 자들도 다수 포함되어 있었고, 원 말기 '고려양'의 유행은 그러한 양국 간의 인적 교류 결과로서 드러난 표면의 한 양상일 뿐이었다. 이 문제 역시 당시 고려인들에게 원이 다양한 성취가 가능한 '세계'로 인식되고 있었던 측면을 설명하지 않고는 온전히 이해할 수 없는 부분이다.

이는 다음 문제에서도 유사한데, 위 학습 개요에는 '밖으로부터의 과학과 기술'이라고 했지만, 본문의 서술을 보면 이는 고려가 원과 문화를 교류하는 과정에서 받아들이게 된 아라비아 문화를 의미한다. 그런데 이것 역시, 그 기술 자체는 아라비아의 것이었다 하더라도, 고려가 그를 접할 수 있었던 것은 원이라는 세계에 포함되었기 때문이었다. '원과 문화를 교류하는 과정에서'라고 제시하고 있기는 하지만, 엄밀히 말하면 이 과정 역시 당시 고려인들에게 원이라는 나라가 갖는, 기회와 세계로서의

---

33 이명미, 「고려−몽골 관계 깊이 보기 − 〈乞比色目表〉와 〈請同色目表〉 −」, 『역사교육연구』 제37집, 2020.

의미를 보여주는 것임에도 그에 대한 언급은 보이지 않는다. 굳이 그 문화가 '아라비아'의 것임을 강조하고 있을 뿐이다.[34]

이상 6차 중등 교과서가 고려와 그 주변국의 관계를 다루는 양상은 6차 고등에서도 크게 다르지 않다. 6차 고등에서는 〈2. 중세의 정치적 변천〉 아래, 〈(4) 대외 관계의 변천〉과 〈(5) 고려의 시련과 자주성의 회복〉이라는 두 개의 소단원을 두어 이 문제를 서술하고 있다. 원으로부터 도입된 문물에 대한 이야기는 〈4. 중세 문화의 발달〉이라는 별도의 중단원에서 다루고 있다. 보다시피 6차 고등에서는 6차 중등에서처럼 대단원명을 통해 주변국과의 관계에 대한 '민족주의적' 인식을 드러내고 있지는 않지만, 그에 포함된 내용은 크게 다르지 않다.[35]

언급했듯이, 살펴본 문제들은 단지 6차 중학교 및 고등학교 『국사(상)』 교과서의 문제라기보다는 당시 시점에서 관련 연구사의 한계이기도 하다. 그러나 관련한 연구가 어느 정도 진행되어있는 현재 교과서의 관련 서술 및 서사도 크게 다르지 않기에, 이를 문제점으로 제시해 둔다.

특히 '주변국과의 관계'라는 것이 '타자에 대한 인식과 이해를 통한 자기 인식 심화'라고 추상화될 수 있고, 그것이 국제화 시대를 살아가는 개인의 세계 인식, 시민의식이라는 가치로 좀 더 확장될 수 있다고 한다면, 『국사/한국사』 교과서에서 주변국과의 관계를 어떻게 서술할 것인가

---

34 동일한 6차 중등은 아니지만, 6차 고등의 〈Ⅳ-1 (1) 중세의 세계〉 단원의 소항목 〈동양의 중세〉에서 송의 문화적 역량을 설명하면서 '성리학'을 언급하고 있는 것도 이와 유사한 양상이라고 하겠다.

35 6차 중등과 달리, 〈3. 중세의 사회와 경제-(4) 경제 활동의 진전〉이라는 분류사 체계에서의 중단원-소단원이 설정되고, 그 아래 〈대외무역〉이라는 소항목이 설정되었지만, 매우 활발한 양상을 보였던 고려후기 원을 매개로 한 국제무역에 대한 설명은 포함되어 있지 않다. 거란, 여진, 일본과의 무역 양상은 서술되어 있다. 한편 〈2. (4) 대외 관계의 변천〉 부분에서 거란이 고려를 침략하게 된 배경이나 여진이 금을 건국하기 이전 존재 양상 등에 대한 서술이 추가되어 주변국과 관련한 이해를 심화하려는 시도를 보이기도 하였으나, 역시 전쟁 이후 혹은 관계 안정 이후의 내용은 아니다.

의 문제가 갖는 의미는 그야말로 중요한 것이 아닐 수 없다. 국사(역사) 교육의 내용을 주변국과의 관계를 민족사의 발전 및 민족적 정체성 강화라는 기준에 따라 판별한다면, 그래서 민족사의 '발전'에 기여한 주변국과의 관계와 '나(我)'와 '타(他)'의 경계를 명확히 하는 주변국과의 갈등 국면을 강조하여 교육한다면, 그것은 세계화와 다문화가 한 몸처럼 엮이어있는 현실 혹은 다양한 타인들과 함께 할 수밖에 없는 현실 속에서 어떤 의식을 가지고 타인을 바라보는 개인을 양성하고자 하는 것일까?

6차 교육과정기『국사』교과서에서 고려와 주변국의 관계를 서술하는 양상이 갖는 문제점을 직시하는 것은 한국사 연구 및 교육에서 '민족주의적 역사의식'과 '시민으로서의 역량' 함양이 함께 할 수 있는가, 가능하다면 어떻게 가능한가라는 문제를 제기하는 지점이기도 하다.

IV. 역사적 사고력 함양을 위한 고려시대사 서술

민족의식의 함양이든 시민의식의 함양이든 이것이 역사교육의 외재적 목표임에 비해, 역사적 사고력 함양은 역사교육의 내재적 목표로서 강조되어왔다. 그러나 그것이 중등 교육과정에 실제적인 목표로 설정되기까지는 일련의 과정이 필요했고, 그것이 실제 내용 구성에 의미있게 반영되는 것은 또 다른 문제라 할 수 있다. 여기에서는 6차 교육과정기 중·고등『국사』교과서의 고려시대사 부분 서술 내용을 통해 이 문제에 대해 살펴보도록 하겠다.

먼저, 관련한 교육 목표에 대해 살펴보도록 하자. 6차 교육과정기에 선행하는 5차 교육과정기에는 교육과정 총론에서 '자주성, 창조성, 도덕성 교육'을 강조했는데, 이 가운데 '창조성 교육'의 강조는 역사교육에서

'역사적 사고력'을 강조할 수 있는 바탕으로 작용했고, 중·고등 국사과 교육과정에서 교과 목표—학년 목표—단원 목표의 각 단계별로 역사적 사고력을 강조하기에 이르렀다. 민족사관 교육에 치중해 왔던 역사(국사) 교육에서 역사적 사고력의 함양이라는 목표의 설정은 나아가 학생들이 민주사회의 구성원으로서 구비해야 할 문제 해결 능력과 개방적, 객관적 태도나 자세를 갖게 하는 가치를 갖는 것으로 설명되었고, 이러한 점은 5차 고등학교 국사과 교육과정 교과 목표의 가치·태도 영역에 '새 문화 창조와 민주사회 발전에의 기여'라는 목표가 설정되었던 것에서도 확인할 수 있다.[36]

역사 교과의 내재적 가치를 다시 민주사회 발전에의 기여라고 하는 외재적 가치와 목표를 통해 인정받고자 한다는 점이 주목되는데, 어찌되었든 이러한 '역사적 사고력 함양', 나아가 민주적 교육을 위해 취해진 『국사』 교과서의 변화로는, 내용적인 측면과도 관련이 있으나 다소 형식적인 측면에서의 변화들이 주로 이야기되었다. 즉, 5차 교육과정기를 기준으로, 이전 교과서에 비해 사료와 읽을거리의 범위를 확대한 것, 또 중단원에 〈단원개요〉와 〈연구과제〉를 제시해 문제 해결을 위한 탐구학습을 용이하게 한 것 등이 그러한 사례이다. 이러한 점은 6차 교육과정기 『국사』 교과서에서는 더욱 확대되어, 6차 중등에서는 〈학습의 도움글〉 항목 수가 이전 교과서에 비해 2.7배 정도 증가했고, 이를 통해 학생들의 사료 분석 능력을 함양하고 역사적 사실에 대한 심층 이해를 도모했다고 한다.[37] 6차 중등 『국사』 교과서 고려 시대 부분에는 총 6개의 〈학습의 도

---

36 차미희, 「5차 교육과정기(1989~95) 중등 국사교육 내용의 개선과 한계」, 『교과교육학연구』 제12권 1호, 2008.
37 국사편찬위원회, 「제6차 교육과정 국사 교과서 해제」(http://contents.history.go.kr/resources/front/html/txthj_m_06.html)

움글〉이 실려 있는데, 그 주제는 다음과 같다.

[표 5] 6차 교육과정기 중학교 『국사(상)』 고려 시대 부분 학습의 도움글

단원명	학습의 도움글
IV-4. 고려의 재통일	호족 세력의 등장
V-2. 귀족 문화의 발달	고려 청자
V-3. 귀족 사회의 동요와 무신 정권	만적의 노비 해방 선언
VI-2. 몽고와의 전쟁	몽고풍과 고려양
VI-3. 자주성의 회복	최무선과 화약
VI-4. 고려후기의 문화	팔만대장경

이러한 〈학습의 도움글〉은 각 도움글의 분량이 약 1쪽에 이르는데, 5차 고등 『국사(상)』 교과서 고려 시대 서술분에 약 1/2쪽 분량의 〈학습의 도움글〉 1개(대각국사 의천)가 실려 있었던 것에 비하면 양적으로 크게 늘어난 것이라고 할 수 있다. 또한 2개의 중단원을 제외하고는 매 중단원마다 각 단원의 내용을 이해하는 데에 도움이 될 수 있는 주제를 선별해 본문에서 다루지 못한 내용을 보다 심도있게 소개하고 있다. 다만, 이러한 〈학습의 도움글〉이 해당 단원의 내용에 대한 좀 더 많은 내용을 전달할 수 있는 장치가 된다는 점은 인정할 수 있겠으나, 이러한 것이 이른바 '역사적 사고력' 함양에 어떤 기여를 어느 정도 할 수 있는 것인지는 다소 의문스럽다. '역사적 사고력'이라고 하는 것이 단순히 해당 분야의 지식을 좀 더 많이 아는 것을 의미하지는 않을 것이기 때문이다.[38]

한편, 6차 교육과정기 중·고등 『국사』 교과서의 고려 시대 관련 서술에서는 가치 평가와 관련된 용어의 사용이나 명제의 서술에서 엄밀성을

---

[38] 다른 시대의 〈학습의 도움글〉은 어떠한지 모르겠으나, 고려 시대 부분의 〈학습의 도움글〉은 원 사료 소개를 통한 역사적 탐구력 향상 등이 가능하게 구성되어 있지는 않은 듯하다. 역사적 사고력에 대해서는 양호환 외, 『역사교육의 이론』, 책과 함께, 2009, 제5장 참조.

결여한 사례들이 보인다. 이는 학생들이 역사상의 문제들을 정합적으로 이해하도록 하는 데에, 표면에 드러난 역사적 명제 아래 놓인 역사 연구의 과정, 달리 말해 마땅히 논리적이어야 할 역사적 사고의 과정을 이해하도록 하는 데에 방해가 된다. 몇 가지 사례를 제시해보면 아래와 같다.

> 또, 문화의 폭과 질이 크게 높아진 중세 문화를 성립시켰다. 즉, 고려의 문화는 통일 신라의 혈족적 관념과 종교의 제약에서 벗어남으로써 문화의 폭이 한결 넓어졌다. 그리고 유교 사상이 발달하고 불교의 선종과 교종이 융합되어 문화의 수준이 크게 향상되었다. 특히, 송, 원, 서역 문화와 활발한 교류를 통하여 독특한 개성을 가진 문화를 창조하였다. 또, 지방 세력이 문화의 주인공으로 등장함으로써 지방 문화도 발달하고 문화의 내용도 보다 다양해졌다.[39]

'중세 문화'의 특징을 한마디로 표현하면 문화의 '폭과 질이 크게 높아졌다'라는 것이며, 그 내용은 혈족적 관념과 종교의 제약에서 벗어난 점, 유교가 발달하고 불교에서도 선종과 교종이 융합된 점, 주변국과의 교류를 통해 독특한 개성을 가진 문화를 창조한 점, 지방 세력을 주체로 한 지방문화의 발달 등이다.

이러한 내용은 확실히 문화를 구성하는 요소들이 다양해졌음을 보여준다는 점에서, '중세 문화'가 이전 시기(통일신라/고대) 문화에 비해 그 폭이 넓어졌다는 평가는 설명이 된다. 그러나 그 '수준이 높아졌다'라는 평가는 교과서의 서술만을 가지고는 그 가부를 논하기가 어렵다. 교과서의 서술을 통해 보건대, 기존에 불교(교종)에만 주로 한정되었던 고대의 상황에 비해, 고려 시대에는 유교도 발달하고 불교 내에서도 교종뿐 아니라

---

39 국사편찬위원회, 고등학교 『국사(상)』, 1996(6차 교육과정), 112쪽.

대한민국 역사교육과정 3

선종까지 발달해 융합되었으므로 그 수준이 더 높다는 취지인 듯하다. 물론 그것이 맞는 이야기일 수도 있지만, 다양한 요소들이 더 유입되었다는 사실이 반드시 수준의 향상으로 연결되는지는 검증이 필요하며, 수준의 높고 낮음이라는 것은 '기준'이 필요한 주관적 명제이다. 그러나 여기에는 그러한 평가를 밑받침하는 실제적인 내용이 들어있지 않으며, 뒤에 나오는 〈4. 중세 문화의 발달〉 단원에서도 그에 대한 적절한 답을 찾기는 쉽지 않다. 이러한 점은 이어지는 내용, "송, 원, 서역 문화와 활발한 교류를 통하여 독특한 개성을 가진 문화를 창조"했다는 구절에 대해서도 마찬가지이다. 고려 시대에 주변국과의 문화교류가 있었고, 그것이 고려 문화의 폭을 넓혀주었을 수는 있겠지만, 그 결과 창조되었다는 고려 문화의 '독특한 개성'이 어떤 것인지 역시, 뒤에 나오는 〈4. 중세 문화의 발달〉 단원에서도 적절한 답을 찾기 어렵다.

이어서 한국 중세 사회의 네 번째 특징으로 제시된 '민족의식의 형성과 역할'에 대한 내용 역시 유사하다. 해당 부분의 교과서 서술을 인용하면 아래와 같다.

> 한편, 고려 시대에는 민족의식이 국가 사회를 이끌어 나갔다. 고려인들은 고대 사회의 모순을 극복하고 민족의 재통일을 이루어 낸 역사적 경험에서 자신감을 가지게 되었고, 이를 토대로 하여 강렬한 민족의식이 형성되었다. 그 결과 고려는 고구려의 옛 땅을 회복하기 위하여 북진 정책을 추진하면서 거란, 몽고 등의 북방 민족에 대항하여 끈질긴 항쟁을 펴나갈 수 있었다.[40]

'민족의식'이라는 것이 민족을 구성하는 가장 핵심적 요소이며, '민

---

40 국사편찬위원회, 고등학교 『국사(상)』, 1996(6차 교육과정), 112쪽.

족', '민족의식'이라는 개념이 근대적 산물임은 이미 보편적 지식이 되었다. 위 인용문에 보이는 '민족의식'은 근대적 산물로서의 '민족'과 같은 실체를 염두에 둔 의미가 아니라, 이른바 '삼한일통의식'으로 표현되기도 하는 어떠한 공동체로서의 의식을 '민족의식'이라고 지칭한 것일 수도 있다. 그러나 그렇다 하더라도 고려가 후삼국을 통일하는 과정에서 '강렬한 민족의식'이 형성되었고 그것이 이후 중요한 역할을 했다고 서술하고자 한다면, 그러한 '강렬한 민족의식'의 형성과 역할을 확인할 수 있는 근거가 제시되어야 할 것이다.

> 성종 때는 유교 정치 사상이 정립되는 시기였다. … 이들은 유교 사상을, 사회를 개혁하고 새 문화를 창조하기 위한 치국의 근본 사상으로 삼으로 하였다. 따라서 이들의 유교 사상은 관념적이거나 사대적인 성격에 빠지지 않고 자주적이며 주체적인 특성을 지니게 되었다.
> 그러나 고려 중기에 이르러서는 이러한 초기의 학풍이 점차 보수적인 성격으로 바뀌어 갔다. … 경원 이씨 일파가 집권함에 따라 자주적인 유교 정신을 강조하기보다는 집권 세력의 권력 유지만을 도모하는 보수적 성격을 띠어 갔다.
> … 이후, 고려 중기의 유학은 비록 상당한 수준으로 발달하기는 하였지만, 사회적 모순을 해결할 수 있는 능력은 상실하였다. 이러한 보수적 유학의 성격을 대표하는 인물은 김부식이었다.[41]

위 인용문은 〈Ⅳ-4. 중세 문화의 발달-(1) 유학과 한문학〉 단원의 소항목 〈유학의 발달〉에 서술된 내용 일부를 발췌한 것이다. 여기에서는 고려 전·중기 유학을 전기의 '자주적이며 주체적인 특성을 지닌' 유학과 중기의 '보수적 유학'으로 구분해 그 변화상 및 특징을 언급했다. 그리고

---

41 국사편찬위원회, 고등학교 『국사(상)』, 1996(6차 교육과정), 146쪽.

전기의 '자주적이며 주체적인' 유학은 사회를 개혁하고 새로운 문화를 창조하는 데에 사용된 유학이며, 중기의 '보수적 유학'은 '자주적인 유교 정신'을 강조하지 않는, 사회적 모순을 해결할 역량을 상실한, '집권 세력의 권력 유지만을 도모하는' 유학이라고 '자세하게' 설명했다. '보수적/사대적/관념적' vs '개혁적/자주적/주체적'의 대립 구도가 설정되어 있음을 알 수 있다.

'자세한' 설명이 있기도 하거니와, 〈유학의 발달〉을 이야기하는 부분에서 굳이 고려 전·중기의 유학을 위와 같은 대립 구도 속에서 설명하고 있는 이유는 짐작이 간다. 특정한 학문이 시대적 상황에 따라, 또 그것을 익히고 활용하는 사람들의 계층이나 성격에 따라 다른 양상을 띠게 될 수 있다. 교과서에서 위와 같이 서술한 것도 그러한 문맥에서 이해할 수 있을 것이다. 그러나 그 학문을 활용하는 사람들이 그를 어떠한 방식으로 이용했다는 것을 넘어, 위 교과서의 서술은 유학 혹은 유교 사상 자체가 '자주적', '주체적', '보수적', '관념적'이라는 성격을 가지고 있는 것처럼 설명되어 있다. '자주적이고 주체적인 유교 사상'이란 어떤 것인지, '보수적인 유학'이란 어떤 것인지, 그 두 가지 유학(유교사상)은 그 실체 자체가 다른 것인지 알기 어렵다. 이러한 양상은 다음 부분에서도 보인다.

> 중기 이후에는 귀족 사회에서 점차 사치와 향락적인 풍조가 심해졌고, 당·송의 한문학을 숭상하는 경향도 일어나게 되었다. 당·송 문학에의 심취는 전통 문화와의 괴리를 가져오게 하였다. 이러한 경향은 당시 귀족 문화의 사대성과 보수성을 강화하는 결과를 가져오기도 하였다.[42]

---

42 국사편찬위원회, 고등학교 『국사(상)』, 1996(6차 교육과정), 150쪽.

위 인용문은 〈Ⅳ-4. 중세 문화의 발달-(1) 유학과 한문학〉 단원의 소항목 〈문학의 발달〉 가운데 일부이다. 말 그대로, 귀족 사회에서 사치와 향락적 풍조가 심해졌고, 아마도 그 결과로서 당과 송의 한문학을 숭상하고 그에 심취하는 경향이 나타났으며, 이러한 경향은 전통 문화와는 거리가 있는 것이었고, 이는 곧 귀족 문화의 '사대성과 보수성'을 강화하는 결과를 가져왔다는 것이다. 당시 고려의 귀족들이 중국의 한문학에 심취하는 경향을 보인 것을 두고 귀족 문화의 '사대성'이라고 표현한 듯한데, 중국의 한문학에 심취한 결과 강화된 귀족 문화의 '보수성'이라는 것이 어떤 것을 의미하는지 정확히 알기 어렵다.

마지막으로, 〈Ⅳ-3. 중세의 사회와 경제-(1) 중세의 사회〉 단원의 소항목 〈신진사대부〉에서는 권문세족과 대비되는 신진사대부의 입장을 "신진사대부들은 성리학을 수용함으로써 권문세족의 친원적이고 친불교적인 성향에 대해서 반대하는 입장을 취하였다."[43]라는 한 문장으로 정리했다. 신진사대부가 성리학을 수용했다는 것은 사실이며, 이들이 권문세족의 친원적이고 친불교적인 성향에 대해 반대했다는 점 또한 사실이지만,[44] 신진사대부들이 성리학을 수용한 것이 곧 이들이 권문세족의 친원적인 성향에 반대한 배경이 되었다고 하기는 어렵다.

위에 제시한 사례들은 용어 사용이나 가치 평가, 인과 관계 설명에 엄밀성이 부족하거나 적절한 근거 제시를 통한 논리적 서술이 이루어지지 않은 사례들이다. 그런데 이들 가운데 일부 사례들은 나아가 역사상의 양상들을 개혁과 보수, 자주와 사대와 같은 틀 속에서 이분법적으로 서술하고 있는 사례이기도 하다. 다시 말해 강력한 이분법적 도식 속에서

---

43 국사편찬위원회, 고등학교 『국사(상)』, 1996(6차 교육과정), 136쪽.
44 근래에는 당시의 권문세족들이 원명 교체의 시점에서 '친원적'인 성향만을 고수했다는 기왕의 이해에 대한 반론이 제기되어 있는 상황이기는 하다.

관련되는 서술에 논리나 개념의 엄밀성을 충분히 기하지 않은 사례들이다. 이분법적 도식 속에서 사안을 바라보는 것이 현상을 특정 관점에 맞추어 왜곡시킬 수 있다는 점에서 학문적, 교육적으로 부적절함은 두말할 필요도 없을 것이다.

그런데 다시 살펴보면, 이 문제는 단지 이분법적 구도에서의 서술이나 그와 연동된 논리와 엄밀성이 부족한 용어 사용 및 서술 문제라기보다는, 6차 교육과정 자체가 지향하고 있는 또 다른 방향성과 연동되어있는 문제인 것으로 보인다. 아래 내용은 〈제6차 교육과정 각론 개정 연구 – 중·고등학교 국사〉에서 개정의 기본방향으로 제시된 내용 중 일부이다.

> 셋째, 살아있는 역사교육을 추구한다. 해방 후 국사 교육은 민족사를 주지시키면서 역사의식을 함양하고자 함에 힘써 왔지만, 학습내용이 제도나 사건의 나열이어서 그 의도를 다하지 못하였다. … 민주화 과정이 구체화됨에 따라 사회적 갈등 해소와 문제 해결 능력의 배양이 크게 요청되었다. 이에 국사과에서는 삶의 역사로서 우리의 민족사를 살펴보고자 한다. … 역사 속에서의 인간의 고뇌를 밝혀 스스로 삶을 개척하기 위하여 그를 둘러싸고 있는 모순과 어떻게 갈등해 왔는가의 문제를 탐구하도록 내용이 조작될 것이다. 그리고 역사를 삶의 현장으로 보다 가깝게 이해하도록 하기 위하여는 특히 발전적, 변혁적으로 조감시킬 것이다. … 사회의 모순을 극복하고 역사적 과제를 해결하는 변혁의 주체가 분명히 이해될 수 있도록 내용 구조가 조직되어야 한다. 인간의 역사는 단순한 변화가 아니다. …… 그 역사는 발전적임과 동시에 주체적이다. 역사를 발전적이고 주체적으로 인식시키기 위해서는 기존 질서와 새로운 질서의 대응 관계를 명료히 할 필요가 있으며, 주체의 존재와 그 역할에 의미가 부여되어야 할 것이다.[45]

---

45 류재택 외, 「제6차 교육과정 각론 개정 연구_중·고등학교 국사」, 한국교육개발원, 1992, 7쪽.

요컨대, 국사는 민족사이며, 그 역사는 발전적, 변혁적, 주체적인 것이기에, 이러한 측면을 드러내기 위해 기존 질서와 새로운 질서의 대응 관계를 명료히 하며, 변혁의 주체를 드러내는 방향으로 교육과정을 개정하겠다는 것이다. 이러한 개정 방향이 필요한 근거로 민주화 과정이 구체화함에 따른 사회적 갈등 해소와 문제 해결 능력 배양의 필요성을 들고 있는 점이 흥미롭다. 이러한 지침은 민족의 발전을 나타내는 요소들과 관련해서 사용되는 용어와 새로운 질서를 구축하고자 하는 세력과 관련되어 사용되는 용어에는 관대함을, 사회의 모순을 드러내는 기존 질서 및 그 중심 세력과 관련하여 사용되는 용어에는 과도함을 허용했다.

머리말에서 언급했듯, 동일한 연구보고서에서는 국사 교과 6차 교육과정 개정의 기본방향으로, 위에 제시한 세 번째 내용 외에 세 가지를 더 제시했다. 그 세 가지는 시대 변화에 대응하는 창조적 인간 육성(창조적 사고력 위주의 교육), 학교급별 내용 구조화(학교급별 계열성 확립), 역사교육의 내재적 목표 강조(창조적 사고력 교육)로 요약된다. 모두 바람직한 개정 방향이지만, 유감스럽게도 이들과 병렬된 위의 세 번째 지침은 다른 세 가지 기본방향을 압도하며 그들이 추구하고자 했던 교육의 효과를 반감시키고 있는 것으로 보인다.

V. 맺음말

이상, 6차 교육과정기 중·고등학교 『국사』 교과서의 고려 시대 관련 부분을 검토해보았다. 해당 교육과정 각론 개정 과정에서 기본방향 및 주안점으로 삼은 내용 가운데, 학교급별 계열성 확보, 시민 교육을 위한 내용과 체제 마련, 역사적 사고력 중심 교육 지향 세 가지 문제를 검토의 기준으로 삼았다. 검토 결과를 정리하면 다음과 같다.

6차 교육과정기 중학교 『국사』와 고등학교 『국사』에서는 각기 통사적 단원 편성과 분류사적 단원 편성을 취했는데, 내용 체계, 즉 목차 구성면에서 학교급 간 차별성이 이전에 비해 잘 드러난 것으로 보인다. 내용 구성에서도 고등학교 『국사』에서는 중학교 『국사』에 비해 새로운 항목을 추가하거나 심화한 내용을 담아 학교급 간 차별성을 두고자 한 지점을 확인할 수 있었다. 다만, 그 비중이 그리 크지는 않았고 교육의 방식이나 내용 면에서 큰 차이를 가지고 올 정도의 차별성을 확보한 것은 아니었던 것으로 보인다.

사회과로의 재편입이라는 변화와 병행해서, 6차 교육과정기 고등학교 『국사』 교과서는 새로운 단원 〈Ⅳ-1. (1) 중세의 세계〉를 추가하며 세계사 교육을 강조했다. 이는 주변국과의 관계를 통해 한국사에 대한 이해를 심화하고, 세계사에 비추어 우리 역사의 보편성과 특수성을 이해하고자 하는 목표와 관련되었다. 이러한 방향성은 바람직해 보이지만, 실제 해당 단원의 내용은 동양과 서양의 중세에 대한 단편적 설명에 그쳐 한국의 중세를 이해하는 데에 도움을 주기에는 부족했으며, 한족 왕조인 송에 대한 설명에 치우친 동양 중세에 대한 설명은 고려와 관계를 맺은 주변국에 대한 설명으로서도 부족한 면모를 보였다.

연장선상에서, 6차 교육과정기 중·고등학교 『국사』 교과서는 고려의 대외관계와 관련한 부분에서 고려와 장기간 관계를 유지했던 요·금의 관계를 갈등 국면만을 부각하고 안정적으로 관계가 유지된 시기에 대한 내용은 포함하지 않고 있으며, 원과의 관계를 원의 침략과 간섭 및 그에 대한 저항과 극복이라는 관점에서만 서술하고 있다. 이러한 내용 구성은 "국제적으로 개방화되는 사회 현실" 속에서 "국제 사회의 일원으로서 상호 이해하고 협력하는 정신"을 함양하고자 한 6차 교육과정의 목표와 괴리된다.

마지막으로, 역사교육의 내재적 목표인 역사적 사고력 함양과 관련해서 6차 교육과정기 중학교『국사』교과서에는 이전에 비해 많은 〈학습의 도움글〉을 실었지만, 이러한 장치가 관련한 내용을 더 많이 전달하는 것 이상으로 '역사적 사고력'을 함양하는 데에 역할을 할 수 있을 것으로 보이지는 않는다. 한편, 6차 교육과정기 중·고등『국사』교과서의 고려 시대 관련 서술에서는 가치 평가와 관련된 용어의 사용이나 명제의 서술에서 엄밀성을 결여한 사례들이 보인다. 이는 학생들이 역사상의 문제들을 정합적으로 이해하고, 역사적 명제 이면의 역사 연구의 과정, 달리 말해 역사적 사고의 과정을 이해하도록 하는 데에 장애가 되는데, 이러한 사례들이 민족사의 발전적 이해라는 역사교육의 방향성과 관련된다는 점이 유의된다.

이상의 검토는 6차 교육과정 국사 교과에서 기본 방향으로 제시한, 시민 교육 혹은 역사적 사고력으로 대표되는 역량 함양 교육으로서의 역사교육이라는 방향성이 그 지향에 비해 내용 면에서 내실을 갖추지 못했으며, 이는 민족사의 발전을 체계적으로 이해한다고 하는, 또 다른 역사교육의 방향성이 영향을 미친 결과임을 보여준다.

[부록]

[표 2] 5차 교육과정기 중·고등학교 『국사(상)』 목차 비교

중학교 『국사(상)』(5차)	고등학교 『국사(상)』(5차)
Ⅰ. 우리 나라 역사의 시작	Ⅰ. 선사 문화와 국가의 형성
Ⅱ. 삼국의 발전과 그 문화	Ⅱ. 고대 사회의 발전
Ⅲ. 통일신라와 발해	

Ⅳ. 고려 사회의 발전
 1. 고려의 성립
  후삼국 시대 ‖ 고려의 건국 ‖ 태조의 정책 ‖ 왕권의 강화
 2. 국가 체제의 정비
  정치와 군사 조직 ‖ 교육과 과거 제도 ‖ 법률 제도 ‖ 동북 9성의 설치
 3. 고려 전기의 대외 관계
  송과의 문물 교류 ‖ 국제 무역 ‖ 강동 6주의 회복
 4. 고려 전기의 사회
  신분 제도 ‖ 농민의 생활 ‖ 상공업과 화폐 ‖ 사회 시설 ‖ 풍속
 5. 고려 전기의 문화
  불교의 융성 ‖ 유학의 발달 ‖ 풍수 도참 사상 ‖ 문학과 역사학 ‖ 예술의 발달
 6. 귀족 사회의 동요와 무신정권
  이자겸의 난 ‖ 묘청의 서경 천도 운동 ‖ 무신 정변 ‖ 사회의 동요 ‖ 최씨 무신 정권 ‖ 몽고와의 전쟁 ‖ 삼별초의 항쟁
 7. 고려 후기 사회의 변화
  원과의 관계 ‖ 권문세족과 신진 사대부 ‖ 농장의 확대 ‖ 공민왕의 개혁 ‖ 홍건적과 왜구의 격퇴
 8. 고려 후기의 문화
  불교의 변화 ‖ 성리학의 수용 ‖ 문학과 역사학 ‖ 금속활자와 화약 ‖ 목화의 전래 ‖ 예술
	Ⅲ. 중세 사회의 발전
	 1. 중세 사회로의 이행
	  (1) 고려의 성립
	   호족의 대두 ‖ 후삼국의 성립 ‖ 고려의 건국 ‖ 민족의 재통일
	  (2) 중세 사회의 전개
	   중세 사회의 출발 ‖ 중세 사회의 성격
	 2. 중세의 정치와 그 변천
	  (1) 정치 구조의 정비
	   국가 기반의 확립 ‖ 유교 정치사상의 채택 ‖ 통치조직의 정비
	  (2) 귀족 지배 체제의 동요와 무신정권
	   귀족 정치의 전개 ‖ 이자겸의 난 ‖ 묘청의 서경 천도 운동 ‖ 무신 정변 ‖ 사회의 동요 ‖ 최씨 무신정권
	  (3) 대외 관계의 변천
	   북진정책과 친송정책 ‖ 거란의 침입과 격퇴 ‖ 여진정벌과 동북9성 ‖ 고려와 몽고의 접촉 ‖ 몽고와의 전쟁 ‖ 자주성의 시련 ‖ 공민왕의 반원개혁정치
	 3. 중세의 사회와 경제
	  (1) 사회 구조와 지배 세력
	   사회구조의 개편 ‖ 문벌귀족 ‖ 권문세족
	  (2) 사회 시책과 법속
	   사회 시책 ‖ 사회 시설 ‖ 법률과 풍습
	  (3) 경제 정책과 경제 구조
	   경제정책의 기본방향 ‖ 토지제도의 정비 ‖ 수취체제의 확립
	  (4) 경제 활동의 진전
	   농업 ‖ 수공업 ‖ 상업과 금융 ‖ 대외무역

중학교 『국사(상)』(5차)	고등학교 『국사(상)』(5차)
	4. 중세 문화의 발달
	(1) 유학과 한문학
	유학의 발달 ‖ 성리학의 전개 ‖ 사서의 편찬 ‖ 교육시책과 교육기관 ‖ 과거제도와 음서제도 ‖ 문학의 발달
	(2) 불교의 발달
	불교정책 ‖ 천태종 ‖ 조계종 ‖ 대정경의 조판
	(3) 도교와 풍수 지리 사상의 유행
	도교의 발달 ‖ 풍수 지리설
	(4) 과학 기술과 예술의 발달
	과학과 기술학 ‖ 건축과 조각 ‖ 공예 ‖ 서화와 음악
V. 조선 사회의 발전	IV. 근세 사회의 발전

대한민국 역사교육과정 3

[표 3] 6차 교육과정기 중·고등학교 『국사(상)』 목차 비교

중학교 『국사(상)』(6차)	고등학교 『국사(상)』(6차)
Ⅰ. 우리 나라 역사와 우리의 생활	Ⅰ. 한국사의 바른 이해
Ⅱ. 고조선의 성장	Ⅱ. 선사 문화와 국가의 형성
Ⅲ. 중앙 집권 국가의 형성	Ⅲ. 고대 사회의 발전
Ⅳ. 통일 국가의 성립 4. 고려의 재통일 〔8〕(분량, 이하 동일) 신라 사회의 동요 ‖ 지방세력의 대두 ‖ 사상계의 변화 ‖ 후삼국의 성립 ‖ 고려의 건국과 민족의 재통일 ‖ 태조의 정책 ‖ 왕권의 강화	Ⅳ. 중세 사회의 발전 1. 중세 사회로의 전환 〔8〕 (1) 중세의 세계 동양의 중세 ‖ 서양의 중세 (2) 한국의 중세 사회 지방 세력의 대두 ‖ 후삼국의 성립 ‖ 고려의 건국 ‖ 민족의 재통일 ‖ 중세 사회의 성립
Ⅴ. 귀족 사회의 변천 1. 문벌 귀족 사회의 전개 〔9〕 귀족 정치 ‖ 정치 제도 ‖ 교육과 과거 제도 ‖ 토지 제도 ‖ 법률제도 ‖ 신분 제도 ‖ 농민의 생활 ‖ 상공업과 화폐 ‖ 송과의 교류 ‖ 사회 시설 ‖ 신앙과 의례 2. 귀족 문화의 발달 〔7〕 불교의 발달 ‖ 대장경의 조판 ‖ 유학의 발달 ‖ 풍수 지리설과 도참설 ‖ 문학과 역사학 ‖ 예술의 발달 3. 귀족 사회의 동요와 무신 정권 〔6〕 문벌 귀족 사회의 모순 ‖ 이자겸의 난 ‖ 묘청의 서경 천도 운동 ‖ 무신정변 ‖ 사회의 동요 ‖ 최씨 무신 정권	2. 중세의 정치적 변천 〔19〕 (1) 정치 구조의 정비 태조의 정책 ‖ 광종의 개혁 ‖ 중앙의 통치 조직 ‖ 지방의 행정조직 ‖ 군사 조직 (2) 문벌 귀족 사회의 성립과 동요 문벌 귀족 사회의 성립 ‖ 문벌 귀족 사회의 모순 ‖ 이자겸의 난 ‖ 묘청의 서경 천도 운동 (3) 무신 정권 시대 무신 정변 ‖ 사회의 동요 ‖ 최씨 정권 시대 (4) 대외 관계의 변천 북진 정책과 친송 정책 ‖ 거란의 침입과 격퇴 ‖ 여진 정벌과 동북 9성 ‖ 몽고와의 접촉 ‖ 몽고와의 전쟁 (5) 고려의 시련과 자주성의 회복 자주성의 시련 ‖ 공민왕의 반원 개혁 정치 3. 중세의 사회와 경제 〔13〕 (1) 중세의 사회 사회 구조의 개편 ‖ 문벌 귀족 ‖ 권문 세족 ‖ 신진 사대부 (2) 사회 시책과 법속 사회 시책 ‖ 사회 시설 ‖ 법률과 풍습 ‖ 재산의 상속과 여성의 지위 (3) 경제 정책과 경제 구조 경제 정책의 기본 방향 ‖ 토지 제도의 정비 ‖ 수취 체제의 확립 (4) 경제 활동의 진전 농업 ‖ 수공업 ‖ 상업과 금융 ‖ 대외 무역

중학교 『국사(상)』(6차)	고등학교 『국사(상)』(6차)
VI. 북방 민족과의 전쟁 　1. 거란·여진과의 전쟁 〔4〕 　　강동 6주의 회복 ‖ 귀주 대첩 ‖ 동북 9성의 　　설치 　2. 몽고와의 전쟁 〔5〕 　　고려와 몽고의 접촉 ‖ 몽고와의 전쟁 ‖ 삼별 　　초의 항쟁 ‖ 원과의 관계 　3. 자주성의 회복 〔5〕 　　권문 세족과 신진 사대부 ‖ 농장의 확대 ‖ 공 　　민왕의 개혁 ‖ 홍건적과 왜구의 격퇴 　4. 고려후기의 문화 〔6〕 　　불교계의 변화 ‖ 성리학의 수용 ‖ 문학과 역 　　사학 ‖ 금속활자와 화약 ‖ 목화의 전래 ‖ 예술	4. 중세 문화의 발달 〔18〕 　(1) 유학과 한문학 　　유학의 발달 ‖ 성리학의 전래 ‖ 사서의 편 　　찬 ‖ 교육 기관 ‖ 과거 제도와 음서 제도 ‖ 　　문학의 발달 　(2) 불교의 발달 　　불교 정책 ‖ 천태종의 성립 ‖ 조계종의 성 　　립 ‖ 대장경의 조판 　(3) 도교와 풍수 지리 사상의 유행 　　도교의 발달 ‖ 풍수 지리설 　(4) 과학 기술과 예술의 발달 　　과학과 기술학 ‖ 건축과 조각 ‖ 공예 ‖ 서화 　　와 음악
VII. 양반 사회의 성립	V. 근세 사회의 발달
VIII. 사림 세력의 집권	

04

제6차 교육과정기 고등학교 국사교과서의 조선시대 서술 체제와 내용상의 특징

이승민

Ⅰ. 머리말

제6차 교육과정은 1992년 6월 30일에 개정 고시된 중학교 교육과정 (교육부 고시 제1992-11호)을 시작으로 같은 해 9월 30일에 국민학교 교육과정(교육부 고시 제1992-16호), 10월 30일에 고등학교 교육과정(교육부 고시 제1992-19호) 개정고시로 이어져, 1997년 12월 30일 교육부 고시 제1997-15호로 개정된 초중등학교 교육과정이 시행되기까지 유효한 교육과정을 말한다. 적용 시기는 1996년부터 2001년까지이다.

종전에는 교육부가 고시한 국가 수준의 교육과정을 각 학교에 통보하는 체제였는데, 제6차 교육과정에서는 교육부가 국가 수준의 교육과정 기준을 고시하고, 시·도 교육청에서 이것을 근거로 시·도 교육과정 편성·운영지침을 작성해 각 학교에 제시, 지도하는 개념으로 바뀌었다. 이로써 각 학교는 국가 기준과 시·도의 지침을 근거로 학교 실정에 합당한 교육과정을 편성·운영하도록 해서, '교육현장, 시·도 교육청−교육부'의 역할 기능을 명확히 구분하게 되었다. 고등학교의 경우 '공통 필수 교과목' 10과목만 교육부가 지정하고 '과정 필수 과목'은 시·도 교육청에서, 또 '과정 선택 과목'은 각 고등학교에서 필요에 따라 선택할 수 있도록 함으로써, 교과 자율권을 획기적으로 개선할 수 있었다. 이와 함께 '교육과정 구조의 다양화'를 추진해서, 오직 하나만으로 운영하던 교육과정을 개선해 학생의 요구와 필요에 적합하도록 교육과정 구조의 다양화를 시도하게 되었던 것이다.[1]

고등학교의 모든 학생이 이수하는 공통필수과목과 각 과정에 맞게 이수하는 과정별 필수과목 및 선택과목을 둔 것으로, 국사는 공통필수과목 6단위로 편제됨으로써 고등학교 모든 학생들이 이수하게 했다. 세계사의 경우에는 과정별 필수과목으로 규정하여 일반계 고등학교 학생 중 인문·사회 과정을 선택한 학생은 세계사 과목을 반드시 이수하도록 했다. 6차 교육과정에서는 '교육과정 내용의 적정화'도 추구함으로써 교육 내용의 적합성을 높여 학습 부담을 줄이고자 했는데, 중학교의 경우 제5차 교육과정기에 독립교과였던 국사와 사회(지리·세계사·공민)를 사회(지리·국사·세계사·공민)로 통합했고, 고등학교에서도 국사를 사회과의 하위 교과목으로 편입시켰던 것이다.[2] 중·고등학교 국사가 필수과목으로 사회과에서 분리되어 독립 교과가 된 것은 제3차 교육과정부터였다. 이후 중학교는 1995년, 고등학교는 1996년부터 시행된 6차 교육과정에서 국사는 이전과 동일하게 필수과목으로 지정되어 있기는 하지만, 종래의 독립 교과에서 사회과의 교과목으로 편입되었다. 6차 교육과정에서 중학교 국사는

---

1 한국교육과정·교과서연구회, 『제6차 교육과정에 의한 학교 교육과정 편성·운영의 실제』, 동아출판사, 1994, 106~107쪽.
2 사회과 공통필수과목은 공통사회(8)·국사(6), 과정별 필수과목은 정치(4)·경제(4)·사회문화(4)·세계사(6)·세계지리(6)로 편성되었다.

2학년과 3학년에 국사 영역이 편성되었고, 고등학교 국사는 사회과의 한 과목으로 6단위를 운영하도록 되어 있다. 즉 6차 교육과정에서 국사는 수업시수 면에서는 종전과 다르지 않았지만, 국사라는 독립교과였던 과목이 중학교의 경우에는 사회과 내용의 한 영역으로, 고등학교의 경우는 사회과에 속하는 한 과목으로 위상이 낮아지게 되었던 것이다.

국사과에 대한 이와 같은 조정이 바람직한 것인가 하는 문제는 계속 논란거리로 떠오르곤 했다. 국사는 줄곧 국책 교과목으로 중요시하면서도 일본의 교과서 검정 과정에서 한국 관련 역사왜곡 사건이 발생한다든지, 중국에서의 이른바 동북공정이 일어났을 때 국사 교육 강화를 외쳐왔다는 사실에 유의할 필요가 있다.[3] 당시 역사를 인식하는 관점이 범 사회과학의 한 분야라는 점을 수용해 국사를 사회과의 한 교과목으로 간주하려 했던 것 같다. 국사와 세계사 과목의 비중이 약화된 것은 1980년대 후반 이후 교육과정을 주도해 온 사회과 통합론자들이 '인간이 성취한 지식', '과거의 문화 내용', '전통문화' 등을 강조하는 것은 폐쇄적인 교육과정이라고 규정해 역사교과를 보편적·개방적 추세에 역행하는 교과로 설정한 결과였다. 또한 학생들의 교과 부담을 줄이기 위해 과목 수를 줄여야 한다는 명목이 가세하여 역사교육은 점차 줄어들고 정체성도 위협받게 된 것이었다.[4]

6차 교육과정 사회과 국사 영역은 국민학교에서 고등학교로 올라갈수록 통합교과적인 성격이 약화되어 5차 교육과정과 목표가 비슷한 형태로 가고 있다. 각 학교급별 사회과 국사영역 목표들의 계열성도 국민학교에서는 구체적인 경험을 통한 생활사 중심이고, 중학교는 국민학교에서 형

---

3 이종국, 『한국의 교과서 변천사』, 대한교과서주식회사, 2008, 337쪽.
4 김태식·이용욱, 「고등학교 역사교육의 효율성 제고를 위한 연구」, 『진단학보』 제88호, 1999, 383쪽.

성된 역사의식을 기초로 주제별 접근에 의한 통사적인 형태의 정치사 중심이다. 또한 고등학교에서의 국사교육은 국민학교와 중학교에서 생활사와 정치사를 중심으로 학습한 내용을 토대로, 문화사와 사회·경제사를 정치·사회·경제·문화 등 각 영역을 세계사의 보편성과 한국사의 특수성에서 보다 심층적으로 파악하도록 하고 있는데,[5] 이는 5차 교육과정과 마찬가지이다.

다른 교육과정에 비해 6차 교육과정기 국사교과서를 전론으로 한 연구는 거의 없으며, 특히 본고에서 다루는 조선시대와 관련해서는 해당 교육과정기 국사교과서를 전체적으로 분석하는 데에서 일부 다루어졌을 따름이다.[6] 본고에서는 6차 국정 교과서의 조선시대사 분야를 대상으로 그 서술체제와 내용의 특징을 파악해보고자 한다. 이를 위해 2장에서는 6차 교육과정기에 만들어진「국사교육 내용전개의 준거안 연구보고서」와「교사교육내용 준거안 연구」를 검토해 국사교과서 편제의 배경과 조선시대 단원 구성을 살펴보고, 3장에서는 실제 국사교과서에 반영된 조선시대 관련 서술 내용을 분석하고 특징을 파악하고자 한다.

Ⅱ. 국사교과서 편찬 준거안과 조선시대 서술체제

1996년부터 적용될 국사교과서의 내용 서술의 전개를 일관되게 하기

---

5 교육부,『고등학교 교육과정 (Ⅰ)』, 1992.

6 배은정,「고등학교 국사 교과서의 조선후기 경제 분야에 관한 분석: 6차와 7차 교육과정을 비교를 중심으로」, 계명대학교 교육대학원 석사학위논문, 2003; 나주원,「제6·7차 고등학교 국사 교과서 조선 전기 경제 분야의 비교 분석」, 계명대학교 교육대학원 석사학위논문, 2011; 오경후,「해방이후 한국사 교과서의 동아시아 관련 전근대사 서술의 변천 −조선시대를 중심으로−」,『역사와교육』제23집, 2016; 이재철,「朝鮮後期 政治史의 研究動向과「고교」국사교과서의 敍述: 5·6차 교육과정을 중심으로」,『역사교육』제67호, 1998; 이해영,「고등학교 국사 교과서에 반영된 조선 후기『예송논쟁』」, 전남대학교 교육대학원 석사학위논문, 2002.

위해서 1993년 8월 서울시립대 이존희 교수 외 8명으로 구성된 '국사교육내용전개의 준거안 연구'가 교육정책 연구과제로 선정, 위촉되고 「국사교육 내용전개의 준거안 연구보고서」가 1994년 7월초에 발표되었다. 그리고 7월 말 교육부 준거안(시안)을 작성하여 9월 2일 준거안 심의회원회 심의, 10월 6일 국사과 편찬심의회 심의, 11월 16일 국사편찬위원회 심의를 거쳐 12월 16일에 준거안이 확정되고 다음날인 12월 17일 중·고등학교 국사교과서 연구개발기관인 국사편찬위원회에 송부되어 교과서 집필에 활용하도록 했다.

[표 1] 준거안 확정 절차[7]

순서	내용	일정	비고
1	'국사교육 내용전개의 준거안 연구'를 교육정책 연구과제로 선정, 연구위촉	1993년 9월	이존희 교수(서울시립대) 외 8명
2	연구위원회 주관 학술토론회 개최	1994년 3월 18일	
3	준거안 연구보고서 교육부 접수	1994년 7월초	
4	교육부 준거안(시안) 작성	1994년 7월말	교수 및 중·고교 교사 등 7명
5	준거안 심의위원회 심의	1994년 9월 2일	이기백 교수(한림대) 외 30명
6	1종도서(국사과) 편찬심의회 심의	1994년 10월 6일	노태돈 교수(서울대) 외 26명
7	국사편찬위원회 심의	1994년 11월 11일	이원순 위원장 외 14명
8	준거안 확정	1994년 12월 16일	
9	중·고등학교 국사교과서 연구개발기관(국사편찬위원회)에 송부, 교과서 집필에 활용		

준거안의 최대 주안점은 국사 연구상의 공통분모를 추출하고 이를 역사·교육적 측면에서 재검토해 현 단계에서 가장 적합한 교과서 서술의

---

7 교육인적자원부 학교정책국(구 학교정책심의관) 교육과정정책과, 「교사교육내용 준거안 연구(1993~1996)」, 111쪽.

기준을 제시하는 것이었다. 6차 교육과정에서 제시된 국사교육의 목표는 고등학교의 경우 "한국사의 시대적 특성을 핵심적 개념을 중심으로 파악하여 국사 전체를 종합적으로 이해하며, 민족사의 특성을 세계사의 보편성에서 인식하고, 다양한 역사 학습 자료의 활용을 통한 탐구학습으로 역사적 사고력과 문제해결력을 함양하고, 민족문화에 대한 자긍심과 민족문화 발전에 기여하려는 태도와 새 문화 창조 및 자유민주주의 사회에 발전에 적극적으로 참여하는 태도를 기른다."는 것이었다.

본 연구보고서에서는 현행 국사교과서가 가지고 있는 문제점을 지적하면서 이를 해결할 수 있는 방향을 다음과 같이 제시하고 있다.

첫째, 내용의 계열성 측면과 관련해 학교급별 내용이 그 성격의 차이가 불분명하다는 점이다. 물론 6차 교육과정에서는 고등학교에서의 국사교육은 국민학교와 중학교에서의 생활사와 정치사를 중심으로 학습한 내용을 토대로, 문화사와 사회·경제사를 중심으로 정치·사회·경제·문화 등 각 영역을 세계의 보편성과 한국사의 특수성에서 보다 심층적으로 파악하는 것을 성격과 목표로 하고 있다. 학습자의 역사의식 발달단계와 흥미수준을 고려해 학교급별로 뚜렷한 계열성이 확립되어야 한다는 것이다.

둘째, 현행교과서는 내용이 세분화되고 단편적이며 중복되는 것이 많고 사실 중심으로 이루어져 있을 뿐 아니라, 정치사·중앙·지배계층 중심 내용이 주류를 이루고 있어 교과서 내용을 달달 외워야 하는 암기 중심으로 교육이 나아가고 있다고 지적했다. 이러한 폐단을 시정하기 위해서 교육과정 정신에 입각한 기본내용을 선정하고 이것을 개념화한 내용을 배합하고, 최근의 학설, 공인된 학설, 학생의 성장단계, 흥미수준 등을 고려해 학계의 연구 성과를 학습자의 수준에 맞도록 교육적으로 구성할 것을 제시하고 있다. 특히 민족의 역동적 활동과 내재적 발전의 모습, 일상생활·전통신앙·산업활동 등 민족 각 계층의 다양한 삶의 모습, 그리고 분야별 기본요소와 내용 및 이에 대한 적절한 설명과 수준의 기준을 제시함으로써 그에 합당한 내용들을 선정하고 서술할 것을 지향하고 있다.

셋째, 중학교와 고등학교의 단원과 항목명이 중복되는 것이 많으므로, 계열성 확립이라는 측면에서 대단원제와 중단원제의 형식적 구별에서 탈피하고 주제 중심으로 내용을 조직하는 한편 단원명이나 주제명의 표현을 개념적인 접근을 통한 서술적으로 표현하는 것이 내용 이해에 도움을 줄 것이라고 지적했다.

넷째, 내용 구성 측면에서 서술의 대부분이 정치 중심 내용, 대외관계 부분 서술의 소략함, 학습자료 제시의 부족 등을 지적하면서, 생활사적 접근과 근현대사 내용의 보강, 향토사적 접근, 통일에 대비한 북한 관계 내용의 확대, 민족독립운동의 다양한 활동 내용 등을 보강할 필요성을 제시했다. 그리고 이와 함께 연극·극화·토론·자료학습 등 다양한 학습활동을 위한 내용 구성의 필요성과 삽화·지도·해설·만화 등 다양한 학습자료 제시의 필요성 또한 지적하고 있다.

다섯째, 기존의 교과서가 교과서적인 특정한 문장 형식인 단문과 간략한 문장으로 되어 있어 딱딱하고 건조한 느낌을 줌으로써 '재미없는 교과서'로 인식되고 있음을 지적하며, 다양한 표현과 부드러운 서술, 그리고 역사 속에서 인간적 삶의 모습을 실감할 수 있는 내용을 서술함으로써 재미있게 읽을 수 있는 교과서를 만들어야 한다고 주장했다.

여섯째, 앞의 넷째와 관련해서 교과서의 내용과 일치하고 최대한의 학습효과를 고려하면서 학교급별 중복을 피하면서 민족의 삶과 직접 관련 있는 다양한 학습자료의 발굴이 필요함을 역설했다.

일곱째, 역사 용어의 문제로, 학습자의 수준에 따른 용어의 적절한 표현과 사용에 대한 고려를 통해 교육적 효과를 극대화해야 한다고 주장했다. 이 부분은 특히 근현대사 부분과 관련이 많은데, 현대사의 역사 용어는 시대 상황과 국민 정서 및 교육적 차원에서 신중한 검토가 필요하다는 것이다.

마지막으로 여덟째, 정치적 활동에 관련된 인물과 지배계층이 교과서 서술의 주류를 이루고 있으므로, 정치 뿐 아니라 모든 분야에서 관련된 인물의 발굴 및 연구가 필요하고 이에 대한 설명자료를 교과서에 수록해야 할 것이라고 하면서, 동시에 6차 교육과정에서 특히 강조하고 있는 생활과 관련된 일반서민과 여성 인물의 발굴이 요구되고 있음을 강조했다.[8]

준거안에서는 이러한 서술 방침과 함께 조선사 부분에서 참고해야 할 몇 가지 내용을 제시하고 있는데, 다음과 같다.

[표 2] 준거안에서 제시한 조선사 서술 관련 참고내용[9]

1	조선시대 서술상의 시기 구분 문제
2	우리나라에 있어서 近世와 조선건국의 의의 문제
3	사림의 출신성분과 기반에 관한 논쟁
4	16세기 후반~17세기 사림 정치의 개념과 운영 문제
5	조선의 신분 구성과 그 성립 시기 문제
6	15세기 학풍의 명칭 문제 -類書學
7	조선후기의 冒稱兩班과 중인층 문제
8	조선후기 향촌 사회의 변화와 족적 결속의 강화 문제

위의 표에서 보면 대부분의 내용이 정치와 사회 분야로 한정되어 있음을 알 수 있다. 고등학교 국사교과서는 3차 교육과정부터 6차 교육과정까지 국사교육 내용의 계열화와 관련해 내용구성의 방향을 문화사 중심의 통사로 선정·조직하도록 했는데, 특히 6차 교육과정 해설서에서도

---

8 「국사교육 내용전개의 준거안 연구보고서」, 8~11쪽.
9 「국사교육 내용전개의 준거안 연구보고서」, 48~56쪽.

고등학교에서의 국사교육은 문화사와 사회경제사를 중심으로 파악하도록 제시하고 있다.

> '국사' 과목은 우리 민족의 역사적 사실과 그 속에 내재된 역사적 가치를 다음 세대에게 교육하기 위해 설정한 것이다. 오늘의 우리 생활 모습과 사회 현상을 바로 알기 위해서는 그 바탕을 이루고 있는 민족의 역사를 깊이 살펴보아야 한다. 이에 따라 이루어지는 국사 교육은 우리 민족의 활동상을 종합적으로 파악하고, 오늘의 우리 현상을 역사적인 시각으로 이해하게 하는 것이 중요하다.
>
> '국사' 과목은, 우리 민족의 본질과 그 문화, 그리고 사회적 존재로서의 역할과 각 시대의 사회 현상 등을 탐구함으로써 우리 민족의 정체성을 밝혀주는 구실을 한다. 또, 국사는 민족 고유 정신의 실체를 확인시켜 주는 과목으로서, 문화 민족의 전통을 이룩하게 하고, 민족문화 발전에 적극적으로 참여할 수 있는 정신을 길러 준다.
>
> 특히, 고등학교에서의 국사교육은 국민학교와 중학교에서 생활사와 정치사를 중심으로 학습한 내용을 토대로 하여, 문화사와 사회·경제사를 중심으로 정치, 사회, 경제, 문화 등 각 영역을 세계사의 보편성과 한국사의 특수성에서 보다 심층적으로 파악하도록 한다.[10]

그러나 위의 서술 참고사항이나 아래의 「교사교육내용 준거안」 중 조선시대 부분 서술 지침, 그리고 실제 6차 국사교과서를 보면 중단원 '근세 문화의 발달', '문화의 새 기운' 부분을 서술해서 문화사와 관련된 내용으로 구성되어 있으나, 실제 대부분의 내용 서술은 정치사 중심으로 이루어져 있음을 확인할 수 있다.

---

10 교육부, 『고등학교 교육과정 (Ⅰ)』, 1992.

[표 3] 교사교육내용 준거안 중 조선시대 부분 서술 지침[11]

	IV. 근세사회의 발달	V. 근대사회의 태동
1	여말선초에 사회개혁의 중심세력으로 등장한 신진 사대부들이 신흥 무인세력과 제휴하여 조선을 건국하고, 일련의 개혁을 추진하여 전 시대보다 합리적인 근세사회를 성립시켰음을 설명한다.	조선후기에는 경제, 사회, 문화 등의 분야에서 근대사회를 지향하는 새로운 움직임이 나타나고 있었음을 설명하고, 이러한 움직임을 근대사회로의 내재적 성장을 뜻하는 것임을 강조한다.
2	조선왕조의 국호제정과 한양천도가 지니는 민족사적 의의를 이해하게 하고, 아울러 조선 초기에 민족의식이 성장되었음을 강조한다.	조선후기에 붕당정치가 점차 변질되어 일당 전제화의 추세가 나타났음을 설명하고, 영·정조시대 실시된 탕평정치의 의의와 한계성을 서술한다.
3	북방영토 개척의 민족사적 의의를 밝히고, 親明·交隣의 외교정책은 조선이 실리를 추구하면서 평화와 우호선린을 도모하였음을 이해하게 한다.	대동법과 균역법의 실시로 수취체제의 모순이 근본적으로 해결되지는 않았으나, 민생안정과 국가재정에 어느 정도 기여하였음을 설명하고, 특히 대동법의 실시는 상공업의 발달을 촉진시켰음을 강조한다.
4	민본사상을 바탕으로 한 조선의 유교정치는 여론을 존중하고 개인의 능력을 중시하여, 정치제도와 사회제도를 합리적으로 개혁하는데 기여하였음을 이해하게 한다.	조선후기에 산업구조의 변화와 경제활동의 활성화는 사회계층의 분화와 신분변동을 촉진시키는 요인이 되었음을 설명한다.
5	조선초기에는 정치·사회의 안정, 국력의 신장, 민족의식의 성장 등을 바탕으로 민족문화가 발전하였음을 설명하고, 특히 훈민정음 창제와 과학기술의 발달을 강조한다.	조선후기 농촌사회에서는 영농기술의 향상, 광작의 성행, 상업적 농업의 발달 등으로 부농층과 서민지주들이 성장하는 한편, 가난한 소작농이 몰락하여 임노동자로 전락되는 현상이 나타났음도 이해하게 한다.
6	조선시대의 사회신분은 법제적으로는 양인과 천인으로 구분되었으나, 관행상의 통념으로는 양반, 중인, 상민, 천인으로 나누어졌음을 설명하고, 양반 중심의 신분제 사회는 16세기경부터 본격화되었음을 서술한다.	조선후기에는 중인계층이 사회, 경제, 문화면에서 점진적으로 부각되었음을 설명하고, 부유한 상민과 노비들의 신분 상승으로 양반중심의 신분제도가 동요되어 갔음을 이해하게 한다.
7	조선중기 이후의 정치사는 사림정치와 붕당정치의 전개로 기술하되, 붕당정치가 사회발전에 미친 긍정적 측면과 부정적 측면을 균형있게 서술한다.	조선후기 농촌사회에서는 서당교육이 널리 보급되어 농민을 비롯한 서민층의 지식이 현저히 향상되었고, 서민문화가 발달하였음을 이해하게 한다.

---

11 교육인적자원부 학교정책국(구 학교정책심의관) 교육과정정책과, 「교사교육내용 준거안
   연구(1993~1996)」.

IV. 근세사회의 발달	V. 근대사회의 태동
8 조선중기에 이르러 과전법 체제가 붕괴되고, 지주·전호제가 성행하였음을 설명하고, 이와 병행하여 공납을 비롯한 농민들의 각종 부담이 가중되었음을 서술한다.	19세기 세도정치 시기에 빈번하게 일어난 민란의 발생배경을 농민의 사회의식의 성장, 삼정의 문란, 탐관오리의 수탈 등을 열거하여 종합적으로 설명하고, 각지에서 일어난 민란이 동학농민운동으로 발전해갔음을 부각시킨다.
9 조선중기에는 사림 중심의 도덕정치가 추구되었고, 성리학은 관념적 이기론을 중심으로 발전하여 역사상 특기할 만한 심오한 성리철학의 이론이 정립되었음을 서술한다.	조선후기의 실학은 당시 사회모순을 해결하려는 현실개혁사상이었음을 강조하고, 중농적 제도개혁을 주장한 경세치용론, 상공업진흥과 기술개혁을 강조한 북학파의 이용후생론을 비교하여 서술한다.
10 왜란과 호란의 극복과정에서 발휘된 우리 민족의 저력을 설명하고, 국력배양의 중요성과 국제정세의 변화에 대한 대처능력의 중요성을 강조한다.	민간신앙과 결부된 도교 및 미륵신앙이 민중 사이에 유포되어 민중의식이 성장되었음을 설명하고, 천주교의 전파와 동학사상의 전파로 평등사상이 점차 확산되어 갔음을 이해하게 한다.
11	조선후기에는 경제발전과 민중의식의 성장으로 한글소설, 사설시조, 판소리, 민화 등 서민문화가 발전하였음을 강조한다.

다만 류재택 등에 의해 진행된 국사 교육과정 개정을 위한 기초연구에서는 5차 교육과정까지의 내용구조상의 계열적 특성을 국민학교의 생활·인물·사례를 중심으로 한 생활상 중심의 역사, 중학교에서의 정치사와 사건사 중심의 시대사, 고등학교에서의 문화사 중심의 통사로 파악했고, 생활사와 시대사, 문화사의 개념이 분명히 인식되지 못하는 가운데 학교급별 내용 구성이 확연히 구분되지 않아 같은 내용이 반복되어 학습되고 그 결과 현장에서 학교급별 특성이 부각되지 않았음을 문제점으로 지적한 바 있다.[12] 그리고 6차 교육과정 개정을 위해서 중학교와 고등학교 국사 학습의 목표를 정리하면서 이를 뒷받침할 수 있는 내용 구성 방식을 다음과 같이 제시했다.

---

12 류재택 외 5인, 『제6차 교육과정 각론 개정 연구 중·고등학교 국사』, 한국교육개발원, 1992, 7~8쪽.

[표 4] 6차 교육과정 중·고등학교 국사 교육과정 내용 체계[13]

중학교 체제	고등학교 체제
2학년과 3학년으로 구분	학년 구분 없음
중단원 체제	대단원 체제
도입단원 신설	도입단원 신설
시대의 중심개념(주제)을 부각시켜 단원명으로 함	시대사 체제
정치사 중심 체제	영역별 심화학습(사회, 경제, 문화사 강조)
향토사 학습	
(타 사회과 영역과 관련 학습)	세계사와의 연계
학습요소 선정(사실 중심)	학습요소 선정(핵심개념 또는 일반화이론 중심)
학년 목표 기술 안함	

　　중학교의 정치사 중심 내용 구성을 고등학교에서는 영역별 심화 학습이라고 표현했는데, 이는 고등학교에서 정치사 내용을 제외한 것은 중학교 내용 요소와의 중복을 피해 외적 차별성을 최대한 드러내려는 의도에 따른 것이라고 볼 수 있다.[14] 그리고 고등학교 내용의 계열화 기준이 문화사 중심의 통사라고 되어 있기는 하지만, 이것은 분류사로서의 문화사만을 의미할 수 있기 때문에 문화사라는 용어 대신 정치·경제·사회·문화를 모두 열거해 혼선에서 벗어나려는 모습을 보이고 있기도 하다. 단순히 예술이나 사상 등을 뜻하는 분류사로서의 문화사를 말하는 것인지, 역사현상을 인간정신의 소산으로 보고 어떤 가치관점 밑에 종합적으로 고찰하려는 보다 넓은 의미에서의 문화사를 말하는 것인지, 문화사의 보다 확실한 개념정립 및 이에 따른 교과서 서술이 필요할 것으로 여겨지는 부분이다.

　　「국사교육 내용전개의 준거안 연구보고서」를 통해 제시된 고등학교 국사 중 조선사 목차 시안과 실제 6차 교육과정 국사교과서의 목차를 비

13　류재택 외 5인, 『제6차 교육과정 각론 개정 연구 중·고등학교 국사』, 한국교육개발원, 1992, 50~54쪽.

14　방지원, 「국사 교육과정에서 '생활사―정치사―문화사' 계열화 기준의 형성과 적용」, 『사회과교육연구』 제13권 제3호, 2006, 114쪽.

교하여 제시하면 다음과 같다.

[표 5] 준거안에서 제시한 '목차 시안'과 실제 6차 교육과정 조선시대 목차 비교

준거안 제시 '목차 시안'	6차 교육과정 국사 '조선시대'
V. 근세 사회의 발달	(상)–V. 근세 사회의 발달
1. 근세 사회로의 전환 (1) 사대부 세력의 대두 (2) 조선의 성립과 근세 사회	1. 근세 사회로의 전환 (1) 근세의 세계 (2) 한국의 근세 사회
2. 근세의 정치 발전과 대외 관계의 추이 (1) 정치 체제의 확립과 구조 (2) 사림의 등장과 정치 활동 (3) 대외관계의 정립 (4) 왜란과 호란 (5) 붕당 정치의 성숙과 기구 개편	2. 근세의 정치적 변화 (1) 정치 체제의 확립 (2) 사림의 대두와 붕당 정치 (3) 조선 초기의 대외 관계 (4) 왜란과 호란
3. 근세의 사회·경제 구조와 개편 (1) 사회 구조와 향촌 편성 (2) 사회 시설과 법속 (3) 경제 구조와 경제 활동 (4) 전란의 피해와 복구 (5) 수취 체제의 개편	3. 근세의 사회와 경제 (1) 사회 구조와 향촌 사회 (2) 경제 정책과 경제 구조 (3) 경제 활동
4. 근세 문화의 발달 (1) 민족 문화의 창달 (2) 예술 활동과 과학 기술의 진보 (3) 성리학의 발달과 신앙 생활 (4) 사림 문화의 발전	4. 근세 문화의 발달 (1) 민족 문화의 발달 (2) 성리학의 발달 (3) 종교와 민간 신앙 (4) 문학과 예술
VI. 근대 사회의 태동	(하)–I. 근대 사회의 태동
1. 근대 사회로의 지향 (1) 양반 사회의 변화와 서민 세력의 성장 (2) 근대 사회로의 이행	1. 근대 사회로의 지향 (1) 근대의 세계 (2) 한국 근대 사회의 태동
2. 정치적 변화와 경제 발전 (1) 탕평 정치의 추진 (2) 농업 발전과 농촌 분화 (3) 상품·화폐 경제의 발전 (4) 수공업·광업의 발달	2. 제도의 개편과 정치 변화 (1) 통치 체제의 개편 (2) 정국의 변화와 탕평책 (3) 정치 질서의 파탄 (4) 대외 관계의 변화
3. 사회 변동과 민중 항거 (1) 신분제의 동요와 향촌 사회의 변모 (2) 세도 정치와 수취제 문란 (3) 사회 불안과 종교계 동향 (4) 민중의 항거	3. 경제 구조의 변화와 사회 변동 (1) 생산력의 증대 (2) 시장권의 확대 (3) 사회 구조의 변동 (4) 사회 변혁의 움직임

준거안 제시 '목차 시안'	6차 교육과정 국사 '조선시대'
4. 문화의 새 기운 　(1) 사상계의 동향과 양명학 　(2) 실학 사상의 발달 　(3) 과학과 기술의 발전 　(4) 서민 문화의 성장	4. 문화의 새 기운 　(1) 사상과 학문의 동향 　(2) 사회 개혁론의 대두 　(3) 문학과 예술의 새 경향 　(4) 과학과 기술의 진전

　한편 학습자료는 교과서에 있는 본문 외의 사진 및 그림·사료·지도·도표 등을 말하는 것으로, 이 자료들은 교과서 본문의 역사적 내용을 효과적으로 이해시키기 위해 선정된 것이다. 6차 국사교과서 조선사 부분에서 학습자료는 아래 제시된 표와 같이 사진 및 그림이 40개, 사료가 27개, 지도가 14개, 표가 9개로 총 90개의 자료가 수록되어 있는데,[15] 새로운 자료들을 대거 활용해서 시각적·직관적 이해를 돕고 있다. 전체 학습자료의 주제별 분량은 정치 33개, 사회·경제 18개, 문화 35개로, 문화 부분에서 가장 많은 학습자료가 수록되어 있다. 문화 부분에서는 특히 사진 및 그림과 사료(사진으로 제시)로 제시되어 있는데, 문화를 배우고 느끼게 하기 위해서는 시청각 학습이나 향토사 학습이 효과적일 수 있고 교과서에 제시된 이러한 학습자료들은 학습효과를 높이는 데 다소 유용하게 사용되었을 것으로 생각된다. 또한 향토사가 민족사의 기초를 이루고 있음을 인식하게 해서 향토사에 대한 관심과 향토 문화에 대한 애호심을 가지게 한다는 6차 교육과정 국사과의 목표[16]를 달성하는 데에도 어느 정도는 도움이 될 수 있을 것이다. 다만 사료가 사진으로만 간단하게 제시되어 있어서, 과거의 기록에서 역사적 사실을 확인하고 그 내용에 대한

---

15 학습자료를 분류할 때 기존 연구에서는 사진으로 제시된 서적 등을 사료로 구분하지 않고 사진 및 그림으로 통합한 경우가 있어서 연구자마다 전체적인 숫자는 다를 수 있다. 본고에서는 사진이나 그림으로 제시되었어도 문자로 되어 있어서 해독이 가능한 서적 등의 사진 및 그림 자료는 사료로 분류했음을 밝혀둔다.

16 교육부, 『고등학교 교육과정 (Ⅰ)』, 1992.

해석을 통해 당시의 사회상을 재구성하면서 역사적인 의미를 부여할 수 있는 사료학습은 제대로 이루어질 수 없었을 것으로 보인다. 이후 7차 국사교과서에서는 사료의 분량이 시대별·영역별로 대폭 증가했고, 본문 중의 읽기자료에 대부분의 사료가 수록되었으며, 심화과정에서 사료를 통하여 학습활동을 할 수 있도록 사료가 제시되기도 했다.

[표 6] 6차 국사교과서 근세편 학습자료의 분류 및 게재수[17]

단원	사진 및 그림	사료	지도	표
(상)Ⅴ		훈민정음		
	자금성	조준의 전제 개혁안(고려사)	홍건적과 왜구의 격퇴	조선시대의 관제
	광화문과 관아		한양의 모습(수선전도)	조선시대의 군사조직
	성균관의 대성전		조선의 8도	과거제도
	향교	이이의 해주 향약	4군과 6진	사림의 계보
	옥산서원	조광조의 글씨	임진왜란 해전도	
Ⅴ-1	소수서원		관군과 의병의 활동	
	3포		정묘·병자호란	
	부산진 순절도			
	대완구			
	오대산 사고			
	남한산성			
	가묘	경국대전	조운도	토지 결수 증감표
	조선통보	대구 부인동 향약		
		가례언해		
Ⅴ-3		양안		
		토지매각문서		
		유성룡의 공물작미의		
		농사직설		

17 국사편찬위원회, 고등학교 『국사(상)』, 1996; 고등학교 『국사(하)』, 1996.

단원	사진 및 그림	사료	지도	표
V-4	세종대왕	태조실록		
	자격루	동국통감		
	원각사지 10층석탑	동국여지승람		
	개성의 남대문	향약집성방		
	도산서원	성학십도		
	백자 항아리	성학집요		
	고사관수도	선원록		
	월매도	동문선		
	수박도	관동별곡		
	처용무	한호의 글씨		
		악학궤범		
(하) I	야공도			
I-1	아편전쟁	프랑스 인권선언		
I-2	남한산성 수어장대		대동세의 징수와 운송	
	탕평비			
	규장각 서고			
	백두산 정계비		통신사의 행로	
	통신사 행렬도			
I-3	모내기		조선후기의 상업과 무역활동	조선후기의 도별 저수지 수
	대장간		조선후기의 농민 봉기	장시 구역도
	시장도			조선후기의 신분별 인구 변동
I-4	자운서원 사당	송자대전	대동여지전도	강화학파의 계보
	정약용	북학의	곤여만국전도	
	인왕제색도	춘향전		
	봄나들이	동의보감		
	민화			
	청화백자			
	화엄사 각황전			
합계	40개	27개	14개	9개

III. 국사교과서 조선시대 서술 내용과 특징

1. '국정『국사』교과서 편찬 준거안' 반영의 실제

3장에서는 5차와 비교해서 6차에서 달라진 점들을 중심으로 서술 내용과 특징을 간략하게 알아보기로 할 것이다. 조선사에 해당하는『국사(상)』− Ⅴ장과『국사(하)』− Ⅰ장은 각각 4개의 중단원과 그 아래 소단원 및 소항목으로 구성되어 있다. 또한 각각의 중단원에는 '연구과제'를 설정해서 핵심적으로 학습해야 할 목표를 제시했고, 중단원 아래의 소단원에는 2개 이상의 소항목으로 구분되어 있다. '대단원−중단원−연구과제−소단원−소항목' 체제를 정리하면 다음과 같다.

대단원	(상)−Ⅴ. 근세 사회의 발달	
중단원	1. 근세 사회로의 전환	
연구과제	1. 15세기 동양의 정세는 어떠하였는가? 2. 조선 건국의 주체 세력인 신진 사대부들은 어떠한 정치 이념을 지녔는가? 3. 조선의 건국이 지니는 역사적 의의는 무엇인가? 4. 조선 전기를 근세 사회로 규정할 수 있는 이유는 무엇인가?	
소단원 및 소항목	(1) 근세의 세계	서양의 근세 동양의 근세
	(2) 한국의 근세 사회	신진 사대부의 성장 위화도 회군 전제 개혁 조선의 건국 근세 사회의 전개

'Ⅴ. 근세 사회의 발달'에서는 한국 근세 사회를 설명하기에 앞서 동양의 근세와 서양의 근세 부분이 가장 먼저 등장한다. 이것은 5차 국사교과서에는 없었던 부분으로, 문화사와 사회·경제사를 중심으로 정치·사회·경제·문화 등 각 영역을 세계사의 보편성과 한국사의 특수성에서 보

다 심층적으로 파악하도록 한다는 6차 교육과정의 국사과 성격과도 부합하는 것이라고 할 수 있다. 다만 동양과 서양의 근세 부분을 소략하게 개괄식으로만 나열하고 한국의 근세 사회와의 관련성에 대한 설명은 없어서 6차 교육과정에서 지향하는 '우리 민족의 역사적 전통과 문화의 특성을 세계사의 보편성과 관련시켜 인식하게 한다.'는 국사과의 목표는 세계와 한국의 단순 비교에서 끝날 가능성도 있다.

또한 조선시대사에 대한 서술에서 '근세'의 개념이 제대로 설명되어 있지 않다. 사실 이것은 6차 교육과정에만 국한되는 문제가 아니라 이전 5차 교육과정과 이후 7차 교육과정 때도 마찬가지이다. 조선시대를 근세라는 시기로 구분하는 이유에 대한 설명이 되어 있지 않은 채, '근세 사회로의 전환', '근세의 정치적 변화', '근세의 사회와 경제', '근세 문화의 발달'과 같은 단원 항목이 편제되고 그 안에 개별적인 내용들이 기술되어 있다. 서술된 개별 주제들과 근세라는 시기가 어떻게 연결되는지에 대한 설명은 없고 이른바 '근대' 직전의 시기로만 이 시기가 설명되고 의미가 부여되고 있어서 근세의 개념이 모호한 상황이라고 할 수 있을 것이다.

대단원	(상)-Ⅴ. 근세 사회의 발달	
중단원	2. 근세의 정치적 변화	
연구과제	1. 조선의 중앙 집권 체제는 어떠한 과정을 거쳐 정비되었는가? 2. 조선의 통치 체제는 고려 시대에 비하여 어떻게 달라졌는가? 3. 사림 세력의 대두로 인하여 나타난 정치적 변화는 어떠하였는가? 4. 조선의 외교 정책은 어떠한 원칙 위에서 추진되었는가? 5. 임진왜란과 병자호란은 동아시아의 정세에 어떠한 변화를 가져왔는가?	
소단원 및 소항목	(1) 정치 체제의 확립	집권 체제의 정비 유교적 통치 이념 중앙의 정치 조직 지방의 행정 조직 군역 제도와 군사 조직 교통과 통신 교육과 과거 제도

소단원 및 소항목	(2) 사림의 대두와 붕당 정치	사림의 대두 사림의 정치적 성장 서원과 향약 붕당의 출현
	(3) 조선 초기의 대외 관계	명과의 관계 여진과의 관계 일본 및 동남아시아와의 관계
	(4) 왜란과 호란	임진왜란의 발발 수군의 승리 의병의 항쟁 왜란의 극복 왜란의 영향 광해군의 중립 외교 호란과 그 영향 북벌론과 나선 정벌

소단원 '(1) 정치체제의 확립' 부분은 5차에서 '정치구조'로 설명되었던 항목이 6차에서는 '집권 체제의 정비'와 '유교적 통치 이념'으로 분리되었고, 5차의 '정치 구조'가 6차에서는 '중앙의 정치 조직'과 '지방의 행정 조직'으로 분리되었다. 또 5차에서는 없었던 '교통과 통신' 항목이 6차에서 신설되어 중앙 집권 체제를 강화하기 위한 조치로서 교통과 통신 체제의 효율적 운영이 이루어지고 있었음을 설명하고 있다. 소항목 '(2) 사림의 대두와 붕당 정치' 부분은 5차와 크게 달라진 것은 없다.

소단원 '(3) 조선 초기의 대외 관계'에서는 5차와 6차 역시 같은 내용을 설명하고 있으면서도 '국토의 수복' 부분만 '여진과의 관계'로 소항목 명칭이 바뀌었는데, 이것은 사대는 중국, 교린은 일본과 여진에 대한 외교정책이라는 사대교린 측면에서 대외 관계를 적극적으로 설명하려고 한 결과로 생각된다. 이는 또한 북방영토 개척의 민족사적 의의를 밝히고 친명·교린의 외교정책이 조선이 실리를 추구하면서 평화와 우호선린을 도모했음을 이해하게 한다는 「교사교육내용 준거안」의 서술지침과도 부합되는 것이다. 일본과의 관계에서는 왜구의 침략과 삼포를 통한 교역 관련 내용이 간단하게 서술되어 있고, 조선 전기에 파견되었던 통신사에 관한 언급은 없다. 조선시대 한일 선린우호의 상징으로 일컬어지는 통신사는 『국사(하)』-Ⅰ에서만 외교사절로서의 역할 뿐 아니라 조선의 선진문화를 일본에 전파하는 구실도 했다는 식으로 간단하게 언급되어 있다.

소단원 '(4) 왜란과 호란' 중 임진왜란에 관한 서술 분량은 4차 국사교과서 이후 크게 늘어나고 있는데, 이것은 기본적으로 단권으로 발간되던 교과서가 4차 교육과정부터 상·하 두 권으로 늘어나면서 서술량이 전체적으로 증가된 것과 관계된 것으로 보인다. 1598년 두 차례의 왜란이 끝나고 조선은 청으로부터 1627년과 1636년 역시 두 차례 침입을 받게 되는데, 시기적으로 양란이 근접해 있어서 '왜란과 호란'이라는 제목으로 함께 다루어지기 시작했다.

대단원	(상)-Ⅴ. 근세 사회의 발달	
중단원	3. 근세의 사회와 경제	
연구과제	1. 조선 시대의 신분 구조는 어떻게 변하여 갔는가? 2. 조선 시대의 향촌 사회는 어떻게 구성되어 있었는가? 3. 조선 시대의 사회 안정책에는 어떠한 것들이 있었는가? 4. 조선의 유교 정치 이념은 경제 정책에 어떻게 반영되었는가? 5. 조선 전기의 상업과 수공업은 어떠하였는가?	
소단원 및 소항목	(1) 사회 구조와 향촌 사회	유교적 민본주의 신분 제도 가족 제도 사회 시설 법률 향촌 사회
	(2) 경제 정책과 경제 구조	경제 정책 토지 제도 조세 제도 농민 부담의 가중
	(3) 경제 활동	농업 수공업 상업과 화폐

중단원 '3, 근세의 사회와 경제' 아래 소단원의 제목은 5차와 거의 달라진 것이 없다. 다만 5차에서는 소단원 '(2) 사회 시설과 법속'으로 편제되었던 부분 중에서 사회 시설과 법률에 관련한 내용은 6차에서 소단원 '(1) 사회 구조와 향촌 사회' 안에 포함되어 서술되고 있으며, 종교와 민간 신앙에 관련한 내용은 중단원 '4. 근세 문화의 발달' 아래 소단원 '(3) 종교와 민간 신앙' 부분으로 이동되어 서술되었다. 이것은 국사교육 내용의 계열화와 관련해 내용 구성의 방향을 문화사 중심의 통사로 선정·조직하고 문화사와 사회·경제사를 중심으로 파악하도록 제시한 6차 교육과정 고등학교 국사교육의 기조와도 부합되는 것으로 생각된다.

대단원	(상)-Ⅴ. 근세 사회의 발달	
중단원	4. 근세 문화의 발달	
연구과제	1. 15세기에 민족 문화가 크게 창달될 수 있었던 배경은 무엇인가? 2. 조선 초기 과학 기술의 발달은 어떠하였는가? 3. 성리학의 흐름과 관련하여 16세기의 문화는 15세기에 비하여 어떠한 변화가 나타났는가? 4. 조선 전기의 문학과 예술은 고려 시대에 비하여 어떤 차이가 있었는가?	
소단원 및 소항목	(1) 민족 문화의 발달	한글의 창제 사서의 편찬 지리서와 윤리서 경국대전의 완성 과학 기술 과학 서적
	(2) 성리학의 발달	성리학의 두 흐름 성리학의 융성 예학과 보학
	(3) 종교와 민간 신앙	불교 민간 신앙
	(4) 문학과 예술	문학 건축 공예 그림과 글씨 음악과 무용

중단원 '4. 근세 문화의 발달' 부분에서는 5차와 6차 사이에 큰 변화는 없다. 다만 소단원 (1)과 (2)의 순서가 바뀌어 있으며, 5차에서는 소단원 '(2) 사회 시설과 법속' 안에 편제되었던 종교와 민간 신앙에 관한 부분이 6차에서 새롭게 소단원으로 편제되어 있음을 알 수 있는데, 이에 관한 서술 내용은 5차와 6차 사이에 차이는 없다.

대단원	(하)-Ⅰ. 근대 사회의 태동	
중단원	1. 근대 사회로의 지향	
연구과제	1. 서양 사회의 근대화는 어떻게 이루어졌는가? 2. 동양 사회에서 근대화가 지체된 이유는 무엇인가? 3. 조선 후기 사회에서 보인 근대 사회로의 움직임은 어떠하였는가?	
소단원 및 소항목	(1) 근대의 세계	서양의 근대 동양의 근대
	(2) 한국 근대 사회의 태동	농민의 각성 근대 사회로의 움직임

6차 국사의 조선후기 관련 서술은 『국사(하)』의 대단원 'Ⅰ. 근대 사회의 태동'으로부터 시작되는데, 이것은 4차부터 시작된 편제로 5차에서도 마찬가지로 이 시기를 자본주의 맹아론에 입각해 있었던 시기로 본 것이라고 할 수 있다.[18] 하지만 이 시기는 "조선 후기 사회의 변화는 근대 사회의 태동과 흐름을 같이 하였다. 양반 중심의 사회 구조는 이 시기에 그 모순을 크게 드러내었다. 지배층은 구조적 모순에서 비롯된 위기 상황을 미봉적 대책으로 모면해 보려 하였지만, 농민을 중심으로 한 민중은 기존의 사회 질서와 가치관을 거부하고 새로운 질서를 모색하기에 이르렀다. … 점차 근대 사회로의 움직임을 보여 갔다. 조선 사회에서도 18세기를 전후하여 민중의 의식이 보다 성숙해져 각 방면에서 변혁이 추구되

---

18 조성운, 「제4차 교육과정기 국사교과서 근현대사 서술의 특징」, 『역사와교육』 제30집. 2020, 121쪽.

고 있었다."[19]고 하고 있고, 또한 소단원 '(2) 한국 근대 사회의 태동' 부분에서도 "농민들에 의한 새로운 질서의 모색은 궁극적으로는 근대 사회를 지향하는 것이었다."[20]고 하고 있는 만큼, 근대적인 요소만을 내재하고 있었을 뿐이지 정확히는 근대라고 말할 수 있는 시기는 아니었다.

대단원	(하)-Ⅰ. 근대 사회의 태동	
중단원	2. 제도의 개편과 정치 변화	
연구과제	1. 조선 후기의 통치 질서는 어떠한 방향으로 개편되었는가? 2. 조선 후기에 수취 체제를 개편하게 된 배경과 그 의미는 무엇인가? 3. 붕당 정치의 특징은 무엇이며, 어떠한 문제점이 있었는가? 4. 탕평책을 실시하게 된 배경은 무엇이며, 그 결과는 어떠하였는가? 5. 조선 후기의 대외 관계는 어떻게 전개되었는가?	
소단원 및 소항목	(1) 통치 체제의 개편	지배 체제의 모순 비변사의 기능 강화 5군영과 속오군 전세 제도의 개편 공납 제도의 개편 군역 제도의 개편
	(2) 정국의 변화와 탕평책	붕당 정치의 전개 붕당 정치의 변질 탕평론의 대두 영조의 탕평책 정조의 탕평책
	(3) 정치 질서의 파탄	세도 정치의 전개 세도 정치의 폐단
	(4) 대외 관계의 변화	청과의 관계 일본과의 관계

5차 국사에서 중단원 '2. 정치 체제의 변화' 부분은 6차에서는 '2. 제도의 개편과 정치 변화'로 명칭이 바뀌었다. 5차 교육과정 편찬 준거안에서는 조선 중기 이후의 정치사는 '당쟁'이라는 용어를 피하고 당시 보편적으로 쓰이던 '붕당' 정치로 서술한다고 되어 있는데, 이러한 배경에는

---

19 국사편찬위원회, 『국사(하)』, 「단원개관」, 2쪽.
20 국사편찬위원회, 『국사(하)』, 6쪽.

붕당정치론이 개설서에 도입될 정도로 학계의 연구 성과가 축적·반영된 데 있다고 할 수 있다. 그리하여 5차에서는 동·서인의 분열 이후 숙종대까지의 정치는 권력을 둘러싼 갈등 과정의 연속이었고 이를 해결하고자 탕평책을 실시해 정치적 안정을 이룩하게 되었으며, 세도정권의 부정부패로 정치적으로 매우 혼란했다는 종래의 당쟁적 내용을 삭제하고, 붕당정치론에 따라 조선후기 정치를 붕당정치의 시작, 붕당정치의 발달과 변질의 과정으로 서술했다. 인조반정 이후 서인 주도의 공존을 통해서 붕당정치가 전개되어 갔고 예송논쟁까지는 비교적 붕당정치의 원리가 잘 지켜졌지만, 경신환국 이후 일당전제화가 이루어지면서 공론보다는 정권 장악에 집착하게 되고 그로 인해 왕권 자체가 불안하게 되면서 탕평론이 제기되었다는 것이다. 탕평책은 국왕에 의해 붕당 간의 균형을 재정립하려는 시도였고, 세도정치는 세도가문의 단순한 권력 장악보다는 당시의 정치·사회·경제의 구조적 모순에서부터 파악하려고 한 것이었다.[21]

6차에서도 위와 같은 5차의 내용을 대부분 그대로 서술하고 있다. 다만 6차에서는 붕당정치의 개념·전개·변질과정을 구체적으로 서술하면서 붕당정치론을 사회의 전체 구조 속에서 파악하려 하고 있다. 또한 『국사(상)』-Ⅴ-'2. 근세의 정치적 변화'에서도 나와 있듯이 붕당정치의 토대와 전개를 서원과 향약의 보급 등의 요인과 결부시켜 설명하고 있으며, 5차에서 붕당정치의 시작 원인이 관직 쟁탈전 때문이었다고 한 것을 6차에서는 삭제하고, 5차에서는 간략하게 서술된 숙종대 탕평론의 대두 부분의 서술 분량을 6차에서는 보다 늘려 그 내용을 구체적으로 서술했다. 다만 붕당정치 내용 서술과 관련해서 붕당정치의 발달과 전개과정을 하나의 체제 속에서 서술해야 논리적으로 연결될 수 있을 것인데, 5차와

---

21 이재철, 「조선후기 정치사의 연구동향과 「고교」 국사교과서의 서술」, 『역사교육』 제67호, 1998, 18~20쪽.

마찬가지로 6차에서도 (상)-Ⅴ-2-'(2) 사림의 대두와 붕당 정치', 그리고 (하)-Ⅰ-2-'(2) 정국의 변화와 탕평책'으로 나누어 서술함으로써, 『국사(상)』의 붕당의 당쟁적 측면과 『국사(하)』의 붕당정치의 전개로 이어지는 부분이 논리적으로 연결되지 않는 느낌을 주고 있다.

소단원 '(4) 대외 관계의 변화' 부분에서 통신사 관련 서술은 『국사(상)』-Ⅴ-(3)에서 일본관의 관계를 설명하면서 잠시 언급했는데, 통신사는 조선후기 뿐 아니라 조선전기에도 이미 몇 차례 파견되고 있었던 만큼 이에 관한 서술이 없는 것은 아쉽다. 이와 함께 역관사절로서 조선에서 일본 대마도주에게 파견한 공식 외교사절로 문위행이 있었는데, 평균 20~30년에 한 번 꼴로 파견되었던 통신사와 달리 4~5년에 한 번씩 파견된 문위행은 실질적으로 두 나라의 현안 문제를 해결하는 데 더 효과적이었다. 국내에서 문위행 관련 연구가 시작된 것은 1980년대 후반 1990년대 초반의 일이고, 1990년대 후반 2000년대에 가서야 본격적인 연구 성과가 축적되기 시작한 만큼 1996년부터 적용되기 시작한 6차 국사교과서에 최신의 연구 성과가 반영되기에는 무리가 있었을 것으로 생각된다.

대단원	(하)-Ⅰ. 근대 사회의 태동
중단원	3. 경제 구조의 변화와 사회 변동
연구과제	1. 조선 후기의 농민들은 당면한 생활의 어려움을 어떻게 극복하여 갔는가? 2. 조선 후기의 농업 기술과 농업 경영에서 나타난 변화는 어떠하였는가? 3. 조선 후기의 상공업 활동은 전기에 비하여 어떻게 달라졌는가? 4. 조선 후기 사회 구조의 변동은 어떠한 방향으로 이루어졌는가? 5. 조선 후기 사회에서 천주교와 동학이 확산될 수 있었던 배경은 무엇인가?
소단원 및 소항목	(1) 생산력의 증대 경제의 활성화 농업 생산력의 증대 농업 경영의 변화 지대의 변화 민영 수공업의 발달 광산의 개발

소단원 및 소항목	(2) 시장권의 확대	공인의 활동 사상의 대두 장시의 발달 포구에서의 상거래 대외 무역 화폐의 보급
	(3) 사회 구조의 변동	양반의 계층 분화 신분 상승 운동 중간 계층의 성장 향촌 사회의 재편
	(4) 사회 변혁의 움직임	사회 불안의 고조 예언 사상의 유행 동학과 서학 농민의 동태 홍경래의 난 전국적인 농민 봉기

중단원 '3. 경제 구조의 변화와 사회 변동'의 명칭은 5차와 6차가 같다. 그러나 5차에서 소단원 '(1) 수취 체제의 개편' 아래 편제된 '전세 제도의 개편', '공납 제도의 개편', '군역 제도의 개편' 등 경제사 관련 소항목이 6차에서는 해당 중단원에 들어가 있지 않고 대신 중단원 '2. 제도의 개편과 정치 변화-(1) 통치 체제의 개편' 안에 '비변사의 기능 강화', '5군영과 속오군' 다음에 이어서 서술되어 있다. 「교사교육내용 준거안」에서는 "대동법과 균역법의 실시로 수취체제의 모순이 근본적으로 해결되지는 않았으나, 민생 안정과 국가 재정에 어느 정도 기여하였음을 설명하고, 특히 대동법의 실시는 상공업의 발달을 촉진하였음을 강조한다."고 서술 지침이 제시되어 있다. 『국사(하)』에는 이와 관련해서 "대동법의 시행으로 물품의 조달을 위하여 공인의 활동이 활발해지면서 각 지방에 장시가 발달하였고, 생산 활동이 활발해지면서 경제 질서가 자급자족의 상태에서 유통 경제로 바뀌어 갔다. 그러한 속에서 상인 자본의 규모가 커져서 도고 상업이 발달하기도 하였다. 즉, 대동법의 실시는 상품 화폐 경

제를 활성화시키는 데에 크게 작용하였다. 그러한 현상은 농민들을 상품 화폐 경제에 편입시켰고, 궁극적으로는 농민층의 분해를 촉진시켰다."[22] 고 서술되어 있어서 준거안에서 제시한 서술 지침이 적용되고 있음을 확인할 수 있었다. 다만 이와 관련된 내용이 사회·경제사 영역이 아닌 정치사 영역에서 서술되고 있는 것은 조선후기 지배체제의 모순이 드러나는 속에서 통치 질서를 개편하고 수취체제를 조정해서 당면한 위기에서 벗어나고자 했던 측면을 부각시키고자 한 의도로 생각된다.

대단원	(하)– I . 근대 사회의 태동	
중단원	4. 문화의 새 기운	
연구과제	1. 조선 후기에 성리학적 질서가 강화된 배경과 그 의미는 무엇인가? 2. 성리학의 한계성에 대한 비판적인 움직임은 어떻게 나타났는가? 3. 조선 후기 사회 개혁론은 어떠한 현실 인식을 토대로 하였는가? 4. 실학 운동의 역사적 의의와 그 한계는 무엇인가? 5. 조선 후기 문학과 예술의 새 경향은 어떠하였는가?	
소단원 및 소항목	(1) 사상과 학문의 동향	성리학적 질서의 강화 성리학의 발달 양명학의 수용 국학 연구의 확대
	(2) 사회 개혁론의 대두	실학의 대두 농업 중심의 개혁 사상 상공업 중심의 개혁 사상
	(3) 문학과 예술의 새 경향	서민 문화의 대두 한글 소설과 사설시조 예술의 새 경향
	(4) 과학과 기술의 진전	서양 문물의 수용 과학의 연구 기술의 개발

5차에서 별도의 소단원 '4–(2) 실학 사상의 발달'로 편제되어 발생 배경과 의의를 체계적으로 서술했던 실학 관련 내용은 6차에서는 '(2) 사회

---

22 국사편찬위원회, 『국사(하)』, 13–14쪽.

개혁론의 대두'라고 하는 명칭으로 '실학의 대두', '농업 중심의 개혁 사상', '상공업 중심의 개혁 사상'의 소항목으로 나누어 서술되었다. 이것은 「교사교육내용 준거안」에서 제시하고 있는 "조선후기의 실학은 당시 사회 모순을 해결하려는 현실 개혁사상이었음을 강조하고, 중농적 제도개혁을 주장한 경세치용론, 상공업 진흥과 기술개혁을 강조한 북학파의 이용후생론을 비교하여 서술한다."는 서술 지침과 부합하는 것이다. 그리고 5차에서 '4-(2) 실학 사상의 발달' 아래 들어가 있던 소항목 '국학 연구의 확대' 부분은 6차에서는 소단원 '(1) 사상과 학문의 동향' 아래 편제되어 있는 차이는 있지만 5차와 같은 내용으로 서술되어 있다.

IV. 맺음말

지금까지 교육과정 개정에 따른 6차 교육과정 국사교과서의 조선사 관련 서술 체제와 내용상의 특징을 간략하게나마 살펴보았다. 여기에서는 논의 내용을 정리하는 것으로 맺음말을 대신하고자 한다.

첫째, 국사교과서는 해방 이후 교육과정 변천에 따라 바뀌어왔고, 이전까지 독립교과로서 편제·운영되었던 국사는 6차 교육과정부터 사회과에 통합되어 사회과의 국사 영역으로 개정되었다. 그러나 사회과를 통합형으로 편제한다는 개정의 기본방향 및 구성방침에도 불구하고 통합교과로의 구성과 운영에 따른 제반 여건의 미비로 인해 형식상으로는 사회과에 통합되어 있었지만, 실제로는 사회과의 하부단위로서 독립된 교과의 형태를 취하고 있었던 것으로 보인다.

둘째, 고등학교 국사의 경우 국민학교와 중학교에서 생활사와 정치사를 중심으로 학습한 내용을 토대로 문화사와 사회·경제사를 중심으로 정치·사회·경제·문화 등 각 영역을 세계사의 보편성과 한국사의 특수성에서 보다 심층적으로 파악하도록 하고 있는데, 이것은 이전 5차 교육과정과 마찬가지였다. 그러나 '문화의 새 기운'이라는 중단원이 편제되어 있기는 하지만, 문화사에 대한 제대로 된 개념이 정립되지 않은 상태에서 서술된 내용의 대부분은 단편적인 사실의 나열로 이루어져 있다. 또한 고등학교 내용의 계열화 기준이 문화사 중심의 통사라고 되어 있기는 하지만, 이것은 분류사로서의 문화사만을 의미할 수 있기 때문에 문화사라는 용어 대신 정치·경제·사회·문화를 모두 열거하는 모습을 보이고 있기도 하다.

셋째, 교과서 외 본문에 있는 학습자료의 경우 사진 및 그림·사료·지도·도표 등이 다양하게 제시되어 교과서 본문의 역사적 내용의 효과적 이해를 돕고 있다. 이를 통해서 6차 교육과정에서 제시된 향토사에 대한 관심과 향토 문화에 대한 애호심을 증진시키는 데에도 유용하게 이용되었을 것으로 보인다. 다만 사료의 경우 단순히 사진으로만 제시되어 있어서 과거의 기록에서 역사적 사실을 확인하고 당시 사회상의 재구성을 통한 역사적 의미를 부여하는 작업은 쉽지 않았을 것이다. 이후 7차 교육과정 국사교과서에서는 사료의 분량이 대폭 증가했고 본문 중의 읽기자료에 대부분 사료가 수록되고 심화과정에서도 사료학습이 가능하도록 사료가 제시되기도 한 점은 지금까지의 학습자료 제시에서 나타난 문제점을 어느 정도 보완한 것으로 생각된다.

넷째, 6차 『국사(상)』의 'Ⅴ. 근세 사회의 발달'에서는 5차 국사교과서에서는 없었던 서양과 동양의 근세를 서술한 부분이 맨 처음에 등장한다. 이것은 각 영역을 세계사의 보편성과 한국사의 특수성에서 보다 심층적으로 파악하도록 한다는 6차 교육과정의 국사과 성격과도 부합하는 것이다. 다만 한국의 근세 사회와의 관련성에 대한 설명은 없어서 6차 교육과정에서 지향하는 '우리 민족의 역사적 전통과 문화의 특성을 세계사의 보편성과 관련시켜 인식하게 한다.'는 국사과의 목표는 세계와 한국의 단순 비교에서 끝나버릴 가능성도 있다. 또한 근세의 개념에 대한 설명이 되어 있지 않아서 개별 주제들과 근세라는 시기가 어떻게 연결되는지를 유기적으로 설명해주고 있지 못하며, 단순히 근대 직전의 시기로만 의미가 부여되고 있다.

다섯째, 6차 국사교과서의 조선후기 관련 서술은 『국사(하)』의 대단원 'Ⅰ. 근대 사회의 태동'으로부터 시작되는데, 이것은 4차부터 시작된 편제로 5차와 6차에서도 마찬가지이다. 다만 이 시기는 근대 사회로 나아가면서 '지향'해가는 시기로 근대적인 요소만을 가지고 있을 뿐 정확히 근대라고 말하기는 힘들다.

편찬 준거안에 기초한 6차 교육과정 사회과 국사 영역의 서술과 내용은 여러 긍정적인 요소들도 내포되어 있지만, 실제로는 종래의 체제에서 크게 벗어나지 못한 채 교육과정의 운용에서 질적인 변화를 가져올 정도의 수준까지는 나아가지 못한 것으로 보인다. 본고에서는 지면의 제약 등으로 인하여 다루지는 못했지만, 동시기 중학교 국사교과서와 이후 7차 교육과정기 『국사』(한국사) 국사교과서와의 비교를 진행한다면 6차 교육과정기 고등학교 국사교과서의 서술과 내용상의 특징이 보다 명확히 드러날 수 있을 것으로 생각된다. 이에 관해서는 별도의 과제로 삼고자 한다.

05

제6차 교육과정기 국사교과서의 개편과정과 현대사 서술의 특징

유상수

Ⅰ. 머리말

교육과정이 교육을 통해서 기르고자 하는 인간상을 구체화하고 그 구현을 위해 설계하는 것이라 할 때 교육과정을 개정한다는 것은 그 나라의 미래를 결정하게 되는 것이라 할 수 있다.[1] 21세기를 맞이하는 한국에서 이를 대비해서 교과과정을 개정한다는 것은 큰 의미를 갖는다. 제6차 교육과정기는 교육분야에서 21세기를 준비하는 과정이었다. 또한 군부의 독재가 종식되고 문민정부가 들어서면서 개정되는 교과과정이기 때문에 국사교과서가 강요받았던 정권의 '정당성을 부여하는 역할'에서 벗어날 수 있는 기회이기도 했다.

그러나 교육과정 개정 내용이 발표되면서 국사과목을 둘러싼 논란이 시작되었으며, 국사교과서 집필을 위한 준거안이 발표되면서 그 논란은

---

1 함종규, 『한국교육과정변천사연구 – 조선조 말부터 제7차 교육과정기까지–』, 교육과학사, 2003, 591쪽.

증폭되었다. 제3차 교육과정 이후로 사회과에서 분리, 독립되어 있던 국사 교과를 통합사회 교과로 통합하면서 필수과목에서 선택과목으로 전환하는 내용이 포함되었기 때문이었다. 이에 대해서 "자국사를 선택과목으로 격하한다"는 반대에 직면하게 된 교육부는 방침을 바꾸어 "국사 교과를 필수과목으로 유지한다"고 발표하며 논란은 일단락되는 듯 했다. 하지만 국사교과서 집필 준거안이 발표되면서 그 타당성을 두고 국사 교과는 다시 논란의 중심에 서게 되었다.

제6차 교육과정의 준비과정에서 국사교과서의 집필 방향에 대해서 2가지가 요구되었다. 첫째는 국사교과서를 국정에서 검정으로 전환하여 교과서에 다양한 관점을 반영할 수 있도록 하는 것이었고, 둘째는 기존에 사용하고 있던 국사교과서가 정권 홍보용으로 되어 있기 때문에 전면 개편이 필요하다는 것이었다.[2] 교육부는 이런 요구를 반영한 국사교과서를 집필하기 위해 1993년 9월 '국사교육 내용전개 준거안 연구위원회(준거안 연구위)'를 구성하였다. 준거안 연구위에서는 약 6개월의 연구기간을 거쳐 1994년 3월 시안을 발표하였다. 그런데 개편방향에 대해서 언론의 반대에 부딪히며, 제5차 교육과정기의 국사교과서까지 이어져 온 '우리 민족'과 '반공'코드를 넘어서지 못한 반쪽짜리 '새 교과서'가 집필되었다.

최근 각 교육과정기의 국사교과서를 시대별로 분석하는 연구가 많이 이루어졌다. 각 교육과정이 개편되는 과정에서 국사교과서의 지향점이 어떠했는지를 시대별 서술과 특징지어 분석한 것이다.[3] 하지만 제6차 교

---

2 신영범, 「국사 교과서의 '현대사'논쟁」, 『교과서연구』 제39집, 2002의 내용을 최경옥, 「역사교육문제에 관한 신문보도의 양상과 여파 – 1994년 '국사 준거안 파동'을 중심으로−」, 서울대학교 사회교육과 석사학위논문, 2004, 9쪽에서 재인용.

3 성강현, 「제1차 교육과정의 국사 교과서 서술체제와 내용 분석」, 『역사와교육』 제22집, 2016; 류승렬, 「제1차 교육과정기 발행『중등국사』(역사교육연구회 엮음) 교과서의 특성과 의의」, 『역사교육』 제146호, 2018; 황인규, 「제2차 교육과정기 『고등국사』(11종) 고려시대 불교사 서술 −제3차~7차 교육과정기 『고등국사』와의 비교를 중심으로−」, 『역사와

육과정기, 그 중에서도 근현대사 부분에 대한 분석을 시도한 연구는 아직 이루어지지 못했다. 제6차 교육과정의 개정이 민주화 이후 처음 이루어졌다는 중요성에 비추어 볼 때 이에 대한 연구가 시급하다고 할 수 있다.

이 글에서는 제6차 교육과정기 국사교과서, 그 중에서도 근현대사 부분에 해당하는 고등학교 『국사(하)』의 서술체계와 내용을 살펴보고, 제6차 교육과정기 국사교과서가 갖는 특징을 파악해보고자 한다. 이를 위해서 첫째, 제6차 교육과정기 국사교과서의 개편 과정에 대해서 살펴볼 것이다. 제6차 교육과정기 국사교과서는 많은 진통 끝에 만들어졌기 때문에 이에 대한 이해가 있어야 제6차 교육과정기 국사교과서의 특징을 파악할 수 있기 때문이다. 둘째, 국사교과서의 근현대사 부분의 서술체계의 특징을 파악하기 위해서 국사교과서 편찬의 기준이 되었던 '국사교육 내용 전개 준거안'과의 비교 검토를 진행할 것이다. 마지막으로 국사교과서를

교육』 제29집, 2019; 조건 「제2차 교육과정기 민족주체성 교육의 시행과 국사교과서 근현대사 서술내용 분석」, 『역사와교육』 제24집, 2017; 허은철, 「제2차 교육과정기 고등학교 국사교과서의 발행과 서술 변화」, 『역사와교육』 제24집, 2017; 신선혜, 「제2차 교육과정기 한국 고대사 연구와 국사교과서의 서술 검토」, 『역사와교육』 제24집, 2017; 차미희, 「3차 교육과정기(1974~1981) 중등 국사과의 독립 배경과 국사교육 내용의 특성」, 『한국사학보』 제25호, 2006; 이정빈, 「제3차 교육과정기 고등학교 『국사』의 한국고대사 서술과 특징」, 『역사와교육』 제27집, 2018; 한철호, 「제3차 교육과정기 고등학교 『국사』 국정교과서의 한국 근·현대사 서술과 그 특징」, 『역사와교육』 제27집, 2018; 조성운, 「제3차 국사과 교육과정의 성립과 국사교과서 개편」, 『역사와교육』 제27집, 2018; 황인규, 「제3차 교육과정 국정 고등국사의 편찬과 중세사 서술 비판」, 『역사와교육』 제27집, 2018; 신선혜, 「고등학교 국사 교과서의 신라 불교사 서술 획일화 과정 -교수요목기~제3차 교육과정기를 중심으로-」, 『신라사학보』 제41호, 2017; 조성운, 「제4차 교육과정기 국사교과서 근현대사 서술의 특징」, 『역사와교육』 제30집, 2020; 장희흥, 「제4차 교육과정기 중·고등학교 국사교과서의 조선시대 서술 체제와 내용 분석」, 『역사와교육』 제30집, 2020; 차미희, 「4차 교육과정기 (1982-89) 중등 국사 교과서의 내용상 특성」, 『열린교육연구』 제15권 제3호, 2007; 신선혜, 「제4차 교육과정기 고등학교 국사교과서의 고대사 서술 특징과 배경」, 『대구사학』 제136권, 2019; 장미애, 「민족의 국사 교과서, 그 안에 담긴 허상 – 4·5차 교육과정기 고등학교 국사 교과서를 중심으로」, 『역사비평』 제117호, 2016; 차미희, 「5차 교육과정기(1989~95) 중등 국사교육 내용의 개선과 한계」, 『교과교육학연구』 제12권제1호, 2008; 신선혜, 「제5차 교육과정기 고등학교 『국사』 교과서의 고대사 서술 특징과 배경」, 『역사와교육』 제33집, 2021; 허은철, 「제5차 교육과정기 국사교과서 고려사 서술」, 『역사와교육』 제33집, 2021; 최보영, 「제5차 교육과정기 『국사』 교과서 근·현대사 체제·내용과 그 특징」, 『역사와교육』 제33집, 2021.

둘러싼 논쟁이 근현대사, 특히 현대사 부분에 집중되었음을 유의하여 현대사 서술내용에 대한 분석을 시도해보고자 한다.

II. '우리 민족'과 '반공'에 사로잡힌 제6차 교육과정기 국사 교과서 개편과정

1. 제6차 교육과정의 개정추진

교육과정 개정안에 의하면 제6차 교육과정은 1993년 이후에 개정이 예정되었다. 그런데 국무총리 행정조정실에서 1990년 6월 30일 국회에 제출한 「소련 및 동구권 국가와의 수교 및 북방교류 증대에 따른 이념문제 극복방안」이라는 자료에서 "최근 급격히 진행중인 동구권 공산국가의 변화를 수용하고 통일안보교육의 보완을 위해 초, 중, 고교 전 교과목의 대폭적인 개편을 앞당길 예정"이라고 밝혔다. 이에 따라서 원래의 방침이 1992년까지 제6차 교육과정의 개정이 이루어지는 것으로 계획이 변경되었다. 교과서개편의 기본방침으로 북방교류 및 공산주의 변화에 적절히 대응하는 것, 그리고 대북경계심과 통일의지의 균형있는 조화가 제시되었다.[4]

문교부[5]는 이런 방침을 구체화하기 위해서 1990년 3월부터 6개월간 장학편수실의 교육과정담당관실을 중심으로 기본계획을 작성하였다. 그리고 '개정연구위원회'에 위탁하여 개정을 위한 기초연구와 총론개정안의

---

4 「초-중-고 교과서 개편 앞당긴다」, 『조선일보』, 1990년 7월 2일.
5 문교부는 1991년 들어 교육부로 개편되었다. 이 시기는 문교부에서 교육부로 개편되는 시기로 시점에 따라 당시의 명칭을 사용함으로 부득이하게 문교부와 교육부를 혼용한다.

대한민국 역사교육과정 3

연구개발에 착수하게 하였다.[6] 문교부에서는 연구개발과 더불어 학교교육 현장의 여론을 청취하기 위해 1990년 12월 21일 「제6차 교육과정 개선의 방향」이라는 주제로 세미나를 개최하였다. 이 자리에서 교육계 2백여 명이 참여하여 제6차 교육과정의 개정방향에 대한 논의를 진행하였다. 이날 개정연구위원장이자 발제자였던 한명희는 "우리나라의 현 교육과정은 중앙집권적이고 획일성과 경직성을 가지고 있기 때문에 앞으로의 교육과정 계획에서는 교육과정의 선택과 개별화가 이루어지도록 융통성과 자율성이 신장되는 방향으로 연구가 진행되어야 한다"는 취지의 발제를 진행하기도 했다.[7]

교육부는 1991년 8월에는 제6차 교육과정 개정안을 다룰 교육과정심의회 구성을 위해 위원 175명을 새로 위촉하였다. 교사 86명, 대학교수 59명, 산업·언론·문화계 등 각계인사 30명으로 구성된 이 심의위원들은 교육과정의 총론 시안을 심의하였으며, 유치원, 초등학교, 중학교, 일반계고교, 실업계고교 등 5개의 학교급별 소위원회와 종합심의 검토 기능의 운영위원회에 각각 소속되어 활동하였다.[8]

교육과정 개정연구위원회에서는 1991년 9월 27일 교육과정 개정방향의 시안을 확정하고 각계의 반응을 타진하기 위해 공청회를 가졌다. 이 개정 시안의 골자는 지방화시대의 조류에 맞춰 교육부의 교과과정 결정

---

6 함종규, 『한국교육과정변천사연구 – 조선조 말부터 제7차 교육과정기까지-』, 교육과학사, 2003, 602-603쪽. 개정연구위원회는 한명희(동국대 사범대 교수, 위원장), 곽병선(한국교육개발원, 교육과정 연구부 본부장), 김신복(서울대 행정대학원 교수), 김재복(인천교대 교수), 허경철(한국교육개발원, 교육기초연구부 본부장), 함수곤(문교부 교육과정 담당관실 담당관) 등 6인으로 구성되었다.

7 「고교 교과목 95년 대폭 줄인다 문교부 교육개선 세미나 지상紙上 중계」, 『동아일보』, 1990년 12월 21일.

8 「교육과정 심의위원 위촉」, 『동아일보』, 1991년 8월 19일; 「교육과정 심의위원 교수 등 175명 위촉」, 『조선일보』, 1991년 8월 19일; 「초중 교육과정 심의회 위원 175명 새로 위촉」, 『한겨레』, 1991년 8월 19일.

권한을 시·도 교육청 및 일선 학교도 갖도록 해 지역여건, 학생들의 필요 및 능력에 따라 교과 선택의 폭을 크게 확대하는 것이었다. 시안에 따르면 공통필수 교과목이 12교과 84단위에서 9교과 60단위로 축소되면서 국사는 필수과목에서 제외되었다. 한문과, 지리과, 교련과 및 가정과 등도 축소되었다. 이에 대해서 관련 교과의 교수, 교사 등의 격렬한 반발 및 저항이 있었다.[9]

국사의 필수과목 제외 결정에 대해서 역사교육연구회를 중심으로 역사교육계는 "세계 어느 나라가 자기 나라의 역사교육을 이처럼 홀대하느냐"며 "민족주의가 강조되는 시대적 흐름에도 역행하는 처사"라고 반발했다.[10] 『조선일보』는 이런 학계의 움직임을 보도하는 한편 사설을 통해 "학생의 부담을 줄이기 위해 필수교과를 줄이는 의도는 수긍할만 하다"면서도 "4~5차 교육과정 개정에서 세계사의 비중을 낮춘 바 있고, 이번에 다시 국사의 비중을 낮추고 있어 전체적으로 역사교과는 근대적 공(公)교육체제가 성립된 후 가장 위축되었다"고 지적[11]하며 역사 비중을 줄인 교육부를 강하게 비판하였다.

학계 및 언론의 지적에 대해 교육부는 1991년 10월 11일 "최종 결정권자인 교육부 장관도 시안 발표 이전부터 이미 국사는 국민통합 측면에서 당연히 필수과목으로 해야한다는 생각을 갖고 있었고 지금도 변함이 없다"고 밝혔고, 교육과정 개정연구위원회도 교육부에 최종안을 제출하는

---

9 「사회변화 '교실'에 반영」, 『경향신문』, 1991년 9월 28일; 「21세기 교육방향 제시」, 『동아일보』, 1991년 9월 28일; 「고교 필수 교과 9개로 축소」, 『조선일보』, 1991년 9월 28일; 「초·중·고 교육과정 개편안 골자와 문제점 진로·적성 맞게 융통성 넓혀」, 『한겨레』, 1991년 9월 28일.

10 「국사, 한문, 교련 교사·학회 반발」, 『조선일보』, 1991년 10월 2일.

11 「국사가 선택과목일 수 없다」, 『조선일보』, 1991년 10월 2일. 한편 『한겨레』 는 『조선일보』 와는 달리 교육과정심의회의 주장도 비슷한 비중으로 보도를 하고 있다.

시기를 늦추며 "총론 최종안을 수정하겠다"[12]고 한발 물러났다. 결국 교육과정 개정연구위원회의 최종시안은 각계의 거센 반발에 의해 11월 20일이 되어서야 최종 확정되었다. 최종 확정안에서 국사과목이 전국 공통의 필수과목으로 전환되어 10개의 필수과목으로 확정되었다.[13] 교육부에서는 이 보고서를 교육과정심의회에 넘겨 현장 적용 가능성, 교과목 설정 및 수업시간 수 배정의 타당성 등을 검토한 뒤 연말까지 정부안의 최종 확정한다고 발표하였다.[14]

이런 과정을 거쳐 개정작업에 들어간 제6차 교육과정은 1992년 10월 30일 확정될 수 있었다. 교육과정을 통해 건강한 사람, 자주적인 사람, 창의적인 사람, 도덕적인 사람의 인간상을 추구하겠다고 하였다. 이를 구현하기 위해서 '가 - 도덕성과 공동체 의식이 투철한 민주시민을 육성한다. 나 - 사회의 급속한 변화에 대응할 수 있는 창의적 능력을 개발한다. 다 - 학생의 개성, 능력, 진로를 고려하여 교육 내용과 방법을 다양화한다. 라 - 교육과정 편성·운영체제를 개선하여 교육의 질 관리를 강화한다'는 4가지 구성방침을 제시하였다.[15] 교육부에서는 제5차 교육과정의 문제점으로 다음과 같이 지적[16]을 하면서 제6차 교육과정의 필요성에 대해서 언급하였다.

첫째, 교육과정 결정에 있어서 지나치게 중앙집중적이었다. 둘째, 교육과정의 구조가 경직되고 획일적이었다. 셋째, 교육과정의 내용 중에서 시대적, 학문적, 개인적 측면에서 부적합한 점이 많았다. 넷

---

12 「국사, 필수과목 환원 확실」, 『조선일보』, 1991년 10월 12일; 「교과연의 좌절」, 『조선일보』, 1991년 10월 14일.
13 「국사, 고교 필수과목 포함」, 『조선일보』, 1991년 11월 21일.
14 「교육과정 개편 최종시안 분석」, 『한겨레』, 1991년 11월 28일.
15 교육부, 『고등 학교 교육 과정(1)』, 1992, 1쪽.
16 교육부, 『고등 학교 사회과 교육 과정 해설』, 1992, 9~10쪽.

째, 교육 과정의 목표 달성에 있어서 비효율성이 드러났다. 다섯째,
교육과정 편성·운영의 폐쇄성, 경직성이 문제였다.

이를 극복하기 위해서 개정에 중점을 둔 사항은 다음의 4가지[17]였다.

1. 교육 과정 결정의 분권화: 중앙 집권형 교육 과정을 지방 분권
   형 교육 과정으로 전환하여, 시·도 교육청과 학교의 자율 재량
   권을 확대하였다.
2. 교육 과정 구조의 다양화: 다양한 이수 과정과 교과목을 개설하
   고, 필수 과목을 축소하는 한편, 선택 과목을 확대하여 교육 내
   용의 획일성을 해소하였다.
3. 교육 과정 내용의 적정화: 학습량과 수준을 조정하고, 교과목
   체계의 개선으로 교육 내용의 적합성을 높이고 학습 부담을 줄
   였다.
4. 교육 과정 운영의 효율화: 학생의 적성, 능력, 진로를 고려하고,
   학습과 생활의 기초 능력을 신장하며, 평가 방법을 개선하여 교
   육 과정이 효율적으로 운영될 수 있도록 하였다.

제6차 교육과정의 개정은 제5차 교육과정의 문제점을 극복하고 새로
운 방향을 제시하는 것이었다. 교육과정 결정의 분권화, 교육과정 구조
의 다양화, 교육과정 내용의 적정화, 교육과정 운영의 효율화를 내세우
며 교육에 있어 21세기를 준비하려는 것이었다. 하지만 그 과정에서의
여러 진통들로 인해서 국사 교과의 개편은 제6차 교육과정의 이상과는
다르게 진행되었다.

---

17 교육부, 『고등 학교 사회과 교육 과정 해설』, 1992, 11쪽.

2. 제6차 교육과정기 국사교과서의 개편과정

교육부에서는 96학년도부터 사용될 제6차 교육과정 국사교과서를 편찬하기 앞서 1993년 8월 학계전문가 30명으로 하여금 「국사교과서 편찬 준거안 심의위원회」를 구성키로 하였다. 그리고 현대사 부분에 역점을 두기 위해 심의위원회와는 별도로 9인의 현대사 연구팀을 구성하기로 하였다. 이 현대사 연구팀에 대해서는 그동안 교과서 편찬에 거의 관여하지 않았던 신진학자들을 중심으로 한다는 입장을 밝혔다.[18]

그러나 1993년 9월 교육부에서 96학년도부터 사용할 중고교 국사교과서 편찬의 지침 마련을 위해서 발족시킨 「준거안 연구위」의 실제편성은 계획과는 달리 9명(위원장:이존희)으로 구성[19]되었다. 이 중에서 근현대사 전공자 3명이 근현대사 연구팀으로 배정되었다. 연구위는 학계의 새로운 연구성과를 반영하고, 근현대사의 논쟁대상인 역사용어를 정리, 통일안을 제시하는 역할을 맡게 되었다. 연구위는 학술세미나에서 학계와 교육계의 의견을 수렴하여 1994년 5월 중 국사편찬위원회의 최종심의를 거쳐, 6월 중에 준거안을 확정하는 것으로 결정하였다.[20] 원래 계획안이 발표된지 한달도 못되어 준거안 연구위 및 근현대사연구팀의 규모가 크게 축소되었는데, 이것은 교육과정의 개정방향과는 다르게 국사교육에 대한

---

18 「교과서 '현대사부분' 전면 개정」, 『조선일보』, 1993년 8월 4일.
19 이때 위촉된 연구위원으로는 위원장으로 이존희(서울시립대), 이용조(충북대, 상고사), 노태돈(서울대, 고대사), 박용운(고려대, 중세사), 정만조(국민대, 근대사), 정재정(방송통신대, 근현대사), 이현희(성신여대, 독립운동사), 서중석(성균관대, 현대사), 김흥수(춘천교대, 역사교육) 등이었다. 신영범, 「한국 근·현대사 관계 역사 용어의 이해」, 『교과서 연구』 20, 1994, 104쪽의 내용을 최경옥, 「역사교육문제에 관한 신문보도의 양상과 여파 −1994년 '국사 준거안 파동'을 중심으로 −」, 서울대 사회교육과 석사학위논문, 2004, 10쪽에서 재인용.
20 「국사책 연구위 발족」, 『조선일보』, 1993년 11월 6일.

개편에 대해서 언론과 여론은 민족을 중심하는 교육을 요구[21]하고 있었기 때문이었다.

근현대사 연구팀(이현희, 서중석, 정재정 교수)에서는 1994년 1월 5일 「국사교과서 집필에 필요한 내용선정 기준시안」을 발표했는데, 이 시안에서 역사적 의미와 해석을 둘러싸고 논란을 빚었던 사건의 명칭을 객관적이고 사실적으로 표현하기 위해 용어의 정리가 시도되었다. 시안에서는 「5·16군사혁명」을 「5·16군사쿠데타」로 표기하고 「12·12사태」도 「12·12군사쿠데타」로, 「5·18광주민주화운동」도 「광주항쟁」[22]으로 변경을 추진하기로 했다. 「6·10항쟁」의 경우는 개편되는 교과서에 용어를 변경하는 것보다 3·1운동 이후 최대 규모의 인원이 참가한 국민적 시위로의 역사적 의미를 감안해 상세하게 다루는 것으로 결정되었다. 대신 시대적 상황에 따라 정권안보논리로 이용되었던 경제개발5개년계획, 새마을운동, 6·29민주화선언 등의 내용은 상당부분 줄이기로 했다.[23] 이 시안은 3월에 있을 공청회의 주요 자료로 활용되기로 하였다.

연구위는 1994년 3월 18일 오후 서울시립대에서 열린 국사교과서 개편에 관한 세미나에서 개편 시안을 발표하였다. 이날 발표된 시안에서는 5·16과 12·12, 5·17등의 역사용어를 쿠데타로, 4·19의거를 4·19혁명으로, 6·25전쟁은 한국전쟁으로 표현하는 방안이 제시되었다. 그리고 고교교과서에 '박정희정권은 철권강압으로 영구집권을 계획하여 국헌이 파

---

21 「대담 "임정은 민족사를 잇는 범민족정부"」, 『동아일보』, 1993년 8월 10일. 이 대담은 김준엽(사회과학원이사장)과 신용하(서울대교수)사이에 이루어진 것으로 광복절을 맞아 동아일보에서 원로역사학자들을 대상으로 실시한 것이다. 여기에서 대담자들을 독립운동사의 강조를 언급하며 "민족의 장래를 위한 국사교육을 해야한다"고 언급했다.

22 광주민주화운동에 대해서 '광주항쟁'과 '광주사건'이 언급되었지만 '광주항쟁'에 대한 국민여론이 높아 결국 '광주항쟁'으로 결정되었다.

23 「현대사 일부용어 바뀐다」, 『경향신문』, 1994년 1월 6일; 「개편 중고 국사교과서 현대사 일부용어 수정」, 『동아일보』, 1994년 1월 6일.

괴된 채 유신독재통치가 이루어졌음을 이해'하도록 하는 내용을 담기로 했다. 이밖에 여순반란사건은 여수순천사건으로, 대구폭동은 대구항쟁, 광주민주화운동은 광주항쟁, 동학농민운동은 동학농민전쟁으로 수정키로 했다. 새 교과서에는 학생들의 북한에 대한 올바른 이해를 돕기 위해 주체사상의 기본틀을 객관적으로 설명하고 남북한 간의 상호 이해, 노력하는 분위기도 포함시키기로 했다.[24]

그런데 이 세미나의 내용은 큰 후폭풍을 가져왔다. 각 언론에서 세미나에서 발표된 내용이 국사교과서에 그대로 실리는 것처럼 수차례의 특집기사를 통하여 보도하였는데, 조선일보를 중심으로 보수언론은 「학계 '위험한 민중사관'비판」, 「북핵 불감증」, 「'폭동'은 폭동이다」, 「주사파 등 80년대부터 '새작업'」, 「학계, '위험한 민중사관'」, 「우리 '내부'가 수상하다」 등의 제목으로 잇달아 기사를 내보내며 비판여론을 조성하고, 정부를 압박했다. 결국 교육부에서는 세미나에서의 국사교육 내용전개 연구위원회의 제안에 대해서 "논란의 소지가 드러난 이상 수용할 수 없다"는 입장을 밝혔다. 그리고 이 날 발표된 역사용어나 이에 대한 설명내용은 6월말까지 마련되는 최종 준거안에서 빠지게 되었다고 설명하였다.[25]

이런 언론의 반응에 대해서 청와대도 심한 압박을 느꼈다.[26] 교육부에서 청와대보고문건으로 만든 「국사교육내용준거안 논란에 대한 경위 및

---

24 「교과서에 북 주체사상 실린다」, 『경향신문』, 1994년 3월 19일; 「'5·16', '12·12', '5·17' 모두 쿠데타」, 『동아일보』, 1994년 3월 19일; 「대구'폭동'을 '항쟁'개칭, 큰 논란 예상」, 『조선일보』, 1994년 3월 19일; 「6·29선언 제외, 6월민주항쟁 삽입 눈길」, 『조선일보』, 1994년 3월 19일.

25 한명희, 「국사교과서 내용 준거안에 대한 교육부 입장」, 1994년 3월 20일; 「'항쟁'개칭 않기로」, 『조선일보』, 1994년 3월 22일.

26 이런 보도는 청와대에 상당한 부담을 갖게 하였다. 준거안 세미나가 있던 1994년은 북한 핵 문제와 북한의 대화거부, UR협정 비준 문제 등의 문제가 있었고, 특정인사들에 대해 '색깔론'이 등장하고 있던 시기였기 때문에 국사교과서 문제가 확산되는 것에 대해 매우 우려하는 입장이었다. 「청와대 "딴 일도 많은데……" 당혹」, 『조선일보』, 1994년 3월 20일.

대책」에는 그런 상황을 잘 드러난다. 이 보고문건에는 국사교육내용 준거안 연구 진행과정, 연구위원의 인선경위, 물의를 일으킨 경위, 향후 대책 등이 포함되어 있다. 교육부에서 밝힌 경위로는 "교과교육에 경륜이 있고 올바른 역사의식을 가진 중년학자인 이존희 교수를 위원장으로 선정하였고 연구위원은 연구책임자를 포함 9명을 배치하였는데, 근현대사에 3명을 배정하도록 하여 근현대사의 비중을 늘렸고 쟁점이 많아 보수와 진보사관을 지닌 학자를 적절히 조화시켜 연구하는 것이 좋다고 판단하였다는 것"이다. 이 기준에 따라 현대사 전공 교수 노경채(수원대), 서중석(성균관대) 중 비교적 온건하다는 평이 있는 서중석을 선택하였다고 밝혔다. 교육부는 향후 대책으로 서중석 교수의 역할을 약화시키고 이존희 교수를 제외한 8명 전원을 6·25전쟁 경험세대인 원로교수로 교체하며, 국사편찬위원회에서 별도의 근·현대사 역사 용어 및 서술방향에 대한 의견서를 받아 사관문제를 정리하겠다고 하였다. 그리고 쟁점이 있는 현대사 분야는 좀 더 신중하게 검토하여 94년 1월부터 6월 사이에 집필된 교과서의 내용을 수정·보완하겠다고 밝혔다.[27] 이것은 언론의 비판을 수용해 다시 예전의 국사교과서 서술방향으로 회귀하겠다는 것을 밝힌 것이었다.

이런 과정을 거쳐 1994년 7월에는 「국사교육 내용전개의 준거안」이 만들어졌으며, 8월 31일에는 교육부의 「국사교과서편찬 준거시안」이 발표되었다. 3월부터 논란이 되며 연구위원을 교체하는 등의 진통을 겪은 끝에 연구위는 7월 초에 1차 연구안을 제출하였지만 교육부에서는 6·25전쟁을 한국전쟁으로 수정하자는 의견 등을 수용하지 않았다. 이에 대해서 소장학자 등은 우리 사회의 보수회귀적인 분위기에 휘말려 시대변화

---

27 교육부, 「국사교육내용준거안 논란에 대한 경위 및 대책」, 1994.3.

에 맞게 현대사 용어를 정비하는 작업이 상당부분 후퇴하였다고 지적하였으며, 보수학계에서는 조선건국동맹 등 좌익계열의 독립활동 등을 서술하기로 한데 대한 이견이 있음을 피력하며, 또다시 국사교과서 문제가 불거질 가능성이 높아졌다.[28] 교육부는 이후에도 2차례의 심의회를 개최하여 이런 논란을 피해가려 하였다. 준거안은 1994년 11월 최종적으로 확정되었는데, 그 내용은 교육부의 이런 태도로 인해 제5차 교육과정기의 국사교과서의 서술방향에서 더 나아가지 못하고 현상유지적인 성격을 띠게 되었다.

Ⅲ. 『국사(하)』교과서 서술체계의 변화와 그 특성

앞서 서술했던 「국사교육 내용 전개의 준거안」 관련 파동때문에 6차 교육과정 개정의 취지와는 달리 국사교과서는 현상유지를 하는 방향으로 개편되었다. 특히 1994년에 있었던 국사교과서 파동은 근현대사 관련 부분에 대한 논란이 많았던 만큼 근현대사 부분을 다루고 있는 『국사(하)』교과서는 준거안을 만들던 단계에 비해 서술이 매우 위축되었다. 국사편찬위원회에서 논란이 되었던 한국근현대사 관련 주요 역사용어가 확정[29]된 것을 보면 그 상황을 파악할 수 있다.

---

28 「급진 사관 배격 '기존틀' 유지」, 『동아일보』, 1994년 9월 1일; 「제주 4·3, 대구폭동, 12·12사태 현행용어 그대로 사용키로」, 『한겨레』, 1994월 9월 1일; 「'o공화국'을 'ㅇㅇㅇ 정부'로」, 『조선일보』, 1994년 9월 1일.
29 「사편 81181-12 한국 근·현대사 관련 주요 역사용어 확정 통보」

[표 1] 한국 근·현대사 관련 주요 역사 용어

현행교과서 (제5차교육과정기)	개정	비고
1. 흥선대원군의 쇄국정책	통상, 수교의 거부	쇄국 정책은 서양인의 시각
2. 동학 농민 운동	2. (현행대로 표기)	
3. 갑오개혁	3. (현행대로 표기)	
4. 애국계몽운동	4. (현행대로 표기)	
5. 창씨개명	5. 일본식 성명 강요	
6. 8·15광복	6. (현행대로 표기)	
7. 제주도 4·3사건	7. (현행대로 표기)	
8. 여수·순천 반란 사건	8. 여수·순천 10·19사건	발생일자 명시
9. 대구 폭동사건	9. 대구 10·1 폭동사건	발생일자 명시
10. 6·25전쟁	10. (현행대로 표기)	
11. 4·19 의거	11. 4·19혁명	국가유공자 예우 법률 근거
12. 5·16 군사혁명	12. 5·16 군사정변	
13. 12·12사태	13. 특정용어 사용 보류	
14. 5·18 광주 민주화운동	14. (현행대로 표기)	광주민주화운동 법률 근거
15. 6월 민주항쟁	15. (현행대로 표기)	

　　[표 1]은 교육부에서 각 교육청에 보낸 공문 속에서 국사편찬위원회에서 확정된 주요 역사용어를 첨부한 것이다. [표 1]을 보면 논란이 된 15개의 역사용어에 대해서 어떻게 개정할 것인가를 확정한 것인데, 〈현행대로 표기〉가 8개로 절반이 넘는다. 더구나 9번의 대구 폭동사건은 날짜만 표기했을 뿐 '항쟁'으로 바꾸자는 학계의 연구성과가 반영되지 못했다. 13번 12·12사태의 경우도 특정용어 사용을 보류한다며 사태를 빼고 날짜만 표기하게 하여 오히려 역사용어에 함축된 의미를 삭제했다. 이 2개의 용어까지 포함하면 15개 중 10개가 실질적으로 개정되지 못했다고 할 수 있다.

　　역사용어가 거의 수정되지 못한 만큼 목차에 있어서도 이전의 교육과정과 두드러지는 차이를 보이기 어려웠다. 다음으로는 서술체계의 분석을 통해서 제6차 교육과정기 국사교과서의 특징으로 살펴보고자 한다.

[표 2]는 제5차 교육과정과 제6차 교육과정에서의『국사(하)』단원 구성을 준거안과 함께 비교한 것이다.

**[표 2] 제5차 교육과정『국사(하)』와 국사교육 내용 준거안 및
제6차 교육과정『국사(하)』의 단원 구성**

제5차 교육과정	국사교육 내용 준거안	제6차 교육과정
I. 근대 사회의 태동	I. 근대 사회의 태동	I. 근대 사회의 태동
1. 근대 사회로의 지향 (1) 사회 변화와 서민 의식의 성장 (2) 근대 사회로의 이행	근대 사회로의 지향	1. 근대 사회로의 지향 (1) 근대의 세계 (2) 한국 근대 사회의 태동
2. 정치 체제의 변화 (1) 통치 기구의 변화 (2) 붕당정치의 발달과 변질 (3) 탕평책의 실시 (4) 세도 정치의 전개 (5) 조선 후기의 대외 관계	2. 제도의 개편과 정치 변화	2. 제도의 개편과 정치 변화 (1) 통치 체제의 개편 (2) 정국의 변화와 탕평책 (3) 정치 질서의 파탄 (4) 대외 관계의 변화
3. 경제 구조의 변화와 사회 변동 (1) 수취 체제의 개편 (2) 경제 생활의 향상 (3) 사회 구조의 변동 (4) 사회 불안과 종교계의 변화	3. 산업 발달과 사회 변동	3. 경제 구조의 변화와 사회 변동 (1) 생산력의 증대 (2) 시장권의 확대 (3) 사회 구조의 변동 (4) 사회 변혁의 움직임
4. 문화의 새 기운 (1) 성리학계의 동향과 양명학의 수용 (2) 실학 사상의 발달 (3) 문학과 예술의 새 경향 (4) 과학과 기술의 발달	4. 문화의 새 기운	4. 문화의 새 기운 (1) 사상과 학문의 동향 (2) 사회 개혁론의 대두 (3) 문학과 예술의 새 경향 (4) 과학과 기술의 진전
II. 근대 사회의 발전	II. 근대 사회의 전개	II. 근대 사회의 전개
1. 근대 사회의 전개 (1) 흥선대원군의 정치 (2) 개항과 근대 사회의 개막 (3) 개화 정책의 추진과 반발 (4) 개화당의 개혁 운동	1. 통치 체제의 정비 (1) 통치 체제의 재정비 (2) 여러 나라와의 조약 체결 (3) 위정 척사 운동의 전개 (4) 개화 정책의 추진 (5) 근대 문물의 수용	1. 근대 사회로의 진전 (1) 제국주의 시대의 세계 (2) 국제 관계의 확대

제5차 교육과정	국사교육 내용 준거안	제6차 교육과정
2. 근대 의식의 성장과 민족운동의 전개 (1) 동학 농민 운동의 전개 (2) 근대적 개혁의 추진 (3) 독립 협회의 활동과 대한 제국 (4) 항일 의병 전쟁의 전개 (5) 애국 계몽 운동의 전개	2. 민족 의식의 성장과 개혁운동 (1) 동학 농민 운동 (2) 갑오·을미개혁 (3) 독립 협회의 활동 (4) 대한 제국의 성립	2. 근대 의식의 성장과 민족 운동의 전개 (1) 근대화의 추진 (2) 동학 농민 운동의 전개 (3) 근대적 개혁의 추진 (4) 독립 협회 활동과 대한 제국 (5) 항일 의병 전쟁의 전개 (6) 애국 계몽 운동의 전개
3. 근대의 경제와 사회 (1) 개항 이후 열강의 경제적 침탈 (2) 경제적 구국 운동의 전개 (3) 개항 이후의 사회적 변화	3. 일제의 침략과 주권 수호 운동 (1) 일제의 국권 침탈 (2) 항일 의병 전쟁의 전개 (3) 애국 계몽 운동의 전개	3. 근대의 경제와 사회 (1) 개항 이후 열강에 의한 경제 침탈 (2) 경제적 구국 운동의 전개 (3) 개항 이후의 사회적 변화
4. 근대 문화의 발달 (1) 근대 문명의 수용 (2) 근대 교육과 국학 연구 (3) 문예와 종교의 새 경향		4. 근대 문화의 발달 (1) 근대 문명의 수용 (2) 근대 교육과 국학 연구 (3) 문예와 종교의 새 경향
Ⅲ. 민족의 독립운동	Ⅲ. 민족의 독립 운동	Ⅲ. 민족의 독립 운동
1. 독립 의식의 성장과 3·1운동 (1) 민족의 수난 (2) 항일 독립 운동의 추진 (3) 3·1운동	1. 민족의 수난과 시련 (1) 일제의 무력 통치와 수탈 체제 (2) 일제의 민족 분열 정책과 경제적 수탈의 가중 (3) 일제의 민족 말살 정책과 전시 수탈	1. 민족 운동의 동향 (1) 세계의 민족 운동 (2) 한국의 민족 운동
2. 대한민국 임시정부와 독립 전쟁 (1) 대한민국 임시정부의 활동 (2) 국내의 독립 전쟁 (3) 국외의 독립 전쟁	2. 1910년대의 독립운동과 3·1운동 (1) 독립 운동의 역량 축적 (2) 3·1운동	2. 민족의 시련 (1) 국권의 피탈과 민족의 수난 (2) 경제 약탈
3. 경제·사회적 저항 운동 (1) 민족 경제의 침탈 (2) 경제적 저항 운동의 전개 (3) 사회 운동의 전개	3. 대한민국 임시정부와 독립 전쟁 (1) 대한 민국 임시 정부의 수립과 활동 (2) 국내의 독립 운동 (3) 국외의 독립 전쟁 (4) 국외 동포의 활동과 시련	3. 독립 운동의 전개 (1) 3·1 운동 (2) 대한 민국 임시 정부의 수립과 활동 (3) 학생 항일 운동 (4) 항일 독립 전쟁

제5차 교육과정	국사교육 내용 준거안	제6차 교육과정

4. 민족 문화 수호 운동
  (1) 국학 운동의 전개
  (2) 교육과 종교
  (3) 문학과 예술 활동
	4. 사회·문화적 민족 운동
	  (1) 사회·경제적 민족 운동
	  (2) 민족 문화 수호 운동
		4. 사회·경제적 민족 운동
		  (1) 사회적 민족 운동의 전개
		  (2) 경제적 저항 운동의 전개
		  (3) 국외 이주 동포의 활동과 시련

		5. 민족 문화 수호 운동
		  (1) 식민지 문화 정책
		  (2) 국학 운동의 전개
		  (3) 교육 운동과 종교 활동
		  (4) 문예 운동

Ⅳ. 현대 사회의 전개	Ⅳ. 현대 사회의 발전	Ⅳ. 현대 사회의 발전

1. 민주 정치의 발전
  (1) 대한민국의 수립
  (2) 북한의 공산화와 6·25전쟁
  (3) 민주주의의 발전
  (4) 통일을 위한 노력
	1. 대한 민국의 수립
	  (1) 8·15 광복과 분단
	  (2) 대한 민국의 수립
	  (3) 6·25전쟁
		1. 현대 사회의 성립
		  (1) 현대의 세계
		  (2) 한국의 현대 사회

2. 경제 성장과 사회 변화
  (1) 경제 활동의 진전
  (2) 사회 개혁 운동의 전개
	2. 민주주의의 시련과 발전
	  (1) 4월 혁명과 민주주의의 성장
	  (2) 5·16군사 정변과 민주주의의 시련
	  (3) 민주주의의 발전
	  (4) 통일을 위한 노력
		2. 대한 민국의 수립
		  (1) 대한 민국의 수립
		  (2) 6·25전쟁

3. 현대 문화의 동향
  (1) 교육과 학술 활동
  (2) 종교 생활과 문예 활동
  (3) 체육의 발전과 올림픽의 개최
	3. 경제 성장과 사회 변화
	  (1) 경제 성장
	  (2) 사회 변화
		3. 민주주의 시련과 발전
		  (1) 4·19혁명과 민주주의 성장
		  (2) 5·16군사 정변과 민주주의의 시련
		  (3) 민주주의의 발전
		  (4) 통일을 위한 노력

(4) 오늘의 역사적 사명	4. 현대 문화의 동향
	  (1) 교육과 학습
	  (2) 문학·예술과 체육 활동
		4. 경제 성장과 사회 변화
		  (1) 경제 발전을 위한 노력
		  (2) 사회의 변화

		5. 현대 문화의 동향
		  (1) 교육과 학술 활동
		  (2) 종교 생활과 문예 활동
		  (3) 체육의 발전과 올림픽의 개최
		  (4) 세계 속의 한국

대단원은 물론 중단원까지의 명칭까지도 제5차 교육과정기『국사(하)』 교과서와 제6차 교육과정기『국사(하)』 교과서는 거의 비슷하다고 할 수 있다. 특히 주목할 것은 제5차 교육과정기와『국사(하)』 교과서와 준거안의 경우는 차이가 나는 부분도 제6차 교육과정기『국사(하)』 교과서에서 다시 제5차 교육과정기『국사(하)』 교과서의 표현으로 다시 복원하고 있다는 것이다. 다만 현대부분인 Ⅳ단원의 경우는 분명한 차이가 나타나는데, 이것은 현대부분의 서술은 준거안의 영향으로 변화를 추구했던 것과 더불어 이 부분에서 새롭게 서술되어야 할 부분들이 생기면서 이것이 반영되어 나타난 현상이라 할 수 있다. 이는 앞서 언급했던 것처럼 국사교과서 관련 파동으로 민주화 이후 처음으로 개편되는 교과서 임에도 현상유지를 하는 방향으로 개편이 이루어져 제6차 교육과정의 개정 과정에서 제시되었던 민주 사회의 시민적 자질 함양이나 세계화와 지역화의 시대적 요청의 반영, 국사학의 새로운 연구 동향을 반영한다는 목표가 거의 이루어지지 못했던 것을 단적으로 보여주는 것이라 할 수 있다.

제4차 교육과정기부터 제6차 교육과정기까지 형태상으로 국사교과서는 상, 하 2권으로 출판되었다. 상권은 조선 전기, 즉 근세까지 수록되었으며, 하권은 조선 후기부터 현대까지 수록되었다. 본문도 제4차 교육과정기에는 상, 하권 모두 178쪽으로 분량이 같았으나, 제5차 교육과정기는 상, 하권이 각각 196쪽과 202쪽으로, 제6차 교육과정기는 상, 하권이 각각 224쪽과 230쪽으로 하권의 분량이 조금 더 많아 근현대사의 비중이 증가하는 것을 알 수 있다. 시대별 구분에 따른 비중의 변화는 다음 [표 3]을 통해 확인할 수 있다.[30]

---

30 조성운,『대한민국 국사교과서』, 선인, 2019, 253~254쪽.

[표 3] 제4차 교육과정기~제6차 교육과정기 국사 교과서의 각 시대별 서술 비중[31]

(단위:%)

교과서 구분	시대구분	제4차 교육과정기	제5차 교육과정기	제6차 교육과정기
『국사(상)』	선사	4.8	4.0	7.9
	고대	13.2	14.1	14.7
	중세	18	12.1	13.6
	근세	12.9	15.5	13.4
『국사(하)』	소계	48.9	45.7	49.6
	근대	43.3	42.7	41.2
	현대	2.5	7.6	9.4
	소계	45.8	50.3	50.6

　제4차 교육과정기부터 제6차 교육과정기에 이르기까지 주목되는 특징은 근현대사의 비중이 계속 증가하고 있다는 것(45.8% – 50.3% – 50.6%)이다. 제5차 교육과정기와 제6차 교육과정기에 비중 자체는 큰 차이가 나지 않지만 근현대사를 다루고 있는 『국사(하)』의 분량이 202쪽에서 230쪽으로 증가했으므로 실질적으로는 상당히 증가한 것으로 판단된다. 특히 근대사의 비중은 조금씩 줄어드는 반면 현대사의 비중은 증가하고 있는 것을 확인할 수 있다.

　한편 제5차 교육과정기와 제6차 교육과정기의 『국사(하)』 교과서에서 단원별 비중 변화를 보면 근현대사 안에서도 어느 시기를 좀 더 강조하려고 했는지 파악할 수 있다. 다음 [표 4]는 『국사(하)』 교과서의 단원별 분량과 비중을 나타낸 것이다.

31　조성운, 같은 책, 254쪽 〈표 23〉을 수정한 것임.

[표 4] 5차 교육과정기와 6차 교육과정기의 『국사(하)』교과서 단원별 분량 및 비중 비교[32]

시대 구분	5차 교육과정기			6차 교육과정기		
	단원	쪽수	비중	단원	쪽수	비중
근대	I. 근대 사회의 태동	68쪽	33.0%	I. 근대 사회의 태동	64쪽	27.8%
	II. 근대 사회의 발달	60쪽	29.2%	II. 근대 사회의 전개	60쪽	26.1%
현대	III. 민족의 독립운동	42쪽	20.4%	III. 민족의 독립 운동	60쪽	26.1%
	IV. 현대 사회의 전개	36쪽	17.4%	IV. 현대 사회의 발전	46쪽	20.0%
	합계	206쪽	100%	합계	230쪽	100%

위의 [표 4]를 통하여 확인할 수 있는 것은 I단원과 II단원의 비중은 감소하였고, III단원과 IV단원은 증가하였다는 것이다. 이것은 제6차 교육과정기 들어서 첫째, 『국사(하)』 교과서 내에서 단원별 균형을 맞추기 위해 노력하였고, 둘째, 한국사연구의 진전으로 식민사관을 극복할 수 있는 III단원의 비중이 증가하였으며, 셋째, 국사교과서의 4가지 목표 중 첫 번째인 민주 사회의 시민적 자질 함양[33]을 위해 민주주의의 발달과 관계가 깊은 IV단원의 비중을 높인 것으로 볼 수 있다.

전체적인 목차뿐만 아니라 머리말, 대단원의 제목, 각 대단원 첫 페이지에서 제시하고 있는 사진, 교과서 말미의 부록까지도 거의 흡사하게 배치되었다. 체계상 차이점이 있다면 제5차 교육과정기까지 교과서의 가장 앞에 배치되었던 국민교육헌장이 빠졌다는 것이다. 책의 방향성을 제시하는 머리말은 매우 중요하다. 그런데 제5차 교육과정기와 제6차 교육과정기의 머리말은 거의 차이가 없다고 해도 과언이 아닐 정도로 흡사하다. 이는 제6차 교육과정을 개정하겠다고 발표했을 때 제시했던 목표들이 국사교과서 관련 파동을 겪으며 거의 반영이 되지 못했기 때문일 것이

---

32 제5차교육과정기 부분은 최보영, 「제5차 교육과정기 『국사』교과서 근·현대사 체제·내용과 그 특징」, 『역사와교육』 제33집, 2021, 130~133쪽 〈표 1〉~〈표 4〉를 참조.

33 교육부, 『고등 학교 사회과 교육 과정 해설』, 1992, 145~146쪽.

다. 지수걸의 지적[34]처럼 국사교과서의 머리말에서는 '우리 민족'이라는 코드를 중심으로 국사를 민족의 대서사로 완성하고 있다. 그리고 '우리 민족'과 함께 '반공'이라는 코드가 교과서를 장악하고 있었다. 제6차 교육 과정기 국사교과서의 개편과정에서는 민주화라는 시대적인 분위기에 따라 '우리 민족'과 '반공'을 넘어서려는 첫 시도가 있었지만, 여론과 언론의 반대로 실패로 돌아가게 되면서 제5차 교육과정기의 국사교과서에 흐르는 '우리 민족'과 '반공' 코드 안에 다시금 갇혀버렸다.

다음으로 언급할 것은 각 대단원을 상징하는 사진이다. 다음 [표 5]는 제5차 교육과정기와 제6차 교육과정기의 각 대단원 첫 페이지에 배치된 사진을 비교한 것이다.

[표 5] 제5차 교육과정기와 제6차 교육과정기의 『국사(하)』교과서 대단원 배치 사진 비교

제5차 교육과정기	제6차 교육과정기
Ⅰ. 근대 사회의 태동	Ⅰ. 근대 사회의 태동
대동여지전도	야공도(김득신)

---

34 지수걸, 「'민족'과 '근대'의 이중주」, 『기억과 역사의 투쟁(2002년 당대비평 특별호)』, 2002, 68–69쪽.

제5차 교육과정기	제6차 교육과정기
II. 근대 사회의 발달	II. 근대 사회의 전개
독립문	독립문
III. 민족의 독립 운동	III. 민족의 독립 운동
파고다공원	탑골(파고다)공원의 부조
IV. 현대 사회의 전개	IV. 현대 사회의 발전
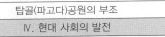제24회 서울 올림픽 입장식	경부 고속 국도

각 대단원 첫 페이지에 배치된 사진을 통해서 본다면 제5차 교육과정 기 『국사(하)』교과서의 I단원은 근대가 실학에서 태동한 것으로 기술한

다는 국사교과서 편찬준거안[35]에 의해서 집필되어 실학자의 하나인 김정 호의 대표작 대동여지전도를 제시한 것으로 파악할 수 있다. 이에 비해 제6차 교육과정기 교과서에서는 자본주의로의 이행을 보여주기 위해 공 업의 발달을 보여주기 위한 김득신의 야공도라는 그림을 제시하고 있다.

II단원에서는 제5차 교육과정 교과서와 제6차 교육과정 교과서 모두 근대로의 이행과정에서 자주독립의 의지와 자강의 의지를 담아 세운 건 물인 독립문을 제시하여 이 시기 독립에의 의지를 강조하고자 하였다.

III단원에서도 민족의 독립운동 부분에서도 가장 대표적인 독립운동 인 3·1운동을 택했고, 그 시작점이 되는 파고다공원을 보여주고 있다. 다만 제6차 교육과정기 교과서에서는 파고다공원 안에 설치된 부조를 통 해 '우리 민족'의 독립운동과 이를 탄압하는 일본의 헌병경찰을 시각적으 로 제시하고자 하였다.

IV단원에서는 제5차 교육과정 교과서에서 올림픽을 제시하여 전두 환, 노태우로 이어지는 신군부의 대표적인 치적을 제시한 반면, 제6차 교 육과정 교과서에서는 한국현대사에서 경제성장을 가장 잘 보여줄 수 있 는 경부고속도로를 제시했다는 것이 차이점이다. I단원과 마찬가지로 경제를 중심으로 한 사진이 전면적으로 배치된 것은 중·고등학교 국사교 과서 내용 간의 중복성을 피하고 계열성을 유지하기 위한 방안으로 중학 교에서 시대사, 정치사 중심으로, 고등학교에서 사회, 경제사와 문화사 중심으로 구성하겠다는 방안[36]때문이라고 생각할 수 있다.

한편 교과서 말미에 〈부록 2〉로 제시되어 있는 국사 연표는 기존 제5 차 교육과정 교과서에서 잘못된 부분이 수정되지 않고 그대로 편찬되었

---

35 윤종영, 『국사 교과서 파동』, 혜안, 1999, 120쪽.
36 「사편 81511-201(1994.8.16.), 교육정책 연구과제 연구결과 활용 실태 통보」

다. 최보영은 제5차 교육과정기 국사교과서를 분석하면서 국사연표 부분에서는 근대의 기점 설정이 본문과 차이가 있다는 것을 지적[37]하였다. 본문에서는 개항을 근대의 실질적인 기점으로 파악하고 있는데 반해, 국사연표에서는 고종의 즉위인 1863년을 근대의 기점으로 표시하고 있는 것이다. 이렇게 오류가 수정없이 실린 것은 제6차 교육과정기의 국사교과서가 여러 논란들로 인해서 작업이 늦어졌다는 것을 감안하더라도 이해하기 어려운 부분이다.

그렇다고 제6차 교육과정기 교과서가 기존의 제5차 교육과정기 교과서에 비해서 나아진 부분이 전혀 없는 것은 아니었다. 가장 눈에 띄는 변화는 각 대단원의 첫 소단원을 통해 동시대 동서양에서의 중요내용을 서술하고 한국사에서 그 시기가 갖는 특징을 정리했다는 것이다. 체제상 각 단원의 첫 번째 소단원에서 세계사 속의 중요내용을 서술하는 것은 세계사적 보편성에서 한국사의 객관성과 특수성을 부각한다는 원칙 하에 고등학교의 경우 대단원마다 세계사 관련 단원을 설정한다는 내용을 반영한 것이었다.[38] 이 부분이 제6차 교육과정기 교과서가 기존 교과서보다 진일보한 부분이었다.

Ⅰ단원에서는 서양의 근대와 동양의 근대를 제시하고, 한국 근대의 태동을 비교할 수 있게 하였다. Ⅱ단원을 통해서는 〈제국주의 시대의 세계〉라는 제목으로 제국주의 시대와 제국주의 열강의 침략을 비교할 수 있게 하였다. Ⅲ단원에서는 〈민족운동의 동향〉이라는 제목으로 세계사 속에서 약소민족의 시련을 제시하고 한국 민족운동의 특징을 제시하여 비교하고 있다. Ⅳ단원에서는 세계사적으로 냉전체제와 제3세계의 대두

---

37 제5차 교육과정기 부분은 최보영, 「제5차 교육과정기 『국사』 교과서 근·현대사 체제·내용과 그 특징」, 『역사와교육』 제33집, 2021, 133쪽.
38 「사편 81511-201(1994.8.16.), 교육정책 연구과제 연구결과 활용 실태 통보」

를 제시하였고, 한국 현대의 특징을 광복 전 건국준비활동 – 광복 – 분단, 그리고 이를 야기한 신탁통치 문제라고 제시하였다. 이 과정에서 신탁통치 문제에 대해서 신탁통치 반대 시위 사진 등을 통해 공산주의의 잘못을 부각시키고 있다. 신탁통치를 둘러싼 다양한 연구성과들로 인해 신탁통치 정국이 펼쳐진 것은 언론의 잘못된 보도때문이라는 것이 밝혀졌음에도 불구하고 정치적 공방으로 확대될 수 있다는 두려움으로 이 부분에 대한 서술은 생략되었다. 이것은 분단의 원인을 찾는데 있어 제6차 교육과정기 교과서가 제5차 교육과정기 교과서의 시각을 뛰어넘지 못했다는 것을 보여주는 대표적인 부분이라고 할 수 있다.

IV. 『국사(하)』교과서 중 현대사 서술내용의 변화

제6차 교과과정 국사교과서 개편을 위해 만들어졌던 '국사교육 내용전개의 준거안' 연구위원회에서는 보고서를 통해 제5차 교과과정 국사교과서의 문제점을 8가지로 지적하고 개선방향을 제시[39]하였다. 이후에 교육부의 수정을 거치기는 했지만 기본적으로 제6차 교육과정 국사교과서는 이 준거안을 기초로 작성되었다. 따라서 연구보고서에 제시된 제5차 교육과정기 국사교과서의 문제점과 개선방향을 파악하고 세부적인 서술내용의 변화에 대해서 살펴보아야 할 것이다. 이는 다음 [표 6]를 통해 확인할 수 있다.

---

39 이존희 외, 『국사교육 내용전개의 준거안 연구보고서』, 1994. 7, 8~12쪽.

[표 6] '국사교육 내용전개의 준거안' 연구보고서에 제시된
제5차 교육과정기 국사교과서의 문제점과 개선방향

제5차 교육과정기 국사교과서의 문제점	제5차 교육과정기 국사교과서의 개선방향
1. 내용의 계열성: 학교급별 내용이 뚜렷한 성격의 차이가 불분명하다.	1. 학교급별 뚜렷한 계열성이 확보되어야 한다. 초등학교(인물사, 생활사), 중학교(시대사, 정치사), 고등학교(문화사, 사회·경제사)
2. 내용의 선정: 내용이 세분화되었고, 단편적이며, 중복되는 것이 많고, 사실 중심이다. 또 정치사 중심, 중앙 중심, 지배 계층 중심의 내용이 주류를 이루고 있다. 이는 교과서의 내용을 암기하는 폐단을 초래한다.	2. 내용 선정의 원칙으로 정선精選의 원칙을 적용하고, 교육목표에 접근해야 한다. 아울러 주체적 국사의식을 바탕으로 민족사에 대한 적극적이며 긍정적인 인식을 제고할 수 있어야 하며, 또 제시된 사실의 시대적 배경, 사회적 현실, 정치·경제적 상황과 관련된 내용을 통해 민족사에 관한 적극적이며 긍정적인 인식을 제고할 수 있어야 한다.
3. 내용의 조직: 중학교와 고등학교의 단원과 주제의 서술이 동일 또는 유사한 것이 많다. 현재 국사 교과서의 단원은 중학교를 정치 발전에 따라 중단원제로 편성하였으며, 고등학교는 시대구분을 중심으로 하는 대단원제로 편성하고 있는데, 단원명과 항목명이 중·고등학교가 동일한 것이 많다.	3. 중학교와 고등학교의 계열성의 확립이 이루어져야 한다. 즉 대단원제와 중단원제의 형식적 구별에서 탈피하고, 주제 중심으로 내용을 조직하는 것이 바람직하다.
4. 내용의 구성: 정치 중심의 내용이 서술의 주류를 이루고 있고, 민족의 대외 관계 활동이 부족하다. 이는 민족사의 발전 모습에 대한 전체적 조명을 곤란하게 하며, 시대별 내용의 배분이 매우 부적절하여 현재적 역사 인식마저 부족하게 하는 결과를 초래할 수 있다. 또 학습자료의 제시가 부족하여 학습 효과가 반감되며, 설명식 서술의 일관화로 다양한 학습 활동에 어려움이 있다.	4. 생활사적 접근과 근현대사 내용이 보강되어야 한다.(40%정도) 세계사 내용의 확대와 더불어 향토사적 접근 내용도 포함되어야 하며, 통일에 대비하여 북한 관계 내용이 확대되어야 한다. 민족 독립 운동의 다양한 활동 내용과, 급변하는 세계와 인류의 문제점과 관련된 내용이 포함되어야 한다.
5. 서술의 방향: 교과서적인 특정한 문장의 형식인 단문과 간략한 문장은 딱딱하고 건조한 느낌을 줌으로써 재미 없는 교과서로 인상지어진다.	5. 재미있게 읽을 수 있도록 문장을 만들어야 한다. 아울러 다양하 학습 활동을 유도하는 서술과 함께 각주의 활용으로 교과서에 없는 내용을 알아볼 수 있도록 하는 것도 좋을 것이다.
6. 학습자료: 사진 자료 위주로 되어 있고, 중고등학교의 중복이 심하며, 교과서 내용과의 연결도 부적절하다. 또, 소재가 편중되고, 지면의 부족과 인쇄 상태의 불량으로 시각적 효과도 떨어진다.	6. 교과서의 내용과 일치하고, 최대한의 학습 효과를 고려하면서 학교급별 중복을 피하고, 민족의 삶과 직접 관련 있는 자료의 발굴이 필요하다.

제5차 교육과정기 국사교과서의 문제점	제5차 교육과정기 국사교과서의 개선방향
7. 역사용어: 비주체적, 전근대적 역사 용어를 계속하여 사용하는데 따른 폐단이 있다. 이는 역사 인식을 왜곡시키고, 역사의 부정확한 이해, 또는 일회성 암기에 지나지 않는 것이 많다. 학교급별 계열성이 고려되지 않아 동일한 용어가 계속해서 사용되는 경우도 허다하다. 또 정치 상황과 관련한 용어의 불명확한 개념이 그대로 사용된다.	7. 학습자의 수준에 따른 용어의 적절한 표현과 사용에 대한 고려가 있어야 한다. 현대사의 용어는 시대 상황과 국민의 정서 및 교육적 차원에서 신중한 검토가 필요하다.
8. 인물: 정치적 활동에 관련된 인물과 지배 계층이 주류를 이루고 있다. 또 학교급별에 관계없이 중복하여 등장한다.	8. 정치를 포함한 모든 활동 분야에서 관련 인물의 발굴, 연구가 필요하며, 이에 관한 설명 자료를 교과서에서 설명해야 할 것이다.

다음으로는 현대사에서의 서술변화를 통해 제6차 교육과정기 국사교과서 서술의 특징을 찾아보고자 한다. 이것은 제6차 교과과정기 국사교과서에서 근현대사가 문제가 되었고, 그 중에서도 현대사 부분에 집중되었기 때문이다.

『국사(하)』교과서의 Ⅳ단원에 해당하는 현대사 서술에 있어서 중점을 두었던 것은 현대사 서술내용의 분량을 늘리고, 정치적 변동뿐만 아니라 경제, 사회, 문화적 발전도 중시해서 기술한다는 것이었다. 그리고 대한민국은 대한민국 임시정부의 법통을 계승하고 국제적으로 승인받은 정통국가임을 강조하고자 했다. 또한 자유민주주의와 국력신장을 위한 노력의 과정이었다는 관점에서 파악을 하고 있었으며, 연구가 진행중인 현대사 관련 역사적 사실은 사실 위주로 객관적으로 기술하며, 북한의 변천관련 내용은 민족공동체의 입장에서 통일지향적인 관점에서 서술한다는 원칙에 따라 현대사를 서술하고자 했다.[40] 이런 원칙에 따라 서술된 제6차 교육과정기 『국사(하)』교과서에서 현대사 부분에 해당하는 Ⅳ단원의 대단원-중단원-소단원-소항목까지 이어지는 서술체계를 제5차 교육과

---

40 교육부, 「국사교육 내용전개의 준거안」, 1994.11.

정기와 비교해보면 다음의 [표 7]과 같다.

[표 7] 제5차 교육과정기와 제6차 교육과정기 「국사(하)」 교과서 Ⅳ단원의 목차 비교

제5차 교육과정기	제6차 교육과정기
Ⅳ. 현대 사회의 전개	Ⅳ. 현대 사회의 발전
1. 민주 정치의 발전 　(1) 대한민국의 수립 　　건국 준비 활동 　　민족의 광복 　　국토의 분단 　　신탁 통치 문제 　　대한 민국 정부의 수립 　(2) 북한의 공산화와 6·25전쟁 　　북한 정권의 수립 　　공산 집단의 남한 교란 　　6·25전쟁과 공산군의 격퇴 　　휴전과 전후 복구 　(3) 민주주의의 발전 　　제1공화국 　　4·19 의거 　　제2공화국 　　5·16군사 혁명 　　제3공화국 　　10월 유신과 제4공화국 　　제5공화국 　　제6공화국 　(4) 통일을 위한 노력 　　적극 외교의 추진 　　북한의 변천 　　통일 정책의 추진	1. 현대 사회의 성립 　(1) 현대의 세계 　　냉전 체제 　　제3세계의 대두 　(2) 한국의 현대 사회 　　광복 직전의 건국 준비 활동 　　8·15 광복 　　국토의 분단 　　신탁 통치 문제
2. 경제 성장과 사회 변화 　(1) 경제 활동의 진전 　　미 군정기의 경제 　　정부 수립과 경제 건설 　　6·25전쟁 후의 경제 복구 　　경제 개발 5개년 계획의 추진 　(2) 사회 개혁 운동의 전개 　　의식 개혁 운동 　　언론 활동 　　노동 운동	2. 대한 민국의 수립 　(1) 대한 민국의 수립 　　유엔 한국 임시 위원단의 활동 　　대한 민국 정부 수립 　　건국 초기의 국내 정세 　(2) 6·25전쟁 　　북한 정권의 수립 　　6·25전쟁과 공산군의 격퇴 　　휴전과 전후 복구

제5차 교육과정기	제6차 교육과정기
3. 현대 문화의 동향 　(1) 교육과 학술 활동 　　교육 활동 　　학술 활동 　(2) 종교 생활과 문예 활동 　　종교 생활 　　문예 활동 　(3) 체육의 발전과 올림픽의 개최 　　체육의 진흥 　　올림픽의 개최 　(4) 오늘의 역사적 사명	3. 민주주의 시련과 발전 　(1) 4·19혁명과 민주주의 성장 　　이승만 정부 　　4·19혁명 　　장면 내각 　(2) 5·16군사 정변과 민주주의의 시련 　　5·16군사 정변과 박정희 정부 　　유신 체제의 등장 　　전두환 정부 　(3) 민주주의의 발전 　　노태우 정부 　　김영삼 정부 　　김대중 정부의 출범 　(4) 통일을 위한 노력 　　적극 외교의 추진 　　북한의 변화 　　통일 정책의 추진
	4. 경제 성장과 사회 변화 　(1) 경제 발전을 위한 노력 　　광복 직후의 경제 　　6·25전쟁과 경제 복구 　　경제 개발 5개년 계획의 추진 　　오늘날의 한국 경제 　(2) 사회의 변화 　　산업화와 도시화 　　노동 운동 　　환경 보전 운동 　　사회 보장 정책 　　올바른 가치관의 정립
	5. 현대 문화의 동향 　(1) 교육과 학술 활동 　　교육 활동 　　학술 연구 활동 　(2) 종교 생활과 문예 활동 　　종교 생활 　　문예 활동 　(3) 체육의 발전과 올림픽의 개최 　　체육의 진흥 　　올림픽의 개최 　(4) 세계 속의 한국

가장 먼저 눈에 띄는 것은 앞에서 살펴본 것처럼 전체적인 현대사 부분의 비중이 증가(17.4% → 20.0%)하면서 소항목의 수가 증가했다는 것이다. 소항목의 수가 증가했다는 것은 그만큼 비중을 두고 서술하려는 주제가 늘어났다는 것이고, 소항목 안에서 자세한 서술이 가능해진다는 것을 의미하는 것이었다.

교과서내용을 살펴보면 가장 먼저 눈에 띄는 것은 〈8·15광복〉이라는 소항목이다. 제5차 교육과정기 교과서에서는 이 부분이 〈민족의 광복〉이라는 제목으로 서술되었으며, 광복이 이루어지는데 우리 민족의 역할을 중요시하여 서술되었다. 하지만 제6차 교육과정기 교과서에서는 "우리 민족의 광복의 결과는 미국, 영국, 중국, 소련 등 연합군이 승리한 결과이기도 하지만, 우리 민족이 국내외에서 줄기차게 전개해 온 독립투쟁의 결실이었다"며 강대국의 역할과 우리 민족의 독립 투쟁의 역할을 균형적으로 보여주기 위해 노력하였다. 따라서 민족이라는 주체 대신 8월 15일이라는 시점을 강조한 것이었다. 이를 사전에 설명하기 위해서 〈냉전 체제〉, 〈제3세계의 대두〉에서 국제적인 상황을 설명함으로써 이해를 돕고 있다.

〈건국 초기의 국내 정세〉 소항목은 기존의 〈공산 집단의 남한 교란〉이라는 소항목에 해당되는데, 현대사 부분에 있어 서술의 내용 자체가 변경된 몇 안되는 부분이다. 이 부분에서 주요사건이었던 대구항쟁과 4·3사건, 여순사건은 기존 교과서에서 북한의 사주를 받은 공산주의자들에 의한 사건으로 서술되었지만 지역민들의 진실규명에 대한 요구 및 연구성과의 축적 등으로 이들 사건들에 대한 새로운 시각이 제시되었다. 그리고 이런 시각을 바탕으로 새로운 용어를 사용하자는 주장이 준거안 연구위를 통하여 제시되었다. 하지만 좌편향되었다는 비판에 직면하며, 중립적인 용어의 사용으로 일단락되었다. 축적된 연구성과에 따라 부분적으로 공산주의자들의 단독정부 수립 반대를 다루기는 하였지만 전체적으로는 새로 출범하는 대한민국이 민주국가로서 발전을 이룩하기 위한 기틀을 다지는 부분에 주목하여 내용을 서술하였다. 이런 논조 하에서 반민족행위처벌법의 제정과 반민족특별위원회의 활동 좌절과 농지개혁의 시행에 대한 부분이 새로 서술되었다.

〈6·25전쟁〉이라는 소항목에서는 기존과 같이 전쟁의 전개과정도 서술하고 있지만 전쟁의 영향에 대해서 새롭게 기술하였다. 교과서에서 서술된 전쟁의 영향은 "정치적으로는 이승만 정부의 독재화에 이용되기도 하였으나, 경제적으로는 생존의 조건을 확보하기 위한 경제 발전의 의지를 심어 주었다. 사회적으로는 격심한 인구 이동으로 가족 제도와 촌락 공동체 의식이 약화되었으며, 문화적으로는 서구의 문화가 무분별하게 침투되어 우리의 전통 문화에 역기능적인 영향을 끼치기도 하였다"라는 부분이었다. 전쟁의 영향에 대해서 서술함으로써 남과 북의 대결이었다는 측면 외에 전쟁의 다양한 측면에 대해서 생각할 수 있게 한 것은 주목할 점이다.

중단원 중 3. 민주주의의 시련과 발전 부분에서는 기존에 1공화국부터 표기하던 방식을 대통령의 이름을 넣어 표기하는 것으로 수정하였다. 이를 통해 각 정권의 대통령의 특징을 선명하게 부각시키고자 하였다. 〈4·19혁명〉 소항목은 기존의 4·19의거에서 용어 자체가 변경되었고, "4·19혁명은 학생과 시민들이 중심이 되어 독재 정권을 무너뜨린 민주혁명으로서 우리 민족의 민주 역량을 전 세계에 보여주었다. 이를 계기로 우리 나라의 민주주의는 새롭게 발전할 수 있었다"라고 서술하여 4·19의 혁명으로서의 의미를 새롭게 부각시켰다.

〈5·16군사정변과 민주주의의 시련〉이라는 소항목도 준거안 시안이 발표되면서 많은 논란이 있었던 부분이다. 용어 자체가 5·16혁명에서

5·16군사정변으로 수정되었으며, 한일회담반대운동 등에서의 시민과 대학생의 역할을 새롭게 서술하였다. 이어서 설명되는 유신체제에서는 60년대 후반의 급변하는 국제정세에 대한 서술을 추가하였다.

기존 교과서에서 전두환정부에 대해서 매우 소략하게 다루었던 것을 서술 분량을 늘려 12·12사태에 대해 충분히 설명하여 전두환의 행위가 권력을 잡기 위한 행위였음을 이해시키려 하였다. 그리고 이 과정에서 5·18민주화운동에 대한 서술 분량이 기존에 비해서 증가하였다. 6월 민주항쟁과 관련해서는 기존에 거의 설명이 없던 것을 새롭게 서술하였다. 그리고 기존에 6공화국의 출범까지 다루었던 것을 노태우 정부의 공과에 대해서 새롭게 서술하였으며, 김영삼 정부의 치적과 김대중 정부의 출범이 새롭게 설명하였다. 〈통일 정책의 추진〉 소항목에서 1990년부터 1994년까지 북한과의 외교노력과 더불어 민족공동체 통일방안에 대한 내용을 추가하였다.

〈사회 개혁 운동의 전개〉 소항목을 통해 언론 활동을 제외하고 환경 보전 운동과 사회 보장 정책 추가하여 내용을 새롭게 서술하였다. 또한 〈올바른 가치관의 정립〉 이라는 소항목을 추가하여 우리 사회에서의 가치관의 혼돈과 갈등에 대해서 서술하였다.

〈학술 연구 활동〉 소항목에서는 기존에 인문사회계통의 학술연구 중심으로 서술하였던 것을 자연 과학 분야에 대한 서술도 포함하며 학술연구 전체에 대해 서술하고자 하였다. 마지막 단원에서 기존의 〈오늘의 역사적 사명〉이라는 소항목이 〈세계 속의 한국〉이라는 소항목으로 바뀌었고, 기존에 민족중심으로 서술하였던 것을 민족문화와 세계문화의 조화를 잘 이루어야 한다는 것으로 서술내용이 변하였으며 역사를 배우는 이유에 대해서도 서술하였는데, "세계화, 통일 민족 국가건설을 이루어 모든 사람들이 사람답게 살 수 있는 인격적 공동체를 이룩하는 것이 우리가 역사를 배우는 것처럼 소중하고 가치 있는 것"이라며 세계화와 통일을 강조하였다. 국사교과서 개편과정에서 언론과 여론으로 인해서 보수회귀화가 이루어지면서 서술체계 및 대단원 및 중단원의 제목에서는 큰 변화를 가져오지 못했다. 하지만 소항목의 변화나 서술내용의 변화, 그리고 기존에 사건의 전개과정을 중심으로 설명하려는 서술방식은 전개과정과 영향을 함께 제시하여 학생들의 이해를 유도하는 서술방식의 변화를 통해서 제6차 교육과정 개정에서 추구하고자 했던 것들을 반영하려는 시도가 이루어진 것은 제6차 교육과정기 국사교과서가 갖는 특징이라 할 수 있을 것이다.

V. 맺음말

제6차 교육과정의 개정은 민주화 이후 다양성을 강조하며 공통필수과목을 크게 줄이고 학생들의 필요 및 능력에 따라 교과 선택의 폭을 확대하는 방향으로 계획되었다. 그 과정에서 국사교과를 필수가 아닌 선택과목으로 전환하는 문제가 제기되었다. 이에 대해서 역사교육학계뿐만 아니라 언론에서도 그 문제를 강하게 비판하였다. 더구나 국사교과서 개편에 대해서도 '준거안 연구위'가 구성되어 지금까지 축적된 학계의 연구성과를 반영하여 역사용어를 비롯해 집필에 필요한 내용에 이르기까지 대대적인 변혁을 예고하였지만 보수언론은 다시금 '민족'과 '반공'을 내세워 새로운 변화에 막으려는 시도가 있었다. 이에 따라 국사교과서는 제6차 교육과정의 개정방향과는 다른 현상유지적 성격을 띠는 개편이 이루어졌다.

이런 상황 속에서도 제6차 교육과정기 국사교과서는 늘어난 근현대사 비중과 세부적인 서술내용의 변화를 통해서 이전의 국사교과서와는 다른 모습을 보였다. 학교급별로 뚜렷한 계열성을 확보해야 한다면서 초등학교에서 인물사와 생활사, 중학교에서 시대사와 정치사, 고등학교에서 문화사와 사회경제사 중심의 서술을 한다는 방침 아래에서 고등학교 국사는 문화사와 사회경제사 중심의 서술을 한다는 방침 아래서 기존 제5차 교육과정기 국사교과서와는 차별점이 나타났다.

급변하는 세계의 조류속에서 각 단원의 첫 부분에서 세계사 속에서의 한국사에 대해서 서술하여 기존에 민족중심의 서술에서 세계 속의 한국을 이해할 수 있는 방향으로 서술내용이 변화하였다. 그리고 민주주의를 설명하기 위한 설명이 늘어나 기존의 혁명으로 서술되던 쿠데타에 대한 용어변화와 서술의 변화가 나타났다. 통일에 대비하여 북한 관계 내용도 확대되었다. 이런 현대사를 중심으로 한 서술의 변화는 전체적으로 현대사의 분량과 비중이 증가시켰다. 또한 역사적 사건에 대해서 기존에는 전개과정 중심으로 설명하던 것을 전개과정 뿐만 아니라 사건의 영향에 대해서도 종합적으로 서술함으로써 학생들이 개별 사건의 다양한 측면에 대해서 생각할 수 있게 한 것은 제6차 교육과정기 국사교과서에서 보이는 주목할만한 특징이었다. 또한 개편과정에서의 논란으로 인해서 서술체계와 형식은 기존의 교과서와는 거의 차별화하지 못했지만 개별 서술내용은 학계의 축적된 연구성과를 통해 기존의 교과서와는 차별화된 모습을 보이고자 하였다.

06

제6차 교육과정기 고등학교 국사교과서의 서술과 학습자료 분석

박지숙

I. 머리말

제6차 교육과정은 20세기를 마무리하고 21세기를 준비하던 시기에 제정되었다. 1990년대는 소련을 비롯한 동구권 사회주의 체제가 붕괴하였고, 정보화·세계화의 물결이 도래하는 격변의 시대였다.[1] 이러한 변화 속에서 제6차 교육과정은 '21세기를 주도할 건강하고 자주적이며, 창의적이고 도덕적인 한국인의 육성'을 내세웠다.[2] 이에 발맞추어 국사 교육은 지역 사회에 대한 애정을 전제로 국가 사회의 발전에 기여하고, 세계화 시대에 부응할 수 있는 개방적인 한국인을 육성한다는 목표를 지향하였다.[3] 특히 고등학교 국사교육은 정치·사회·경제·문화의 영역을 한국

---

[1] 한국교육개발원, 『제6차 교육과정 각론 개정 연구: 중·고등학교 국사』, 1992, 1~2쪽. 이하 『제6차 교육과정 각론 개정 연구: 중·고등학교 국사』로 표기함.
[2] 교육부, 『6차 고등학교 사회과 해설서』, 1992, 4쪽. 이하 『고등학교 사회과 해설서』로 표기함.
[3] 『고등학교 사회과 해설서』, 79쪽.

사의 특수성과 세계사의 보편성 차원에서 심층적으로 이해하고자 하였다. 또한 역사 자료를 분석, 종합하는 기능과 역사의식을 바탕으로 문제를 해결하는 비판적 사고력을 높일 것을 강조하였다.[4]

그렇지만 새로운 교육과정에 따라 교과서가 편찬되기도 전에 준거안을 둘러싼 논란이 전개되었다. 1994년 3월, 국사교육 내용전개 준거안 연구위원회에서 중·고등학교 국사교과서의 개편시안을 발표하자마자 수개월간 언론과 정치권, 학계의 반응은 들끓었다. 1987년의 「국사교과서 편찬 준거안」이 '상고사 논쟁'에서 비롯되어 고대사가 논란의 중심이 된 데 비하여, 1994년 11월 확정된 「국사교육 내용전개의 준거안」은 주로 현대사가 첨예한 논쟁거리가 되었다.[5] 이러한 상황에서 역사교육적 차원의 교과서 논의는 깊이 있게 이루어지지 못하였고, 6차 국사교과서는 발행 이후에도 연구 대상으로서 크게 주목받지 못하였다. 6차 국사교과서를 집중적으로 분석한 연구는 거의 없으며 드물게 5차 또는 7차 국사교과서와 체제나 서술 내용을 비교 분석한 경우가 있다.[6] 박현숙은 5차, 6차 중

---

4 교육부, 『고등학교 교육과정(I)』, 1992, 83쪽. 이하 『고등학교 교육과정(I)』로 표기
5 「국사교육 내용전개의 준거안」 시안이 발표된 후 현대사 부분은 언론의 집중 공세를 받았다. 일부 언론은 더 나아가 준거안 시안의 내용이 좌편향적이라고 주장하며 준거안 작성에 참여한 학자들의 성향을 문제삼은 기사를 실었고, 보수단체들은 교육부에 잇달아 질의서를 보내 항의하였다. 결국 교육부는 한발 물러서서 기존 국사교과서의 내용과 별 차이가 없거나 비교적 무난한 용어를 채택하였다. 이에 기존의 '대구 폭동 사건'은 '대구 10·1 폭동 사건'으로 표현하고, '12·12사태'라는 용어는 유지하기로 하였다. 그렇지만 '4·19 의거'는 '4·19혁명'으로, '5·16군사 혁명'은 '5·16군사 정변'으로 용어가 개정되었다. (「대구 '폭동'을 '항쟁' 개칭 큰 논란 예상」, 『조선일보』, 1994년 3월 19일, 1면; 「'항쟁' 표현 잇단 반발에 파문 조기 진화」, 『동아일보』, 1994년 3월 21일, 3면; 「현대사 관련 분야 전공 거의 진보적 정치학자」, 『조선일보』, 1994년 3월 22일, 5면; 「保革 인식갈등의 파장」, 『경향신문』, 1994년 3월 23일, 13면; 「대구 폭동, 4·3사건, 항쟁 용어 안쓰기로 교육부」, 경향신문, 1994년 3월 22일, 22면; 「정권 바뀔 때마다 바꿔야 하나 국사교과서」, 『조선일보』, 1994년 3월 23일, 5면; 「前 의원 등 30여 명 국사교과서 관련 우려 성명」, 『조선일보』, 1994년 3월 29일, 4면; 「제주 4·3, 대구폭동, 12·12사태 현행용어 그대로 사용키로」, 한겨레, 1994년 9월 1일, 3면; 자유민족민주회의, 「중·고등학교 역사교과서 개정문제에 관한 질의서」, 1995년 5월 12일; 「대한민국전몰군경미망인회 성명서」, 1995년 5월 12일; 교육부, 「한국 근·현대사 관련 주요 역사용어 확정 통보」, 1995년 1월 18일)
6 박현숙, 「국사교과서의 고대사 서술 방향」, 『역사교육』 제69집, 1999; 서인원, 「고등학교

학교와 고등학교 국사교과서의 목표, 단원명, 시대구분과 체제를 각각 비교하고, 고대사 서술내용의 문제점을 지적하였다. 유연옥과 최이돈은 6, 7차 중학교 국사교과서의 시대별·영역별 서술량과 단원 체제를 비교하고 정치사를 중심으로 서술 내용을 검토하였다. 서인원은 6, 7차 고등학교 국사교과서의 체제와 서술 내용에 대하여 고려 시대의 정치와 경제를 중심으로 비교 분석하였다. 이처럼 기존의 연구는 6차 국사교과서를 단독으로 분석한 경우가 드물며, 정치사, 고대, 고려 시대 등 특정 영역이나 시대에 한정하여 역사학의 연구성과를 근거로 내용 서술의 적합성을 살피는 경향을 보였다. 국사교과서에 학계의 최신 연구성과가 오류없이 반영되는 것은 매우 중요하지만 궁극적으로 학생의 역사적 사고력을 길러줄 수 있도록 교과서가 구성되어야 한다.[7] 따라서 국사교과서의 서술 내용뿐 아니라 체제와 내용 조직의 특징, 사료, 사진, 지도, 도표 등 학습 자료까지 폭넓게 유기적으로 분석할 필요가 있다. 교과서는 학교 현장에서 학생과 교사가 교육과정에 따라 수업에 사용하는 기본 교재이기 때문에 국사교과서를 분석하면 당시의 역사교육 수준을 어느 정도 가늠할 수 있을 것이다.

한편 6차 국사교과서 다음에 개발된 7차 국사교과서는 전면 컬러 인쇄에 판형도 확대되었고, 고대~조선 후기까지 정치사·경제사·사회사·문화사로 서술한 분류사 체제였다.[8] 새로운 교과서의 개발은 언제나 이전

국정 국사교과서의 비교분석-6차 7차 교육과정 고려시대 정치경제를 중심으로」, 『역사와실학』 제26집, 2004; 유연옥·최이돈, 「제 6, 7차 중학교 국사교과서 비교 분석」, 『교육연구』 제14권 제2호, 2007.

7 역사적 사고력에 대하여 6차 교육과정에서는 비판적, 분석적 방법인 과학적 사고와 감정 이입, 직관, 통찰, 상상적 추론이라고 설명하였다. 이러한 역사적 사고력을 육성하기 위해 탐구 학습, 사료 학습, 토론 학습 뿐 아니라 학생들이 과거를 재현하고 재해석 할 수 있도록 사료 학습, 역할놀이, 시뮬레이션 게임 등을 활용해야 한다고 명시하였다.(『고등학교 사회과 해설서』, 91쪽.)

8 6차 국사교과서는 (상), (하) 2권으로 구성되었고 크기는 가로, 세로 16.5cm×23.5cm였

교과서에 대한 성찰에서 비롯된다. 7차 국사교과서가 이러한 체제를 갖추게 된 배경을 이해하기 위한 전단계로서 6차 국사교과서에 대한 집중적인 분석이 필요하다.

본고에서는 6차 교육과정의 취지가 국사교과서에 제대로 구현되었는지 종합적으로 검토하고자 한다. 연구 범위는 특정 시대나 영역으로 제한하지 않았으며 필자가 현재 고등학교에서 역사를 가르치고 있고 초등이나 중학교 교과서보다 내용 요소와 학습자료가 많은 점을 고려하여 고등학교 국사교과서를 분석 대상으로 삼았다. 우선 6차 국사교과서의 체제와 내용 조직을 개괄적으로 살펴보고 서술 방식과 학습자료의 특징을 정리한 후 역사교육적인 의미를 도출하고자 한다. 나아가 역사교과서가 갖추어야 할 요건은 무엇인지 그 시사점을 얻고자 한다.

Ⅱ. 체제와 내용 조직

제6차 교육과정에서 고등학교 국사교육은 국민학교와 중학교에서 학습한 생활사와 정치사 내용과 함께 문화사와 사회·경제사를 중심으로 정치·사회·경제·문화의 각 영역을 세계사의 보편성과 한국사의 특수성을 연계하여 심층적으로 파악할 것을 강조하였다.[9] 또한 역사적 사고력을 함양하기 위해 첫 단원에 역사 학습의 필요성과 의의를 밝히는 주제를 신설하였다고 밝혔다.[10]

으며, 7차 국사교과서는 한 권으로 구성되었고 크기는 가로, 세로 19cm×25.5cm로 확대되었다.

9 『고등학교 교육과정(Ⅰ)』, 83쪽.

10 『고등학교 사회과 해설서』, 79쪽.

그 결과 6차 고등학교 국사교과서는 5차 국사교과서와 달리 상권 첫 부분에 역사 학습의 목적, 한국사와 세계사의 연관성, 세계화 시대의 역사학습에 대하여 서술한 대단원을 편성하였다.[11] 나아가 한국사를 고대, 중세, 근세, 근대, 현대로 구분하고 시대별 대단원의 맨 처음에 해당 시대의 동서양 세계와 한국사를 소개하는 중단원을 편성하였고, 한국사의 각 시대는 다시 정치·사회·경제·문화의 영역으로 나누어 서술하였다.[12] 상권은 선사 시대~조선 전기까지, 하권은 조선 후기~현대까지를 범위로 하였다. 시대와 영역별 내용 요소, 체계와 분량은 [표 1]과 같다.

---

11 6차 고등학교 국사교과서 상권 첫 번째 대단원 목차는 다음과 같다.

대단원	중단원	소단원
Ⅰ. 한국사의 바른 이해	1. 역사 학습의 목적	(1) 역사와 역사학 (2) 과거와 현재의 대화
	2. 한국사와 세계사	(1) 한국사의 기원 (2) 우리 문화의 전통 (3) 한국사와 세계사 (4) 세계화 시대의 역사 학습

12 고등학교 국사교과서에서 한국사를 고대, 중세, 근세, 근대, 현대로 구분하여 서술한 시기는 4차 교육과정~제6차 교육과정기이다. 3차 교육과정기에는 교과서 대단원명에 고대, 고려, 조선, 근대, 현대라는 표현을 사용하였다. 한편 7차 교육과정기 고등학교 국사교과서에도 중단원명 등에 고대, 중세, 근세, 근대, 현대의 용어가 사용되었지만 정치, 경제, 사회, 문화사의 분류사 체제였기 때문에 대단원명에 드러나지 않았다. 한국사의 시대 구분에 대하여 다양한 의견이 있으며 특히 고려와 조선을 동일한 범주로 할 것인지, 조선을 고려에 비해 발전된 단계로 볼 것인지 논란이 있었다. 국사교과서에 조선이 근세라고 표현된 점은 조선을 중세에서 근대로 넘어가는 과도기적인 단계로 보는 관점이 반영된 것이다.(국사교육 내용전개 준거안 연구위원회, 「국사교육 내용전개의 준거안 연구보고서」, 1994, 51쪽. 이하 「국사교육 내용전개의 준거안 연구보고서」로 표기)

[표 1] 6차 고등학교 국사교과서 내용 체계와 분량[13]

교과서	상권(183쪽)			하권(19-쪽)	
시대 영역	고대	중세	근세	근대	현대
정치	○국가성립 ○왕권강화 ○법제정비 ○민족통합 ○외침격퇴	○호족세력 ○민족통일 ○유교정치 ○귀족정치 ○무신정변 ○대외관계 ○자주권 수호를 　위한 개혁	○중앙집권체제 ○북방개척 ○경국대전체제 ○실리외교 ○사림정치 ○붕당정치 ○왜란과 호란	○탕평책 실시 ○세도정치 ○쇄국과 개항 ○개화·척사운동 ○동학농민운동 ○국권수호운동 ○국권침탈 ○독립전쟁	○광복과 분단 ○대한민국 건국 ○6·25전쟁 ○민주주의의 발전 ○북한의 정치 ○통일 노력
175쪽 (74%)	38쪽	23쪽	24쪽	69쪽	21쪽
사회	○계급분화 ○귀족사회	○문벌귀족 ○권문세족 ○사회시설	○양반사회 ○유교사회 ○향촌자치	○신분질서동요 ○사회불안의식과 　생활의 변화 ○농촌운동	○복지사회 ○북한의 사회
경제	○농업발달 ○조세제도 ○경제력향상 ○대외무역	○전시과 제도 ○농장 ○대외무역	○토지제도 ○조세제도 ○농본정책	○농업생산성 향상 ○상공업발달 ○화폐보급 ○경제침탈 ○민족산업 ○물산장려운동	○경제성장 ○수출증대
87쪽 (23%)	8쪽	12쪽	13쪽	47쪽	7쪽
문화	○구석기문화 ○신석기문화 ○청동기문화 ○고분문화 ○불교문화	○유학 ○불교문화 ○풍수도참사상 ○예술의 발달	○민족문화 ○성리학 ○예학과 보학 ○과학·기술 발달	○양명학 ○실학 ○서민문화 ○서학 ○국학 ○문예와 종교 ○민족교육운동	○대중문화 ○현대과학·기술

---

13 교육과정의 내용체계표와 교과서를 참고하여 작성한 것이다.(『고등학교 교육과정(Ⅰ)』, 84~85쪽; 국사편찬위원회·1종도서 연구개발 위원회, 『고등학교 국사』(상), 대한교과서주식회사, 1997; 국사편찬위원회·1종도서 연구개발 위원회, 『고등학교 국사』(하), 대한교과서주식회사, 1998. 이하『고등학교 국사』(상) 또는 (하)로 표기.) 한편 상권 'Ⅰ. 한국사의 바른 이해'는 위의 집계에 포함하지 않았다. 그 외 세계사 단원을 비롯하여 단원 개관이나 개요 부분, 정치·경제·사회·문화로 분류하기 모호한 부분('한국 근대사회의 태동', '세계 속의 한국' 등)을 제외하고 대략적인 분량을 집계하였기 때문에 실제 교과서 전체 쪽수와 차이가 있다.

교과서	상권(183쪽)			하권(19-쪽)	
시대 영역	고대	중세	근세	근대	현대
111쪽 (30%)	31쪽	17쪽	17쪽	39쪽	7쪽
전체 373쪽	고대 77쪽(21%)	중세 52쪽(14%)	근세 54쪽(14%)	근대 155쪽(42%)	현대 35쪽(9%)

[표 1]에 의하면 국사교과서의 정치사 분량이 175쪽으로 47%인데 비하여 사회·경제·문화사 분량은 모두 합쳐 198쪽으로 53%이다. 사회 경제사의 새로운 연구 성과를 반영할 것을 강조한 교육과정의 취지와 달리 고등학교 국사교육에서도 여전히 정치사 비중이 높다는 사실을 알 수 있다. 시대별 분량을 보면 고대~근세는 183쪽으로 49%, 근·현대는 190쪽으로 51%이다. 얼핏 보면 근현대사가 상당히 강조된 것처럼 여겨질 수 있지만 근대의 범위에 임진왜란과 병자호란 이후의 조선 시대사가 약 54쪽으로 근대 서술 분량의 1/3을 차지하고 있다.[14] 이는 조선 후기를 근대로 확정한 것은 아니고 조선 후기를 내재적 발전론의 관점에서 근대 사회를 지향한 움직임이 나타난 근대 태동기로 간주한 학계의 연구 경향이 반영되었기 때문이다.[15] 조선 후기를 근대의 범위에서 제외한다면 실제 근현대사 분량은 136쪽으로 전체의 36%를 차지한다. 현대사는 35쪽으로 전체 분량의 9%에 불과하다. 이처럼 현대사의 비중이 현저히 낮은 배경은 광복 후 분단과 전쟁, 독재 정권 시기를 거치며 현대사 연구가 제한적이었고 주요 사건의 인물들이 생존해 있을 뿐 아니라 민감한 쟁점이 많았기 때문이다. 따라서 실

---

14 『고등학교 국사』(하)의 'I 근대 사회의 태동'이라는 대단원 안에 조선 후기 정치·경제·사회·문화사가 모두 포함되어 있다.

15 "6. 근대 사회의 태동―(1) 단원의 개관: 조선 중기 이래 내재적인 발전을 하여 오던 조선 사회가 왜란과 호란을 겪으면서 형성된 민족적 자각과 사회 모순에 대한 개혁의 의지가 새로운 역사 발전의 움직임으로 나타났다. 이러한 움직임은 근대 사회를 지향한 것으로서, 정치, 사회, 경제, 문화의 각 부문에 걸쳐 근대 사회의 태동으로 이해하게 한다." (『고등학교 사회과 해설서』, 86쪽.)

질적으로 전근대사의 비중이 64%이며 개항기~일제 강점기 27%, 현대사 9%로 6차 고등학교 국사교과서는 전근대사 중심의 내용 체계였다.

위의 내용 체계표에는 '민족통합', '민족통일', '민족문화', '민족산업', '민족교육운동' 등 '민족'이라는 용어가 자주 등장한다. 이는 국사를 민족의 정체성을 밝히는 과목으로 여기며 국사교육을 통해 학생들의 민족 공동체 의식을 일깨우고, 민족문화와 국가 사회의 발전에 기여하려는 가치와 태도를 기르도록 한 교육과정에 근거한 것이다.[16] 따라서 민족주의적 관점이 국사의 전체 내용을 관통하고 있으며 내용 요소의 선정이나 조직에 영향을 주었다는 사실을 유추할 수 있다. 이러한 경향이 교육과정에서 세계화 시대에 국사와 세계사의 연계 교육을 강조한 부분과 어떻게 공존할 수 있는지 의문이 든다.[17] [표 2]는 고등학교 국사교과서에서 세계사의 내용 요소를 발췌한 것이다.

[표 2] 6차 고등학교 국사교과서의 세계사 내용 요소

교과서	상권(10쪽)			하권(8쪽)	
시대	고대	중세	근세	근대	현대
제목	○선사 시대의 전개 -인류의 기원 -신석기 문화와 문명의 탄생	○중세의 세계 -동양의 중세 (당말 5대, 송, 거란, 여진, 몽골, 원 제국)	○근세의 세계 -서양의 근세 (르네상스, 종교개혁, 예수회, 신항로 개척)	○근대의 세계 -서양의 근대 (절대왕정, 시민혁명, 산업혁명, 자본주의, 자유주의, 자연과학 발달)	○현대의 세계 -냉전 체제 (북대서양 조약 기구, 바르샤바 조약 기구, 쿠바 위기, 베트남 전쟁, 닉슨 독트린, 고르바초프의 개방 개혁, 독일 통일)

16 『고등학교 사회과 해설서』, 77쪽; 『제6차 교육과정 각론 개정 연구: 중·고등학교 국사』, 6쪽.
17 해방 이후 고등학교 국사교육과정에는 한국사와 세계사의 연계에 대한 내용이 지속적으로 명시되었다. 구체적인 서술은 조금씩 다르지만 대체로 한국사의 보편성과 특수성을 이해하는 것을 목표로 하고 있다. 그렇지만 궁극적으로 민족사와 민족문화에 대한 자긍심을 강조한 국사교과서에서 세계사 관련 부분은 어색하고 전체 내용과 괴리될 수밖에 없었다.(방지원, 「국사교육에 나타난 한국사와 세계사의 연계」, 『역사교육연구』 제7호, 2008;

교과서	상권(10쪽)			하권(8쪽)	
시대	고대	중세	근세	근대	현대
	○고대의 세계 -동양의 고대 (중국 은~수·당, 과거제, 동아시 아 문화권, 브라 만교, 마우리아 왕조, 쿠샨 왕조, 굽타 왕조) -서양의 고대 (폴리스, 아테네 정치, 스파르타 군국주의, 페르 시아 전쟁, 헬레 니즘 시대, 로마 제국)	-서양의 중세 (프랑크 왕국, 봉건제, 로마 카톨릭, 비잔 틴 제국, 그리 스 정교, 이슬 람 제국)	-동양의 근세 (명, 정화의 남 해 원정, 임진왜 란, 청, 오스만 투르크 제국, 티 무르 제국, 사파 비 왕조, 무굴제 국, 서양 세력의 동양 진출)	-동양의 근대 (서양 열강의 아시 아 침략, 태평 천 국 운동, 양무 운 동, 메이지 유신, 세포이 항쟁, 스와 라지 운동 등) ○제국주의 시대 의 세계 -제국주의 시대 -제국주의 열강의 침략 ○세계의 민족 운동 -약소민족의 시련 -아시아 각국의 민족 운동	-제3 세계의 대두 (반둥 회의, 평화 10원칙, 유럽 공 동체, 유럽 연합)
전체 18쪽	6쪽	2쪽	2쪽	6쪽	2쪽

　국사교과서 (상), (하)권을 통틀어 세계사 부분은 18쪽에 불과한 데 비하여 내용 요소는 많은 편이었다. 예컨대 '고대의 세계'에서 '동양의 고대' 부분에는 중국의 은(상) 왕조부터 수·당 제국에 이르는 역대 왕조, 동아시아 문화권의 형성, 인도의 마우리아 왕조, 쿠샨 왕조, 굽타 왕조와 서아시아 세계의 페르시아 제국과 이슬람 문화권의 형성까지 2쪽에 걸쳐 서술되었다. '서양의 고대'에는 고대 아테네와 스파르타와 헬레니즘 시대, 로마 제국의 발전과 쇠퇴 과정이 역시 2쪽에 제시되었다.[18] 이처럼 많은 내용 요소가 짧은 분량에 압축된 형태는 중세, 근세 등 그 이후 시대의 서술에도 이어졌다. 국사교과서의 세계사 부분은 시대별 동서양의 상

　이병희, 「국사교과서 국정제도의 검토」, 『역사교육』 제91집, 2004, 91쪽.)
18 『고등학교 국사』(상), 40~43쪽.

황을 개관하는 정도이며, 그 뒤에 이어지는 한국사와 유기적으로 연결되지 못하고 있다. 물론 제국주의, 냉전 등 한국사를 폭넓게 이해하는 데 도움이 되는 내용 요소도 있지만, 대체로 너무 많은 동·서양사의 내용 요소들이 맥락 없이 나열된 인상을 준다.

한편 국사교과서의 체제는 크게 대단원-중단원-소단원으로 구성되었고, 대단원과 중단원 시작 부분에는 각각 '단원 개관'과 '개요'라는 글이 1/3~1/2 분량으로 제시되었다. 대단원의 '단원 개관' 아래에는 해당 시대의 연표가 있고, 중단원 '개요' 아래에는 '연구 과제'라고 하여 몇 개의 질문이 있다. 소단원에는 본문이 몇 개의 소제목 아래 서술되었고 추가 설명은 각주로 표기되어 있다. 본문 외에는 별도의 코너나 탐구활동은 없으며 중단원이나 대단원 마무리 부분 역시 없다. 국사교과서의 체제는 [그림 1]과 같다.

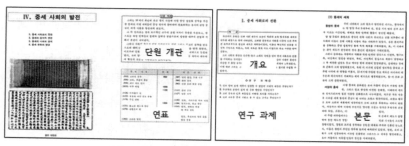

[그림 1] 6차 고등학교 국사 교과서 체제[19]

이처럼 6차 국사교과서의 체제 자체는 학생의 상상력이나 호기심, 흥미를 불러일으킬 요소가 부족하다. 연구과제로 질문이 몇 개 제시되었지만 대부분 지식을 묻는 수렴적 질문일 뿐, 사고의 확장을 요구하는 내용

---

19 대단원-중단원-소단원이 차례대로 펼쳐져 있다.(『고등학교 국사』(상), 38~39쪽, 57~58쪽.)

과 거리가 멀다.[20]

Ⅲ. 서술 방식의 특징

교과서는 교육과정에 따라 교사가 수업을 설계하고 학생이 학습 내용을 이해하는 데 필요한 기본 교재이다. 따라서 교육과정의 의도를 구현할 수 있어야 하며 교사의 수업 설계에 도움이 되면서 학생이 쉽고 재미있게 읽을 수 있도록 서술되어야 한다. 제6차 교육과정은 국사과의 학습 지도가 기존의 단순한 암기 위주의 사실 전달 학습에서 벗어나 역사적 사고력을 육성하도록 이루어져야 한다고 강조하였다. 역사적 사고력을 육성하는 방법으로 탐구 학습, 사료 학습, 토론 학습 등 비판적, 분석적 방법과 감정 이입, 직관, 통찰, 추론 등 상상적 이해의 방법을 제시하였다.[21]

그렇지만 앞서 살펴본 대로 6차 고등학교 국사교과서의 체제 자체가 본문 위주로 단조롭기 때문에 학습 지도의 방향을 구현하기에 한계가 있다. 본문의 서술 전개 방식 역시 학생의 상상력이 개입될 여지가 없다. 우선 주제가 부각되는 서술 구조가 아니며 설명문 형식의 건조한 문체이다. 단원명과 함께 본문의 소제목도 짧은 명사형이라서 주제가 드러나지 않으며, 본문 구성이 기-승-전-결을 갖추지 못한 경우가 많다. 또한 본문 안에는 수많은 내용 요소들이 맥락 없이 나열해 있어서 핵심을 파악하

---

20 국사교과서 (상), (하)권을 통틀어 연구과제로서 제시된 질문은 총 143개인데, 대부분이 '어떠하였는가?(36개)', '무엇인가?(35개)'의 형태로 종결되고 있다. 그밖에 '어떤', '어떠한', '어떻게' 등 내용을 묻는 형태의 질문(72개)이 대부분으로 학생들이 대답하기 어려운 질문도 상당수 포함되어 있다. 이를테면 "1. 삼국 사회의 공통점과 차이점은 무엇인가? 2. 통일 이후 신라 사회에서 나타난 변화와 발전은 어떠하였는가? 3. 발해 사회의 신분 구조는 어떠한 특색을 가졌는가? 4. 삼국 및 남북국 시대의 경제 구조는 어떠하였는가? 5. 고대 사회에서 각국의 대외 무역 활동은 어떻게 전개되었는가?"라는 내용으로서 지식을 묻고 있다. (『고등학교 국사』(상), 72쪽.)

21 『고등학교 사회과 해설서』, 91쪽.

기 어려울 뿐 아니라 결국 학생들은 의미 없이 암기할 가능성이 크다.[22] 시대별로는 고구려·백제·신라 등 여러 나라가 등장하는 고대사가, 영역에서는 정치사 중 제도사 부분을 비롯하여 문화사가 특히 나열식 서술의 경향이 두드러졌다. [그림 2]는 교과서 본문 일부를 발췌한 것이다.

"삼국의 정치 조직에 있어서 기본이 된 것은, 지위의 높낮이를 나타내는 관등 조직이었다. 고구려는 **대대로** 이하 **10여 관등**, 백제는 **좌평** 이하 **16관등**, 신라는 **이벌찬** 이하 **17관등**으로 조직되어 있었으며, 관등에 따라 옷의 색깔을 달리하기도 하였다. 이러한 **관등제**의 성립은 종래의 출신 부족을 대표하는 **족장적 성격**을 띤 다양한 세력 집단이 왕을 정점으로 하여, 그 상하 관계가 하나의 체계로 질서 있게 조직된 모습을 보여주는 것이다.
고구려의 중앙 관제는 **대대로**가 수상으로서 국사를 총괄하였고, 백제는 **6좌평제**에 의해 행정 업무가 6개 부서로 나누어져 있었는데, **사비 천도** 이후 새로 **22부**의 중앙 관서를 더 설치하였다. 신라는 국가의 발전 과정에서 필요에 따라 기구를 설치해 나갔는데, **병부**, **창부**를 비롯하여 **위화부**, **집사부** 등을 두었다. 그리고 행정 업무를 담당하는 중앙 관서 이외에 귀족 세력을 대표하는 **상대등**이 있어, 귀족 회의를 주관하면서 왕권을 견제하는 기능을 가졌다.
삼국 시대에는 왕권의 성장에도 불구하고 여전히 귀족들 간의 합의제가 존재하였다. 고구려의 **제가 회의**, 백제의 정사암 회의, 신라의 **화백 회의**가 이를 보여주는 것이다."[23]

[그림 2] 국사교과서 본문과 내용

위의 내용을 보면 1쪽이 채 안 되는 부분에 대대로, 좌평, 이벌찬, 병

---

22 김한종은 나열식 서술도 국사교과서의 설명적 서술 중 한 형태이지만 암기식 역사학습을 조장한다는 이유로 비판을 받아왔다는 점을 지적하였다. 이에 나열식 서술의 문제점을 완화하기 위해 학습해야 할 내용을 명확히 하고, 대표성이 있거나 학습 대상으로 선정될만한 가치가 있다고 판단된 내용에 대하여 서술할 것, 나열된 사실들이 갖는 역사적 위치를 구체적으로 제시해야 한다고 제안하였다.(김한종, 「역사의 표현형식과 국사교과서 서술」, 『역사교육』 제76집, 2000, 157~158쪽.)
23 『고등학교 국사』(상), 67쪽. 본문의 굵은 글씨는 필자가 임의로 표시한 것이다.

부, 창부, 위화부, 집사부, 제가 회의, 정사암 회의, 화백 회의 등 관청과 제도의 명칭이 집중적으로 등장하고 있다. 더구나 문장 하나하나가 새로운 사실을 담고 있기 때문에 짧은 내용이지만 학생들이 읽어내기 쉽지 않다. 이렇게 단어와 문장에 집중하다보면 전체의 맥락을 놓칠 우려가 있다. 고대사 뿐 아니라 고려나 조선 시대의 제도사 서술에도 마찬가지 문제가 있다.

한편 문화사 서술은 종교와 사상, 학문과 기술, 음악, 미술 등 여러 분야를 포함하고 있어 정치사보다 훨씬 난해하다. 그중 종교와 사상, 학문은 심오하고 추상적인 내용이 압축적으로 서술되어 있다. 6차 고등학교 국사교과서에는 불교의 삼론종, 율종, 원측의 유식(唯識) 불교, 화엄사상, 정토 신앙, 법상종, 천태종, 정혜쌍수, 성리학의 주리론, 주기론 등이 등 하나하나 어려운 개념이 등장한다. 그뿐 아니라 미술에는 건축, 회화, 공예 등 다양한 요소가 같이 포함되어 유기적인 서술이 어렵다. 아래는 고대 문화사의 내용 일부를 발췌한 것이다.

> "백제의 고분 벽화는 고구려의 영향을 받았으나, 보다 완만하고 부드러운 아름다움을 지니고 있다. 또, **공주 송산리의 무령왕릉**이 완전한 형태로 발견되어 금관의 장식 등 우수한 백제 공예품을 볼 수 있게 되었다. 최근에 **부여 능산리**에서 출토된 **백제 금동 대향로**는 도교와 불교의 색채가 강하게 드러난 매우 훌륭한 공예품이다.
>
> 한편, 석불 중 서산 마애 삼존불상은 엷은 미소를 띤 온화한 아름다움을 지니고 있다.
>
> 석탑으로는 목조탑의 건축 양식을 모방한 초기 형식의 익산 미륵사지 **석탑**이 있고, 균형이 잡힌 아름다움을 잘 나타내고 있는 **부여 정림사지 5층 석탑**이 유명하다."[24]

24 『고등학교 국사』(상), 93쪽.

위의 본문에는 교과서의 1/2쪽 정도 되는 분량에 백제의 고분과 공예, 석불, 석탑 내용이 모두 서술되어 있다. 그러나 문장과 문장 사이의 연결이 어색하며 긴 문화재 명칭 때문에 내용에 몰입하기 어렵다. 내용은 전반적으로 개별적인 문화재를 소개하고 각각 '훌륭하다', '아름답다', '유명하다'로 마무리하고 있어 제목 아래 서술의 완결성이 미흡하다. 교과서에 해당 문화재의 사진도 없는 상황에서 과연 이러한 문장을 통해 학생들이 백제 문화의 특징을 이해하거나 해당 문화재의 아름다움을 느낄 수 있을지 의문이다. 주제에 맞게 내용 요소를 줄이고 학생의 수준을 배려하며, 내용에 따라 문체에 변화를 주는 방안을 고려할 만하다.

한편 6차 고등학교 국사교과서는 '현재'의 관점에서 역사를 바라보며 '민족'을 단위로 서술한 것이 특징이다. 이에 선사 시대는 물론 고대사에도 '우리나라'라는 표현이 종종 등장하며, 우리 민족은 오래전에 이미 형성된 것처럼 서술되어 있다. 이를테면 한국의 선사 문화 단원에는 '민족의 기원'이라는 제목 아래 우리 민족은 오래전부터 하나의 민족 단위를 형성하고 농경 생활을 바탕으로 독자적인 문화를 이룩하였다고 명시하였다.[25] 구석기 시대의 지형이 오늘날과 달랐다는 사실이나 구석기인들과 신석기인들의 연속성 여부에 대한 설명은 생략한 채, 구석기 시대부터 '우리나라'에 사람이 살기 시작했으며 신석기 시대에서 청동기 시대를 거치며 민족의 기틀이 이루어졌다고 서술하였다.

그 외 단군 이야기는 '우리 민족'의 시조 신화로 알려져 있으며 '우리 민족'의 전통과 문화의 정신적 지주가 되어 왔다고 강조하였다.[26] 이러한 민족사의 관점에서 삼국의 경쟁은 궁극적으로 '통일을 위한 싸움'으로 서

---

25 『고등학교 국사』(상), 16쪽.
26 『고등학교 국사』(상), 27쪽.

술되었고, 고구려가 중국의 통일 제국인 수·당의 침략을 연이어 격퇴한 것은 백제, 신라까지 보호한 '민족 수호의 의의'를 지닌 것으로 의미가 부여되었다.[27] 이러한 관점이라면 당과 동맹을 맺고 백제, 고구려를 공격한 신라의 행동은 '반민족적'인 것으로 여겨질 수 있다. 신라의 삼국 통일 과정은 비록 외세의 협조를 얻었지만 당을 무력으로 축출하고 고구려와 백제의 문화를 수용하여 '민족 문화' 발전에 큰 공헌을 하였다는 점에서 긍정적인 평가를 하고 있다.[28] 아울러 삼국민은 본래 막연한 동족 의식을 가지고 있었는데, 나·당 전쟁을 치르면서 동족 의식이 강화되었다고 부연하였다.[29] 이후 신라 말 일시적으로 후삼국으로 분열되었으나 고려의 후삼국 통일을 계기로 민족이 재통합되었으며, 조선 시대를 거치며 민족 문화가 완성되었다는 것이 국사교과서 서술의 주요 논조이다. 비록 일제의 식민 지배와 광복 이후 분단과 전쟁을 겪는 등 근현대사에 시련이 있었지만 이를 극복하고 나아가 조국의 통일과 민족의 번영을 이룩해야 한다는 것이 국사교과서에 일맥상통하는 주제이다. 그러기 위해 민족사를 주체적·발전적·구조적으로 이해해야 한다고 강조하였다.[30]

이처럼 현재의 관점에서 민족을 단위로 한 서술은 해당 시대를 온전히 이해하는 것을 오히려 어렵게 할 소지가 있다. 위에서 언급한 고구려와 수·당의 전쟁이나 신라의 삼국 통일에 대한 내용이 그 사례이다. 아울러 '민족'이라는 거대한 단위에 매몰되면 과거를 살아간 여러 계층의

---

27 『고등학교 국사』(상), 59쪽.
28 『고등학교 국사』(상), 61쪽.
29 "신라는 삼국을 통일함으로써 새로운 사회의 발전을 가져왔다. 그리하여 우리 민족은 하나의 통일된 정부를 세워서 뭉치게 되었고, 단일한 민족 문화와 사회를 이룰 수 있게 되었다. 이와 같이 통일 이후에 단일한 사회와 문화를 이룰 수 있었던 것은, 삼국 사회가 혈연적 동질성과 문화적 공통성을 많이 지녔기 때문이다. …… 삼국민은 본래 막연한 동족 의식을 가지고 있었는데, 나·당 전쟁을 치르면서 동족 의식이 보다 강화되었다." (『고등학교 국사』(상), 74쪽, 83쪽.)
30 『고등학교 국사』(상), 1~2쪽. 머리말.

입체적인 삶을 간과할 우려가 있다. 국사교과서 (상), (하)권을 통틀어 전근대사에 256명, 근현대사에 105명 총 361명의 인물이 등장하는데, 그중 여성은 전근대사에 7명, 근현대사에 2명이다.[31] 전근대사 인물 256명 중 성별 구분 없이 왕은 64명이며 그 외 장군이나 왕족, 학자 등으로 대부분 지배층에 속하는 신분이다. 평민 이하의 신분이었던 인물은 만적, 이의민, 이상좌, 장보고, 황진이, 그 외 신분이나 출신을 알 수 없는 묘청, 김윤후, 신돈 등을 포함하여 10명이 채 되지 않는다. 각 인물의 이름은 정치, 경제, 사회, 문화사 부분에 단편적으로 등장할 뿐이다. 다양한 계층의 삶을 보여줄 수 있는 영역은 사회·경제사인데 신분 제도, 토지 제도, 조세 제도, 특산물, 화폐, 법률, 사회 시설 등이 거시적으로 서술되어 있을 뿐 정작 당시 인물들의 삶이 드러나지 않는다. 한편 문화사에도 수많은 인명이 등장하는데, 일례로 조선 전기의 그림과 글씨를 소개한 교과서의 한 대목을 보면 다음과 같이 서술되어 있다.

> "16세기의 그림은 15세기의 전통을 토대로 색다른 화풍을 발전시켰는데, 특히 사군자에 뛰어난 화가들이 배출되었다. **이정, 황집중, 어몽룡**은 각각 대, 포도, 매화를 잘 그려 삼절로 일컬어졌다.
> 이암은 동물의 모습을 잘 그렸고, **신사임당**은 섬세하고 정교한 여성적인 필치로써 꽃과 나비, 오리 등을 잘 그려 이름이 높았다.
> 한편, 노비 출신으로 전문 화원이었던 **이상좌**는 인물화, 산수화에 능하였는데, 그의 작품으로는 송하보월도가 유명하다."[32]

---

31 6차 고등학교 국사교과서 (상), (하)권에 등장하는 인물 중에서 도표나 각주를 제외하고 본문에 등장하는 인명을 집계한 것이다. 단, 소정방, 누르하치, 위안 스카이, 오페르트, 황쭌셴 등 외국인은 제외하였다. 한편 전근대사에 등장하는 여성은 진덕여왕, 진성여왕, 정혜공주, 정효공주, 황진이, 허난설헌, 신사임당이며 근현대사에 등장하는 여성은 명성황후와 김활란이다. 한편 유관순은 3·1 운동에 대한 일제의 탄압과 그 피해를 설명한 각주에 "수많은 사람들이 목숨을 잃었다. 유관순의 순국 사실은 이를 잘 말해주고 있다."라고 서술되어 있다.(『고등학교 국사』(하), 145쪽.)

32 『고등학교 국사』(상), 222쪽. 굵은 글씨는 필자가 임의로 표시한 것이다.

위의 내용을 보면 단지 어떤 분야에 누가 유명했는지 나열하는 정도에 불과하다. 그런데 제시된 인물을 보면 문인 화가도 있지만 신사임당, 이상좌 등 여성과 노비 출신 인물도 있다. 이처럼 문화사는 정치사와 달리 지배층 중심에서 벗어나 다양한 계층의 삶을 보여줄 여지가 있다. 정치사 뿐 아니라 사회, 경제, 문화사 부분에서 인물을 발굴하여 소개하거나 새로운 주제를 마련하여 서술하는 방법을 고려할 만하다.

마지막으로 6차 국사교과서는 대단원마다 세계사를 개관하는 내용을 수록하였으나 이는 한국사와 유기적으로 어울리지 못한 채 사장되는 부분이 되어버렸다. 세계사를 별도로 개관하지 않더라도 한국사에는 인적, 물적, 문화 교류 내용이 포함되어 있다. 이러한 소재를 잘 활용하여 서술한다면 '세계화 시대에 부응할 수 있는 개방적인 한국인 육성'이라는 교육과정의 목표와 부합할 수 있을 것이다.[33] 그렇지만 교과서의 체제나 주제 자체가 교류를 부각하지 못하고 있으며 서술에 민족사의 관점이 투영되어 있다. 이를테면 중국이나 서역으로부터 문화가 전래된 사실은 여러 군데에 걸쳐 단편적으로 서술된 반면, 삼국이 일본에 문화를 전해주었다는 내용은 하나의 소단원에 자세히 서술되어 있다.[34] 물론 삼국이 일본에 문화를 전해준 것은 사실이지만 문장의 행간에는 '일본보다 우월한 삼국'이라는 인식이 엿보인다. 이러한 인식이 더욱 선명히 드러난 부분은 조선 시대 통신사에 관한 서술이다.

---

33 교육과정에서도 한국과 주변 국가의 교류 사실을 이해하고 한국사와 세계사의 유기적인 관계를 파악할 것을 강조하고 있다. 그 사례로 특히 중국 및 서역 문물의 전래에 힘입어 고대 문화가 발전한 것과 삼국의 문물이 일본에 전래되어 일본의 고대 문화가 발달했다는 사실을 제시하였다. 그밖에 중세에도 주변국과 활발한 경제, 문화 교류가 있었고 근대 이후에도 제한적이지만 주변국과 교류가 지속되었다는 점을 강조하여 세계사 속의 한국의 존재를 이해시켜야 한다고 강조하였다. (『고등학교 사회과 해설서』, 92쪽.)

34 『고등학교 국사』(상), 100~102쪽.

"임진왜란을 계기로 조선과 일본의 외교 관계는 단절되었다. 따라서 일본은 경제적으로 어려움을 겪었다. 이에 전란 후 성립된 일본의 도쿠가와 막부는 선진 문물을 받아들이기 위하여 쓰시마 도주를 통하여 교섭을 허용하여 줄 것을 조선에 간청하였다. 조선에서는 일본이 저질렀던 잘못을 탓하면서도, 국초 이래의 교린 정책의 원칙에 맞추어 제한된 범위 안에서 교섭을 허용하였다.……또, 일본은 조선을 문화의 선진국으로 여겨 사절을 파견해 줄 것을 부탁해왔다. 이에 조선에서는 통신사를 파견하였는데, 그 일행이 400여 명이나 되었으며, 국빈으로 대우를 받았다. 일본은 통신사 일행을 통해 선진 학문과 기술을 배우기 위해 애를 썼다. 따라서 통신사는 외교 사절로서뿐만 아니라 조선의 선진 문화를 일본에 전파하는 구실도 하였다."[35]

위의 내용에서 일본은 선진 문물을 받아들이기 위해 조선과 국교 재개를 간청하는 모습으로, 조선은 일본의 잘못을 너그럽게 용서하고 학문과 기술을 전파하는 모습으로 그려져 있다. 이러한 서술은 임진왜란 후 조선과 일본이 국교를 재개한 배경을 당시 조선과 일본의 내부 상황이나 만주족이 흥기하던 동아시아 국제 정세와 관련하여 폭넓게 생각하는 것을 가로막고 있다. 그뿐 아니라 조선과 일본의 관계, 통신사의 역할을 오해할 소지가 있기 때문에 이러한 서술방식은 지양해야 할 것이다.

이처럼 6차 국사교과서의 서술 방식은 체제의 미흡함을 보완하지 못할 뿐 아니라 역사적 사고력 함양, 세계화 시대에 부합하는 개방적인 한국인 육성이라는 교육과정의 취지와 거리가 멀다. 특히 설명문 형식의 건조한 문체, 수많은 개념과 역사적 사실의 나열, 민족 중심의 관점과 지배층 위주의 서술은 학생들에게 생생한 역사를 전달하기에 한계가 있다.

---

35 『고등학교 국사』(하), 22~23쪽.

IV. 학습자료의 종류와 기능

교과서에는 본문 외에도 사진, 그림, 지도 등 다양한 학습자료가 포함되어 있다.[36] 때로는 적절한 사진 한 장이 학생의 호기심과 상상력을 불러일으키고 본문에서 미처 전하지 못한 내용을 채울 수 있다. 제6차 교육과정은 기존에 고등학교 국사를 중학교 수준보다 깊이 있게 지도하다 보니 학생들이 지루함을 느끼는 경우가 많았던 점을 지적하고, 이러한 문제점을 개선하기 위해 다양한 학습자료를 활용해야 한다고 제시하였다. 이에 역사 지도, 연표, 도표, 사료, 실물 및 영상 자료 등을 활용하여 역사 학습에 대한 흥미를 높이고 스스로 역사를 탐구할 수 있는 능력을 기를 수 있는 학습 지도를 강조하였다.[37] 그렇지만 제6차 교육과정이 적용된 1990년대 후반에서 2000년대 초반은 교단 선진화 사업이 갓 시작된 단계였기 때문에 현재와 달리 수업 시간에 다양한 학습자료를 제시하는 데 한계가 있었다.[38] 결국 역사부도를 활용하거나 교과서의 학습자료에 의존할 수밖에 없었다.

6차 국사교과서에 수록된 학습자료는 크게 연표, 사료, 사진, 그림, 도표(표), 지도이다. 연표는 대단원 개관 아래에 해당 시대의 한국사와 세계사의 주요 사건을 나란히 제시한 것이 특징이다. 한국사와 세계사를 연계하여 파악하기 위한 배치로 여겨진다. 국사교과서 (상), (하)권을 통틀어 8개 대단원에서 연표를 제외한 학습자료는 총 307개인데 사료 12개, 사진

---

36 학습자료는 수업에 사용하는 모든 교육용 자료라고 할 수 있다. 본고에서는 교과서의 본문 외 구성 요소인 사진, 그림, 지도, 도표(표), 사료를 학습자료라고 표현하였다.

37 『고등학교 사회과 해설서』, 92쪽.

38 「교단선진화, 첫해부터 난항」, 『매일경제』, 1997년 12월 30일 15면; 「멀티미디어 교육환경 조성사업 예산 30%만 확보」, 『한겨레』, 1998년 5월 27일 26면; 「"멀티미디어 기재 활용하자" 서울시 교사 정보연수 급증」, 『한겨레』, 1998년 4월 6일 21면; 「칠판 대신 멀티미디어, 교사 35%가 '알아야 쓰지' 걸도는 교육정보화」, 『경향신문』, 1998년 6월 30일 18면.

231개, 그림 4개, 도표(표) 22개, 지도 38개이다.[39] 교과서에 수록된 학습 자료의 종류와 수는 [표 3]과 같다.

[표 3] 6차 고등학교 국사교과서의 단원별 학습자료 종류와 수

구분	시대	대단원명	사료	사진	그림	도표	지도	합계	비율
상	선사·고대	II. 선사 문화와 국가의 형성		15		2	2	18	74 (24%)
		III. 고대 사회의 발달		41	2	11	11	56	
	고려	IV. 중세 사회의 발전		26	3	6	6	36	12%
하	조선	V. 근세 사회의 발달		44	5	7	7	56	85 (28%)
		I. 근대 사회의 태동		21	4	4	4	29	
	개항기	II. 근대 사회의 전개	7	38		5	5	50	16%
	일제강점기	III. 민족의 독립 운동	5	23	7	2	2	37	12%
	광복 이후	IV. 현대 사회의 발전		23	1	1	1	25	8%
합계			12 (4%)	208 (76%)	4 (1%)	21 (7%)	37 (12%)	282 (100%)	

위의 표를 시대별로는 조선 시대, 선사·고대, 고려, 개항기, 일제 강점기, 광복 이후 순으로 학습자료 수가 많으며 종합하면 전근대사에 64%, 근현대사에 36%의 비율로 배치되어 있다. 학습자료의 종류로는 사진이 압도적으로 많고 그다음은 지도, 도표(표), 사료, 그림 순으로 비중이 높다.

제6차 교육과정은 학습 내용에 따라 강의, 문답, 탐구·사료 학습 등 다양한 교수·학습 방법을 활용하여 학습의 효과를 높일 것을 강조하였다.[40] 특히 사료 학습은 학습자가 스스로 사료를 분석, 검토하는 과정에서 역사적 이해를 심화하고 탐구 능력을 높이는 데 목적이 있다고 밝혔

---

39 국사교과서 (상)권의 'I. 한국사의 바른 이해' 단원에 수록된 학습자료 및 대단원별 세계사 부분의 학습자료는 제외하고 집계하였다. 한편 책 영인본, 풍속화 등은 모두 사진의 범주에 포함하였고, 실측도, 구조도 등은 그림으로 구분하였다.

40 『고등학교 교육과정(I)』, 86쪽.

다.[41] 그렇지만 정작 교과서의 학습자료에서 사료가 차지하는 비중은 4%에 불과하며 개항기와 일제 강점기에만 수록되어 있다. 제시된 사료는 강화도 조약의 주요 내용, 갑신정변 14개조 정강, 폐정 개혁 12조, 홍범 14조, 관민공동회 헌의 6조, 대한국국제, 백정 박성춘의 관민공동회 연설문, 6·10만세 운동 격문, 광주 학생 항일 운동 격문, 미쓰야 협정 내용, 어린이날 선전문, 자주 독립 선언문이다.[42]

이처럼 사료가 특정 시대에 특히 정치사 분야에 집중된 것은 교육과정의 취지에 부합하지 않다. 더구나 제시된 사료들은 조약문, 선언문, 연설문, 격문으로 한정되어 다양성이 부족하다. 이는 본문 내용을 실증적으로 뒷받침하는 기능은 할 수 있지만 학생들의 생각을 확장하는 데 기여하기 어렵다. 사료를 효율적으로 활용하려면 우선 적절한 사료를 선택하는 것이 중요하다. 이를테면 교과서에 실린 6·10만세 운동의 격문은 "조선 민중아! 우리의 철천지 원수는 자본·제국주의 일본이다. 이천만 동포야! 죽음을 각오하고 싸우자! 만세 만세 조선 독립 만세."라는 추상적이면서 짧은 내용이다. 그런데 6·10만세 운동 때 발표된 격문 중에는 납세 거부, 일본 상품 불매, 일본인 공장의 노동자 총파업, 일본인 지주에게 소작료 지불 거부 등 일제 타도를 위한 구체적인 실천 방법을 제시한 것도 있다.[43] 이처럼 동일한 사건에 대해서도 어떤 사료를 선택하는가에 따라 활용도가 달라질 수 있다.

한편 사료를 의미 있게 활용하려면 관련된 질문이나 활동이 이어져야 하는데 6차 국사교과서에는 그런 부분이 누락되어 있다. 교육과정에서 사료 학습을 강조하고 있지만 현실적으로 국사교과서에서 구현되지 못하

---

41 『고등학교 사회과 해설서』, 93쪽.
42 교과서에 수록된 자주 독립 선언문은 1922년에 보성사 사원 일동이 작성한 것이다.
43 장석흥, 「6·10만세 운동의 檄文과 理念」, 『한국독립운동사연구』 제12집, 1998, 160~162쪽.

고 있다는 사실을 알 수 있다.

사진은 학습자료 중에서 가장 많은 비중을 차지하고 있지만 아쉽게도 모두 흑백이기 때문에 고구려의 고분 벽화나 신라 금관, 고려 불화나, 청자, 조선 시대 풍속화 등 문화재의 아름다움을 제대로 감상하기 어렵다. 사진의 종류는 건축, 공예, 회화, 인물, 비석, 유적지 등 다양한데, 특이한 것은 서적 사진이 36개로 전체의 16%를 차지하는 점이다.

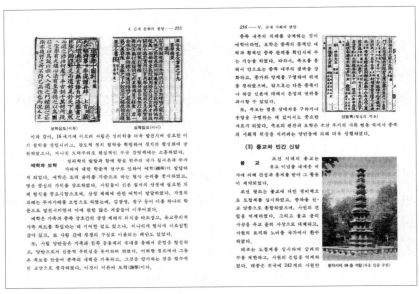

[그림 3] 국사교과서에 실린 서적 사진

[그림 3]을 보면 교과서 2쪽에 걸쳐 사진 4개가 수록되어 있다.[44] 그중 3개는 '성학십도(이황)', '성학집요(이이)', '선원록(왕실의 족보)'이다.[45] 그런데

---

44 『고등학교 국사』(상), 215~216쪽.

45 이황의 성학십도, 이이의 성학집요, 선원록(왕실의 족보) 사진은 5차 교육과정기 국사 교과서에도 실렸던 것이다.(『고등학교 국사』(상), 1990, 182, 183, 184쪽) 필수적으로 수록해야 하는 학습자료도 아니고, 학습자에게 유의미한 자료도 아닌 서적 사진이 그대

한자로 된 서적의 사진 자체를 교과서에 수록하는 것이 학생들에게 어떠한 학습 효과가 있을지 의문이다. 이외에도 훈요10조, 최승로 시무 28조, 삼국유사, 조준의 전제 개혁안, 북학의, 조미수호통상조약문, 시일야방성대곡, 조선 불교 유신론, 대한민국 임시 정부의 대일 선전 성명서 등 중요한 자료들이 내용에 대한 어떤 설명도 없이 사진으로만 실려 있다.[46] 더구나 본문에 전혀 언급되지 않은 채 엉뚱한 부분에 수록된 경우도 있다. 훈요 10조가 그 대표적인 경우이다. 본문에는 태조 왕건이 훈요 10조를 남겼다는 설명이 아예 없으며, 고려사의 훈요 10조 사진이 실린 부분은 고려 문화의 특징과 고려 건국의 의의에 대한 내용을 담고 있다. 차라리 훈요 10조 내용을 사료로 수록하여 활용한다면 훨씬 효율적일 것이다. 이처럼 6차 고등학교 국사교과서에는 무의미한 서적 사진이 교과서의 공간을 차지하고 있는 경우가 상당히 많다. 어떤 기준으로 교과서에 수록할 사진을 선정하고 배치한 것인지 의문이 든다.

사진 자료 중에서 단독으로 실린 인물 사진은 영정을 포함하여 총 18개이다. 해당 인물은 단군왕검, 안향, 이제현, 대각국사 의천, 보조국사 지눌, 세종 대왕, 정약용, 흥선 대원군, 최익현, 김옥균, 서재필, 안중근, 안창호, 나철, 윤봉길, 조명하, 안익태, 나운규이다. 여성 인물 사진이 하나도 없는 것은 차치하더라도 독립군 사진이나 그 외 전봉준, 김구 등 널리 알려진 인물의 사진이 없는 점이 의아하다. 물론 역사적 인물들의 사진을 일일이 수록하는 것은 불가능하다. 그렇지만 국사교과서의 사진들 중에는 굳이 없어도 되는데 실렸거나, 있어야 하는데 누락된 것들이 있다.

로 실린 것은 6차 국사교과서에서 학습자료 개선 노력이 다소 미흡했다는 사실을 보여준다.

46 『고등학교 국사』(상), 112, 116, 147, 169쪽; 『고등학교 국사』(하), 56, 75, 101, 124, 160쪽.

특히 현대사의 경우 그런 경향이 두드러진다. 현대사의 사진 자료 23개의 제목은 [표 4]와 같다.

[표 4] 6차 국사교과서 현대사 부분 사진 제목

연번	제목	연번	제목
1	광복의 기쁨	13	제14대 대통령 취임식
2	38도선 안내표지	14	중국과의 수교
3	신탁통치 반대 운동과 신탁 통치 반대 유인물	15	남북 이산 가족 재회
4	5·10 총선거 투표 모습	16	근대화된 농촌
5	제헌 국회 개원식	17	노사 협의 장면
6	9·28 서울 수복	18	자연보호 운동 장면
7	국군의 평양 진군을 환영하는 시민들	19	무시험 진학 발표에 환호하는 어린이들
8	한·미 상호 방위 조약 체결	20	전국 방송 통신 고등학교 학계 경연 대회
9	4·19혁명 (*사진 2장)	21	국사편찬위원회 건물
10		22	민속 씨름
11	6·3 시위(1964)	23	제24회 서울 올림픽 대회 입장식
12	6월 민주 항쟁(1987)		

1번부터 12번까지는 광복과 분단, 6·25전쟁, 민주주의의 시련과 발전에 대한 사진 자료이다. 현대사의 분량이 적기 때문에 사진도 많이 수록하기 어렵다는 점을 감안 하더라도 이해하기 어려운 부분이 있다. 우선 모스크바 3국 외상 회의 결과에 대한 국내 반응을 보여주는 자료로 신탁통치 반대 운동에 관한 사진만 제시하여 균형이 맞지 않다. 6·25전쟁에 대해서는 국군의 서울 수복과 평양 진군, 한·미 상호 방위 조약 체결 사진만 수록하였다. 이는 국군의 반격과 한·미 동맹 강화 사실을 은연중에 강조하는 면이 있다. 이러한 사진 선택은 분단 체제에서 반공을 강조하던 사회 분위기의 영향으로 현대사 서술이 경직되었던 사실을 반영하고 있다.

한편 민주주의의 시련과 발전에 대한 사진은 총 4장에 불과하다. 그중

5·18민주화 운동 사진은 단 한 장도 없고, 6월 민주 항쟁 관련 사진으로 시민들이 질서 정연하게 앉아 사위하는 모습이 수록되었다. 이는 1980년대의 치열했던 민주화 운동의 열기를 보여주기에 다소 미흡한 면이 있다. 해당 단원의 소제목은 '전두환 정부'이며 6월 민주 항쟁 사진이 실린 부분은 신군부 세력이 국가의 통치권을 장악하고 전두환이 대통령에 선출되었다는 내용으로 사진과 어울리지 않는다. 더구나 5·18 민주화 운동과 6월 민주 항쟁에 대한 내용은 '전두환 정부'라는 소제목의 본문 1쪽에 총 4줄로 무미건조하게 서술되어 있다.[47] 오히려 1980년대 체육 진흥과 올림픽 개최에 대한 내용이 2장의 사진과 함께 1쪽 넘는 분량을 차지하고 있는 점과 대조된다. 이러한 서술과 사진 배치는 6차 국사교과서에서 1980년대 민주화 운동을 소홀하게 다루고 있다는 점을 알 수 있다. 이에 비하여 14대 대통령 취임식 모습과 근대화된 농촌 모습, 노사 협의 장면은 교과서의 1/2쪽 크기이며, 자연보호 운동 차원에서 쓰레기를 줍는 장면이나 국사편찬위원회 건물 사진 등 불필요한 사진들이 실려 있다.

이처럼 6차 국사교과서는 본문을 효과적으로 이해하는 데 필요한 사진이 적절하게 선정되었다고 하기 미흡한 부분이 있고, 사진 배치나 크기도 이해하기 어려운 점이 있다. 또한 사진 제목만 단편적으로 제시되어 있을 뿐 어떤 장면이며 무슨 의미가 있는지 자세한 설명이 부족하다. 제시된 자료에 대한 설명이 부족한 것은 사진을 비롯하여 그림, 도표(표),

---

47 민주화 운동에 대한 서술이 지나치게 소략하고 사진 자료도 부족한 점은 1995년 12월 19일에 비로소 5·18 특별법이 국회에서 통과된 상황과 관련 있다. 1980년대 민주화 운동은 교과서 본문에 다음과 같이 간단하게 서술되어 있다. "이 시기를 전후해서 민주화를 요구하는 시민과 대학생들의 시위가 거세게 일어났다. 민주화를 열망하는 국민의 요구는 광주에서 비롯된 5·18민주화 운동으로 이어졌다(1980). 이때 민주 헌정 체제의 회복을 요구하는 시민들과 진압군 사이에 충돌이 일어났으며, 이 과정에서 다수의 무고한 시민도 살상되어 국내외에 큰 충격은 안겨주었다. …… 그리하여 전두환 정부의 권위주의적 통치와 강압적 통제에 반대하는 국민적 저항이 전국적으로 일어나, 마침내 1987년의 6월 민주 항쟁으로 발전하게 되었다."(『고등학교 국사』(하), 207~208쪽.)

지도에 모두 해당한다.

국사교과서에 실린 그림은 총 4개로 미송리식 토기, 천마총 단면도, 석굴암 배치도, 부석사 무량수전 실측도인데 모두 유물과 유적의 구조를 나타낸 것이다. 그 사례는 [그림 4]와 같다.

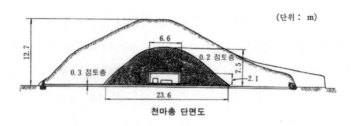

천마총 단면도

부석사 무량수전 실측도(경북 영주)

배홀림 기둥과 주심포 양식을 지닌 영주 부석사 무량수전은 장중한 외관과 함께 간결한 조화미를 지녀 고려 후기 목조 건축의 대표적인 작품으로 꼽힌다. 또, 고려 말에 건립된 안변의 석왕사 응진전은 다포 양식으로서, 조선 시대의 건축 양식에 큰 영향을 끼쳤다.

[그림 4] 국사교과서의 그림 자료 사례[48]

왼쪽은 돌무지 덧널무덤인 천마총의 단면도이며 오른쪽은 다포 양식의 부석사 무량수전 실측도이다. 사진만으로는 알 수 없는 부분을 그림으로 표현하여 학생들의 이해를 돕고 있다. 다만 사진 제목 옆에 그림에 대한 보조 설명이 없어서 본문을 보완하는 기능이 제한적이다.

---

48 『고등학교 국사』(상), 94쪽, 158쪽.

대한민국 역사교육과정 3

도표는 주로 전근대사에 집중 배치되어 있는데 그 내용은 발해의 중앙 관제, 신라의 골품과 관등표, 고려의 중앙 관제, 신분 구조, 조선 시대 관제, 군사 조직, 과거제, 사림 계보, 강화학파 계보 등이다. 근현대사에는 도표가 없고 대신 일제 강점기 민족별 연해 어업 상황표, 광업 생산액, 미곡 생산량과 강제 공출량, 동맹 휴학 건수, 독립군의 국내 전투 상황을 숫자로 정리한 표가 있다. 그렇지만 표는 도표와 달리 시각적으로 내용을 전달하는 효과가 적다. 표의 내용을 정리하여 그래프로 제시하였으면 더 좋았을 것이다.

지도는 총 37개 중 국사교과서 (상)권에 25개, (하)권에 12개이며 시대별로 보면 전근대사에 29개, 근현대사에 8개로 편중된 면이 있다. 지도의 제목은 [표 5]와 같다.

[표 5] 6차 국사교과서 지도 제목

연번	제목	연번	제목	연번	제목
1	고조선의 세력범위	14	고려의 통일	27	대동세 징수와 운송
2	여러 나라의 성장	15	5도 양계	28	통신사 행로
3	가야 연맹 위치	16	사회의 동요	29	조선 후기 상업과 무역 활동
4	고구려의 전성기	17	강동 6주와 천리장성	30	조선 후기 농민 봉기
5	백제의 발전	18	공민왕의 영토 수복	31	동학의 교세 확장
6	신라의 영토 확장	19	고려의 대외무역	32	동학 농민 운동의 전개
7	나당 전쟁	20	홍건적과 왜구의 격퇴	33	의병 궐기
8	발해의 영역	21	조선의 8도	34	열강의 이권 침탈
9	신라의 9주 5소경	22	4군과 6진	35	경제 자주권 수호 운동
10	통일 신라와 발해의 무역 활동도	23	임진왜란 해전도	36	만주와 연해주 독립운동 기지
11	삼국의 불교 전래도	24	관군과 의병의 활동	37	무장 독립군의 대일 항전
12	발해의 유적지	25	정묘·병자호란	38	반공 의거와 공산 폭동
13	삼국 문화의 일본 전파	26	조운도		

위의 표를 보면 국가의 위치나 영역, 전쟁에 관한 지도가 절반 이상이며 선사·고대와 조선 시대에 집중되어 있다. 지도의 주제가 다양하지 못한 편이며 교과서 판형 자체가 가로 16.5cm, 세로 23.5cm 정도로 작아서 지도의 표현에 제한이 있다.[49] 예컨대 지도와 사진 또는 그림을 연결하여 제시하기에 지면의 제한이 있고, 지도 안에 글자 크기도 매우 작아서 가독성이 떨어진다. 또한 흑백 지도이기 때문에 시각적 효과도 낮다. [그림 5]는 6차 국사교과서의 지도 구성과 배치의 미흡함을 보여주는 사례이다.[50]

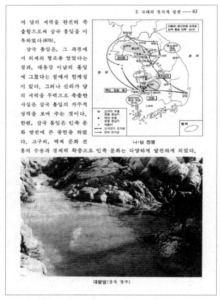

[그림 5] 국사교과서의 지도 구성과 배치

---

49 현재 고등학교에서 사용 중인 2015 개정 교육과정 한국사교과서의 크기는 대략 가로 21cm, 세로 27.5cm이다.

50 『고등학교 국사』(상), 61쪽.

이는 신라의 삼국 통일 과정에 대한 내용인데 본문과 지도, 사진이 1쪽에 함께 배치되어 있다. 그중 대왕암 사진이 1/2쪽을 차지하고 있으며 윗부분에 본문과 지도가 비좁게 제시되어 있다. 나·당 전쟁에 대한 지도에는 백제와 고구려의 부흥 운동 중심지를 비롯하여 기벌포, 매소성 등 신라와 당의 격전지 등이 표기되어 있는데 글씨 크기가 작아서 정보의 전달력이 떨어진다. 대왕암 사진을 줄이고 지도를 충분히 확대하였다면 본문 서술 공간도 확보하면서 좀 더 효과적인 구성이 되었을 것이다. 이처럼 6차 국사교과서는 사료, 사진, 그림, 도표(표), 지도 등 학습자료를 제시하고 있지만 본문과 유기적으로 어울리지 못하며 나아가 학생들의 사고력을 확장하는 데 적절한 기능을 하지 못하고 있다.

Ⅴ. 맺음말

국사교과서는 교육과정의 목표를 구현하고 학교 현장에서 교사와 학생의 수업을 설계하는 데 필요한 교재이다. 따라서 국사교과서는 기본적으로 교육목표를 달성하기 위해 적절한 내용이 체계적으로 구성되어야 하며, 본문은 쉽게 이해할 수 있도록 서술되고, 다양한 학습자료가 수록되어야 한다. 단 교과서에 학습자료 수를 무조건 많이 수록하는 것보다 본문과 함께 학생의 사고력을 확장하도록 구성하는 것이 중요하다.

제6차 고등학교 국사 교육과정은 한국사를 정치·사회·경제, 문화의 영역별로 파악하고 이를 종합적으로 이해하는 것을 추구하였다. 아울러 한국사의 특성을 세계사의 보편성과 관련하여 인식하고, 자료 분석 기능과 역사적 사고력 함양 등을 목표로 삼았다. 그렇지만 6차 고등학교 국사교과서는 이러한 교육과정의 목표를 구현하기에 여러 가지로 미흡한 점이 많았다.

우선 1994년 「국사교과서 편찬 준거안」이 언론과 정치권의 집중 조명을 받으면서, 정작 교과서에 대한 역사교육 차원의 논의가 심도 있게 진행되지 못하였다. 즉 민감한 현대사를 어떤 용어로 어떻게 교과서에 담을 것인지 각계각층의 관심이 쏠린 사이에 교과서의 본질적인 기능은 간과된 것이다. 그 결과 6차 고등학교 국사교과서는 교육과정의 목표를 제대로 구현하지 못한 채, 기존의 교과서가 지니고 있던 문제점을 그대로 답습하고 있다. 예컨대 국사교과서 (상), (하)권을 합쳐 전체 영역에서 정치사가 약 47%로 여전히 비중이 높고, 민감한 쟁점이 많은 근현대사는 소략하다. 또한 세계사의 흐름 속에서 한국사를 이해할 것을 강조하면서 정작 교과서 전체에는 민족 중심의 관점이 투영되어 있다. 이처럼 국사교과서 자체가 질문을 제기하는 것, 민족의 틀을 넘어 생각하거나 역사를 다양한 계층의 처지에서 입체적으로 바라보는 것을 제한하는 구조이다.

한편 단원명은 사실을 짧게 명사형으로 표현한 형태이며 탐구 활동이나 읽기 자료 등 부속 코너가 없다. 본문은 너무나 많은 내용 요소가 나열식으로 축약되어 있다. 더구나 어려운 한자어가 많고 문체가 설명문 형식으로 건조하여 학생들이 교과서를 읽으면서 역사적 상상력을 펼치기에는 한계가 있다. 본문 외에 사료, 사진, 도표(표), 그림, 지도 등 학습자료가 수록되어 있지만, 사료의 다양성이 부족하고 유의미한 질문이나 활동이 없어서 단지 본문과 함께 암기해야 할 내용으로 여겨질 수 있다. 사료를 비롯하여 모든 학습자료는 제시되기만 할 뿐 추가 설명이 없고, 호기심이나 질문을 이끌어내지 못하고 있다. 학습자료 중 가장 압도적으로 많은 사진은 흑백으로 제시되어 실체를 생생하게 전달하기에 한계가 있고, 본문 서술의 흐름과 상관없는 곳에 배치되기도 하였다. 무엇보다 학생들에게 아무런 의미가 없는 서적 사진들이 공간만 차지하는 경우도 많앗다. 또 정작 있어야 할 사진은 누락되고, 중요하지 않은 사진은 크게 배치되는 등 사진이 효과적으로 활용되지 못한 경우도 많았다. 그 외 지도나 표 역시 가독성이 떨어지고 시각적인 효과가 미흡하였다.

이처럼 6차 고등학교 국사교과서는 교육과정의 목표를 구현하지 못하였고, 기존의 국사교과서에 비하여 크게 개선된 점이 없었다. 이는 당시 시대적 한계에서 비롯된 것이다. 즉 교과서나 학생 수준에 대한 역사교육적 이해가 부족한 상태에서 전공서를 줄여놓은 듯한 교재에 머무른 것이다. 교과서 집필진은 모두 대학 교수로서 역사학계의 연구 성과를 교과서에 정확히 옮겼을 수 있지만 학생에 대한 교수 내용 지식이 부족할 수밖에 없다. 더구나 3차 교육과정 시기부터 국정으로 발행되면서 국사교과서는 내용과 체제 모두 기존의 것을 답습하고 틀에 박힌 모습을 보였다.[51] 물론 6차 국사교과서 개발 당시에도 기존의 교과서를 개선하려는 노력이 있었지만 구조적으로 한계가 있었다. 본고에서는 6차 고등학교 국사교과서를 분석하면서 역설적으로 교과서가 나아가야 할 방향을 엿볼 수 있었다. 새로운 교육과정과 교과서가 언제나 과거의 교육과정과 교과서에 대한 성찰에서 비롯되었다는 점을 떠올리면서 본 연구가 좀 더 나은 교과서 개발에 작은 보탬이 되길 기대한다.

---

51 국사교과서는 3차 교육과정 시기부터 국정으로 발행되었고, 이후 1978년에 교과서 제도는 국정, 검정, 인정에서 1종, 2종, 인정으로 개편되었다. 1종 도서는 문교부가 저작권을 가지고 있으면서 기획, 감독을 맡고 연구와 집필은 전문 연구기관에 맡기는 형태이다. 이에 국사교과서의 저술은 국사편찬위원회가 담당했지만, 사실 국정으로 발행되는 것과 별 차이가 없다. 한편 국가가 주도하여 개발한 제3차 교육과정부터 제6차 교육과정에 이르기까지 20여 년간 국사교과서는 도입부의 체제와 구성요소 등에 큰 변화가 없었고, 교사–학생 간 상호 작용보다는 학생들에게 역사적 사실을 인지시키는 것에 초점을 맞추었다.(송치중, 「고등학교 『한국사』 교과서 단원 도입부의 형태와 특징: 해방 이후부터 2011 개정 교육과정까지」, 『역사와실학』 제63집, 2017, 185쪽, 199쪽.)

참고문헌

1. 자료

교육과정·교과서연구회 편, 『한국 교과교육과정의 변천-고등학교-』, 대한교과서주식회사, 1990.

교육과정·교과서연구회 편, 『한국교과교육과정의 변천-중학교』, 대한교과서주식회사, 1990.

교육부, 『고등학교 교육과정 해설서』, 1988.

교육부, 『6차 고등학교 사회과 해설서』, 1992.

교육부, 『고등 학교 사회과 교육 과정 해설』, 1992.

교육부, 『고등학교 교육과정 (Ⅰ)』, 1992.

교육부, 『교육과정 연수자료 1 -'92.11 제6차 교육과정의 개요』, 1992.

교육부, 「국연 93-1 국사교육내용전개준거안 공동연구원 일부 변경 승인 요청」, 1993.

교육부, 「사편 81151-340(1993.11.15.) 1종도서 편찬심의회 개최」, 1993.

교육부, 「교육정책 연구과제 연구결과 활용 실태 통보(사편 81511-201)」, 1994.

교육부, 「국사교육 내용전개의 준거안」, 1994.11.

교육부, 「국사교육내용전개준거안(시안)에 대한 검토의견서 제출(통사 81181-186)」, 교육부, 1994.

교육부, 「국사교육내용준거안 논란에 대한 경위 및 대책(사편 81181-69)」, 1994.3.

교육부, 「국사교육내용준거안 논란에 대한 경위 및 대책」, 1994.3.

교육부, 「사편 81181-192(1994.8.4.) 국사교육내용전개준거안 심의회 개최」, 1994.

교육부, 「사편 81181-237(1994.9.15.) 국사교육내용전개준거안 2차 심의회 개최」, 1994.

교육부, 「사편 81181-261(1994.10.11.) 국사교육내용전개준거안에 대한 의견서 제출」, 1994.

교육부, 「사편 81181-346(1994.12.17.) 국사교육내용전개의 준거안 송부」, 교육부, 1994.

교육부, 「편사81181-52(1994.6.7.) 근·현대사 관련 역사용어 및 교과서 서술 방향에 대한 의견 제출」.교육부, 1994.

교육부, 「한국 근·현대사 관련 주요 역사용어 확정 통보(사편 81181-12)」, 1994.

교육부, 『편수 94-11('94.11.30) 편수업무담당자 연수자료 편수 업무 편람』, 교육부, 1994.

교육부, 「한국 근·현대사 관련 주요 역사용어 확정 통보」, 1995.

교육부, 『편수업무편람』, 1995.

교육부, 교육과정개정연구위원회, 『제6차 교육과정 개정을 위한 초·중등학교 교육과정의 체제 및 구조 개선 연구』, 1991.

교육인적자원부 학교정책국(구 학교정책심의관) 교육과정정책과, 「교사교육내용 준거안 연구(1993~1996)」.

국사교육 내용전개 준거안 연구위원회, 「국사교육 내용전개의 준거안 연구보고서」, 1994.

김희목 외, 『제5차 초중학교 사회과 및 국사과 교육과정 시안의 연구 개발』, 한국교육개발원, 1986.

류재택 외, 『제6차 교육과정 각론 개정 연구 중·고등학교 국사(RR92-02)』, 한국교육개발원, 1992.

문교부, 「고등학교 교육과정」, 문교부고시 제442호 1981.12.31. 별책 4.

문교부, 『문교부 고시 제 88-7호, 고등학교 국사과 교육과정 해설』, 1988.

문교부, 『문교부고시 제88-7호 별책 1(고등학교 교육과정)』, 1988.

문교부, 「고등학교 교육과정」, 문교부고시 제88-7호, 1988.03.31.

변태섭 외, 「국사교육 내용전개의 준거안」, 문교부, 1986.

이존희 외, 『1993년도 교육부 정책과제 연구비에 의한 연구보고서 국사교육 내용전개의 준거안 연구보고서』, 1994.

최용규, 「제5차 고등학교 국사과 교육과정 시안 연구 개발(RR87-11)」, 한국교육개발원, 1987.

2. 교과서

교육부, 『국사(하)』, 대한교과서주식회사, 1990.

교육부, 『고등학교 국사(하)』(초판), 1996.

국사편찬위원회, 『고등학교 국사』, 1979.

국사편찬위원회, 『고등학교 국사(상)』, 대한교과서주식회사, 1982.

국사편찬위원회, 제4차 교육과정 고등학교 『국사(상)』, 문교부, 1983.

국사편찬위원회, 제4차 교육과정 고등학교 『국사(하)』, 문교부, 1983.

국사편찬위원회, 『고등학교 국사(상)』, 대한교과서주식회사, 1990.

국사편찬위원회, 『중학교 국사(상)』, 1990.

국사편찬위원회, 고등학교 『국사(상)』, 1990.

국사편찬위원회, 제5차 교육과정 중학교 『국사(상)』, 문교부, 1990.

국사편찬위원회, 제5차 교육과정 중학교 『국사(하)』, 문교부, 1990.

국사편찬위원회, 제5차 교육과정 고등학교 『국사(상)』, 교육부, 1992.

국사편찬위원회, 제5차 교육과정 고등학교 『국사(하)』, 교육부, 1992.

국사편찬위원회, 『고등학교 국사(상)』, 1996.

국사편찬위원회 편, 『중학교 국사(상)』, 1996.

국사편찬위원회, 고등학교 『국사(상)』, 1996.

국사편찬위원회, 고등학교 『국사(하)』, 1996.

국사편찬위원회·1종도서 연구개발 위원회, 『고등학교 국사(상)』, 대한교과서주
        식회사, 1997.

국사편찬위원회·1종도서 연구개발 위원회, 『고등학교 국사(하)』, 대한교과서주
        식회사, 1998.

문교부, 『국사』, 대한교과서주식회사, 1979.

문교부, 『국사(하)』, 대한교과서주식회사, 1982.

문교부, 『고등학교 국사(하)』, 1982(초판).

문교부, 『고등학교 국사(하)』, 1990(초판).

3. 단행본

김범, 『사화와 반정의 시대』, 역사의 아침, 2015.

김용섭, 『조선후기 농업사연구』 Ⅰ, 일조각, 1970.

김용섭, 『조선후기 농업사연구』 Ⅱ, 일조각, 1971.

김원룡, 『韓國考古學槪說(제3판)』, 일지사, 1986.

김정배, 『한국민족문화의 기원』, 고려대학교출판부, 1972.

김정배, 『한국고대의 국가기원과 형성』, 고려대 출판부, 1986.

김정학, 『百濟と倭國』, 육흥출판, 1981.

김태식, 『가야연맹사』, 일조각, 1993.

김한종, 『역사교육과정과 교과서 연구』, 선인, 2006.

김한종 외, 『시민교육을 위한 역사교육의 이론과 실천』, 책과 함께, 2019.

김회목 외, 『제5차 초·중학교 사회과 및 국사과 교육과정 시안의 연구·개발』, 1986.

김흥수, 『韓國歷史敎育史』, 대한교과서주식회사, 1992.

노명호, 『高麗社會의 兩側的 親屬組織 硏究』, 서울대학교 문학박사학위논문, 1988.

노중국, 『백제정치사연구』, 일조각, 1988.

변태섭 등, 『국사교육 내용전개의 준거안』, 문교부, 1986.

손보기, 『한국사 1』, 탐구당, 1974.

양호환 외, 『역사교육의 이론』, 책과 함께, 2009.

오영찬, 『낙랑군 연구』, 사계절, 2006.

윤종영, 『국사 교과서 파동』, 혜안, 1999.

이기백·이기동, 『한국사강좌 1(고대편)』, 일조각, 1982.

이기백, 『한국고대의 국가와 사회』, 일조각, 1985.

이명미, 『13~14세기 고려·몽골 관계 연구 : 정동행성승상 부마 고려국왕, 그 복합적 위상에 대한 탐구』, 혜안, 2016.

이성무, 『조선초기 양반연구』, 일조각, 1980.

이종국, 『한국의 교과서 변천사』, 대한교과서주식회사, 2008.

전호태, 『울산 반구대암각화 연구』, 한림출판사, 2013.

정구복 외, 『조선시대 연구사』, 한국정신문화연구원, 1999.

조성운, 『대한민국 국사교과서』, 선인, 2019.

차미희, 『한국 중, 고등학교의 국사교육』, 교육과학사, 2011.

한국교육개발원(최용규·최석진), 『제5차 고등학교 국사과 교육과정 시안 연구 개발』, 1987.

한국교육개발원, 『제6차 교육과정 각론 개정 연구: 중·고등학교 국사』, 1992.

한국교육과정·교과서연구회, 『제6차 교육과정에 의한 학교 교육과정 편성·운영의 실제』, 동아출판사, 1994.

참고문헌

한국사연구회, 『한국사연구입문』, 지식산업사, 1981.

한국정신문화연구원, 『한국상고사의 제문제』, 1987.

함종규, 『한국교육과정변천사연구 – 조선조 말부터 제7차 교육과정기까지－』, 교육과학사, 2003.

황수영·문명대, 『반구대』, 동국대학교, 1984.

4. 논문

강종훈, 「4세기 백제의 요서 지역 진출과 그 배경」, 『한국고대사연구』 30, 2003.

강진웅, 「중등 사회 교육과정과 국가 정체성 교육의 변천사」, 『사회과교육』 56(1), 2017.

금경숙, 「고등학교 「국사」 교과서 내용 분석 : 고대사 부분을 중심으로」, 『강원사학』 8, 1992.

기경량, 「사이비 역사학과 역사 파시즘」, 『역사비평』 114, 2016.

김돈, 「중종대 언관의 성격변화와 사림」, 『한국사론』 10, 1984.

김두진, 「백제 건국신화의 복원 시론」, 『국사관논총』 13, 1990.

김민정, 「역사 교과서 집필진의 고려시대 교과서 서사 인식과 서술 방향」, 『역사교육』 149, 2019.

김상기, 「한, 예, 맥 이동고」, 『史海』 1, 1948.

김상기, 「동이와 회이, 서융에 대하여」, 『동방학지』 2, 1955.

김성자, 「한국 현대사 교육과정의 변천 – 고등학교 『한국사(국사)』 과목을 중심으로－」, 『역사교육』 155, 2020.

김영석, 「제6차 사회과 교육과정 개정 과정에 대한 기억의 재구성 －국민에서 시민으로－」, 『사회과교육연구』 20(2), 2013.

김용섭, 「철종조 민란발생에 대한 시고」, 『역사교육』 1, 1956.

김원룡, 「삼국시대의 개시에 관한 일고찰」, 『동아문화』 7, 1967.

김원룡, 「울주 반구대 바위그림에 대하여」, 『한국고고학보』 9, 1980.

김정인, 「국정 『국사』 교과서와 검정 『한국사』 교과서의 현대사 체계와 내용 분석」, 『역사와현실』 92, 2014.

김종철, 「국사 교과과정의 변천과 그 문제점」, 『역사교육』 61, 1997.

김진봉, 「임술민란의 사회경제적 배경」, 『사학연구』 19, 1967.

김철, 「국사교육과정의 계열성」, 『사회과교육』 7, 1974.

김태식·이용욱, 「고등학교 역사교육의 효율성 제고를 위한 연구」, 『진단학보』

88, 1999.

김한종, 「역사의 표현형식과 국사교과서 서술」, 『역사교육』 76, 2000.

나주원, 「제6·7차 고등학교 국사 교과서 조선 전기 경제 분야의 비교 분석」, 계명대학교 교육대학원 석사학위논문, 2011.

박종기, 「80년대 한국사학계의 성과와 과제(한국사연구회편, 제2판 한국사연구입문, 지식산업사, 1987)」, 『창작과비평』 15(4), 1987.

박찬승, 「분단시대 남한의 한국사학」, 『한국의 역사가와 역사학(하)』, 창작과비평사, 1994.

박찬흥, 「제3차~제7차 교육과정 고등학교 『국사』 교과서의 고대 국가 발달단계론에 대한 서술 검토」, 『역사와 담론』 54, 2009.

박평식, 「조선시대사 연구의 성과와 국사교육」, 『역사교육』 125, 2013.

박현숙, 「국사교과서의 고대사 서술 방향」, 『역사교육』 69, 1999.

방지원, 「국사 교육과정에서 '생활사-정치사-문화사' 계열화 기준의 형성과 적용」, 『사회과교육연구』 13(3), 2006.

방지원, 「초·중·고등학교 역사 교육과정의 계열화 분석: 교수요목~7차 교육과정」, 『호서사학』 44, 2006.

방지원, 「국사교육에 나타난 한국사와 세계사의 연계」, 『역사교육연구』 7, 2008.

배은정, 「고등학교 국사 교과서의 조선후기 경제 분야에 관한 분석: 6차와 7차 교육과정을 비교를 중심으로」, 계명대학교 교육대학원 석사학위논문, 2003.

서영수, 「고조선의 위치와 강역」, 『한국사 시민강좌』 2, 일조각, 1988.

서인원, 「고등학교 국정 국사 교과서의 비교 분석: 6차·7차 교육과정 고려시대 정치·경제를 중심으로」, 『역사와 실학』 26, 2004.

서인원, 「14세기 초 遼陽行省의 合省 건의와 고려-몽골 관계 : 고려국왕권 기반의 변화와 정동행성 위상의 재정립」, 『한국중세사연구』 51, 2017.

서인원, 「고려-몽골 관계 깊이 보기 -〈乞比色目表〉와 〈請同色目表〉-」, 『역사교육연구』 37, 2020.

서인원, 「13~14세기, 성취를 위해 국경을 넘은 고려인들」, 『현대교육연구』 33(2), 2021.

서인원, 「역사·한국사 교과서 '고려-몽골 관계' 서사 재구성 제안」, 『역사교육』 160, 2021.

송찬식, 「조선후기 농업에 있어서의 광작운동」, 『이해남박사화갑기념사학논총』, 1970.

송찬식, 「조선기 사림정치의 권력구조-전랑과 삼사를 중심으로」, 『경제사학』 2, 1978.

송춘영·주웅영, 「현행 초·중·고 사회과 국사교육의 특징과 개선 방안」, 『대구교육대학교논문집』 30, 1995.

송치중, 「고등학교 『한국사』 교과서 단원 도입부의 형태와 특징: 해방 이후부터 2011 개정 교육과정까지」, 『역사와실학』 63, 2017.

송호정, 「국사교과서의 선사 및 국가 형성 관련 서술 검토」, 『한국고대사연구』 29, 2003.

송호정, 「최근 '한국상고사' 논쟁의 위험성에 대하여」, 『내일을 여는 역사』 56, 2014.

신선혜, 「제2차 교육과정기 한국 고대사 연구와 국사교과서의 서술 검토」, 『역사와교육』 24, 2017.

신선혜, 「제4차 교육과정기 고등학교 국사교과서의 고대사 서술 특징과 배경」, 『대구사학』 136, 2019.

신선혜, 「제5차 교육과정기 고등학교 『국사』 교과서의 고대사 서술 특징과 배경」, 『역사와교육』 33, 2021.

신유아, 「교과서 내용서술 체계화의 문제와 방향 - 조선 전·후기 서술을 사례로-」, 『역사교육』 147, 2018.

신유아, 「한국 역사교육과정기의 변천과 근현대사의 비중」, 『전북사학』 55, 2019.

신유아, 「제5차 교육과정기 '국사'의 내용편제와 서술방향」, 『역사와교육』 33, 2021.

신항수, 「80년대 유사역사학의 확산과 그 성격」, 『역사와실학』 75, 2021.

여호규, 「백제의 요서진출설 재검토」, 『진단학보』 91, 2001.

염정섭, 「1960~70년대 조선시대 농업사 연구와 내재적 발전론, 근세사회론」, 『한국사연구』 184, 2019.

오경후, 「해방이후 한국사 교과서의 동아시아 관련 전근대사 서술의 변천 - 조선시대를 중심으로-」, 『역사와교육』 23, 2016.

유연옥·최이돈, 「제6, 7차 중학교 국사교과서 비교 분석」, 『교육연구』 14(2), 2007.

유원재, 「「백제약유요서(百濟略有遼西)」기사의 분석」, 『백제연구』 20, 1989.

윤세철, 「사회과 교육통합의 본질」, 『역사교육』 50, 1991.

윤용혁·문경호, 「국사 교과서 속의 몽골 관련 서술」, 『교과교육학연구』 15(1),

2011.

윤종영, 「『국사』 교과서의 편찬방향」, 『역사교육』 48, 1990.

윤종영, 「국사교과서 편찬준거안」, 『역사와실학』 10·11, 1999.

이기백, 「동아 고대문헌의 신빙성 문제(종합토론)」, 『아시아문화』 2, 1987.

이병희, 「국사교과서 국정제도의 검토」, 『역사교육』 91, 2004.

이부오, 「제1차~제7차 교육과정기 국사교과서에 나타난 고대 영토사 인식의 변화」, 『한국고대사탐구』 4, 2010.

이성무, 「조선초기의 기술관과 그 지위-중인층의 성립문제를 중심으로」, 『유홍 렬박사 화갑기념논총』, 1971.

이성무, 「조선전기 중인층의 성립 문제」, 『동양학』 8, 1978.

이재철, 「조선후기 정치사의 연구동향과 「고교」 국사교과서의 서술」, 『역사교 육』 67, 1998.

이태진, 「사림과 서원」, 『한국사 12』, 국사편찬위원회, 1978.

이태진, 「14·5세기 농업기술의 발달과 신흥사족」, 『동양학』 9, 1978.

이해영, 「고등학교 국사 교과서에 반영된 조선 후기 '예송논쟁'」, 전남대학교 교 육대학원 석사학위논문, 2002.

이향, 「조선전기 신분제 연구동향과 '국사' 교과서의 서술 -4·5·6차 교육과정 을 중심으로-」, 전남대학교 교육대학원 역사교육전공 석사학위논문, 2002.

임기환, 「백제 요서 진출설과 역대 교과서 서술 검토」, 『한국사학보』 63, 2016.

임기환, 「3~7차 교육과정 국정 국사교과서의 고조선, 한군현 관련 서술의 변 화」, 『사회과교육』 56(1), 2017.

임세권, 「우리나라 선사암각화의 연대에 관하여」, 『람사정재각박사고희기념 동 양학논총』, 고려원, 1984.

임영진, 「백제 한성시대 고분에 관한 연구」, 『한국고고학보』 30, 1993.

장미애, 「민족의 국사 교과서, 그 안에 담긴 허상: 4, 5차 교육과정기 고등학교 국사 교과서를 중심으로」, 『역사비평』 117, 2016.

장석흥, 「6·10 만세 운동의 檄文과 理念」, 『한국독립운동사연구』 12, 1998.

조건, 「제2차 교육과정기 민족주체성 교육의 시행과 국사교과서 근현대사 서술 내용 분석」, 『역사와교육』 24, 2017.

조광, 「19세기 민란의 사회적 배경」, 『19세기 한국전통사회의 변모와 민중의 식』, 고대민족문화연구소, 1982.

조성운, 「제4차 교육과정기 국사교과서 근현대사 서술의 특징」, 『역사와교육』

30, 2020.

조성운, 「제6차 국사과 교육과정의 성립과정과 그 성격」, 『제6차 교육과정기 역사교육과 국사교과서』, 동국대 역사교과서연구소·역사와교육학회 정기 학술대회 발표논문집, 2021.

조영광, 「해방 후 첫 官認 교과서『국사교본』의 한국고대사 서술 분석」, 『한국민족문화』 70, 2019.

조영광, 「2015 개정 역사 교육과정의 한국 고대사 부분에 대한 검토」, 『인문사회21』 10(1), 2019.

조인성, 「'고대사 파동'과 고조선 역사지도」, 『한국사연구』 172, 2016.

조인성, 「'고대사 파동'과 식민주의 사학의 망령」, 『역사비평』 118, 2017.

주웅영, 「6차 교육과정 초·중·고 사회과 국사영역의 특징과 그 실현을 위한 전제」, 『역사교육논집』 19(1), 역사교육학회, 1994.

지수걸, 「'민족'과 '근대'의 이중주」, 『기억과 역사의 투쟁(2002년 당대비평 특별호)』, 2002.

차미희, 「5차 교육과정기(1989~95) 중등 국사교육 내용의 개선과 한계」, 『교과교육학연구』 제12(1), 2008.

채웅석, 「원 간섭기 성리학자들의 화이관과 국가관」, 『역사와 현실』 49, 2003

최경옥, 「역사교육문제에 관한 신문보도의 양상과 여파 －1994년 '국사 준거안 파동'을 중심으로－」, 서울대학교 사회교육과 석사학위논문, 2004.

최광식, 「상고사에 대한 바람직한 교육 방안」, 『단군학 연구』 5, 2001.

최보영, 「제5차 교육과정기『국사』교과서 근·현대사 체제·내용과 그 특징」, 『역사와교육』 33, 2021.

최상훈, 「역사과 교육과정 60년의 변천과 진로」, 『사회과교육연구』 12(2), 2005.

최완기, 「고등학교『국사』교과서의 내용구성과 특성」, 『역사교육』 48, 1990.

최용규, 「중학교 국사과 새교육과정의 특징」, 『사회과교육』 20, 1987.

최이돈, 「16세기 낭관권의 성장과 붕당정치」, 『규장각』 12, 1989.

최종석, 「중화 보편, 딜레마, 창의의 메커니즘 －조선 초기 문물제도 정비 성격의 재검토」, 『조선시대 예교 담론과 예제 질서』, 소명출판, 2016.

최종석, 「13~15세기 천하질서와 국가 정체성」, 『고려에서 조선으로 －여말선초, 단절인가 계승인가』, 역사비평사, 2019.

편집부, 「〈소위 사회과 교육의 통합문제와 역사교육의 진로〉의 발표 요지 및 토의 내용」, 『역사교육』 50, 역사교육연구회, 1991.

평화문제연구소, 「정밀보고서: 일본의 교과서 왜곡: 한국사 자주성 부정−국내
　　　사학계 「신편 일본사」 정밀분석」, 『통일한국』 32 1986.
한영우, 「조선초기의 상급 서리 성중관 −정중관의 녹사로서의 일원화 과정−」,
　　　『동아문화』 10, 1971.
한영우, 「조선전기 사회계층과 사회이동에 관한 시론」, 『동양학』 8, 단국대,
　　　1978.
한영우, 「조선초기 신분·계층연구의 현황과 문제점」, 『사회과학평론』 1, 1982.
한철호, 「제3차 교육과정기 고등학교 국사 국정교과서의 한국 근현대사 서술」,
　　　『역사와교육』 27, 2018.
허은철, 「제1차 교육과정의 성립과 역사과 교육과정」, 『역사와교육』 22, 2016.
허은철, 「제5차 교육과정기 국사 교과서의 고려사 서술」, 『역사와교육』 33,
　　　2021.
황인규, 「제3차 교육과정 국정 고등국사의 편찬과 중세사 서술 비판」, 『역사와
　　　교육』 27, 2018.
황인규, 「제2차 교육과정기 고등국사(11종) 고려시대 불교사 서술」, 『역사와교
　　　육』 29, 2019.
황인규, 「제3차−제7차 교육과정기 국정·1종 고등국사 고려시대 불교사 서술」,
　　　『역사교육연구』 36, 2020.
황인규, 「중등국사(1982년판) 고려시대사의 서술 내용과 의의」, 『역사와교육』
　　　30, 2020.

文崇一, 「濊貊民族文化及其史料」, 『中央研究院民族學研究所集刊』 5, 1958.
田中俊明, 「千勒十二と大加耶聯盟」, 『東洋史研究』 48, 1990.
田中俊明, 「大加耶聯盟の興亡」, 『加耶史論』, 고려대 한국학연구소, 1993.

5. 기타(인터넷, 신문)

국가교육과정정보센터(ncic), 우리나라 교육과정.
(http://ncic.re.kr/mobile.kri.org4.inventoryList.do)
국사편찬위원회, 「제6차 교육과정 국사 교과서 해제」.
(http://contents.history.go.kr/resources/front/html/txthj_m_06.html)

『경향신문』
『동아일보』
『매일경제』
『조선일보』
『중앙일보』
『한겨레신문』
『한국일보』